主编简介

吕长江，博士，会计学教授，博士生导师，教育部长江学者特聘教授，复旦大学管理学院副院长，主要从事会计学、管理会计、财务管理以及资本市场领域的教学、科研工作。现任教育部高等学校会计学专业教学指导分委员会委员、教育部会计专业硕士教学指导委员会委员、复旦大学管理学学位评定分委员会主席、《中国会计评论》共同主编、《中国管理会计》共同主编。

长期致力于研究中国制度、文化背景中的资本市场、公司治理与会计问题，在国内外顶级期刊《Journal of Accounting and Economics》《经济研究》《管理世界》发表学术论文20余篇。曾获得第三届、第四届中国高校人文社会科学研究优秀成果奖二等奖、三等奖。曾担任央企、国企、外资企业、民营企业、家族企业等上市公司的独立董事职务，曾为上市公司设计股权激励方案、高管薪酬方案。曾获得国务院政府特殊津贴、全国先进会计工作者、财政部会计名家、教育部新世纪优秀人才、宝钢优秀教师教育奖、复旦大学教学名师奖等。

21世纪高等院校会计专业主干课系列

管理会计

吕长江　主编

Management Accounting

复旦大学出版社

内 容 提 要

本教材结合管理会计发展和我国的实际，分12章介绍了管理会计的基本理论与基本方法。在结构体系上，按照管理会计的内在逻辑规律，组织章节的安排；在内容上，基于管理会计的基本理论与方法，融合了管理会计近年来的新进展；在技术上，基于教学实践，将EXCEL应用于管理会计；在写作上，基于我国企业背景，以案例引导各章的内容。每章后附有复习思考题及练习题。在全书的结尾还附有每章习题及案例的参考解答。与同类教材相比，本书叙述简明，条理清晰，适合高校会计专业本科及研究生教育，也适合工商管理MBA及会计硕士MPAcc课堂教学。

本教材结合管理会计发展和我国的实际,主要介绍了管理会计的基本理论与基本方法。在结构体系上,按照管理会计的内在逻辑规律,组织章节的安排;在内容上,基于管理会计的基本内容,融合管理会计近年来的新进展;在技术上,基于教学实践,将 Excel 应用于管理会计;在写作上,基于我国企业背景,以案例引导各章的内容。

本书共 12 章,主要内容包括:

管理会计导论;

管理会计基础:成本的概念与分类;

管理会计分析方法:成本性态分析、本量利分析;

管理会计分析工具:变动成本法、作业成本计算法;

管理决策评价:短期经营决策、长期投资决策;

计划与控制管理:全面预算、标准成本与全面质量管理;

组织与激励管理:责任会计、业绩评价。

本教材由复旦大学管理学院会计系吕长江教授担任主编,负责本书大纲的制定、组织写作。吉林大学商学院会计系的韩慧博、赵岩、金超参加了本书的写作。最后由吕长江负责全书的审核、修改和定稿。

在书稿的写作和修改过程中,我们得到了很多学术界同仁的帮助,尤其是学习借鉴了参考文献中同行的成果。特别要感谢复旦大学出版社的王联合先生,他的耐心和责任心,推动了本教材的顺利出版。

限于作者水平和时间,书中一定还有不少缺点乃至错误,在此诚望各位同行、读者批评指正,以便我们进一步修改完善。

吕长江

2006 年 5 月

于复旦大学

第一章　管理会计导论 ··· 1

　　学习目标 ··· 1
　　案例引导 ··· 1
　　第一节　管理会计的形成和发展 ·· 2
　　第二节　管理职能与管理会计信息 ··· 7
　　第三节　管理会计与财务会计的区别和联系 ···································· 11
　　第四节　管理会计组织与管理会计师职业道德 ································ 13
　　本章小结 ·· 15
　　思考与练习 ·· 15

第二章　管理会计基础:成本的概念与分类 ··························· 16

　　学习目标 ·· 16
　　案例引导 ·· 16
　　第一节　成本的一般分类 ··· 17
　　第二节　成本系统设计 ··· 25
　　第三节　服务部门成本分配的基本方法 ··· 34
　　本章小结 ·· 41
　　思考与练习 ·· 41
　　附录:利用 Excel 进行服务部门成本顺序法分配 ···························· 44

第三章　管理会计分析方法:成本性态分析 ··························· 47

　　学习目标 ·· 47
　　案例引导 ·· 47
　　第一节　成本性态分类 ··· 48
　　第二节　混合成本分解 ··· 53
　　本章小结 ·· 58
　　思考与练习 ·· 59
　　附录:利用 Excel 进行回归分析 ·· 61

第四章　管理会计分析工具:变动成本法 ······························· 64

　　学习目标 ·· 64

案例引导 ·· 64

第一节　完全成本法与变动成本法的概念 ················· 65

第二节　完全成本法与变动成本法的比较 ················· 66

第三节　成本计算方法的选择 ··························· 71

本章小结 ·· 76

思考与练习 ·· 77

附录：利用 Excel 进行完全成本法与变动成本法之间利润的调节 ········· 79

第五章　管理会计分析方法：本量利分析 ················· 82

学习目标 ·· 82

案例引导 ·· 82

第一节　本量利分析概述 ······························· 83

第二节　单一产品本量利分析 ··························· 90

第三节　多种产品本量利分析 ··························· 95

第四节　本量利分析的进一步讨论 ····················· 99

本章小结 ·· 113

思考与练习 ·· 113

附录：利用 Excel 进行本量利分析 ····················· 116

第六章　管理会计分析工具：作业成本法 ················· 118

学习目标 ·· 118

案例引导 ·· 118

第一节　作业成本法的概念 ····························· 119

第二节　作业成本法的计算 ····························· 123

第三节　作业成本法与传统成本核算方法的比较 ········· 129

第四节　作业成本法的相关问题 ······················· 133

本章小结 ·· 140

思考与练习 ·· 141

附录：利用 Excel 进行作业成本计算 ··················· 144

第七章　管理决策评价：短期经营决策 ··················· 148

学习目标 ·· 148

CONTENTS

案例引导 …………………………………………………………………… 148

第一节　短期经营决策概述 ………………………………………… 149

第二节　生产决策 …………………………………………………… 155

第三节　定价决策 …………………………………………………… 163

第四节　存货管理 …………………………………………………… 167

本章小结 …………………………………………………………… 173

思考与练习 ………………………………………………………… 174

附录:利用 Excel 进行线性规划求解 …………………………… 175

第八章　管理决策评价:长期投资决策 ………………………… 179

学习目标 …………………………………………………………… 179

案例引导 …………………………………………………………… 179

第一节　长期投资决策概述 ………………………………………… 179

第二节　资金的时间价值 …………………………………………… 182

第三节　长期投资决策的现金流量分析 ………………………… 186

第四节　长期投资决策评价的方法 ……………………………… 190

第五节　长期投资决策实例 ……………………………………… 198

第六节　长期投资决策中的风险分析 …………………………… 200

本章小结 …………………………………………………………… 213

思考与练习 ………………………………………………………… 213

附录:利用 Excel 进行长期投资决策分析 …………………… 216

第九章　计划与控制管理:全面预算 …………………………… 219

学习目标 …………………………………………………………… 219

案例引导 …………………………………………………………… 219

第一节　全面预算的基本概念 …………………………………… 220

第二节　经营预算的编制 …………………………………………… 224

第三节　财务预算的编制 …………………………………………… 232

第四节　非制造业企业预算的编制 ……………………………… 235

第五节　弹性预算和零基预算 …………………………………… 237

本章小结 …………………………………………………………… 243

思考与练习 ………………………………………………………… 243

CONTENTS

附录:利用 Excel 编制全面预算 ┈┈┈┈┈┈┈┈┈┈┈┈ 247

第十章　计划与控制管理:标准成本与全面质量管理 ┈┈┈┈ 257

学习目标 ┈┈┈┈┈┈┈┈┈┈┈┈┈┈┈┈┈┈┈┈┈┈┈┈ 257

案例引导 ┈┈┈┈┈┈┈┈┈┈┈┈┈┈┈┈┈┈┈┈┈┈┈┈ 257

第一节　标准成本系统概述 ┈┈┈┈┈┈┈┈┈┈┈┈┈┈┈┈ 258

第二节　标准成本的制定 ┈┈┈┈┈┈┈┈┈┈┈┈┈┈┈┈ 261

第三节　成本差异分析 ┈┈┈┈┈┈┈┈┈┈┈┈┈┈┈┈┈ 269

第四节　全面质量管理与质量成本 ┈┈┈┈┈┈┈┈┈┈┈┈ 282

本章小结 ┈┈┈┈┈┈┈┈┈┈┈┈┈┈┈┈┈┈┈┈┈┈┈┈ 287

思考与练习 ┈┈┈┈┈┈┈┈┈┈┈┈┈┈┈┈┈┈┈┈┈┈┈ 288

附录:利用 Excel 进行标准成本的制定和差异计算 ┈┈┈┈ 290

第十一章　组织与激励管理:责任会计 ┈┈┈┈┈┈┈┈┈┈ 293

学习目标 ┈┈┈┈┈┈┈┈┈┈┈┈┈┈┈┈┈┈┈┈┈┈┈┈ 293

案例引导 ┈┈┈┈┈┈┈┈┈┈┈┈┈┈┈┈┈┈┈┈┈┈┈┈ 293

第一节　组织分散化与分权管理 ┈┈┈┈┈┈┈┈┈┈┈┈┈ 294

第二节　责任中心概述 ┈┈┈┈┈┈┈┈┈┈┈┈┈┈┈┈┈ 298

第三节　责任中心的评价指标 ┈┈┈┈┈┈┈┈┈┈┈┈┈┈ 300

第四节　责任中心的业绩报告 ┈┈┈┈┈┈┈┈┈┈┈┈┈┈ 308

第五节　内部转移价格的制定 ┈┈┈┈┈┈┈┈┈┈┈┈┈┈ 311

本章小结 ┈┈┈┈┈┈┈┈┈┈┈┈┈┈┈┈┈┈┈┈┈┈┈┈ 315

思考与练习 ┈┈┈┈┈┈┈┈┈┈┈┈┈┈┈┈┈┈┈┈┈┈┈ 316

附录:利用 Excel 分配共同成本 ┈┈┈┈┈┈┈┈┈┈┈┈ 318

第十二章　组织与激励管理:业绩评价 ┈┈┈┈┈┈┈┈┈┈ 320

学习目标 ┈┈┈┈┈┈┈┈┈┈┈┈┈┈┈┈┈┈┈┈┈┈┈┈ 320

案例引导 ┈┈┈┈┈┈┈┈┈┈┈┈┈┈┈┈┈┈┈┈┈┈┈┈ 320

第一节　管理激励的目标和内容 ┈┈┈┈┈┈┈┈┈┈┈┈┈ 320

第二节　管理激励的业绩评价方法与形式 ┈┈┈┈┈┈┈┈ 324

第三节　平衡计分卡 ┈┈┈┈┈┈┈┈┈┈┈┈┈┈┈┈┈┈ 327

本章小结 ┈┈┈┈┈┈┈┈┈┈┈┈┈┈┈┈┈┈┈┈┈┈┈┈ 336

CONTENTS

思考与练习 ………………………………………………… 336

附:练习题参考答案 ………………………………………… 338

参考文献 …………………………………………………… 360

目　录

第一章

管理会计导论

◆了解和掌握管理会计的形成和发展
◆了解和掌握管理职能与管理会计信息的关系
◆理解管理会计与财务会计的区别与联系
◆了解管理会计组织与管理会计师职业道德

案例引导

朱俊为,作为与德国大众合资汽车制造商的总经理,近日一直在思考这样一个问题:面临日本轿车系列丰田、本田、尼桑等有计划、有目的地占领国内轿车市场份额,如何确保并稳定德众汽车在国内原有的市场地位? 为此,朱俊为组织企业的管理层就德众汽车的目标市场定位、产品生产系列、成本管理、企业组织设计等问题进行了深入的分析和对比。会议纪要表明,与日系轿车相比,德众汽车的生产成本、内部设计以及市场定价等处于竞争劣势。为适应企业的长期发展,会议要求企业的管理层、会计人员与研发人员首先提供德众汽车的生产成本及设计结构的全部信息,并提出成本降低的具体方案;其次,通过比较分析德众企业近年来的市场表现,提出中、长期德众汽车的市场战略;第三,根据市场需要,如果引进德众系列新款轿车 ST,就该款轿车在未来 5 年的现金流量和盈利水平进行预测和分析;第四,在企业的全部生产部门和辅助生产部门建立信息跟踪系统,建立对企业的各级生产组织单位的激励与控制系统,以适应市场需求的变化。

在企业经营环境日趋复杂的环境下,管理会计信息对经营决策的制定具有重要影响。不同利益主体基于其决策目标的差异,对会计信息的需求具有不同的侧重点。企业外部利益主体如股东、债权人及政府等主要需要关于企业一定时期财务状况和经营成果的财务会计信息,以便于了解和掌握企业管理者契约的履行情况。企业内部管理者主要需要管理会计提供及时、相关、可靠的企业经营活动信息,以利于决策的正确制定和执行。

本章将从历史的角度介绍企业管理实践对管理会计信息需求引致管理会计的形成和发展,阐述管理及管理职能与管理会计信息的关系,比较管理会计与财务会计的区别与联系。

第一节　管理会计的形成和发展[①]

一、管理会计的形成

管理会计是随着社会经济的发展、科学技术的进步、企业经营管理的需要逐渐发展起来的。管理会计是管理与会计的有机结合,它将管理科学、经济学、组织行为学等相关学科应用于会计学科,为企业管理人员提供决策信息,是社会经济发展到一定阶段的产物。

任何一门学科的形成与发展都与其所处的社会经济环境密切相关。管理会计也不例外,考察管理会计的形成发展过程,就要对管理会计形成和发展的社会经济环境有一个基本了解。

（一）早期的管理会计——成本会计（19 世纪初至 20 世纪 40 年代）

管理会计最早出现于美国的商业企业,并在 19 世纪的纺织业、铁路、钢铁制造业中得到了发展。

作为会计基础,"簿记"可以追溯到公元前 3600 年。折旧概念早在希腊和古罗马时期就已经产生。然而,大多数会计学家认为,现代会计从 14 世纪开始。1494 年,意大利的卢卡·帕乔利(Luca Pacioli)最早发明了著名的复式记账制度,奠定了财务会计的基础。

但是,企业对于管理会计信息的需求则是 19 世纪发生的现象。作为工业革命的结果,19 世纪的企业通过扩大生产规模,达到规模经济以增加实现利润的能力。企业规模的扩大,企业生产方式和组织形式相应发生了变化,促使企业管理者开始产生对单位产品成本、单位资源耗费、投资报酬率等管理会计信息的需求。

19 世纪的企业主要从事单一产品的生产,即以单一经济活动作为企业的主要经济活动。在这些企业中,企业管理者开始逐渐意识到对于规模较大的企业,应采取比过去分散经营更有效的集中控制管理程序。如英美的部分商业企业家已经开始在集中管理的企业中,通过控制各生产过程中的产量,提高企业的生产效率。早期的纺织企业,曾经希望通过控制生产过程中所使用的时间来取得更多的收益。起初,管理者也希望通过对劳动力的控制、通过增加产品的销售收入来稳定地增加利润,然而,他们很快地意识到,通过降低产品成本提高生产效率,也是增加企业利润的较优途径。

美国历史学家发现,最早的制造成本记录发生在 19 世纪上半叶的新英格兰集中的多步骤的棉纺织企业中。例如莱曼纺织企业的会计记录,就包括利用复式记账法的总分类账户和明细分类账户,并且在分类账中保持两个纺织账户用以反映全部制造成本。但此时的复式成本账户,已经完全不同于先前所采用的会计账户,先前的会计账户主要是记录企业经济业务的确

[①]　本部分内容主要参考了 H. T. Johnson and R. S. Kaplan, 1997, *Relevance Lost: The Rise and Fall of Management Accounting*, Harvard Business School Publishing. 余绪缨:《余绪缨学术文集》,辽宁人民出版社 2000 年版;李天民:《管理会计研究》,立信会计出版社 1994 年版;胡玉明,"管理会计发展的历史演进",《财会通讯》,2004 年第 1 期。

定性结果,而此时的成本账户是在规模较大的企业中,为集中控制和管理企业的各个生产过程而采取的一种方法,这导致成本会计的产生和发展。

莱曼纺织企业的账户除记录企业的制造成本、不同类型产品的单位成本外,还包括其他关于企业生产的记录,如反映企业原材料的使用效率、工人工作的时间以及一般制造费用情况的成本报告。这些账户为管理人员组织生产经营管理与控制提供了重要的信息,如企业生产单位产品所耗费的资源、制定特别订货价格的短期决策和对设备更新决策所使用的边际贡献指标等,都是直接来源于生产成本账户。此外,莱曼纺织企业的成本账户还对企业内部一些松散的行为起到监督和控制作用。企业管理人员定期地利用成本信息检验员工的业绩,他们对在同一生产过程、同一时期劳工的生产效率进行比较,而且,还对同一劳工在不同生产期间的工作效率进行比较。为满足企业管理人员的要求设置的账户所提供的成本信息,不同于其他信息,它可以帮助管理人员评价企业内部的生产过程并激励员工为实现企业的生产目标而努力工作。

19世纪中叶,交通和通讯业得到了巨大的发展,特别是在修建了铁路和发明了电报以后,为更大规模企业组织的存在提供了可能性。这时,企业可以在一个更大的地理区域内采购原材料和销售其产品。但是,如果此时管理会计信息在数量和质量上不能与此适应,企业就不能从扩大的经营范围内获得充分的规模经济和利润。事实上,高效率的管理会计系统能够协调高效率的后勤准备和前台生产过程,并协同企业的销售活动,从而为分散经营的管理人员提供业绩评价的计量标准。

铁路的发展也许为高效率的管理会计系统提供了一个最好的例证。与制造企业一样,铁路部门也设计了一套成本会计系统,用以评价和控制企业内部的生产过程。但是,与制造企业不同的是,铁路部门设计了一种特殊的记账程序,这种程序在记录每天发生大量繁多的业务的同时,及时汇总并产生企业内部报告。同时,铁路部门还设计了新的会计系统,用于及时有效地控制现金支出,这样就可以为管理部门及时提供企业各种开支的准确报告。除此之外,铁路的发展也扩大了企业内部经营活动的空间范围,铁路部门发明了一套完整的成本会计程序计算吨公里成本,这样不仅能为每一分段或整个铁路以吨公里为基础计算成本,而且还能找出各单位成本之间的差异及其原因,更有效地控制成本。

19世纪后期,交通运输和通讯业的发展,使规模经济和跨区经营企业的形成成为可能,大规模商业企业的发展是推动美国经济迅速发展的主要动力之一。作为连接生产者和消费者的纽带,批发商和零售商的发展,使得陷入困境的制造商能够顺利地销售出他们的产品。

为了提高经营效率,许多批发商把提高营业额作为一项重要的内部管理目标,薄利多销是批发商成功的秘诀。基于企业营业额的考虑,批发商不得不对成本予以充分的重视,尤其采购成本、存货成本以及为消费提供的信贷等是批发商的主要控制成本。为了激励和评价企业内部各管理部门负责人的业绩,商业企业开始计算并整理各个部门关于毛利润(销售成本减销货成本和经营费用)和存货周转率方面的会计信息,类似于早期的制造业和铁路运输业,这些商业企业开始收集并整理企业内部会计信息,并将其用于企业经营管理。

管理会计技术的进步与F·W·泰勒发明的科学管理原理密切相关。19世纪后期,企业规模不断扩大,生产过程日益复杂,使得企业管理人员很难得到有关企业生产经营效率方面的准确信息。管理工程师F·W·泰勒的科学管理原理恰好适应了当时企业管理的需要。科学管理原理的核心是强调提高生产效率和工作效率,通过泰勒所倡导的时间动作研究,来制定在一定条件下可以实现又同时是最有效的标准,以实现生产过程的高度标准化。随着科学管理原理在企业生产中的广泛应用,原有的会计体系发生了变化,企业会计人员为了配合科学管理原理,就将标准成本、预算控制和差异分析等与科学管理紧密联系的技术方法引入管理会计体系,丰富和发展了原有管理会计的内容。

20世纪初,美国企业掀起了一场巨大的企业合并浪潮,国际收割公司、杜邦公司、通用电气公司、美国钢铁公司等脱颖而出,家喻户晓。这些企业都含有先前独立从事生产经营的若干企业,如制造、采购、运输和销售,这些原来各自独立的企业经营活动,现在演变成一个综合的多种经营活动的企业组织中的某一经营行为。综合企业的发展,主要因为他们通过联合从前不同的经营业务,增加企业实现利润的能力。在这种综合性企业中,企业的生产方式、生产环境、经营特点完全不同于19世纪初单一经济活动的企业,企业管理人员需要面临许多需要解决的新问题,其中最突出的是如何协调企业内部各部门之间的生产经营活动,使得各部门的经营目标与企业的总体目标相一致,这催生了分散经营责任会计。

美国早期大部分成功的综合型多种经营活动的企业,通常采取的是现在众所周知的将多种经营活动作为一个统一集中的企业组织方法,来协调企业内部各部门的生产经营活动,在综合性企业中,各个部门采用了原单一活动企业发明的会计计量方法。然而,在综合性企业,各种效率不同的计量方法(如单位产品成本、经营比率、存货周转率等)不可能直接服务于整个企业的利润。此外,综合性企业的管理人员和员工的激励方式也不同于原来的单一活动企业,需要激励他们关注整个企业的目标和利润。综合性企业的管理人员发明了两个新的管理会计技术,协调综合性企业内部的控制和激励问题。首先,他们发明了协调和控制企业内部资源流动的预算体系;其次,他们扩充了一种新的评价指标——投资报酬率,用以评价和各个不同经营部门的业绩,并将部门业绩与企业的整体业绩相比较。此外,综合性企业的管理者还利用预算和投资报酬率将资本在不同部门之间进行分配。通过评价和控制企业内部的经营活动,投资报酬率开始从作为协调各部门经营活动的工具,最终变成一个指导性原则。这种会计指标对资本配置的效率,在今天仍然具有实际意义。

1925年,美国的企业管理实践中已经出现了我们今天的管理会计教科书中的各种管理会计方法。管理会计实践得到了充分发展,为直接人工、直接材料和制造费用设置了成本账户,为现金、销售收入和资本编制了预算,弹性预算、销售预测、标准成本控制、成本差异分析、内部转移价格的制定以及部门业绩的评价等管理会计实践展示了管理会计在企业中的应用和发展。

在教材方面,1922年美国学者奎因斯坦(Quaintance)出版了《管理会计:财务管理入门》,1924年美国又出版了麦肯锡(Mckinsey)的《管理会计》,为管理会计作为一门学科的存在奠定了基础。

(二)战后的管理会计——现代管理会计(20世纪40年代至20世纪80年代)

20世纪40年代,特别是第二次世界大战以后,西方国家进入了所谓战后期。一方面,现代科学技术突飞猛进并大规模应用于生产,使社会生产力获得十分迅速的发展;另一方面,企业进一步集中,跨国公司大量涌现,企业的规模越来越大,生产经营日趋复杂,企业外部的市场情况瞬息万变,竞争更加剧烈。在这种复杂的经济环境中,企业管理人员不仅要求会计人员及时地对企业的经济管理活动进行准确地计量和反映,更重要的是要预先对企业未来的生产经营情况进行预测。这样,促使会计的重心转向服务于企业内部的经营管理。

面对这些新的环境和条件,战前风靡一时的泰勒的"科学管理学说"由于其重局部、轻整体的观念无法适应环境的变更,而被后来的现代管理科学所取代。现代管理科学认为"管理的重心在经营,经营的重心在决策",把正确地进行经营决策放在首位。现代管理科学以系统论、控制论、运筹学、行为科学、高等数学为其理论基础和方法手段,同时结合计算机技术,根据企业管理整体最优的要求,建立反映经济变量内在关系的模型,对企业较为复杂的生产经营活动进行科学的预测、决策、组织、协调和控制,实现企业生产经营最优运营,从而提高企业管理现代化水平。这样,以现代管理科学理论为基础的管理会计,广泛地吸收了相关学科的理论和方法,极大地丰富了早期管理会计的内容,形成了现代管理会计中决策会计的理论和方法。

1952年,世界会计师联合会正式采用"管理会计"这个名词,这标志着传统会计分离为财务会计和管理会计两大组成部分,管理会计正式得到国际会计界一致的认同。

在教材方面,1960年至80年代管理会计教材的数量到达高峰,代表性教材主要包括霍恩格伦(Horngren)的《管理会计导论》、卡普兰(Kaplan)的《管理会计》、哈里森(Harrison)的《管理会计》以及科普兰(Caplan)、霍普伍德(Hopwood)等的《管理会计》。

二、管理会计的发展

进入20世纪80年代,计算机为主导的生产自动化、智能化程度日益提高,直接人工费用普遍减少,间接成本相对增加,明显突破了制造成本法中"直接成本比例较大"的假定。制造成本法中按照人工工时、工作量等分配间接成本的思路,严重扭曲了产品成本信息。另外传统管理会计的分析,重要的立足点是建立在传统成本核算基础上的,因而其得出的信息,对实践的反映和指导意义不大,相关性大大减弱。为此,1987年,美国哈佛大学卡普兰(Kaplan)与约翰逊(Johnson)合作出版了轰动西方会计学界的专著《相关性消失:管理会计的兴衰》。他们认为,目前的管理会计体系是几十年前的框架,20世纪初的美国企业实践已经包括了今天管理会计教材中的大部分内容,这种过时的管理会计体系难以适应新的环境下企业管理的要求,由于成本计算方法的僵化,使得企业的产品成本计算发生了扭曲,成本信息失真,管理会计信息失去了决策的相关性。他们认为,现行的管理会计体系必须进行根本性的变革,才能适应当今科学技术与管理科学发展的新环境。

1991年,英国曼彻斯特大学斯卡彭斯(Scapens)认为,探讨管理会计理论与实践之间的差距应该从管理会计理论本身找原因。就管理会计理论方面而言,存在两个比较严重的问题:其一是管理会计的知识体系不能满足决策者的需要,其二是管理会计理论所依据的某些假设与现实不符。为了解决这个问题,管理会计研究人员需要重新研究管理会计的理论基础,并深入了解企业实际情况。这是探讨管理会计理论与实践相脱节的原因并寻求缩短两者差距的正确办法。

基于管理会计信息的失真性,卡普兰等人致力于管理会计信息相关性的研究,迎来了一个以"作业"(Activity)为核心的"作业成本会计"(Activity-based Management Accounting)时代,"作业成本会计"和"作业管理"成为西方管理会计教材的"新秀"。与波特提出的"价值链"(Value Chain)观念相呼应,管理会计既借助于"作业管理",又致力于如何为企业"价值链"优化服务。管理会计在20世纪80年代取得许多引人注目的新进展都是围绕管理会计如何为企业"价值链"优化和价值增值提供相关信息而展开。

随后,管理会计学者对企业经营环境进行了新的探索,管理会计再一次向前飞跃,各种创新的管理会计方法层出不穷,产生了一批新的管理会计方法,主要包括如下几方面。

(一) 全面质量管理(Total Quality Management,TQM)

TQM 是 20 世纪 60 年代从传统质量管理发展起来的,随着国际国内市场环境的变化,TQM 已经发展成为一种企业竞争的战略武器,一种由顾客的需要和期望驱动的、持续的改进产品质量的管理哲学。TQM 的目标就是公司在生产的各个环节追求产品"零缺陷",并由顾客最终界定质量。TQM 对计量和报告员工业绩的会计来讲,产生了质量会计这一新学科。但由于提高质量所产生的收益难以计量,质量会计发展的重点就放在质量成本的确认、计量和报告上。一般认为,质量成本由五大类构成:(1)预防成本;(2)检验成本;(3)内部失败成本;(4)外部失败成本;(5)外部质量保证成本。另外,在 TQM 情况下,会计人员绩效衡量标准包括了产品的可靠度、服务的及时性等促使管理人员努力提高产品质量的非货币性指标。

(二) 战略管理(Strategic Management)

所谓战略管理,就是着眼于对企业发展有长期性、根本性影响的问题进行决策和制定政策,以便在市场中取得竞争优势,确保有效完成公司目标。战略管理思想对成本会计系统的影响主要体现在战略成本管理(Strategic Cost Management)的提出。战略成本管理就是运用成本数据和信息,确认和建立能促进公司竞争优势的最优战略。战略成本管理所包括的范围,一般包括三个方面:(1)价值链分析;(2)市场定位;(3)成本动因分析。

(三) 基准管理(Benchmarking Management)和持续改进(Continuous Improvement)

管理方法的新趋势就是基准与持续改进的结合。所谓基准,就是以公司外部或内部最优的业绩标准来衡量自身的生产活动;持续改进意味着管理人员不是一次性地确定基准,而是持续改进提高的过程。日本丰田公司是贯彻基准管理与持续改进的典型。基准和持续改进被称为"永无终点"的比赛。基准管理与持续改进对成本会计系统的影响主要表现在管理人员和会计师们认识到降低成本要向本行业最好的公司学习,以同质产品的最低成本作为基准,了解自身与最优者的差距,并分析其原因,进而实行企业再造工程(Reengineering the Corporation)以增强竞争力。

(四) 限制理论(Theory of Constraints,TOC)

根据 TOC,每个公司至少有一个瓶颈制约着它的发展,否则无论公司定下什么目标都会实现(如利润最大化)。企业限制因素通常可分为资源、市场、政策、原材料和后勤五类。限制理论把企业看成一系列链状相连的过程,如果薄弱的联结处得到了加强,那么整个链也就得到了加强,但是如果加强了其他的联结处,整个链就不会得到加强。限制理论对成本会计系统的影响是,管理人员和会计人员认识到,在有些情况下,不能一味强调降低成本和费用,要有逆向思维,要在企业的薄弱环节加大投入量,"为了省钱而花钱"。如果企业待解决的瓶颈是更新设备,引进新型设备会发生一笔较大的支出,但在今后设备使用期间,因设备利用效率的提高而增加的产出加上设备维修费用降低的综合效益,可能抵补支出而有余,就总体而言,效益可有所增加,这也是"成本—效益"原则的另一种诠释。

(五)目标管理(Objective Management)

按目标进行管理,要求一个企业在一定时期内应当确定总的奋斗目标,如利润总额、资金利润率等,并据以指导、组织、动员员工为完成企业总目标而努力。围绕这个总目标,企业各部门、各环节乃至每个人都应当制订自己的奋斗目标,如销售量目标、成本目标、技术目标等,并制定实现目标的措施,以保证总目标的完成。实行目标管理可以提高企业管理工作的主动性和积极性,克服盲目性,提高企业的经营管理水平。目标管理对成本会计系统的影响就是目标成本的制定、分解、控制和分析。

(六)平衡计分卡(Balance Score)

平衡计分卡是卡普兰和诺顿在总结了12家大型企业的业绩评价体系的成功经验的基础上,提出的适应信息时代的新兴的绩效评价方法。它突破了传统的以财务为核心的评价体系,把组织的战略目标与实现的过程联系起来,把企业当前的业绩与未来的获利能力联系起来,通过评价体系使企业的组织行为与企业的战略目标保持一致。平衡计分卡将企业战略、过程、行为与结果一体化,通过财务维度、顾客维度、内部业务流程维度和学习与成长维度四个方面评价企业的经营业绩。

第二节　管理职能与管理会计信息

一、管理与管理职能[①]

1. 对管理的理解

什么是管理?美国管理学家泰勒认为,管理就是确切地了解你希望工人干些什么,然后设法使他们用最好、最节约的方法完成它[②]。法国学者法约尔认为,管理就是实行计划、组织、指挥、协调和控制[③]。这主要是从管理功能的角度来定义的,它明确了管理的过程和职能。美国的管理学家孔茨认为,管理就是设计并保持一种良好环境,使人在群体里高效率地完成既定目标的过程;管理是使人群高效率完成工作的过程。美国的斯蒂芬·P·罗宾斯和玛丽·库尔苔也持相同的观点,认为管理这一术语指的是和其他人一起并且通过其他人来切实有效地完成活动的过程[④]。

可以看出,管理是一个能动的协调和组织的过程,通过管理活动,实现组织目标。

管理需要组织和协调,自然就需要组织中的某一个体行使管理职能。管理者是管理行为

---

① 本部分内容参阅了郑文哲:《管理学原理》,科学出版社 2004 年版。
② 丹尼尔·A·雷恩著:《管理思想的演变》,孙耀君等译,中国社会科学出版社 1984 年版。
③ H·法约尔著:《工业管理与一般管理》,周安华等译,中国社会科学出版社 1982 年版。
④ 斯蒂芬·P·罗宾斯:《管理学》,中国人民大学出版社 1977 年版。

过程的主体,管理者一般由拥有相应的权力和责任、具有一定管理能力的从事管理活动的人或人群组成。管理者及其管理技能在组织管理活动中起决定性作用。

美国著名管理学家彼得·F·德鲁克提出"管理者角色"(the Role of the Manager)的概念。德鲁克认为,管理是一种无形的力量,这种力量是通过管理者体现出来的,所以管理者扮演的角色大体上有三类。

(1)管理一个组织(Managing a Business),求得组织的生存和发展。为此管理者必须做到:一是确定该组织是干什么的,应该有什么目标,如何采取积极的措施实现目标;二是谋取组织的最大效益;三是"为社会服务"和"创造顾客"。

(2)管理管理者(Managing Manager)。组织的上、中、下三个层次中,人人都是管理者,同时人人又都是被管理者,因此管理者必须做到:一是确保下级的设想、意愿和努力能朝着共同的目标前进;二是培养集体合作精神;三是培训下级;四是建立健全的组织结构。

(3)管理工人和工作(Managing Workers and Work)。管理者必须认识到两个假设前提:一是关于工作,其性质是不断急剧变动的,既有体力劳动又有脑力劳动,而且脑力劳动的比例会越来越大;二是关于人,要正确认识到"个体差异、完整的人、行为有因、人的尊严"对于处理各类各级人员相互关系的重要性。

2. 管理的职能

管理的职能是指管理者为了实现有效管理所必须开展的基本活动,它是具体回答管理者"干什么"和"怎么干"的问题。一般地,管理职能主要包括计划、组织、协调和控制四个方面。

(1)计划。凡事预则立,不预则废,讲的就是计划的重要性。管理,作为一项有意识的活动,必须经过周密的规划与运筹。任何管理者,要实施有效管理,都必须执行计划职能。计划是管理的首要职能,它统驭并渗透于其他后续的管理职能。计划既包括选定和分解组织目标,又包括确定实现这些目标的方案与途径。管理者必须围绕计划规定的目标,去从事组织、领导、协调、控制等管理活动。

在管理中,计划具有两重含义:其一是计划工作,是指根据对组织外部环境与内部条件的分析,提出在未来一定时期内要达到的组织目标以及实现目标的方案途径;其二是计划形式,是指用文字和指标等形式所表述的组织以及组织内不同部门和不同成员,在未来一定时期内关于行动方向、内容和方式安排的管理事件。无论是计划工作还是计划形式,计划都是根据社会的需要以及组织的自身能力,通过计划的编制、执行和检查,确定组织在一定时期内的奋斗目标,有效地利用组织的人力、物力、财力等资源,协调安排好组织的各项活动,取得最佳的经济效益和社会效益。

(2)组织。计划确定了组织的具体目标,就必须设计、构建和维持一种合理的组织结构,包括建立组织机构、明确岗位职责和完成人员配备等,从而保证组织的各项要素和各项活动在时间上、空间上和职能结构上既分工又协作,形成有机的整体,使组织的共同目标能协调有序地实现。

组织可以分为有形的和无形的,即组织结构和组织活动。有形的组织机构是为实现组织目标,经由分工与协作,及不同层次的权利和责任制度构成的人群集合系统。具体包括三层含义:组织必须有目标,组织必须有分工与协作,组织要有不同层次的权利和责任制度。

无形的组织活动是指在特定环境中为了有效地实现共同目标和任务,确定组织成员、任务及各项活动之间的关系,对资源进行合理配置的过程。它主要包括四个方面的内容:组织机构的设计,适度和正确授权,人力资源管理和组织文化建设。

作为按照一定目标和程序而组成的一种权责角色结构的组织,包括如下四个重要因素:

① 职权(Authority)。指经由一定的正式程序所赋予某项职位的一种权力。

② 职责(Responsibility)。指某项职位应该完成某项任务的责任。

③ 负责(Accountability)。反映上下级之间的一种关系。下级有向上级报告自己工作绩效的义务或责任;上级有对下级的工作进行必要指导的责任。

④ 组织系统图(Organizational Chart)。反映组织内各机构、岗位上下左右关系的一种图表。

(3) 协调。任何一个组织内、外部存在复杂多变的关系与矛盾,如果不及时有效地协调关系、化解矛盾和纠纷,那么矛盾势必由小变大,由少变多,组织的基石就会瓦解。所以,协调是管理的一项重要职能,也是最花费时间的工作,有的管理学家甚至认为管理就是协调。协调包括对内和对外两个方面:对内协调的核心是沟通,难点是如何对待非正式组织,如何正确解决冲突,其结果是形成内部人际关系;对外协调的核心是公关,难点是如何处理与政府、传播媒体、客户及社会公众的关系,其结果是树立组织形象。

对管理者来说,有效沟通不容忽视,这是因为管理活动包含着沟通。再好的想法,再有创意的建议,再优秀的计划,不通过沟通都无法实施。沟通是使不协调关系得以协调的关键。沟通是指可理解的信息或思想在两个或两个以上人群中的传递或交换的过程,目的是激励或影响人的行为。在很大程度上,组织的每个管理者的工作都和沟通有关。在组织内部,有员工之间的交流、员工与工作团队之间的交流及工作团队之间的交流;在组织外部,有组织与客户之间的交流、组织之间的交流等。

(4) 控制。控制是管理的重要职能之一。它是保证组织计划与实际作业动态相适应的管理职能。控制工作的主要内容包括确立标准、衡量绩效和纠正偏差。一个有效的控制系统,可以保证组织的各项活动朝着达到组织目标的方向不断逼近,而且,控制系统越是完善,组织目标就越有实现的保证。

管理的控制职能,是对组织内部的管理活动及其效果进行衡量和校正,以确保组织的目标以及为此而拟订的计划得以实现的过程。控制职能是每一位负责执行计划的主管人员的主要职责,尤其是直线主管人员的主要职责。与管理的其他主要职能一样,控制职能也有其原理和方法,正确地、因地制宜地运用这些原理和方法,是使控制工作更加有效的重要保证。

控制工作意指按计划、标准来衡量所取得的成果并纠正所发生的偏差,以保证计划目标的实现。如果说管理的计划工作是谋求一致、完整而又彼此衔接的计划方案,那么,管理的控制工作则是使一切管理活动都能按计划进行。

计划和控制是一个问题的两个方面。计划是基础,它是用来评定行动及其效果是否符合需要的标准。计划越明确、全面和完整,控制的效果也就越好,控制职能使管理工作成为一个闭路系统。在大多数情况下,控制工作既是一个管理过程的终结,又是一个新的管理过程的开始,它使计划的执行结果与预定的计划相符合,并为计划提供信息。

总而言之,控制工作中的纠偏措施可能涉及管理的各个方面,要把那些不符合要求的管理活动引回到正确的轨道上来。

二、管理职能与管理会计信息

管理会计就是为保证上述管理职能有效地运用而展开的,管理会计紧密围绕管理职能为企业管理者提供决策信息支持服务。

1. 计划与管理会计

为保证企业计划的顺利编制和执行,企业通常需要制定预算,利用预算来协助企业管理者规划企业发展目标。预算的编制和制定是管理会计的重要内容,在管理会计中预算主要包括以下三方面的内容。

(1) 经营预算。经营预算是指与企业日常经营业务直接相关的一系列预算的统称,一般为短期预算。通过经营预算的编制可以明确企业各职能部门,尤其是生产部门的经营目标主要包括销售预算、生产预算、直接材料预算、应交增值税、销售税金及附加预算、直接人工预算、制造费用预算、产品成本预算、期末存货成本预算、销售费用及管理费用预算。

(2) 财务预算。财务预算是指反映预算期内现金收支、经营成果和财务状况的预算。它是基于经营预算对一定时期企业财务状况和经营成果的全面规划。财务预算主要包括现金预算、财务费用预算、预计利润表、预计资产负债表。

(3) 资本预算。资本预算是指企业为那些在预算期内不经常发生的、一次性经济活动所编制的预算。它是增加企业生产运营能力,提高企业市场份额和竞争力的重要途径。与在日常经营业务基础上编制的经营预算与财务预算不同,专门决策预算所涉及的不是经常预测和决策事项,一般为长期或不定期编制的预算,其针对性较强。专门决策预算又可以分为经营决策预算和投资决策预算。

2. 组织与管理会计

合理的组织设计和激励安排是企业正常生产经营活动的基础。为了实现企业的预算目标,在管理会计中,主要是通过设计责任中心对企业的预算进行层层分解实现组织的设计和激励。在管理会计中组织的过程包括以下三方面的内容。

(1) 责任中心的建立。责任中心是指企业里相对独立的具有一定的管理权限、并具有相应的经济责任的内部单位,是一个权、责、利相结合的责任单元。责任中心的建立依各个内部单位具体情况的差异而有所不同。一般地,企业通常需要建立成本中心、利润中心、投资中心。

(2) 责任中心的考核与评价。管理会计为每一个责任单位都确定一个目标,即指通常所说的责任预算,然后再计量能够反映这些目标实现状况的业绩指标。通过比较责任预算与实际执行的差异考核责任中心的业绩。

(3) 业绩评价。管理者需要为各责任中心决策制定评价规则、指标和奖励激励,这些规则必须有利于责任中心之间、责任中心目标与企业总体目标相一致。

3. 控制与管理会计

为了保证预算目标的顺利实现,管理层需要对企业的生产经营活动进行有效的控制。在管理会计中控制的过程包括以下三方面的内容。

(1) 制定控制标准。任何一项经济活动都要有一个标准作为衡量其价值的手段,同样,控制也要有一个标准作为评价、考核业绩的工具。为了评价考核实际工作的业绩而设定的某种标准是控制的一个基本特征。

（2）收集、比较和分析各项经营活动的反馈信息。在大型企业中，由于各责任中心在地点分布上存在一定的差异，因此及时有效的经营信息对于控制职能的发挥显得十分重要。因此，企业通常需要建立标准的成本制度，结合企业的经营特点，对企业各责任中心的预算的实际执行情况进行跟踪、计量，通过收集各种反馈信息，并编制实际工作业绩报告来比较和分析各责任中心的工作业绩。

（3）矫正偏离计划的差异。依据预定目标重新组织安排各部门经营活动是控制的主要目标。在制定控制标准、收集和分析企业各部门的经营反馈信息之后，管理会计人员要及时地将实际经营成果与计划目标的差异报告给企业管理部门，同时，就产生这些差异的原因及应采取的措施向管理部门提供特殊的会计分析报告。企业管理部门将根据管理会计人员提供的信息及时地重新组织和安排企业的经营活动或重新调整计划，指导企业纠正错误，是企业实现预定的目标。一般地，将这种分析计划经营目标与实际经营成果之间的差异的做法，称为例外管理。

上述管理会计对管理职能的实现，实际上也构成了管理会计的主要内容。

第三节　管理会计与财务会计的区别和联系

管理会计和财务会计作为企业会计的两大支柱，在同时为企业提供信息服务时，各有其特点，两者既存在密切的联系，又存在区别。

一、管理会计和财务会计的联系

管理会计虽然是从传统的财务会计中分离出来，但它和财务会计一起构成为企业经营管理提供服务的企业会计的重要组成部分，两者在为改善企业经营管理，提高经济效益提供服务时存在着密切联系。

首先，管理会计和财务会计的服务对象基本一致，都是以企业为主体提供服务，只是由于分工的不同，两者的工作各有所侧重。

管理会计侧重于为企业内部经营管理提供服务，同时它也对外提供服务。企业外部的投资者、债权人所关心的是企业的经营成果和财务状况，这些都是综合性的财务指标，他们的改善和提高只能以加强企业内部经营管理，提高企业内部生产经营各方面的工作质量和效果为基础和条件。在这方面，管理会计正确地进行经营决策，及时地提供有效信息将起重要作用。

财务会计侧重于对外提供服务，同时也对内提供服务。财务会计将企业视为一个整体，提供有关资金、成本、利润等方面的集中、概括性的资料，这些资料对企业管理者来说至关重要。一方面，它们是前期企业生产经营各方面工作的质量和效果的集中表现，是全面评价和考核企业各方面工作的重要依据；另一方面，它们又为管理者制定下期的生产计划和经营决策提供参考依据。所以，不能说财务会计知识对外服务而不对内服务，只能说财务会计侧重于对外服务。

其次，管理会计和财务会计虽然是两个不同的会计信息系统，但它们的信息来源是基本相同的。管理会计为了协助企业管理者规划和控制生产经营活动,必须从不同渠道取得各种各样的信息资料,如财会信息、统计信息、业务核算信息以及其他有关信息等,但最基本的最重要的还是财务信息,因为财务信息是财务会计对企业一定时期的生产经营活动进行连续、系统、全面、综合地记录、计量、核算所形成的,管理会计通过对财会信息进行一系列整理加工,使之成为规划和控制未来生产经营活动的科学依据。

再次,相关性和可靠性是管理会计与财务会计信息的共同特征。信息是决策的基础,无论是企业内部管理者还是企业外部的投资者、债权人都需要具备相关性与可靠性的信息。相关性是指能够通过帮助信息使用者预测过去、现在和未来事件的结果,坚持或更正先前的预测并在决策中起作用。相关的会计信息也必须具备三个基本特征,即及时性、预测价值和反馈价值。可靠性是指会计信息应能如实地表述所要反映的对象,确保信息能免于错误和偏差。可靠的会计信息应具备三个基本特征,即真实性、可验证性和中立性。

二、管理会计和财务会计的区别

管理会计毕竟是一门相对独立的学科,它与财务会计相比,还存在许多不同之处,主要表现在以下四个方面。

(1) 在服务对象方面,财务会计通过对企业生产经营活动的记录、分类、汇总和编制财务报表等方法,主要向企业外部投资人、债权人、政府和税务部门提供服务,即财务会计侧重对外服务。而管理会计则不然,它运用各种专门的技术方法,主要向企业管理人员提供有关信息,协助管理者确定目标、做出决策、编制计划、加强控制和进行业绩评价,即管理会计侧重于为企业内部各级管理人员服务。

(2) 在行为规范方面,财务会计为了保障企业外部利益集团的利益,必须遵守严格的、规范的、统一的标准。如会计原则、会计制度、有关法律和政府法规都是财务会计必须严格遵守的行为规范。管理会计主要侧重于对内服务,在许多方面不受会计原则、会计制度等方面的规范,但在运用各种理论方法提供信息服务时,要受到所运用的各种理论本身的规范,如成本制度、管理理论、行为科学理论等。

(3) 在服务方式方面,财务会计必须定期反映企业过去的生活生产经营活动和经营成果,按年、季、月编制输出规定的具有统一格式的财务报表,如资产负债表、损益表、现金流量表等,并且要求报表中的数据真实、准确。管理会计则不然,它服务于企业管理者的需求,可按任何时期,也可临时加报(过去时期和将来时期)种类格式不拘的各种预算、分析说明、报告、图表等,并且对信息不要求绝对准确,但要求及时可靠。

为编制输出有关报告、报表,财务会计主要使用货币计量完成对信息的加工整理。而管理会计主要是运用高等数学、运筹学、系统科学、行为科学等现代科学管理理论和方法,使用货币计量,兼用其他计量完成对信息的加工处理。

(4) 在理论和方法的成熟程度方面,财务会计产生的历史较早,在理论和方法上比较成熟和稳定,各个国家的每个企业几乎都需要和实施财务会计。管理会计则是一门正在发展中的新兴学科,它的理论方法体系尚待完善和发展。而且各个国家的社会经济环境千差万别,每个企业的经营规模、经营特点又各不相同,管理会计的实施程度只能视需要和可能而定。

第四节　管理会计组织与管理会计师职业道德

一、管理会计组织

为了适应企业管理对管理会计人员的需求,在西方许多国家,管理会计师已成为一种专门的职业,并有自己的职业化组织。世界上最大的管理会计师职业组织是美国的管理会计师协会(Institute of Management Accountants,IMA),它的前身是 1919 年成立的全国会计师协会,1991 年 7 月更名为管理会计师协会。管理会计师协会主办战略财务(Strategic Finance)和管理会计季刊(Management Accounting Quarterly)两个有影响的学术刊物。1986 年起,管理会计师协会开始颁布一系列的管理会计公告(Statements on Management Accounting),以促进管理会计的职业化和提高会计学的教学水平,并提供有关管理会计理论和实务的指导。

管理会计师协会负责美国注册管理会计师(Certified Management Accountant,CMA)和财务管理师(Certified in Financial Management,CFM)认证考试并授予证书。注册管理会计师及注册财务管理师考试的内容反映管理会计人员和财务管理人员在现在的商业环境下所需要的能力。要取得注册管理会计师(CMA)资格必须通过四科考试:part-1、2(CMA)、3 和 4。而要取得注册财务管理师(CFM)资格也必须通过四科考试:part-1、2(CFM)、3 和 4。其中两者的 part-1、3 和 4 是相同的,因此如果取得了注册管理会计师或注册财务管理师一项资格,只需再通过另一项资格的第二科(part2)考试,即可取得另一项资格。考试的具体范围为如下四部分。

(1) 经济、财务及管理。主要包括微观经济学、宏观经济学、国际商务、国内组织环境、运营资本管理、长期融资和资本结构、组织结构、管理和交流。

(2) 财务会计和报表。主要包括会计准则的发展、报表编制的有关问题、会计报表分析和外部审计。

(3) 管理报告的分析和行为学,包括成本管理、计划、控制及业绩表现评估、管理行为。

(4) 决策分析和信息系统,包括决策理论与运营分析、投资决策分析以及与决策分析相关的分析。

英国早在 1919 年就成立了成本会计师协会。1972 年该协会更名为成本和管理会计协会,专门侧重于成本和管理会计的研究与实践,其目的主要是为企业内部管理服务,当时的工作重心放在协助企业管理人员的规划和决策上。由于该协会的显著影响,后来该协会被英国皇家特许机构批准而成为一名正式成员,该协会于 1986 年 11 月再次更名为现在的特许管理会计协会(Institute of Chartered Management Accountants)。该协会有两类会员:一类是正式会员,另一类是非正式会员。加入非正式会员,除需要通过规定的考试外,还需要三年的本专业工作经验。加入正式会员,除了需要满足非正式会员的条件外,还需要诸如财务经理等高层次的本专业工作经验。由此可见,英国对管理会计师的要求是很高的。取得特许管理会计师证书后,就会有较高的社会地位,并为社会所尊重。特许管理会计师比其他专业人员具有较多的机会成为企业的中层和高层管理者。

在英国,特许管理会计师的资格考试内容包括管理会计、财务会计、成本会计、财务管理、管理学、公司发展战略及市场学、法律、税收、经济学、定量分析技术与信息处理技术等,考试时间达 48 小时。

特许管理会计师协会除了组织资格考试外,还出版《管理会计》(月刊)和《管理会计研究》(季刊),并负责发布《管理会计正式术语》。

其他的职业组织包括加拿大管理会计师协会(Society of Management Accountants)等。

二、管理会计师职业道德

管理会计师在为企业管理者提供经营决策信息实现企业价值最大化的同时,必须遵守法律和职业道德规范。

2005 年,美国管理会计师协会下属的管理会计师实务委员会修订了 1983 年发表的一份公告"管理会计师职业道德准则",主要包括能力、机密、正直和客观四个方面①。

1. 能力(Competence)

管理会计师有义务:

(1) 通过不断提高自身的知识和技能,保持适当的专业技术水平;

(2) 按照各有关法律、法规和技术标准,履行其职责;

(3) 提供准确、清晰、简明和及时的决策支持信息和建议;

(4) 识别并沟通有可能影响职业判断或职能履行的职业局限或限制。

2. 机密(Confidentiality)

管理会计师有义务:

(1) 除法律规定外,非经授权,不得泄露工作过程中所获得的机密信息;

(2) 告诉下属要适当注意工作中所得到信息的机密性并监督其行为,以确保严守机密;

(3) 禁止将工作中所获得的机密信息用于非伦理或非法行为。

3. 正直(Integrity)

管理会计师有义务:

(1) 避免介入实际的或明显的利害冲突并向任何可能的利害冲突方提出忠告;

(2) 避免从事任何有害于其正确履行职责的活动;

(3) 禁止从事或支持任何有损于职业声誉的活动。

4. 可信(Credibility)

管理会计师有义务:

(1) 公正而客观地传送信息;

(2) 披露所有预期将影响使用者对管理会计师所提供的报告、评论和建议的理解的相关信息;

(3) 披露在与企业政策或适用的法律的一致性方面出现的关于内部控制、及时性、信息处理的延误或不足信息。

---

① 美国管理会计师协会(IMA),《管理会计报告》,2005 年 8 月修订版。

本 章 小 结

本章主要介绍了管理会计的形成和发展过程、管理职能与管理会计、管理会计与会计的区别与联系。管理会计的形成与企业管理的实践要求、管理技术的提高、管理环境的变迁密不可分,管理会计也将随着管理实践的要求逐步得到发展。管理职能的实现需要管理会计信息的支持,管理会计的内容源于管理职能的实现。与财务会计不同,管理会计侧重企业管理实践的要求,借鉴管理理论和技术,为管理层提供及时、相关的会计信息。管理会计师在为企业管理者提供经营决策信息实现企业价值最大化的同时,必须遵守法律和职业道德规范。

思 考 与 练 习

1. 如何理解企业管理实践的变迁对管理会计信息的要求?
2. 管理会计信息与管理职能的关系如何?
3. 管理会计与财务会计的区别有哪些?
4. 如何理解管理会计师职业道德准则?

第二章

管理会计基础：成本的概念与分类

/学习目标/

◆ 了解和掌握管理会计中使用到的成本概念和不同的分类
◆ 了解和掌握传统和现行的成本核算系统及其设计和特征
◆ 了解和掌握服务部门成本分配的基本方法

案例引导

陈峰在5年前进军家具生产行业,白手起家的他,每天都是都忙于工厂生产和外面销售。随着企业规模的不断扩大,陈峰发现了一个很重要的问题:当事业刚刚起步的时候,企业只是生产一两种产品,相应的材料人工等等的成本很容易核算出来;但是,随着企业规模的不断扩大,产品的种类不断增加,一部分成本很容易分配和核算,而另一部分成本则需要在不同的产品之间权衡分配;并且,企业面临的决策问题越来越多,也越来越大,其中几乎都涉及成本的问题。为了搞清这些成本关系,陈峰开始从各方面获取相关的知识,发现原来企业生产经营过程中,涉及的成本种类真的不少,而且每种成本都有不同的用处。通过对相关成本类型、用处和核算方法的学习,陈峰对企业经营管理有了更深层的理解,并对日常经营管理有了更好的把握。

管理会计是在成本核算分析的基础上发展而来的,为企业管理者提供决策和评价考核标准等决策信息。因此,管理会计首先就要明确地给出与成本相关的概念、分类,以及不同成本系统的成本核算方法、设计和特征。只有明确了不同的成本分类,考虑不同的成本系统的核算特征,选择适当的方法等问题,管理会计才能为企业的日常经营管理提供充足的服务,满足管理者各方面的相关管理要求。

随着时间的推移,生产流程、产品种类、产业转换的不断发展,企业的成本系统也在不断的演进变化。成本系统的演进,不仅仅在成本核算等方面深刻地影响企业日常管理体系(包括财务会计的成本核算),而且也不断地促使企业日常经营决策和业绩评价等内容上的进化。这一系列的演进过程,又促使管理会计在成本核算系统上不断地更迭和创新,完成了相互作用的一个循环,同时新的一个循环又开始了。与此同时,管理会计所涉及的成本概念和分类,也在这个复杂的演进过程中不断变化。

第一节　成本的一般分类

　　成本(Cost),在经济学和管理学,乃至其他的社会学科中,都是十分重要的,而研究侧重点的不同导致不同的学科对成本的定义也不尽相同。在管理会计中,成本的概念分广义的和狭义的两种定义。其中,狭义的成本定义是指企业生产经营所耗费的全部经济资源,这里主要集中考虑材料、人工、费用支出等等企业容易计量和获取的成本。广义的成本定义是指企业生产经营所消耗的全部资源。在狭义成本的基础上,广义成本包括了更多企业很难预计或是不易计量的,同企业经营直接相关的成本,譬如:未来经营的预计投入成本、人力资源的成本、市场开拓成本等等。为了更有利于学习,本书中使用的成本主要集中在狭义定义的成本,当然也包括部分广义定义的成本,如未来经营投入成本。

　　提到成本,不得不提到收益。在社会科学中,一个由经济学延伸出来的原则——成本—收益原则,在开展很多研究过程中都是必须予以考虑。这个原则的主要内容是,完成一项事务所获得的收益必须能弥补其所花费的成本,这样保证产生一个净收益。在管理会计中,发生成本就意味着对应的获得收益,然后通过考虑净收益的性质(量和质的)展开相应的分析。当然,管理会计中也存在仅仅考虑成本而忽略收益的多种情形,这里有一个隐含的前提就是相对应的收益不变或是相对于成本的变化其变化不显著,因此就不需要考虑相关的收益问题了。

　　这一节,我们主要围绕成本分类这个话题展开讨论。为了适应成本管理的不同需要,可以按照不同的分类标准,将成本进行分类。这里还要指出的是,传统的财务会计中所使用的成本是依据经济用途来进行分类的,而管理会计则是更多的根据成本的性态来进行分类的,当然在这两种主要的分类基础上,还有很多根据不同目的来分类。因此,这一节首先讨论财务会计上的主要的成本分类,然后讨论同成本分配相关的成本分类,在简单介绍成本的性态分类之后,将给出用于管理会计中的决策过程中的不同分类。

　　为了更好地开展本节的讨论,这里给出一个简单的案例。

　　腾飞公司,是一个传统的家具生产厂家,主要生产的产品就是用于家庭日常需要的床、椅子和桌子。具体的资料如下:

　　1. 材料和日常耗用品

　　(1) 生产家具的主要材料为木材,来源于东北林区;

　　(2) 生产过程中的辅料,如黏合剂等;

　　(3) 日常管理使用的文职耗品,如复印纸等;

　　(4) 销售宣传和市场开拓所使用的耗品,如宣传品、宣传单等;

　　(5) 其他材料,与生产无关的其他非生产性用途所耗用的材料和耗品。

2. 设备、工具和建筑物等固定资产

(1) 生产家具所使用的各种机器设备、工具和厂房,如刨床、量尺等;

(2) 日常管理所用的设备、工具和管理办公楼,如管理部门的打印机、用于管理人员使用的小汽车等;

(3) 销售使用的设备、工具和场地,如销售门市部;

(4) 其他固定资产,与生产无关的其他非生产性用途所使用的固定资产。

3. 员工,包括不同的岗位

(1) 一线的生产工人;

(2) 车间的管理人员、产品质量监管人员;

(3) 包装运输人员、广告和市场推广人员、设计人员、销售人员;

(4) 负责整个公司的财务部门和管理部门的人员;

(5) 其他人员,与生产无关的其他非生产性用途所配备的人员。

4. 能源和动力

(1) 用于生产设备运行的能源和动力;

(2) 用于生产厂房照明空调等的能源和动力;

(3) 用于日常管理使用的设备运行、照明空调等的能源和动力;

(4) 用于其他目的的能源和动力,与生产无关的其他非生产性用途所耗用的能源和动力。

根据腾飞公司的基本的生产经营资料,我们介绍本节的内容。

一、产品成本与期间成本

管理会计最初是从研究产品的成本核算问题上发展起来的。**产品成本**(Product Cost)是企业生产一定种类和数量的产品或服务消耗的资源总和。它是衡量企业生产经营活动效率和成果的一项重要经济指标。企业的产品种类,产量高低,生产流程方式,原材料、燃料、动力耗费的数量,劳动生产率的水平,生产设备利用的程度以及生产技术和经营管理水平等方方面面,都会影响到企业的产品成本。所以,正确认识和计量产品成本,可为企业的管理者开展预决策、计划和控制提供可靠的科学依据。

对应产品成本,企业还拥有相当一部分**期间成本**(Periodical Cost),这部分成本不与企业的产品或服务产出直接相关,而是指企业日常的行政性管理、研发、销售等过程中所发生的有关耗费。

(一) 成本按经济用途进行分类

产品成本和期间成本的区分是基于传统财务会计的依据经济用途进行的分类,两种分类还对应着另外的两个成本分类:制造成本和非制造成本。

1. 制造成本(Manufacturing Cost)

制造成本也称为生产成本,是指产品生产过程中所发生的有关耗费,是同产品成本相对应的。按其经济用途可细分为直接材料、直接人工和制造费用三个子成本项目。

（1）直接材料（Direct Materials），是指直接用于产品生产，构成产品主要实体或与产品主要实体相结合的材料成本。根据腾飞公司的资料，该公司的直接材料成本主要为生产家具的主要材料木材。

（2）直接人工（Direct Labour），是指在生产中对材料进行直接加工，使之转为产成品所耗用的人工成本。根据腾飞公司的资料，该公司一线生产工人的工资基本上属于直接人工。

（3）制造费用（Manufacturing Overhead），是指除直接材料和直接人工之外的其他耗费，这个成本项目可以进一步细分为三个明细项目：

① 间接材料（Indirect Materials），是指在生产中耗用的，但不易查明属于哪一特定产品的材料成本。腾飞公司在生产过程中消耗的辅料就属于间接材料。

② 间接人工（Indirect Labour），是指为产品生产服务，但不直接进行产品加工的有关员工的人工成本。腾飞公司车间的管理人员、产品质量监管人员的工资就属于间接人工的范畴。

③ 其他制造成本（Other Manufacturing Overhead），是指除间接材料和间接人工之外的其他各种制造费用，如腾飞公司的生产家具所使用的各种机器设备、工具和厂房等固定资产的维护修理费用和折旧费用，用于生产设备运行和生产厂房照明空调等的能源和动力支出，以及相关的保险费、租赁费等等。

这里还需指出的是，划分直接和间接的标准是相应的成本能否准确地直接归结到某一特定产品上。在简单的生产流程中，生产的产品较容易归集成本，那么直接成本（直接材料和直接人工）和间接成本（制造费用）比较容易区分。随着生产经营流程的不断改进，成本核算体系的不断进化，直接成本和间接成本的划分愈发困难。并且，这种困难随着同一生产线生产的产品的多样性和差异性的不断增强变得更加明显。很多一线的工人，在同一个生产线上同时加工不同的产品，如腾飞公司刨床的员工同时加工床、椅子和桌子的不同部件，其人工工资就不再符合直接人工的标准了。也就是说，直接成本和间接成本的划分不是绝对的，是依赖于企业的具体生产流程和成本系统的。直接材料作为构成产品的主要部分，几乎不会随着生产流程的变化发生质的变化，所以这一部分还继续保持直接成本的特征。而直接人工，基于生产流程的变化，并且还具有一定的固定性，如企业不能随便地降低工人的工资甚至解雇员工，即使在生产不充分的情况下（这一点在北美的工会制度下更为显著，当然也存在企业为了后续的发展或是维系形象等原因保持其员工的数量和收入的相对稳定），因此，更具有了间接成本的特征。

基于上面的分析，制造成本也可以分为主体成本和转换成本。其中**主体成本**（Prime Cost）是指形成产品的主体部分，主要包括直接材料和直接人工；**转换成本**（Conversion Cost）是指将直接材料转变成产成品所耗费的成本支出，包括直接人工和制造费用。这里要说明的是，主体成本和转换成本这两种分类不像其他的成本分类，它们之间存在范围上的交叉，都包含直接人工这类成本，但是分别从不同的观察角度将直接人工成本进行了归类。

2. 非制造成本（Non-manufacturing Cost）

非制造成本也就是期间成本，也称期间费用，主要包括销售费用、管理费用，以及相关的研发费用等子成本项目。

（1）销售费用（Sclling Expense），是指与销售活动有关的成本，如腾飞公司的销售宣传和市场开拓所使用的耗品、销售使用的设备、工具和场地维护费、折旧费、保险金和租赁费，包装运输人员、广告和市场推广人员、销售人员等的工资，以及相关使用到的能源和动力支出等。

（2）管理费用（Administration Expense），是指与生产和销售活动以及有直接关系的、用于企业行政管理上的费用支出，如腾飞公司的日常管理使用的文职耗品，日常管理所用的设备、工具和管理办公楼维护费、折旧费、保险金和租赁费，负责整个公司的财务部门和管理部门的人员工资，以及用于日常管理使用的设备运行、照明空调等的能源和动力支出等。

（3）研发费用（Research and Development Expense），是指企业为了不断地改进和开发新产品所作出的必要的研发支出，如腾飞公司的设计费用。

企业面临的实际成本很多种，依靠一个简单的腾飞公司的例子不足以将其进行充分细致的阐明。但是通过上面的分析可以看出，根据经济用途的分类，主要是依据同企业提供的产品或服务是否有直接联系作为分类标准的。如果是形成产品或服务本身价值的支出，那么就是制造成本，而与相应的产品或服务本身价值无关的支出则是非制造成本。

根据上面的分析，可以得出如图 2-1 所示的按经济用途分类的企业成本结构示意图。

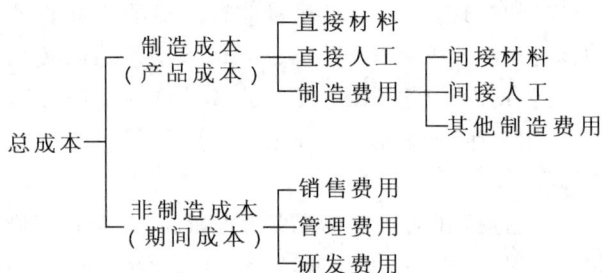

图 2-1　按经济用途的成本分类

（二）成本在会计报表中的反映

根据传统财务会计的成本分类，也就是按经济用途的成本分类，在财务会计的财务报表上有着重要的地位。不同的成本类别，不仅仅影响企业产品的成本，而且也影响企业的其他报表因素，如销售成本（主营业务成本）、管理费用等等。

这种成本分类对财务报表因素的具体反映，主要包括以下三个部分。

1. 资产负债表

在资产负债表中，成本项目主要反映的是企业的产品成本。企业通过生产经营，形成在产品和产成品，在其未完成或未销售之前，都以存货的形式吸收企业生产经营过程中的产品成本。因此，存货中的在产品和产成品反映了企业产品成本。譬如，腾飞公司当前正在生产线上加工的未完的桌椅，以及仓库中存放的已加工完毕但尚未销售的家具，其产品成本就体现在资产负债表中的存货项目中。这些成本都可以通过存货的盘存方法来加以归结和分配，即用本期相关成本的投入加上起初已存在的相关成本，减除期末结存的相关成本，来获得相应的成本数据，因此，这些可以通过存货盘存获得的成本，也被称为**可盘存成本**（Inventoriable Cost）。

2. 利润表

企业经过一段时间的生产经营，通过销售环节或对外提供服务实现了企业的销售收入或经营收入，进一步抵减销售成本或经营成本和相应的税金，就实现了企业经营的毛利润。在这个过程中，企业提供的产成品或服务所包含的产品成本已经转换成企业的销售成本或经营成本。因此，利润表中的销售成本或主营业务成本反映的就是企业销售了的产成品或提供了的服务的产品成本,它是通过资产负债表中的存货中的产成品(针对销售产品的行为而言)中的相应产品成本转移过来的。譬如,腾飞公司当期销售桌椅获得收入的同时,将相应的产品成本从存货项目中转出,形成腾飞公司的销售成本,并进一步计算企业的销售利润。

与产品成本在资产负债表和利润表中均有反映不同,企业的期间成本集中在利润表中反映。其中,期间成本中的销售费用对应地反映在利润表中的销售费用项目中;期间成本中的管理费用和研发费用,则反映在利润表中的管理费用中。如果考虑到更广泛更贴近企业实际经营状况(存在非常损益和投资行为)的成本的范畴,即除了产品成本之外,其他的均为期间费用,那么企业的经营期间的非常损益,甚至投资收益中,也反映了部分的期间成本。

3. 现金流量表

与资产负债表和利润表使用的权责发生制原则不同,现金流量表使用的是收付实现制原则。而这里所论及的成本基本上是根据权责发生制原则进行归集和分配的,因此,企业的现金流量表基本上不能直接地反映企业的产品成本和期间成本。虽然如此,但是现金流量表也能部分地反映企业产品成本和期间成本中当期付现的部分,如腾飞公司当期支付的员工的工资(假设腾飞公司员工工资是在当月月末发放)和即时缴纳的各种费用和税金等等。

需要指出的是,由于财务报表是针对报表外部使用人而编制的,并没有充分考虑管理上的需要,也就是不能完全满足管理会计的要求。因此,各种成本在财务报表中的反映仅仅是部分管理会计的成本信息,为了更加充分地满足管理会计的需要,还需要使用专门针对内部使用者(主要是管理人员)的报表体系。符合管理会计要求的报表体系和样式将在后面的内容中进一步展开给出。

二、服务于成本性态分析的成本分类

成本性态(Cost Behaviour),是指成本随业务量(产品的数量或提供服务的水平)水平之间的依存关系。根据成本与业务量协同变动关系的不同,可以分为变动成本(Variable Cost)和固定成本(Fixed Cost)。由于本书第三章对于成本性态分析将有进一步的讨论,所以这里仅仅给出简单的印象性的成本性态定义,更加严密、更加准确的成本性态和相应的成本类别定义将在后面的内容中给出。

从总体角度上来说,变动成本就是指随着业务量的变化而成正比例变化的成本部分。譬如:腾飞公司加工的床,假定其只生产一种型号的床,那么每一张床所耗用的木材基本上是一致的。因此,生产床所耗费的木材的成本是同生产的床的具体数量成正比例的,也就是说,生产床所耗费的木材的成本是变动成本。而固定成本是指随着业务量的变化而基本不发生变化的成本部分。譬如,腾飞公司的加工机床的折旧,无论是否开工生产,无论生产产品的数量或加工工时的多少,均按期计提,计入当期相应的成本中。因此,加工机床的折旧成本就是固定成本。

三、服务于成本分配的成本分类

无论是什么行业的企业,无论企业采用什么样的成本系统,企业都面临将其所发生的成本(尤其是制造成本)根据合理的原则,选择科学的分配方法,将其分配到不同的产品或服务中去,以便让企业的管理部门能清楚地获悉相关的成本信息。在成本分配过程中,企业面临两类主要的成本分类,它们是直接成本和间接成本。**直接成本**(Direct Cost),是指不需要通过复杂的分配方法,直接归集到或分配到某一特定产品或服务的成本,这类成本主要包括直接材料和直接人工。**间接成本**(Indirect Cost),是指不能直接追溯其产生来源,由多种产品或服务共同承担,必须根据特定的科学的分配方法才能分配到相应的产品或服务中的成本,这类成本主要包括制造费用。随着企业生产流程的不断复杂化,直接人工已经不像以往情况下,那么同产品直接相关,要么表现为人工工资支出不会随产品或服务提供的数量变化而显著变化,要么表现为人工生产产品的复杂化。这就导致了直接人工性质的转变,越发倾向间接成本而不再是原来的直接成本性质了。

由于直接成本的追溯性强、分配明确、相应分配方法简单(简单的盘存基本就能达到要求,当然更精确的成本信息要求也会采用更为精确的分配方法),这类成本的研究和分析相对来说比较简单。并且直接成本在不同的成本系统中,产品或服务的直接成本不会发生明显的变化,具有较高的一致性。所以直接成本在成本分配核算、成本系统的研究过程中没有太多值得考虑的问题。

与直接成本相反,间接成本由于其追溯性不强,由多种产品或服务共同承担,很难直接评判出其最终归属;与此同时,找寻一种合理的科学的分配基础和分配方法也存在很大的难度。也就是由于上述的间接成本的特征,再加上不同企业的规模和生产经营模式,在实际的成本核算过程中,演化和发展了不同的成本核算系统。因此,间接成本在不同的成本系统中,使用的分配方法不同,得到的结果也大相径庭。

在更加宽泛的成本概念中,这里引入**成本对象**(Cost Object),即成本归集分配的最终承受体,它可以不仅仅限于某种产品或服务,还可以是某个部门、某条生产线等等。那么,直接成本就可以重新定义为,与成本对象直接相关的成本,间接成本则是与成本对象不直接相关的成本。这种定义的分类,在以后的成本系统中,尤其是对作业成本法,有着重要的意义和操作要求。这些在后面的章节还有进一步的讨论,这里就不再展开了。

四、服务于决策制定的成本分类

作为企业的管理者,除了获得必要的准确的产品或服务的成本信息,还需要面临大量的日常管理决策。而这些决策中,有很大一部分集中在成本—收益原则基础上制定的,因此,这里还需要更多的除了产品或服务成本之外的各种同管理决策相关的成本信息。为了有效地分析和评价各决策方案的经济效益,管理会计人员需要根据不同的决策目标和决策问题提供与决策相关的成本资料,以进行成本估计,便于管理者决策使用。

这些成本根据不同的决策要求、不同的决策目的,存在着不同的分类。

(一) 相关成本与无关成本

相关成本(Relevant Cost),就是与决策制定和实施相关的成本。它是根据具体的决策类型和决策行为发生变化的成本。譬如,腾飞公司外购木材决策,那么木材的价格和数量、运费和保险费、采购人员的费用支出、谈判协商费用,以及其他各种与木材外购这个决策有关系的成本,都是外购木材这个决策的相关成本。再如,腾飞公司新的一种家具的投产决策,这种家具的前期研发和市场调查费用、生产工艺设计成本和制造成本、销售费用和市场推广费用、售后服务费用,以及其他与这种新产品投产相关的成本,都是新产品投产决策的相关成本。这个例子表明相关成本具有如下的特征。

(1) 相关成本是决策期间考虑的,在决策执行实施过程中实现的成本。如果方案被采用,相关成本就会转化为实际决策执行过程中的成本;反之,如果决策未被采用,则该决策的相关成本也不会在实际中发生(这里是针对于这个决策而言)。

(2) 在不同的决策方案中,相关成本是不同的。决策的设计和制定者,要明确区分不同的决策方案之间的相关成本的不同。这种相关成本的不同,不仅仅限于成本的种类不同,也包括同类成本的具体数量上的不同。

无关成本(Irrelevant Cost),是指与决策无关的、不受决策方案影响的成本,包括过去已经发生的成本和其他与决策不相关的成本。譬如,腾飞公司外购木材决策,当前生产线上的工人的工资成本就与该决策无关,是其无关成本。再如,腾飞公司新的一种家具的投产决策,其已有的办公大楼的折旧成本,同这个决策是无关的,是该决策的无关成本。

(二) 差量成本和边际成本

差量成本(Differential Cost),是指两个备选方案的预期成本之差。严格地说,差量成本是一种衍生成本,或是一种决策工具(差量分析),不是通过简单的成本归集和整理获得的。差量成本是决策的相关成本,在具体的决策分析中应用广泛。例如:腾飞公司外购木材决策,决策制定者面临两种不同的备选方案,假定数量上和质量上两个方案没有明显的差异的话,那么,这两个方案的采购成本的差异就是选择的关键之一(当然,还有很多非量化的成本在实际决策时需要加以考虑,如供应商的信用、同供应商的关系等等,为了简化问题,这里都不作考虑)。因此,可以看出差量成本(或是**差量分析**,Differential Analysis)的主要特点:

(1) 存在两个以上的备选方案,如果不存在两个以上的备选方案,也存在一个比较的基础(如现有的成本消耗)。这样才能通过差量成本来完成具体决策的选择的管理要求。

(2) 差量成本是两个方案的决策相关成本的差异。无关成本是没有必要考虑的。而两个方案拥有的相同的相关成本支出,也在差异成本中没有任何作用,是无需考虑的。

(3) 差量成本只能对可量化的成本进行分析。对于非可量化的成本,只能依靠管理者根据客观情况和主观预测,能动的加以考虑。

相对于差量成本,实际的决策过程中也存在**差量收益**(Differential Revenue),通过比较不同决策的最终收益的差异,在不同的备选方案中选择最优的决策。譬如:腾飞公司新家具投产决策存在两个不同的备选方案,假设其生产年限和市场认可时间相同,两个方案的差量收益就是选择的一个最简单的分析(当然,作为长期投资决策的一种,还需要考虑货币时间价值的影响,其更加严谨、更加复杂的决策选择方法在后面的章节中会进一步展开讨论)。结合差量成本和差量收益,就产生了一种重要的决策分析方法——差量分析。在管理决策的实际过程中,差量分析是十分重要的,应该深刻理解和熟练运用。

这里还要指出,对于只有一个备选决策,如果其得以实施使得备选方案成本增加,增加的成本就称为**增量成本**(Additional Cost)。而增量成本用于分析和评价某一特定决策方案的可行性。增量成本也是差量成本中的一种。

边际成本(Marginal Cost),是指产量或服务数量每增加或减少一个单位所导致的成本变动量。边际成本与单位产品或单位服务的变动成本有所不同。前者反映的是产量或服务量变化一个单位所带来的成本变动量,它是变量;后者反映的是在一定产量水平下的成本平均值,在一定时期内它是一个常量。只有在生产经营能力的范围内,即固定资产保持不变,边际成本才能和单位产品或服务的变动成本保持数量上的一致。边际成本广泛用于企业产品生产数量决策和产品定价决策。

(三)沉没成本和重置成本

沉没成本(Sunk Cost),也称历史成本、过去成本,是指过去已经发生的、目前决策不能改变的成本。譬如,腾飞公司 6 年前以 60 000 元购置了一台刨床,已提折旧 40 000 元,则该设备的账面价值 20 000 元就属于沉没成本,对于其购买木材这类决策没有任何关系。因此,沉没成本与目前决策无关,是一种无关成本,因此在决策时不予考虑。然而,过去发生的成本,如果可以重新收回或是可以变现的价值部分,还是会同未来的决策有关。

重置成本(Replacement Cost),也称现时成本,是指目前从市场上购买同一项原有资产或资源所需支付的成本。重置成本是在决策时予以考虑的相关成本。

沉没成本和重置成本,是从财务会计领域引入管理会计的。沉没成本主要是根据历史成本原则计量企业各项资产账面价值的方法,而重置成本则是为了达到某种目的(处置现有资产、实物资产投资等)而对企业资产进行重新估价的方法。这两种成本的引入,是为了区分在决策制定中,企业现有资产价值的问题。如果使用沉没成本概念,那么与当前决策没有关系;如果需要考虑到现有资产价值的影响,那么就需要引入重置成本概念。

(四)机会成本、现金支付成本和估算成本

机会成本(Opportunity Cost),是指在若干个备选方案中,由于选择某一方案放弃其他方案而失去的潜在的最大收益。机会成本存在的前提是资源供给的约束性和资源的多用途性。如果资源是无限供给的,或者资源是有限供给的但只能用于某个特定方案,那么,机会成本就失去存在的意义了。机会成本是决策中经常使用的相关成本,但是由于其不是实际发生的成本,因此其不需要记入账簿中。

现金支付成本(Cash Disbursement Cost),是指因选定和实施某一方案需要实际动用现金支付的成本。现金支付成本与过去支出现金和已根据其支出额入账的成本完全不同:当企业资金周转较困难时,与总成本相比,企业往往更重视现金支付成本,即企业能可选择总成本较高但可以通过分期支付降低现金支付成本的项目,也不选择总成本较低但需要一次性支付现金的方案。现金支付成本是将考虑企业实际的现金流量情况作为决策选取的基础,这主要考虑到现金的防风险和清偿能力。这两个现金的基本用途在现代的企业经营中的地位非常重要,甚至已经表现出优于传统报表元素的作用。所以,现金支付成本是决策时应予以重视的机会成本。

估算成本(Estimate Cost),也称**假计成本**、**视同成本**,是指在选择某决策方案时,其机会成本不易计量,需要通过估计和推算才能确定的成本。很多情况下,决策方案的机会成本并不是显而易见的,而决策过程中还需要有一个相当的机会成本作为参考,这时候就需要考虑决策方案的估算成本了。可见,估算成本是机会成本的一种形式,也是在实际决策过程中经常需要予以考虑的成本。

（五）可避免成本与不可避免成本

可避免成本（Avoidable Cost），是指与某项特定决策方案直接相关的成本，其发生与否直接取决于方案是否被采纳。如果方案不被采纳，则相关的成本就可以相应地避免了。譬如，腾飞公司外购木材决策，如果不购买某种木材，那么相关支付的售价成本就不会发生，这就是可避免成本。可见，可避免成本是相关成本中的一种，是需要在决策方案设计和选取中予以考虑的。

不可避免成本（Unavoidable Cost），是指与某项特定决策方案不是直接相关的成本，其发生与否不取决于方案是否被采纳。它可以是沉没成本，也可以是各决策方案的共同的成本部分。譬如，腾飞公司新产品投产决策，假定该决策不需要增加新的机器和厂房，那么机器、厂房的折旧费用是不会因为选择不同的新产品投产而不同的，则这部分折旧费用就是不可避免成本。虽然，其会影响不同新产品的在制造成本法下的单位成本，但是，不会因为选取不同决策方案导致发生额不同，所以，在决策过程中是不需要考虑的。显然，不可避免成本是一种无关成本。

第二节　成本系统设计

成本系统（Costing System），是指企业进行成本归集、分配及核算的系统。成本系统是随着企业生产流程的变迁而不断进化。而**生产流程**（Manufacturing Process）则是随着经济的不断发展，产品或服务的需求不断提高，生产工艺的不断革新，而不断地变革。从早期的小规模的手工作坊式生产到现在大规模自动化流水线生产的生产流程的变迁，导致了相应的成本核算的要求、方法和复杂度的不断提高、更新和加强，这就促使理论界和实务界根据具体的变迁不断设计尝试不同的成本系统，形成了一系列的不同的成功的成本系统，适用于不同的成本核算要求。这里还要指出的是，这种成本系统的变迁，也需要相应的核算方式和核算方法，以及辅助工具的不断演进。无论是基于成本—收益原则，还是可实现性，很难想象，仅仅使用笔和纸来精确核算一个大型企业的产品成本或服务成本。尤其是计算机的创生和不断的发展，使成本系统有了跃进式的演进。

本节就是以企业生产流程的变迁为线索，给出在不同的生产流程的变迁过程中，产生的各种成本系统。并且给出这些成本系统的不同适用范围、特征和具体的核算思想和核算方法。因此，本节首先简单介绍企业的生产流程的分类和变迁，然后主要给出品种法（Individually Identifying Costing）、分批法（Job Order Costing）和分步法（Process Costing）等三种不同成本系统的具体内容，最后简单介绍一下标准成本法（Standard Costing）和作业成本法（Activity-based Costing）两种成本系统。为了更好地展开本节的讨论，本节主要讨论制造业成本系统的相关内容，在讨论的过程中也会适当结合服务业和其他行业的特征展开。

一、生产流程的特点对成本系统的影响

不同的企业生产流程具有不同的特征,这些特征一方面影响企业成本核算,另一方面促使企业生产工艺的不断变迁。根据企业生产流程的特征不同,企业的产品生产存在不同的分类。

(一)根据生产工艺过程分类

生产工艺过程,就是企业完成产品的生产所需经过的具体生产步骤。在制造业企业,根据其具体的生产工艺过程,可以将企业的生产流程分为单步骤生产和多步骤生产。

单步骤生产(One-step Manufacturing),也称为简单生产,是指生产工艺过程不存在间断、连续执行,不可能或是不需要划分成更为具体的几个生产步骤而进行的生产。在单步骤生产流程中,要么产品的生产只经过一个简单的步骤,要么就是产品的生产过程不能间断,要么就是产品生产过程中产生的中间产品没有单独的价值,譬如发电、采掘等企业。

多步骤生产(Multi-step Manufacturing),也称为复杂生产,是指生产工艺过程是由若干个可以独立的、间断的、多地域分布的、不同时间区间内进行的生产步骤所组成的生产。在多步骤生产流程中,具有独立形态和价值的在产品普遍存在。多步骤生产流程是现代企业比较流行的生产模式,譬如汽车、服装、电子、钢铁等行业。多步骤生产流程可以继续细分为连续加工式生产流程和装配式生产流程。连续加工式生产流程,是指投入生产的原材料必须依次经过连续不同的生产步骤才能形成产成本的生产流程。装配式生产流程,是指现将原材料加工成不同的零件和部件,然后最终将这些零件和部件组装成为产成品的生产流程。

(二)根据生产组织特点分类

生产组织,是指企业具体的生产所涵盖的产品的数量,或是生产指令中包含的产品的数量。根据生产组织的特点,企业的生产流程可以分为单件生产、批量生产和大量生产三种基本生产流程类型。

单件生产流程(Individual Manufacturing Process),是指根据购买者的具体要求,生产个别的、性质特殊的产品生产流程,譬如大型的船舶制造。这类生产流程中,可能存在多种不同的产品,但是各个产品之间重复性非常小,所需的具体要求也很不相同。

批量生产流程(Batch Manufacturing Process),是指根据市场或是购买者的要求,按照事先规定的产品批别和数量进行的生产流程。这类生产流程中,一个重要的要素就是"指令"(Order),产品的生产都是基于具体的指令要求完成的。在这类企业中,生产过程中可以存在多个批次,这些批次中又可以包括不同的产品。生产过程中的同种产品也可能归属于不同的批次。因此,批量生产流程适用于产品品种较多,并且具有一定重复性的行业,如服装、机械加工等行业。根据具体批量的不同,批量生产流程又可以分为大批量生产和小批量生产。当产品批量过大的时候,批量生产流程就接近于接下来讲到的大量生产;如果批量过小的时候,批量生产流程就接近于单件生产了。

大量生产流程(Mass Manufacturing Process),是指企业不断的、重复性的生产相同或相似的产品生产流程。在这种生产流程中,产品的种类较少,相对集中和稳定,并且生产具有较强的连续性,譬如采掘、自来水等行业。

　　上述两大类生产流程的分类,结合在一起形成现在多种多样的企业生产流程模式。这些生产流程模式不仅仅分布在不同的行业,并且在同行业内部的不同企业具有多样的生产流程差异。因此,根据不同生产流程设计使用的成本系统也存在广泛分布性和多样性。与此同时,需要进一步讨论的是各种生产流程对成本核算的影响问题。具体而言:(1)对于单步骤生产流程来说,由于生产步骤简单,不需要根据不同的步骤计算产品成本,所以只需要根据产品品种来归集核算成本。(2)对于多步骤生产流程来说,出于实际的管理控制需要,产品成本不仅要根据品种或批次进行归集核算,还要考虑到每一个生产步骤的成本问题,这就增加了企业成本系统的设计难度和实施成本。(3)对于单件生产流程或是小批量生产流程来说,由于成本对象简单、明确,所以,只需要根据具体的产品或是批次归集核算相应的产品成本。(4)对于大批量生产流程来说,由于生产批量过大,必然面临产品的多种形态同时存在的情况,这样依据批次进行归集核算的成本又面临更复杂的内部分配问题。(5)对于大量生产流程来说,原材料连续不断的投入,产品连续不断的产出,为此,以产品品种作为成本归集核算的基础十分必要。

　　当企业面临多种产品同时生产、诸多在产品形态同时存在时,一个十分重要的问题就摆在了成本系统面前:如何在不同的产品之间、不同形态的在产品之间分配共用的成本(间接成本)?这个问题是成本系统变迁的一个重要原因。随着生产流程的不断复杂化,管理对成本信息精确性的要求提高,辅助计算方法和计算工具的创新演进,成本分配问题就变得越来越复杂、越来越精确。从早期的简单归集,到简单分配,再到算法分配,最后又演进出更为有效的作业成本法。可以看到,管理是为了生产服务的,而成本核算又为了管理要求的不断提高而不断变迁。

　　这里还要指出的是,企业生产过程中技术含量的不同,也导致成本系统的显著差异。生产过程中的技术含量一般包括以下两个方面:(1)无形资产的比例。作为产品价值提高或是生产便利的重要方法,无形资产大大提高了企业的竞争力。如果企业生产过程中,所需的无形资产较多(如高科技企业),那么这部分需要在不同的产成品之间或不同的在产品之间分配的无形资产成本就相对较大,反之亦然。(2)机械加工的比例。机械加工作为手工加工的替代,一方面减少了企业生产过程中的人工成本(尤其是直接人工)比例;另一方面大大增加了企业固定成本的支出比例。如果企业生产过程中,所需的机械加工比例较高(如自动化流水线生产企业),像无形资产一样,那么加工机械带来的折旧费用就面临如何在不同的产成品之间或不同的在产品之间进行分配,反之亦然。由此可见,随着企业生产的现代化,生产过程中的间接成本比例就会不断增加,成本分配问题就变得更加复杂,成本系统也就变得更加复杂。这里之所以强调间接成本,主要是由于直接成本,尤其是直接材料,在产品设计时就已经基本固定下来,几乎不会由于生产流程的变化而发生实质性的变化。而生产流程的不同,会导致直接成本中的直接人工部分减少而相应地转化为间接成本增加,或是纯粹的间接成本的增加。

　　有了对企业生产流程的特点的基本了解,本节接下来就讨论传统成本系统的主要基本模式。

二、品种法

　　品种法(Individually Identifying Costing),也称为**简单法**,是指按照产品品种归集计算产品成本的一种成本系统。这种方法主要适用于大量、大批的单步骤生产,产品之间独立,或是多步骤但是没有必要同其他产品或批次进行成本划分等特征的企业。譬如,电厂、挖掘、大型轮船制造等企业。采用这种成本系统的企业,相应的生产流程不可能或是没有必要分成多个步骤,并且各产品或批次之间存在独立的核算成本基础。

品种法是最先被使用的一种成本系统。在企业规模还很小、手工加工广泛存在的时候,每个产品或每批产品都是根据顾客的特殊要求完成的;同时,为生产相应的产品所花费的成本比较容易确定。因此,成本的归集核算也相对简单,只需要根据具体的产品或批次,将有关的成本归集就完成了成本核算的要求。在品种法下,由于成本对象的明确性和单一性,几乎不存在成本在不同产成品或不同的在产品之间进行分配的问题。当然,如果生产过程面临跨期问题,就需要将成本在产成品和在产品之间进行分配。由于产品或批次的独立性较强,这种临时的分配并不像其他成本系统那样十分精确,只需要精确核算出总成本就可以。随着企业生产规模的扩大、生产流程不断变迁,企业生产的产品品种和批次越来越复杂,品种法除了在少数行业和小规模企业中还部分存在,已经被其他的成本系统所取代。

三、分批法

分批法(Job Order Costing),也称**定单法**,是指以产品批别(Batch)为成本核算对象的成本系统。其主要适用于产品分批生产,并且管理上不要求分步骤计算成本的多步骤生产企业。这类生产企业的生产组织往往是根据生产安排批次或客户定单来展开实施的。因此,企业可以根据每一个生产指令独立组织生产,并且以每一个批次作为成本归集的基础。

同时也可以看出,使用分批法的企业,其生产过程中尽量要求批次包含的批量较小,并且批次之间的核算相对独立。如果批量较大,那么就会出现跨期分配成本的问题,即间接成本在产成品和在产品之间进行分配,并且存在边投料边生产边销售的情况,那么企业就面临由于成本变动对产成品的成本影响。这时候,企业应当将分批法转为分步法来克服上述问题。如果批次之间不独立,也就是不同的批次之间共用相同的资源,譬如都在一条生产线上完成,那么企业就面临这些共同资源所产生的间接成本在不同批次之间分配的问题,导致了分批法复杂化。

在传统的成本分配方法中,间接成本在产成品和在产品之间的分配的方法通常是寻找在产成品和在产品之间的定量或约当量的比例关系,通过这种比例系数来进行分配。这种方法可大致表述为以下两种方式。

一种是在产品(半产品)的完工程度相当于产成品的百分比 i:

$$间接成本分配系数 = \frac{间接成本总额}{1+i}$$

$$在产品所分担的间接成本 = 间接成本分配系数 \times i$$
$$产成品所分担的间接成本 = 间接成本分配系数 \times 1$$

另一种是在产品某种指标的定量或约当量为 a,产成品同种指标的定量为 b:

$$间接成本分配系数 = \frac{间接成本总额}{a+b}$$

$$在产品所分担的间接成本 = 间接成本分配系数 \times a$$

产成品所分担的间接成本＝间接成本分配系数×b

同样,第二种方法也可以用来将间接成本在不同的批次之间进行分配。假设企业有两个批次使用相同资源,产生了间接成本分配的问题。其中甲批次某种指标的定量为 a,乙批次同种指标的定量为 b,则

$$间接成本分配系数＝\frac{间接成本总额}{a＋b}$$

甲批次所分担的间接成本＝间接成本分配系数×a

乙批次所分担的间接成本＝间接成本分配系数×b

传统的可以使用的分配指标包括直接人工小时、机器加工小时等。实际中,可以根据**成本动因**(Cost Driver,在后面的作业成本法中将有进一步的讨论),选择这些指标加以分配。而对于在产品和产成品之间进行间接成本分配所使用的约当量,将在后面的分步法中进一步展开讨论。

接下来我们介绍可以扩展分批法的生产流程体系——实时生产系统。作为较新的一种现代生产流程体系,**实时生产系统**(也译成准时生产系统,Just-in-time System,简称 JIT)应运而生。实时生产,是指企业根据客户需求组织生产,从原材料投入到产品产出都是由一个生产单元(Unit)完成的生产流程。在实时生产系统中,企业打破了原有的按工艺特性进行的生产部门的分类的限制,将不同的生产步骤和加工过程整合到一个生产单元中,这不仅仅是生产过程的整合,也包括人员和场地的整合,变原来的多部门多步骤的生产为单部门多步骤生产。这样,每一个生产单元都是为了客户的特定的产品要求进行生产的。实时生产系统最突出的贡献就是将传统的"推"式生产(先生产再销售)的生产经营模式转变为"拉"式生产(先有销售需求再组织生产),如图 2-2 所示。

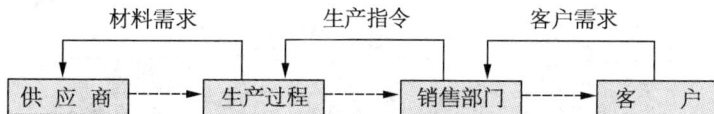

图 2-2 实时生产系统示意图

传统的"推"式生产,主要集中在图 2-2 的虚线部分,企业通过市场预测,制定生产计划,然后按部就班地根据具体的生产步骤在各个部门进行加工生产。在完成产成品的生产之后,企业又将投入大量的精力和资源去开拓市场,将产品销售给客户。这种生产经营模式到现在为止还在被广泛地应用。但是,这种"推"式生产的最大的缺点是,生产经营成功与否的关键在于前期的市场预测的准确程度,这就需要一个"敏锐的眼光"。无论是传统的追随市场型企业,还是强劲的培养市场型企业,如果前期的市场预测比较准确,那么就会给企业带来丰厚的利润;反之,则会给企业带来损失,甚至是灾难。因此,采用这种"推"式生产的企业,要么需要建立一个庞大有效的市场预测、市场开拓的部门,要么就是靠敏锐的洞察力,才能在激烈的竞争中得以生存。这一点,在当今众多的大型企业和新兴企业中,可以很容易地观察到。这种"推"式生产的另外一个显著的缺点是,企业面临大量的存货问题:原材料、加工过程中的在产品和未销售出去的产成品,它们一方面需要专门存储场地、看管人员、管理系统,这些需要花费专门的成本;另一方面它们又占用了企业大量的资金,并且随着产成品销售的不顺利和生产过剩越来越

严重,给企业带来沉重的负担,并且还会影响企业的信用、供应链、客户关系等一系列至关重要的软性资源。当企业意识到上述的两个主要的缺点的时候,他们试图找寻一种能有效克服这些问题的新的生产系统,实时生产系统就产生了,并开始使用并逐渐推广。

而实时生产系统的"拉"式生产,正如图 2-2 所示,在传统的正常生产的虚线部分,增加了市场前置的前置需求,首先由客户提出对产品的需求要求,然后销售部门或市场部门将这些要求反映给生产部门,生产部门根据产品的具体生产所需的材料的需求从供应商获得所需的原材料,原材料也由供应商提供质量保证。同时,尽量做到从供应商获得的原材料直接进入到生产环节,并且生产出的产品及时地传递到客户手中。除了生产过程中的在产品之外,企业几乎没有其他的存货,自然,存货带来的问题就得以避免。同时,由于客户已经存在,企业不会面临产品销售的问题,这样就不会造成生产与市场脱节的问题,两者之间存在的问题也得以解决。

当然,由于实时生产系统的及时要求,导致了这种生产系统的建立十分复杂。(1)要打破传统的生产部门的限制,把不同工种的、不同步骤的过程从不同地点不同部门,整合到一个独立的单元(Unit),这样可以满足对于生产的实时要求。(2)同供应商建立良好的关系,以确保原材料的质量和及时供应。为了这个目的,企业可以通过事前的合同来获得供应商对于原材料提供的保证,并且根据供应商以往提供原材料的情况做出保留、取消其提供原材料的资格。(3)要求客户能及时地提供产品的运输和存放地点。这样才能保证企业不需要为产成品提供存储管理。(4)生产过程中,出现问题的及时处理。由于实时生产系统中,所有的过程都是实时的,一个步骤出现了问题,必然会导致整个体系的停滞不前。因此,建立一套生产应急措施是十分必要的。通过图 2-3 所示可以看出这种生产部门设置的转变。这样整个企业就像是被分成若干个独立的小工厂一样,每个生产单元都独立完成相关的生产任务,从而由原来的各生产部门负责的成本问题明确地转变为由每个独立的生产单元来负责,更加精确地反映了产品生产的成本信息,更加明确了成本发生、成本控制的职责。

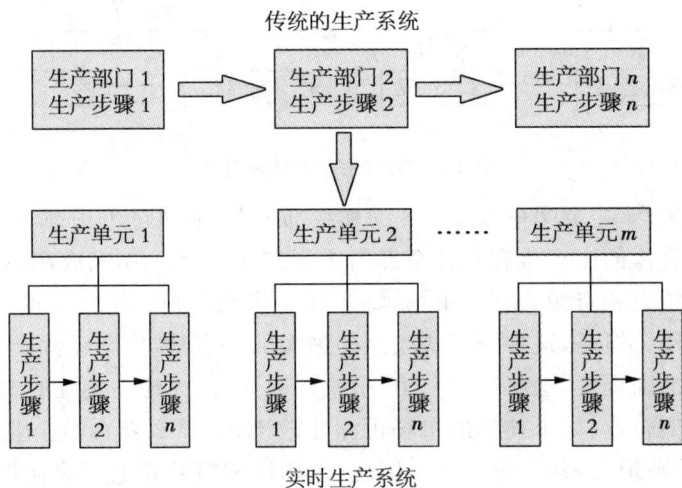

图 2-3　传统的生产系统向实时生产系统的转变

通过实时生产系统的特征可以看出,分批法在该生产系统中是适用的。因此,随着这种生产系统的不断推广,分批法也将随之更为广泛地应用。

四、分步法

分步法(Process Costing),是指以产品经过的生产步骤作为成本核算对象的成本系统。分步法适用于大量、大批量产品生产企业。因为这类企业的大规模生产必然导致企业一直处于原材料投入、生产过程中的在产品形成、产成品的完成,为企业进行成本的归集、分配和核算造成了很多困难:(1)原材料的成本不稳定,导致不同时间完成的产成品的成本不一致。然而,企业产品对外价格政策不能随便改变,所以企业面临产品成本和价格政策不一致这样的难题(企业面临最多的就是产品售价下降而产品成本升高或是产品成本下降的速度没有售价下降的速度快这些情况)。(2)多个连续或分散的生产步骤存在,这使得在产品或产成品的成本核算是否准确不是由一个生产部门所能完成的,并且服务于管理上业绩考核等工作的需要,每个生产部门都必须精确地计算出其生产步骤所产生的实际成本。(3)不同的生产部门都拥有大量加工程度不同的在产品或产成品,这为生产成本在不同加工程度的在产品以及在产品和产成品之间分配带来了困难。(4)如果企业同一生产部门同时生产不同种类、不同批次的产品,那么间接成本在其之间的分配也就更加复杂了。

分批法和分步法的主要的不同点有:(1)分步法强调的是产品生产的具体步骤,而分批法则以产品的具体批次为成本核算对象。(2)分步法的生产过程一般不会过多考虑未来客户的定单问题,生产主要依靠事先的生产计划来完成;而分批法则侧重于客户的定单问题,并且在实时生产系统中,客户的定单是产品生产的原动力。因此,可以看出,分批法更适用于客户对象差异性较大、单位产品成本相对较高、批量数额相对较小、规模生产不经济等这样的企业,如飞机制造业、高档汽车生产企业、精细加工的电子产品企业等等;而分步法则适用于客户对象差异性较小、单位产品成本相对较低、批量数额相对较大、能利用规模经济的这样企业,如民用产品企业、普通机械设备生产企业等等。

由于采用分步法的主要原因有:(1)成本核算的需要;(2)成本控制的需要;(3)外部在产品市场存在。因此,在产品的成本核算就是实际生产管理需要切实解决的问题。而分步法实施最为困难的就是如何将间接成本在在产品之间、在产品和产成品之间分配。虽然,这里可以使用分批法中的相关分配方法,但是其更为复杂。

(一)分步法的主要种类

由于分步法面临在产品在不同的生产部门中转移的问题,所以根据在产品转移的方法,分步法又可以分成逐步结转分步法和平行结转分步法。

逐步结转分步法(Sequential Processing),是指产品生产过程是由一系列循序渐进而性质又不同的加工步骤所组成的企业所使用的分步法。平行结转分步法(Parallel Processing),是指产品生产过程到达某一个环节之后(甚至在原材料投入时),产生了独立的不同生产步骤,加工成为不同的在产品(零部件)然后整合成产成品,或加工成不同的产成品的企业使用的分步法。两种分步法的最为明显的差异在于生产过程中是否出现独立的、平行的生产步骤。如果不产生则是逐步结转分步法,反之则为平行结转分步法。而平行结转分步法就是因为存在了独立的、平行的生产步骤,因而存在相对复杂的间接成本分配的问题。两者的大致生产过程可以通过图2-4和图2-5直观地表现出来。

| 生产步骤1 | 生产步骤2 | 生产步骤3 | ...... | 生产步骤n |

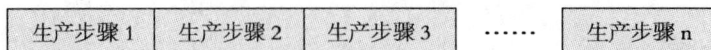

图 2-4　逐步结转分步法生产过程示意图

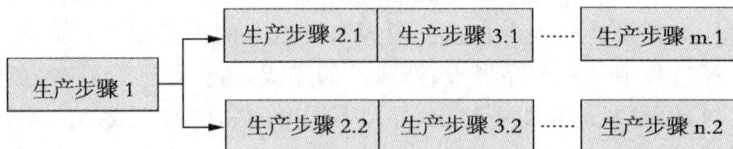

生产步骤1 → 生产步骤2.1 | 生产步骤3.1 | ...... | 生产步骤m.1

生产步骤1 → 生产步骤2.2 | 生产步骤3.2 | ...... | 生产步骤n.2

图 2-5　平行结转分步法生产过程示意图

(二) 约当产量和成本核算

在特定的生产环节中,必然存在期初和期末在产品的情况,而这些在产品的加工生产也消耗了相应的成本。如何把当期所消耗的产品成本科学合理地分摊到该环节的期末在产品和产成品中,就是分步法面临的主要问题。这里涉及一个概念,**约当产量**(Equivalent Unit)。约当产量主要用来衡量在产品加工程度相当于产成品的比例。由于产品成本包括直接成本和间接成本两部分,并且这两部分的成本又包括细分的类型,因此在产品的约当产量也要考虑到这些成本分类,根据不同类型成本的消耗比例来确定各类成本的约当产量,并且考虑到期初在产品的约当产量。这里存在两种主要方法用以计算当期生产的约当产量,即加权平均法和先进先出法。

1. 加权平均法

加权平均法(Weighted-average Method),这种方法将期初在产品无论完成的程度如何,都当作是当期开始投入生产的,即期初在产品的约当产量为 0。而将期初在产品已经包含的成本都作为当期投入的成本,期末同当期实际投入的成本一起,在当期完工产品和期末在产品之间进行分配。具体的当期约当产量、某种成本分配数和分配基础计算公式如下:

当期约当产量=当期完工产品数量+期末在产品的约当产量

某种成本分配数=期初在产品已完工部分消耗的该种成本+当期投入该种成本

某种成本分配基础=当期完工产品的成本分配基础+期末未完工产品耗用的成本分配基础

2. 先进先出法

先进先出法(FIFO Method),这种方法将期初在产品按已经完成的成功程度不作为当期投入生产的,当期只是将期初在产品未完工的部分生产加工完。当期生产投入的成本包括完成期初在产品的剩余未完工的部分、当期投入当期完工的产品和当期投入期末未完工在产品已完工部分三个部分的成本。具体的当期约当产量、某种成本分配数和分配基础计算公式如下:

当期约当产量=期初在产品未完工部分约当产量+当期投入当期完工产品数量+期末在产品的约当产量

某种成本分配数=期初在产品未完工部分消耗的该种成本+当期投入当期完工产品消耗的该种成本+期末在产品已完工部分消耗的该种成本

某种成本分配基础＝期初在产品未完工部分耗用的成本分配基础＋当期投入当期完工产
品的成本分配基础＋期末未完工产品耗用的成本分配基础

根据上述公式,就可以准确地计算并了解当期完工产品的成本信息,以及期末在产品的成本信息。需要指出的是,不同类型的成本存在不同的约当产量,应分别核算每种成本,并将各种成本汇总得到完工产品和期末在产品的成本。

五、标准成本法和作业成本法

标准成本法和作业成本法,是在管理控制要求不断提高、企业生产经营日益复杂的情况下发展出来的新的成本系统。这两套系统在企业实际生产经营过程中的地位日益重要。因为本书后面有专门的章节详细讨论这两种成本系统,所以本节在这里只是对其进行简单的概述。

(一) 标准成本法

标准成本法(Standard Costing),是一种集成本核算、成本控制和绩效评价为一体的成本系统。其重要内容包括标准成本设计、标准成本核算、标准成本和实际成本差异,以及绩效评价。

传统的成本体系一般是根据历史成本原则使用实际成本来核算产品和服务的成本。这样做,一方面比较客观具有可追溯性,另一方面直观,容易理解。但是,避免不了实际成本带来的一个显著的问题是:实际成本的不可预期的波动对产品或服务的成本产生影响。这种成本的波动,必然给企业带来了如下的问题:(1)导致不同时期的产品或服务成本可比性差;(2)市场价格不能随着产品或服务的成本变动而改变,导致不同期间经营利润不一致,并很难为外部人所理解;(3)绩效评价基础变动较大,带来了实际工作中相互推诿,推卸、转嫁责任的情况。

为了解决上述问题,产生了标准成本法。其主体思想如下:(1)事前,建立一个相对稳定的(除非发生重大的成本变动情况,一般要保持1年左右,当然存在适当的微调)标准成本体系:标准价格、标准数量、标准工时、标准小时工资率等等,用以将直接材料、直接人工和制造费用通过这些标准成本构成完成日常的核算。这样就保证了不同期间的产品或服务的成本相对稳定(对于单位产品或服务来说),也使得经营利润具有较强的可比性和可理解性。(2)事中,根据事先制定的成本标准尽量控制实际生产经营过程中的成本支出。(3)事后,根据实际成本和标准成本之间产生的差异的分解,来分析差异产生的原因,评价材料采购部门、人事部门和生产部门,甚至销售等部门的绩效,并采取相应的整改措施,提高企业生产经营的竞争力。

(二) 作业成本法

作业成本法(Activity-based Costing),是在传统的成本系统的基础上,引入作业(Activity)概念,通过将企业的生产经营过程细分为不同的作业,然后,根据作业量的不同分配成本(主要是间接成本)的一种成本系统。它是传统成本系统的一个进化模式,适用于前面提到的所有成本系统。

传统的成本系统,其核算的成本对象主要集中在产品或服务本身上,使用的是相对简单的成本分配方法。这样做法的一个最主要的问题就是,当产品或服务存在显著的差异的情况下,通过传统的简单的成本分配方法会导致成本分配产生严重的不合理性,导致成本信息严重失真。并且这种成本失真会随着企业间接成本比例的增加、产品或服务差异性加剧而变得更加严重。为此,就需要找寻新的成本核算的对象,以便能更好、更有效地归集和分配相应的成本。

作业成本法就是为了解决上述问题发展出来的。其核心思想是,将企业生产经营流程的细节根据不同的特征,分解、确定不同的**成本对象**(Cost Object)和**成本动因**(Cost Driver);然后,根据成本对象来归集成本,根据成本动因来分配成本;最终,将成本(主要是间接成本)更加科学地归集到产品或服务中。通过这种细分的方法,使得成本的分配更具有效性,大大降低传统方法产生的成本信息失真的问题。当然,作业成本法也面临一个严峻的挑战:设计和实施成本较高。值得欣慰的是,现代计算机技术的应用大大降低了设计和实施的成本,为作业成本法的推广创造了便利的条件。

第三节　服务部门成本分配的基本方法

当企业达到一定规模之后,或是由于其生产经营的特殊性,从外部获得相应服务的成本就会增加,企业就会考虑在其内部建立专门的服务部门提供有针对性的辅助服务,或是企业内部原有的辅助部门不断扩大形成专门独立的辅助服务部门。无论哪种情况,独立的服务部门在大型企业中,甚至中小型企业中,是普遍存在的。还要强调的是,这里所说的服务部门,是指与企业主要的生产经营活动相对应的、辅助的,为企业更加顺利、有效地完成目标的生产经营提供服务支持的部门。服务部门不形成企业对外提供的产品或服务,而是提供具体的生产经营的辅助服务支持,这是区别于企业的生产经营部门的主要特征。

服务部门是企业原有的辅助工序专门化的产物,它不仅可以为某个生产经营部门提供辅助服务支持,也可以为多个生产部门提供服务。如果企业仅拥有一个服务部门的话,那么相关的成本分配十分简单,只需要将其自身的服务成本选择适当的方法分配到生产经营部门中;而企业如果存在多个服务部门的话,实际中服务部门之间相互提供服务的现象也是普遍存在的,那么相应的服务部门成本的分配就变得复杂。

由服务部门自身的特点可以看出,由其提供生产经营服务产生的成本,是产品成本的一部分;并且这类成本是间接成本,面临在不同的生产部门、不同的在产品和产成品之间进行分配问题。由于服务部门的独立性,具有特有的经营管理要求,因此,服务部门的成本核算和分配对于实际的经营管理和生产经营十分重要。本节集中研究服务部门的成本核算和分配问题。

为了更好地进行本节的讨论,这里首先给出一个案例。

大鹏汽车有限责任公司(以下简称大鹏公司)是一个大型的汽车生产企业,从零配件的加工到组装整车、到运输销售各个环节均具备。通过多年的生产经营,在企业的规模从小到大过程中,企业内部形成了如下服务部门:

（1）动力部门，该部门主要通过自身的火力发电设备，为整个企业的生产经营和行政管理提供电力能源。

（2）维修部门，该部门主要提供企业内部日常的机器设备、管道线路的维修维护工作。

（3）水处理部门，该部门主要通过循环过滤系统，完成企业生产经营用水和污水处理的要求。

这三个部门，都以企业制造汽车生产经营对象提供服务，并且彼此之间或多或少地存在相互提供服务的情况。

为了简化后面例题的计算，这里假设大鹏公司主要的生产过程中需要经过如下生产部门：

（1）原材料处理部门，该部门通过铸造、锻造、切割、打磨等工序，将原材料（主要是钢铁）加工成生产零部件所需的材料。

（2）零部件生产部门，该部门通过钻孔、刨铣、定型等工序，将上一部门加工后的材料根据设计图纸的样式，加工生产成所需的零部件。

（3）整车装配部门，该部门将上一部门生产的零部件，在流水线上组装成整车，在完成相应的测试后，停放到专用的库存停车场内。

这三个部门都需要前述三个服务部门提供的服务，只不过根据各个生产部门要求的不同提供的服务的数量不同，从而这三个生产部门分配的相应的服务部门的成本也不同。为了计算的简便，这里假设服务部门成本分配的基础是各个生产部门和服务部门使用服务部门提供的服务工时（由于各个生产部门和服务部门的运行流程特征不同，必然导致各个生产部门的加工效率不同，这里仅仅使用工时作为分配基础存在一定的偏颇。但是为了服务于计算的简便和问题的说明，还是使用这个指标作为分配服务部门成本的成本动因），并且假定服务部门仅仅向生产部门提供服务。

在前述的条件下，大鹏公司当期三个服务部门的成本耗费如表2-1所示。

表 2-1　服务部门成本耗费一览表

服务部门	成本耗费（元）	所用的其他服务部门的工时（小时）	
动力部门	45 000	维修部门	30
		水处理部门	15
维修部门	30 000	动力部门	200
		水处理部门	5
水处理部门	10 000	动力部门	100
		维修部门	10

而当期大鹏公司三个生产部门消耗加工工时如表2-2所示。

表 2-2　生产部门耗费服务部门工时一览表

生产部门	所用的服务部门的工时（小时）	
原材料处理部门	动力部门	3 000
	维修部门	300
	水处理部门	200

续表

生产部门	所用的服务部门的工时(小时)	
零部件生产部门	动力部门	4 500
	维修部门	150
	水处理部门	150
整车装配部门	动力部门	1 500
	维修部门	150
	水处理部门	50

根据上述的资料,大鹏公司的日常生产经营过程中,上述三个服务部门均为其提供服务,由此也就产生了相应的成本。由于这些成本是为了完成生产经营而产生的,因此,其必然要分配到相应的生产部门中,然后再分配到相应的在产品和产成品的成本项目中。同时,这三个部门彼此之间又存在相互提供服务的情况,那么,在将这三个服务部门的成本向生产部门分配之前或同时,在其彼此之间需要将相互提供的服务成本进行分配。

可见,如果企业存在多个服务部门,并且彼此存在相互提供服务的情况存在,那么服务部门产生的成本的分配过程大致如下:

(1) 将服务部门之间相互提供服务的成本在各服务部门之间进行分配;

(2) 将服务部门的相关服务成本在不同生产经营部门之间进行分配;

(3) 在生产经营部门中,将所分的服务部门成本在在产品之间、在产品和产成品之间进行分配。

主要的服务部门成本分配方法,从易到难,包括直接分配法、顺序分配法和交叉分配法。这三种方法,在上面给出的服务部门产生的成本的分配过程中的前两个步骤是不同的,而第三个步骤是相同的。下面将主要讨论这三种方法的传统分配过程。

一、直接分配法

直接分配法(Direct Method),又称为**简单分配法**,是指不考虑服务部门彼此之间提供服务所产生的成本问题,直接将服务部门的成本根据适当的分配标准分配到相应的生产经营部门中的分配方法。这种方法的成本分配过程如图 2-6 所示。因此,直接分配法分配过程中没有将服务部门之间相互提供服务的成本在各服务部门之间进行分配的步骤。

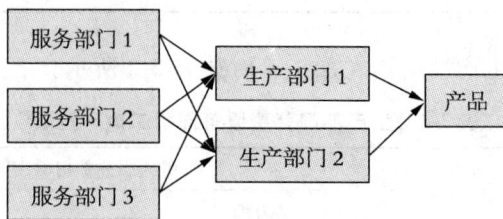

图 2-6　直接分配法下成本分配过程

根据大鹏公司的资料,可以通过如下的计算过程,将三个服务部门的成本分配给这三个不同的生产部门。

(一)分配动力部门的服务成本

1. 服务成本分配率

动力部门服务成本分配率＝45 000÷(3 000＋4 500＋1 500)＝5(元/小时)

2. 各生产部门分配的动力部门的服务成本

(1) 原材料处理部门分配的成本＝5×3 000＝15 000(元)

(2) 零部件生产部门分配的成本＝5×4 500＝22 500(元)

(3) 整车装配部门分配的成本＝5×1 500＝7 500(元)

(二)分配维修部门的服务成本

1. 服务成本分配率

维修部门服务成本分配率＝30 000÷(300＋150＋150)＝50(元/小时)

2. 各生产部门分配的维修部门的服务成本

(1) 原材料处理部门分配的成本＝50×300＝15 000(元)

(2) 零部件生产部门分配的成本＝50×150＝7 500(元)

(3) 整车装配部门分配的成本＝50×150＝7 500(元)

(三)分配水处理部门的服务成本

1. 服务成本分配率

水处理部门服务成本分配率＝10 000÷(200＋150＋50)＝25(元/小时)

2. 各生产部门分配的水处理部门的服务成本

(1) 原材料处理部门分配的成本＝25×200＝5 000(元)

(2) 零部件生产部门分配的成本＝25×150＝3 750(元)

(3) 整车装配部门分配的成本＝25×50＝1 250(元)

各生产部门分配的服务部门的成本总计如下:

(1) 原材料处理部门分配的成本＝15 000＋15 000＋5 000＝35 000(元)

(2) 零部件生产部门分配的成本＝22 500＋7 500＋3 750＝33 750(元)

(3) 整车装配部门分配的成本＝7 500＋7 500＋1 250＝16 250(元)

然后,只需将各生产部门的成本继续分配给其生产的在产品或产成品就完成了服务部门成本分配的工作。

直接分配法没有考虑到企业各服务部门之间相互提供服务的情况,忽略了由这种行为产生的服务部门的成本增加。一方面,使得服务部门分配给生产部门的服务成本信息存在偏差,导致相应的成本分配和核算不准确,影响在产品和产成品成本信息的准确性,进而影响企业经营管理中使用成本信息的其他活动的有效性。另一方面,由于不需要分配服务部门彼此之间的相互使用服务的成本,必然导致服务部门之间忽略了控制成本的支出,出现过度使用其他服务部门服务或将成本转嫁给其他服务部门的现象,产生大量浪费情况,大大削弱了成本控制和管理的有效性。因此,直接分配法一般仅仅适用在企业的各服务部门之间不存在相互使用服务的情况,或是即使相互提供服务但是相应产生的成本不显著的企业中。当然,如果企业的规模相对较小时,根据成本—收益原则,也可以选择直接法作为企业服务部门成本分配的方法。

二、顺序分配法

顺序分配法(Step Method),又称为**逐步分配法**,这种方法假定企业的各个服务部门之间存在先后提供服务的链条,即从第一个服务部门向其他服务部门和生产部门提供服务之后,后继的服务部门向剩下其他服务部门和生产部门提供服务,并一直完成这个服务提供的链条。在这个链条中,服务提供方向是不可逆的,换句话说,不存在相互提供服务的情况。图 2-7 形象地描述了顺序分配法的服务成本分配过程。顺序分配法下,服务部门之间的服务成本分配过程同分步法很相似。

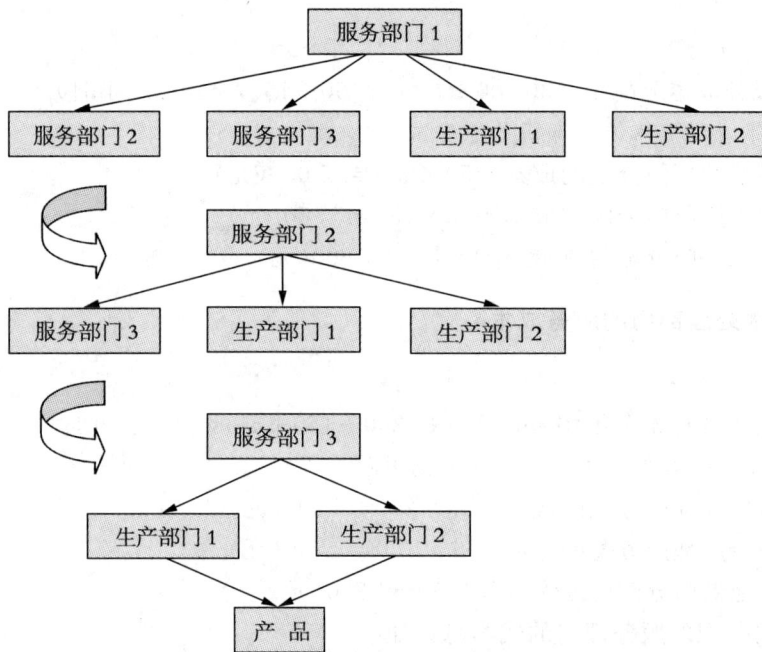

图 2-7　顺序分配法下成本分配过程

根据大鹏公司的资料,假定各服务部门依次提供服务的顺序为:动力部门、水处理部门、维修部门。其服务部门成本分配计算过程如表 2-3 所示。

当然,在实际中,顺序分配法中每个层次的服务部门可能不唯一,即在某些层次(甚至在第一层)上同时存在两个以上相对独立的、互相不提供服务的服务部门。但是,这样并没有使整体的成本核算和分配变得复杂。

顺序分配法,相对于直接分配来说,考虑到了服务部门之间相互提供服务的问题。但是,由于其要求企业的服务部门相互提供服务有不可逆的顺序,因此顺序分配法最大的缺点也在于此,没有考虑提供服务的相互性,而仅仅关注链状的服务提供过程。在复杂的企业,服务部门的规模和提供范围都很大,这样彼此交叉提供服务是客观的、必然的,这就需要新的方法来替代顺序分配法。接下来给出满足这种分配需要的交叉分配法。

表 2-3 大鹏公司服务部门使用顺序分配法分配服务成本表

第一步:动力部门成本分配		
需分配服务成本总额(元)	45 000	
成本分配率(元/小时)*	4.84	
各部门成本分配	所使用动力部门工时(小时)	成本分配额(元)
维修部门	200	967.74
水处理部门	100	483.87
原材料处理部门	3 000	14 516.13
零部件生产部门	4 500	21 774.19
整车装配部门	1 500	7 258.06
* 成本分配率＝45 000÷(200＋100＋3 000＋4 500＋1 500)		
第二步:维修部门成本分配		
需分配服务成本总额(元)*	30 967.74	
成本分配率(元/小时)**	50.77	
各部门成本分配	所使用维修部门工时(小时)	成本分配额(元)
水处理部门	10	507.67
原材料处理部门	300	15 230.04
零部件生产部门	150	7 615.02
整车装配部门	150	7 615.02
* 需分配服务成本总额＝967.74＋30 000		
** 成本分配率＝30 967.74÷(10＋300＋150＋150)		
第三步:水处理部门成本分配		
需分配服务成本总额(元)*	10 991.54	
成本分配率(元/小时)**	27.48	
各部门成本分配	所使用水处理部门工时(小时)	成本分配额(元)
原材料处理部门	200	5 495.77
零部件生产部门	150	4 121.83
整车装配部门	50	1 373.94
* 需分配服务成本总额＝483.87＋507.67＋10 000		
** 成本分配率＝10 991.54÷(200＋150＋50)		
第四步:各生产部门分配的服务成本汇总		
生产部门		分配的服务部门成本总额(元)
原材料处理部门		35 241.94
零部件生产部门		33 511.04
整车装配部门		16 247.02

注:本表某些数据受到计算时保留小数问题影响。

三、交叉分配法

交叉分配法(Reciprocal Method),也称**方程分配法**,这种方法考虑各服务部门彼此提供服务的情况,在向生产部门进行服务成本分配的同时,将其他服务部门提供的服务的成本也加以核算。这种方法,一般通过方程方法来处理的,当然也可以通过相应的矩阵算法解决,所以也可以称为矩阵分配法。图 2-8 给出了顺序分配法的服务成本分配过程的形象描述。

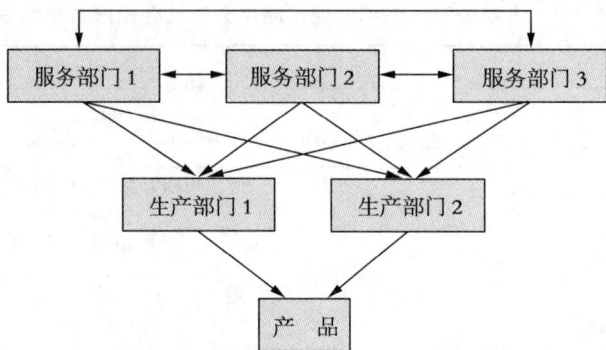

图 2-8　交叉分配法下成本分配过程

根据大鹏公司的资料,这里定义如下的变量:

x_1:动力部门的成本分配率;

x_2:维修部门的成本分配率;

x_3:水处理部门的成本分配率。

由于这三个服务部门彼此之间也相互提供服务,因此每个服务部门既提供服务又接受别的服务部门提供的服务。而每个服务部门需要分配的成本,也必然包括接受其他服务部门服务产生的成本。根据这里的讨论,可以得到下面的方程组:

$$\begin{cases} 45\,000+30x_2+15x_3=3\,000x_1+4\,500x_1+1\,500x_1+200x_1+100x_1 \\ 30\,000+200x_1+5x_3=300x_2+150x_2+150x_2+30x_2+10x_2 \\ 10\,000+100x_1+10x_2=200x_3+150x_3+50x_3+15x_3+5x_3 \end{cases}$$

通过求解上面的方程组,可获得如下的解:

$$\begin{cases} x_1=5.04(元/小时) \\ x_2=48.56(元/小时) \\ x_3=26.17(元/小时) \end{cases}$$

通过上面的解,可以得出三个生产部门分配的服务成本(如表 2-4 所示)。

表 2-4　大鹏公司服务部门使用交叉分配法分配服务成本表

	服务部门			
	动力部门	维修部门	水处理部门	
	成本分配率	成本分配率	成本分配率	
	(元/小时)	(元/小时)	(元/小时)	
生产部门	5.04	48.65	26.17	总计
原材料处理部门	15 120.00	14 595.00	5 234.00	34 949.00
零部件生产部门	22 680.00	7 297.50	3 925.50	33 903.00
整车装配部门	7 560.00	7 297.50	1 308.50	16 166.00

注:本表最终分配的成本数据总额同原需要分配的服务部门成本总额存在出入,是受到计算时保留小数问题的影响。

交叉分配法的好处就是考虑到各个服务部门彼此之间提供服务的成本,但是,相应的问题是,这种方法相应的计算量较大,并且计算的复杂程度会随成本分配基础的多样性、服务部门的数量、服务部门相互提供服务的复杂程度的增加而增加。因此,一般情况下,这种方法需要企业具有较先进的计算工具(如计算机网络系统)的支持。

通过上面三种方法可以看出,不同的成本分配、核算方法会带来不同的成本分配结果,这一点在服务部门和生产部门较多、各种产品差异性较大的企业更为突出。但是,这里给出的上述方法主要基于的是传统的成本分配思想和理论,集中表现在计算成本分配基础比较简单但不精确上。因此,在以后的章节(第六章作业成本法)中有更加详细的讲解,包括成本核算中使用到的成本对象、成本动因、分配基础和成本分配率等内容。

本 章 小 结

本章主要讲述了管理会计中成本部分的基本内容,包括成本的概念和一般分类。成本概念在管理会计中的范畴比财务会计更为广泛。并且根据管理会计研究内容的具体要求的不同,成本可以根据不同的分类标准进行分类。主要的分类有:(1)根据企业实际生产经营情况和相应财务报表的反映情况,可以将成本分为产品成本和期间成本,其中:产品成本又可称为制造成本,又可以具体分为直接材料、直接人工和制造费用三个子成本项目;期间成本又可以称为非制造成本,主要包括企业的日常行政管理、销售、科研等同实际生产和提供服务不直接相关的费用。(2)根据成本性态特征,即业务量和相应成本之间的影响关系,成本可以分为变动成本、固定成本和混合成本。(3)为了更好地服务于成本的分配,成本可以分为直接成本和间接成本。(4)为了满足不同的管理会计决策的要求,成本可以分为相关成本和无关成本,差量成本和边际成本,沉没成本和重置成本,机会成本、现金支付成本和估算成本,可避免成本和不可避免成本,专属成本和联合成本等类别。

在了解了成本基本概念和一般分类后,本章又着重介绍了三种传统的成本系统,用以归集和分配企业实际过程中发生的成本,将其归集到相应的产品或服务中去,满足企业日常的成本管理和决策需要。传统的成本系统,主要包括:(1)品种法,以单件或小批次、单位价值高的产品为成本核算对象的成本系统;(2)分批法,以中小批次产品为成本核算对象的成本系统;(3)分步法,以各生产步骤下的半成品以及最终的产成品为成本核算对象的成本系统。在以后的章节中,将进一步介绍标准成本系统和作业成本系统。

在本章的最后部分,介绍了服务部门的成本分配方法,主要包括直接分配法、顺序分配法和交叉分配法。根据服务部门向生产部门提供服务和服务部门之间相互提供服务的复杂程度,企业部门可以选择这三种方法中的一种。

思 考 与 练 习

思考题

1. 什么是产品成本和期间成本,产品成本具体包括哪些细致分类?

2. 成本如何在会计报表中反映出来?

3. 根据分配过程中的特点,成本可以分成哪些种类?

4. 什么是差量成本,它的特点有哪些?

5. 什么是分批法和实时生产系统,如何从传统的使用分批法的生产模式向实时生产系统转变?

6. 什么是分步法,分步法的两种主要种类是什么?

7. 服务部门成本分配方法有哪些,各自是如何完成成本核算的?

选择题

1. 根据经济用途,制造成本可以分为( )。

    A. 直接人工   B. 直接材料   C. 制造费用   D. 期间费用

2. 根据生产组织特点,企业的生产流程可以分为( )。

    A. 单件生产   B. 单步骤生产   C. 批量生产   D. 大量生产

3. 传统成本核算系统包括( )等成本核算方法。

    A. 标准成本法   B. 品种法   C. 分批法   D. 分步法

4. 根据具体的在产品转移过程,分步法还可以分为( )。

    A. 逐步结转分步法   B. 跨步结转分步法   C. 平行结转分步法   D. 交替结转分步法

5. 通常可以使用( )来计算约当产量。

    A. 加权平均法   B. 先进先出法   C. 个别确认法   D. 后进先出法

业务分析题

1. 某车间生产两种产品 A、B,当期消耗的间接成本为 500 000 元,该成本以直接人工小时为分配基础,两种产品各自消耗的直接人工小时数分别为:A 产品 1 000 小时、B 产品 3 000 小时。

要求:计算两种产品的各自分摊的间接成本。

2. 某生产部门使用分步法进行成本核算,具体生产产量(单位:件)信息如下:

产 品 项 目	数量	完工百分比
期初在产品	200	60%
当期投入当期完工产品	3 000	100%
期末在产品	400	30%

要求:分别使用加权平均法和先进先出法,计算当期生产的约当产量。

3. 某企业有两个服务部门和三个生产部门,具体的服务部门的成本和各部门对服务部门成本消耗情况如下:

服务部门	成本耗费(元)
动力部门	90 000
维修部门	54 000

生产部门	所用的服务部门的工时(小时)	
原材料处理部门	动力部门	2 000
	维修部门	350
零部件生产部门	动力部门	3 000
	维修部门	200
整车装配部门	动力部门	1 000
	维修部门	250

要求:请使用直接分配法将服务部门的成本分配到各个生产部门。

4. 承接上面资料,两个服务部门也相互利用对方资源,其情况如下:

服务部门相互使用服务情况	服务部门间相互使用所用的工时(小时)
动力部门使用维修部门	50
维修部门使用动力部门	200

要求:假定该企业服务部门的成本分配顺序为动力部门、维修部门,请使用顺序分配法将服务部门的成本分配到各个生产部门。

案例题

大地公司是一个生产家具的企业,其产品就是将木材等原材料经过切割、抛光、黏合等加工步骤,完成产品的加工生产。然后再经过包装和运输步骤,将产品交付到客户的手中。整个生产过程都是在一个连续的不同的生产部门之间完成的。由于期间产生的产品没有明确的外部市场,所以大地公司必须完成全部的生产流程,才能出售产成品获利。大地公司原来一直使用粗放式经营方式,没有过多地考虑各个部门之间成本投入的差异,以及不同时期相同部门相关成本变化对产品成本产生的影响。但是,随着企业外部压力的增大,大地公司的高层管理者也意识到内部成本控制的重要性,为此对每个部门发生的成本都进行了更为科学的计算。根据专业的会计师的建议,大地公司采用了分步法作为成本核算的基本方法。

大地公司只生产一种家具,并且在生产过程中,直接材料都是一次性全部投入,而转换成本投入比例同产品的完工程度相同。其中,直接材料为 2 000 元/套,直接人工工资率为 15 元/小时,每套产品消耗 20 小时直接人工,制造费用分配率为 8 元/直接人工小时。

在 4 月份,切割部门生产数量和生产成本如下:

项 目 类 别	生产数量(套)
期初在产品(完工率25%)	800
当期投入生产	4 200
当期完成产品	4 000
期末在产品(完工率80%)	1 000

成 本 项 目	成本数额(元)
期初在产品	
直接材料	1 600 000
直接人工	60 000
制造费用	32 000
本期投入成本	
直接材料	8 400 000
直接人工	1 380 000
制造费用	736 000

要求:

(1) 使用加权平均法和先进先出法计算 4 月份每种成本的约当产量;

(2) 使用加权平均法和先进先出法计算 4 月份完工产品和期末在产品的每种成本的单位成本。

附录:利用 Excel 进行服务部门成本顺序法分配

通过 Excel 我们可以对服务部门的成本进行分配,一方面可以大大提高计算效率,另一方面也可以制作成有效的模版,用于重复相同计算方式的成本分配过程。这里以本章第三节给出的大鹏汽车有限责任公司的数据为例,计算顺序法下服务部门的成本分配。

首先,我们将表 2-1 和表 2-2 的数据录入到 Excel 中,见图 2-9。

	A	B	C	D
1	服务部门成本耗费一览表			
2	服务部门	成本耗费(元)	所用的其他服务部门的工时(小时)	
3	动力部门	45000	维修部门	30
4			水处理部门	15
5	维修部门	30000	动力部门	200
6			水处理部门	5
7	水处理部门	10000	动力部门	100
8			维修部门	10
9				
10	生产部门耗费服务部门工时一览表			
11	生产部门	所用的服务部门的工时(小时)		
12	原材料处理部门	动力部门	3000	
13		维修部门	300	
14		水处理部门	200	
15	零部件生产部门	动力部门	4500	
16		维修部门	150	
17		水处理部门	150	
18	整车装配部门	动力部门	1500	
19		维修部门	150	
20		水处理部门	50	

图 2-9

接下来,我们计算服务部门成本的分配。

第一步:动力部门成本分配

(1)在单元格 B24 内输入"＝B3/(D5＋D7＋C12＋C15＋C18)",用以计算动力部门成本分配率。(2)在单元格内输入相关的部门名称,并在对应的"所使用动力部门工时"的单元格内输入相应的数值引用单元格号,如:"维修部门"对应的"所使用动力部门工时"的单元格内输入"＝D5",依此类推。(3)在各部门对应的成本分配额内输入相应的计算公式,为了简便算法,我们可以使用 Excel 的填充功能:在单元格 C26 内输入"＝B26＊＄B＄24",选取单元格 C26 至单元格 C30 区域,选择菜单栏里的"编辑"选项中的"填充"下的子选项"向下填充",完成计算。这里要指出的是,具体的 Excel 的填充方式的内容请参考相关的书籍。这样,就完成了动力成本部门成本的分配过程,结果如图 2-10。

	A	B	C
22	顺序分配法分配服务成本表		
23	第一步：动力部门成本分配		
24	成本分配率	4.84	
25	各部门成本分配	所使用动力部门工时	成本分配额
26	维修部门	200	967.74
27	水处理部门	100	483.87
28	原材料处理部门	3000	14516.13
29	零部件生产部门	4500	21774.19
30	整车装配部门	1500	7258.06

图 2-10

第二步：维修部门成本分配

（1）要重新归集一下维修部门的成本，在单元格 B33 中输入"＝B5＋C26"。（2）在单元格 B34 中输入"＝B33/(D8＋C13＋C16＋C19)"，计算出维修部门成本分配率。（3）重复动力部门成本分配过程中的(2)和(3)步骤，完成维修部门成本分配过程，结果如图 2-11。

	A	B	C
32	第二步：维修部门成本分配		
33	需分配服务成本总额	30967.74	
34	成本分配率	50.77	
35	各部门成本分配	所使用维修部门工时	成本分配额
36	水处理部门	10	507.67
37	原材料处理部门	300	15230.04
38	零部件生产部门	150	7615.02
39	整车装配部门	150	7615.02

图 2-11

第三步：水处理部门成本分配

（1）要重新归集一下水处理部门的成本，在单元格 B42 中输入"＝C27＋C36＋B7"。（2）在单元格 B43 中输入"＝B42/(C14＋C17＋C20)"，计算出水处理部门成本分配率。（3）重复动力部门成本分配过程中的(2)和(3)步骤，完成水处理部门成本分配过程，结果如图 2-12。

	A	B	C
41	第三步：水处理部门成本分配		
42	需分配服务成本总额	10991.54	
43	成本分配率	27.48	
44	各部门成本分配	所使用维修部门工时	成本分配额
45	原材料处理部门	200	5495.77
46	零部件生产部门	150	4121.83
47	整车装配部门	50	1373.94

图 2-12

第四步：各生产部门归集的服务部门成本

（1）输入各生产部门的名称。（2）分别输入各生产部门对应的汇总的服务部门成本计算，即：原材料处理部门对应的单元格 B51 中输入"＝C28＋C37＋C45"、零部件生产部门对应的单元格 B52 中输入"＝C29＋C38＋C46"、整车装配部门对应的单元格 B53 中输入"＝C30＋C39＋C47"，当然上述的过程也可以同样使用填充方法来完成，结果如图 2-13。

	A	B
49	第四步：各生产部门分配的服务成本汇总	
50	生产部门	分配的服务部门成本总和
51	原材料处理部门	35241.94
52	零部件生产部门	33511.04
53	整车装配部门	16247.03

图 2-13

通过上面的过程，我们完成了利用 Excel 使用顺序分配法分配服务部门成本的计算过程。根据上面的思路并加以扩展，我们就可以顺利完成相关的成本分配计算。这里还给出了上述步骤的分配结果，见图 2-14。

	A	B	C
22	顺序分配法分配服务成本表		
23	第一步：动力部门成本分配		
24	成本分配率	4.84	
25	各部门成本分配	所使用动力部门工时	成本分配额
26	维修部门	200	967.74
27	水处理部门	100	483.87
28	原材料处理部门	3000	14516.13
29	零部件生产部门	4500	21774.19
30	整车装配部门	1500	7258.06
31			
32	第二步：维修部门成本分配		
33	需分配服务成本总额	30967.74	
34	成本分配率	50.77	
35	各部门成本分配	所使用维修部门工时	成本分配额
36	水处理部门	10	507.67
37	原材料处理部门	300	15230.04
38	零部件生产部门	150	7615.02
39	整车装配部门	150	7615.02
40			
41	第三步：水处理部门成本分配		
42	需分配服务成本总额	10991.54	
43	成本分配率	27.48	
44	各部门成本分配	所使用维修部门工时	成本分配额
45	原材料处理部门	200	5495.77
46	零部件生产部门	150	4121.83
47	整车装配部门	50	1373.94
48			
49	第四步：各生产部门分配的服务成本汇总		
50	生产部门	分配的服务部门成本总和	
51	原材料处理部门	35241.94	
52	零部件生产部门	33511.04	
53	整车装配部门	16247.03	

图 2-14

第三章

管理会计分析方法:成本性态分析

学习目标

◆ 了解变动成本与固定成本的特点

◆ 理解成本性态分析的目的和前提条件

◆ 掌握混合成本分解的主要方法

案例引导

鸿福饭店是某市的一家著名四星级宾馆企业。公司自 1995 年开业以来,硬件设施不断完善、服务质量稳步提高,市场竞争能力也日益增强,同时为改善该市的招商引资工作和旅游发展都起到了一定的促进作用。

但是自从 2000 年以后,情况发生了变化。2000 年以后,该市增添了两家五星级的饭店,同时又增加了几家四星级的宾馆。竞争环境的变化使鸿福饭店的经营状况出现了极大的困难,客房的入住率逐渐下降,经营陷入困境。公司的经理张明开始筹划改善当期状况的经营方案。经过多次管理层会议的讨论,张经理认为,公司应该从价格和服务质量两个方面作为改革的重点,重新建立公司的核心竞争力。从价格来看,公司的价格还有一定的下降的空间,考虑到宾馆行业的固定成本比例比较高,价格空间的大小主要取决于公司的变动成本的水平。在提高服务质量方面,需要增加对客户的资源投入(包括更整洁的被褥、更好的洗漱用品等)。这种资源投入的多少也取决于价格与变动成本之间的差额。因此,张经理开始着手安排企业的管理会计人员进行详细的成本分析,以深入了解公司当期的成本结构。

成本性态分析是管理会计学的基础方法,是进行利润规划、预算编制以及成本规划和控制的基础。利用成本性态分析方法,可以作出成本的预测函数,进行成本的预测和控制,提供对决策有用的成本数据。本章主要介绍成本性态的主要类型、成本的估计方法以及混合成本分解的主要方法。

第一节 成本性态分类

企业的产量增加了 1 000 件,那么产品的单位成本和总成本将如何变化呢?这是管理人员经常面临并且非常关心的问题。成本性态分析就是力求回答该问题的一种分析工具。成本性态分析是通过分析营运活动对成本的影响,了解成本变化的规律,进而提供对决策有用的成本数据的一种分析方法。

成本性态(Cost Behavior)又称**成本习性**,是指成本总额与业务量之间的依存关系。这里的业务量是代表企业营运活动的作业数量,既可以指销售量、生产量,也可以指产品的销售额、机器加工小时、汽车行驶里程或者维修部门的维修次数等。一般来说,通常用产量或者销量代表业务量水平。另外,成本总额是指企业在经营过程中所发生的制造成本和非制造成本,即不仅包括生产成本,还包括管理费用和销售费用等。

成本性态分析的目的可以概括为两点。

(1) 通过成本性态分析,有利于成本的规划和控制。通过成本性态分析,可以得出企业的成本估计函数,利用成本估计函数,可以根据未来的业务量水平预测成本的变化幅度,从而有利于企业对未来的各项材料成本、人工成本和间接费用进行有效的规划。对于变动成本和固定成本,管理人员需要使用不同的控制方法。对于变动成本的控制主要利用投入与产出之间的既定关系进行成本控制;而对于固定成本,一方面通过分析各项固定成本发生的必要性,决定是否接受该项固定成本,另一方面是通过使固定成本所提供的产能发挥最大的功能,来降低单位产品的固定成本。

(2) 通过成本性态分析,提供对决策有用的成本数据。成本的性态分析可以为本量利分析以及企业的经营决策提供有用的成本数据。

成本按照与业务量之间的依存关系进行划分,可以分为固定成本、变动成本和混合成本三大类。这三种成本性态是进行经营决策和成本控制的基础。

一、固定成本

固定成本(Fixed Cost),是指在相关范围内,不直接受业务量变动的影响而能保持不变的成本。例如,用直线法计提的固定资产折旧成本、财产保险费、管理人员固定的基本工资、广告费、每月固定的租金成本等。任何固定成本都是针对"相关范围"而言的,即在一定的时期和一定的生产规模范围内,固定成本可以保持不变,一旦突破了既定的生产规模,固定成本也将发生变化。例如企业进行厂房的扩建,那么折旧成本也将随之增加。

例 3-1:欣欣公司生产一种汽车零件,其工厂的厂房是以租赁形式取得。厂房的月租金为 10 000 元,该厂房能承担的生产量最高为每月 1 000 件,产量超过 1 000 件时,就需要租赁一间同样的厂房。企业的租赁成本如表 3-1 所示。

表 3-1　欣欣公司产量与租金成本表

月产量（件）	租赁成本（元）
200	10 000
400	10 000
600	10 000
800	10 000
1 000	10 000
1 200	20 000

从表 3-1 中可以看出，当月产量在 1 000 件范围内时，租金成本不会随着产量的变化而变化，保持 10 000 元不变，因而属于固定成本。而当月产量突破了 1 000 件的相关范围时，租金成本就会相应增加，此时租金成本已经不属于固定成本。可见，固定成本是相对于某一相关范围而言的，即在某个生产规模范围内保持不变，当突破了这个生产规模的界限，就可能转变为变动成本或者混合成本了。

固定成本的特点可以概括为两个方面：

(1) 相关范围内，固定成本总额不随产量（业务量）的变化而变化。

(2) 单位产品固定成本随着产量（业务量）的增加而相应减少。

图 3-1　固定成本总额的变化

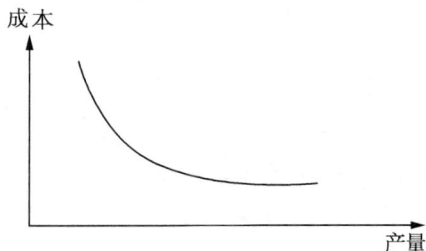

图 3-2　单位产品固定成本的变化

图 3-1 反映了固定成本总额不受产量变动的影响而保持不变的特点。图 3-2 反映了单位固定成本与产量成反比例变动的特点。随着产量的增加，单位固定成本会相应下降。如果用 FC 代表固定成本总额，Q 代表产量，单位产品的固定成本 $= \dfrac{FC}{Q}$，因此，图中表现为一条随着产量的增加而递减的曲线。从降低产品成本的角度，企业应该增加产量从而降低单位产品的固定成本。

固定成本按照管理层控制程度的高低又可分成酌量性固定成本和约束性固定成本。

酌量性固定成本（Discretionary Fixed Cost），是指企业根据经营方针由高级管理层确定一定期间的预算额而形成的固定成本，又称为**可支配成本**（Managed Cost）。这种固定成本的发生额大小取决于管理层根据企业经营方针而作出的判断。其主要包括研究开发费、广告宣传费、职工培训费等。虽然酌量性固定成本的金额是由企业管理层决定的，但并不意味着可有可无。酌量性固定成本可能关系到企业长期的竞争能力，例如研发支出，从短期来看虽然与企业的产量没有直接关系，但却决定着企业的长期竞争能力。

约束性固定成本（Committed Fixed Cost），是经营能力成本，是为了维持企业正常的生产经营所必须支付的成本。例如,厂房、设备的维护成本,保险费、财产税、供暖费等。这种成本是和整个企业经营能力的形成及其正常维护相联系的,其支出额取决于生产经营能力的规模和质量,短期内不受管理层决策的控制。企业经营规模越大,这种维持成本也将越高。

还需要注意的是,酌量性固定成本与约束性固定成本的界限并不是绝对的,区分两者的关键在于管理层的控制力。当管理层对大部分固定成本项目都要作可行性分析时,意味着管理层对大部分的固定成本都有较强的控制力,这意味着酌量性固定成本的比例就会较大;反之则意味着大部分固定成本属于约束性固定成本。

二、变动成本

变动成本(Variable Cost),是指在相关范围内,其总额随着产量(业务量)的增减变动而成正比例变动的成本。例如,直接材料、直接人工成本都随着产量的增加而成正比例地增加。变动成本的特点是:(1)成本总额随着产量的增减成正比例增减;(2)单位变动成本在相关范围内保持不变。

某家具厂生产一种办公桌,一张办公桌需要 2 立方米的木材,每立方米木材的价格为 50 元,则一张办公桌的材料成本为 100 元,材料成本会随着生产量的变动而变动,但单位材料成本保持不变,如图 3-3 所示。

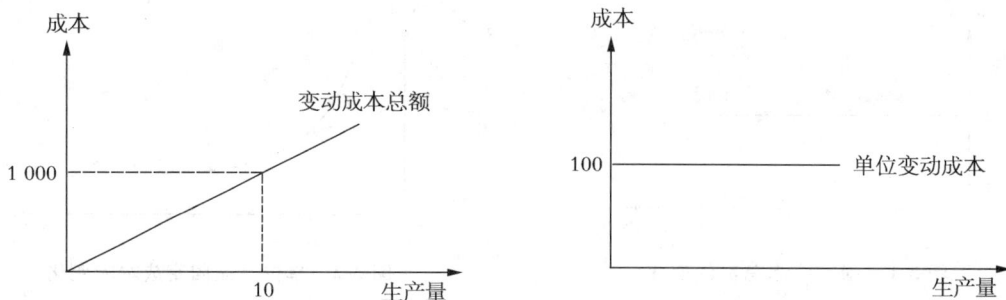

图 3-3　变动成本总额与单位变动成本示意图

需要注意的是,变动成本也是相对于"相关范围"而言的,即在一定的时期和一定的经营规模条件下,这种成本额与产量之间的正比例变动关系才存在。超过了相关范围,两者的关系就不一定是正比例变化了。例如在上面的例子中,当办公桌的数量超过了 2 000 张时,由于采购批量的增加,木材供应商可能会提供一个更低的价格,这时单位变动成本就会下降。一般来说,成本与产量的关系,如图 3-4 所示,在产量增长的初始阶段,成本的增长幅度低于产量的增长幅度,表现为总成本线向下弯曲;而当产量增长到一定程度以后,为提高产量所需追加的成本会提高,成本的增长幅度就会快于产量的增长幅度,这时表现为总成本线向上弯曲。在产量的中间阶段,成本变化比较稳定,此时成本与产量之间呈现完全的线性关系。这个产量范围,就是通常所说的"相关范围"。

变动成本受到企业技术和管理水平的影响。技术和管理水平越高,单位产品消耗的原材料和人工成本也会越低。降低变动成本的方法一方面是控制产量,按照市场销售规模合理确定产量,控制变动成本的总额;另一方面是提高企业的技术和管理水平,降低单位产品原材料

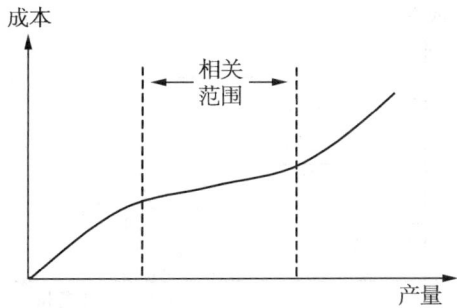

图 3-4　变动成本变化与相关范围的界定

和人工的耗用水平。

三、混合成本

混合成本(Mixed Cost),是指在相关范围内,随着产量(业务量)的增减变动而不成比例变动的成本。混合成本表现为既随业务量的变动而变动,同时又不是成正比例变动,因此既包含有变动成本的成分,也有固定成本的成分。混合成本通常包括以下几种类型。

(一) 半变动成本

半变动成本表现为以一定的初始量为基础的变动成本,如机器的维护保养费。当业务量为零时必须承担一些必要的固定成本,以后随着产量的增加,成本也相应成正比例上升(见图 3-5)。半变动成本混合了固定成本和变动成本的成分,是一种常见的混合成本类型。

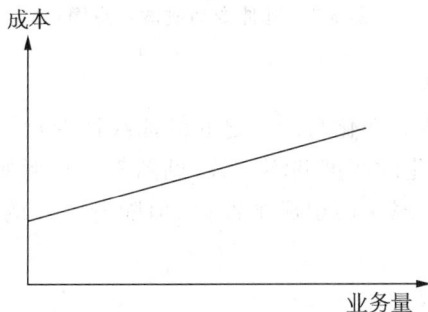

图 3-5　半变动成本示意图

(二) 阶梯式成本

阶梯式成本表现为在一定的业务量水平范围内,成本固定不变,当业务量突破某一点以后,成本跳跃至更高的水平,并再次保持不变(见图 3-6)。例如,检验人员的工资成本,当产量在一定限度内时,配备 1 名检验人员就可以,当产量突破某一界限时,就需要增加检验人员,造成成本的跳跃式上升。

成本

业务量

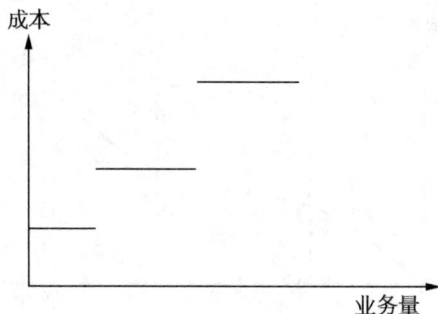

图 3-6　阶梯式成本示意图

（三）延伸变动成本

延伸变动成本表现为在一定的产量范围内,成本保持不变,产量突破某一点后,成本就会随着产量的增加而成比例上升(见图3-7)。例如,工人加班工资,企业在正常的产量情况下,支付给工人的工资总额是不变的;随着业务量水平的上升,工资成本上升。

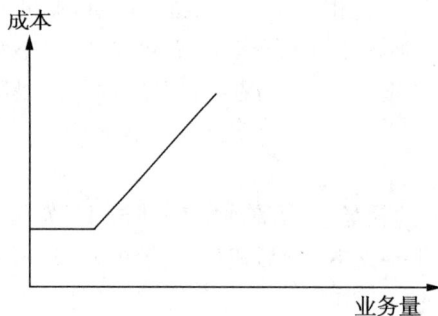

成本

业务量

图 3-7　延伸变动成本示意图

（四）曲线变动成本

曲线变动成本表现为成本的变化与产量之间的非线性变化。这类成本随着产量的增加逐步增加(或减少),不过两者变化的幅度并不一致(见图3-8)。例如,累进计件工资,当达到约定的产量时,成本是固定不变的,属于固定成本性质;但随着产量的增加,成本也将相应增加,而且变化率是递增的。

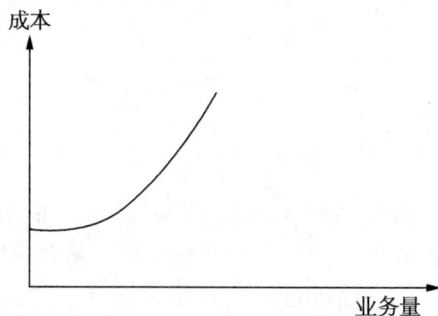

成本

业务量

图 3-8　曲线变动成本示意图

虽然混合成本在企业总成本中占有重要比例,但由于成本与业务量之间的关系并不是线性的,因此处理起来很不方便。微观经济学中通常使用产量的二次或者三次函数来表示,但是严格刻画成本与业务量之间的关系也很困难。为简便起见,通常将混合成本与业务量之间近似地看作线性关系,如图 3-9 所示。通过线性化处理,混合成本可以分解为固定成本和变动成本两部分。

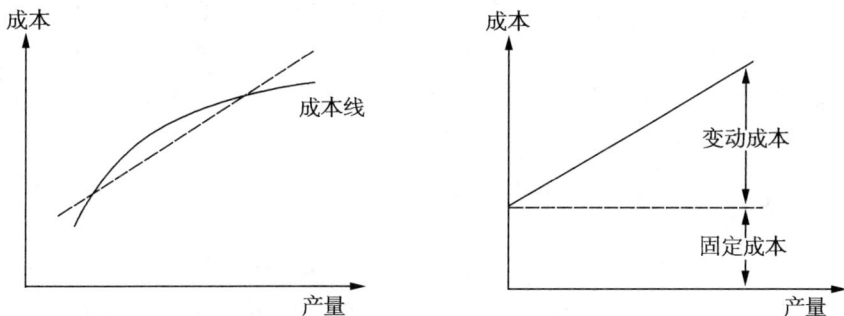

图 3-9　成本的近似线性示意图

根据以上分析,总成本包括固定成本、变动成本和混合成本,其中混合成本又可以分解为变动成本和固定成本两部分,因此,企业的总成本就可以表示为

$$总成本=固定成本总额+变动成本总额$$
$$=固定成本总额+单位变动成本\times 业务量$$

如果用 Y 表示总成本,F 表示固定成本总额,v 表示单位变动成本,X 表示业务量。那么上述公式可以表示为

$$Y=F+v\cdot X$$

这个公式可以看作是近似的成本函数,通过这个函数,根据对未来业务量水平的预测,就可以预测出相应的成本额。

第二节　混合成本分解

一、混合成本分解的主要方法

对于混合成本,会计人员无法判断成本与业务量之间的确切关系。因此,通常将混合成本人为地分解为固定成本和变动成本两部分。常用的混合成本分解方法包括以下四种。

(一)账户分析法

账户分析法(Account Analysis Method),是根据会计科目的性质、内容和有关会计核算制度及费用开支的规定,将成本直接划分为变动成本和固定成本。账户分析法是一种最简单的方法。这种方法的优点是,在企业仅仅提供某一会计期间经营数据的情况下可以采用。例如,产品生产过程中发生的直接材料费用和直接人工费用,就可以划归为变动成本。行政管理人员的工资、按直线法计算的固定资产折旧费、房屋设备租赁费等,一般在一定时期内保持不变,可以划归为固定成本。这种分类方法,取决于会计人员对企业业务量与成本的经验判断,其准确程度依赖于会计人员的经验。

采用账户分析法,较为复杂的是有关阶梯式成本。对于此类成本,单凭经验去观察、确定哪些属于固定部分,哪些属于变动部分是不可靠的,具有很大的估计成分。采用此种方法时,必须切实掌握业务情况,详细了解特殊的成本项目,才能正确区分出它们的固定和变动部分。

(二) 高低点法

高低点法(High-low Method),就是在相关范围内,以最高和最低两个作业量水平下的成本额为基础,推算出混合成本中固定成本总额和单位变动成本的一种方法。具体操作方法是:首先通过观察相关范围内业务量最高和最低两点的成本值之差与业务量之差,确定单位产品的变动成本,然后利用两点确定一条直线的原理,推算出混合成本中的固定成本总额。

$$v = \frac{\text{高低点成本之差}}{\text{高低点业务量之差}} = \frac{\Delta Y}{\Delta X}$$

$$F = \text{高点总成本} - v \times \text{高点业务量}$$

$$\text{或} \quad = \text{低点总成本} - v \times \text{低点业务量}$$

例 3-2:中华公司的生产车间在过去的 7 个月中发生的生产成本与产量数据如表 3-2 所示。请用高低点法将生产成本分解为固定成本和变动成本。

表 3-2 生产成本资料表

月份	产量(件)	生产成本(元)
1	210	1 900
2	190	1 850
3	220	2 050
4	170	1 720
5	200	1 960
6	160	1 570

首先从表中找出产量最高和最低的两点,分别是 3 月的 220 件和 6 月的 160 件。这两个月的生产成本分别是 2 050 元和 1 570 元。由此计算单位产量的变动成本为

$$v = \frac{2\,050 - 1\,570}{220 - 160} = 8(\text{元})$$

利用高点或者低点的总成本减去相应的变动成本,即为固定成本总额。计算过程列示如下:

	产量	
	高点	低点
总成本	2 050	1 570
减:变动成本		
220×8	1 760	
160×8		1 280
固定成本总额	290	290

由此可得到生产车间的生产成本公式为

$$Y = 290 + 8X$$

同时我们可以看到,无论用高点还是低点来计算固定成本总额,金额应该是相等的(由于计算过程中的四舍五入可能会有所偏差)。这是因为两点共同位于成本线上。

高低点法的优点是运用简便,缺点是仅以高低两点来决定成本的性态,忽视了其他的成本数据,如果高低两点具有特殊性,不能代表一般情况,那么成本分解的误差就可能比较大。因此,这种方法适用于各期成本变化趋势比较稳定的情况。

(三) 散布图法

散布图法(Scatter Diagram Method),是通过将历史成本数据描绘在坐标图上,绘出各期成本点的散布图,然后利用目测的方法画出一条拟合直线,使该拟合线能够尽可能地代表所有的成本点,这条拟合直线在纵轴上的截距即为固定成本,斜率为单位产品的变动成本。

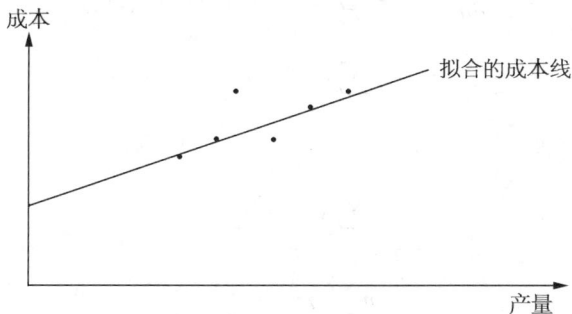

图 3-10   散布图法

在平面直角坐标图中,以横轴代表生产量,纵轴代表成本。然后将历史成本数据在坐标轴中绘出,根据历史成本数据点的分布情况,通过目测的方法,画出一条拟合线,然后测出这条拟合线的截距和斜率,分别作为固定成本总额和单位产品的变动成本。

散布图法的优点是全面考虑了所有的历史成本数据,相对于高低点法,使用的数据更加全面,从而计算结果比高低点法更加准确。但是由于目测的拟合线具有一定的主观随意性,不同的成本分析人员,会对相同的资料得出不同的答案。因此,这种方法仅适用于对成本的粗略估计,不适合作精确的成本估计。

(四)回归直线法

回归直线法,又称**回归分析法**(Regression Analysis Method),是借助统计学中的一元回归分析,利用历史成本数据回归出一条拟合直线,该拟合线可以保证误差平方和最小,该拟合直线的截距和斜率即分别为固定成本总额和单位变动成本。与高低点法和散布图法相比,这种方法更加精确,并且避免了主观随意性。

回归直线法的基本原理是:

假设存在一条直线 $y = a + bx$,这条直线与实际成本点的拟合程度要比其他直线要好,按照统计中的最小二乘法,要求各实际成本点与该直线之间的距离平方和达到最小。满足这种残差平方和最小的直线就是我们所要求的拟合程度最好的回归线。

用 $(x_i, y_i)(i = 1, 2, \cdots, n)$ 表示 n 组观测数据,即 n 个观测样本。各观测值与回归直线间的距离即拟合残差可以表示为

$$e_i = y_i - y_i^* = y_i - (a + bx_i) = y_i - a - bx_i$$

根据最小二乘法的要求,残差平方和 $\sum\limits_{i=1}^{n} e_i^2$ 达到最小时,回归直线的拟合效果最好。设:

$$Q = \sum_{i=1}^{n} e_i^2 = \sum_{i=1}^{n} (y_i - a - bx_i)^2$$

由此问题转换为,寻找合适的回归直线参数 a 和 b,使 Q 值能够最小。根据数学分析中的极值定理,要使 Q 值最小,只需使上述函数对 a 和 b 的偏导数等于 0,即解方程组:

$$\begin{cases} \dfrac{\partial Q}{\partial a} = -2\sum\limits_{i=1}^{n}(y_i - a - bx_i) = 0 \\ \dfrac{\partial Q}{\partial b} = -2\sum\limits_{i=1}^{n}(y_i - a - bx_i)x_i = 0 \end{cases}$$

求该方程组的解,可得

$$\begin{cases} a = \dfrac{\sum y - b\sum x}{n} \\ b = \dfrac{n\sum xy - \sum x \sum y}{n\sum x^2 - (\sum x)^2} \end{cases}$$

例 3-3:某公司的 10 年来的成本数据如表 3-3 所示。

表 3-3　成本数据表

	产量 x_i(件)	成本 y_i(万元)	$x_i y_i$	x_i^2
1	100	503	50 300	10 000
2	120	592	71 040	14 400
3	110	576	63 360	12 100
4	230	980	225 400	52 900

续表

	产量 x_i(件)	成本 y_i(万元)	x_iy_i	x_i^2
5	200	800	160 000	40 000
6	150	602	90 300	22 500
7	142	568	80 656	20 164
8	186	752	139 872	34 596
9	160	700	112 000	25 600
10	190	770	146 300	36 100
合计	1 588	6 843	1 139 228	268 360

$$b = \frac{n\sum xy - \sum x \sum y}{n \sum x^2 - (\sum x)^2}$$

$$= \frac{10 \times 1\,139\,228 - 1\,588 \times 6\,843}{10 \times 268\,360 - 1\,588^2} = 3.25(万元)$$

$$a = \frac{\sum y - b\sum x}{n}$$

$$= \frac{6\,843 - 3.25 \times 1\,588}{10} = 168.2(万元)$$

这样就可以得到估计的回归模型为

$y = 168.2 + 3.25x$

如果公司预测下一年的产量为 230 件时，根据回归模型，将产量 230 代入 x，即可求出下一年的成本额为 915.7 万元。

$y = 168.2 + 3.25 \times 230 = 915.7(万元)$

从上面的回归模型中，我们可以看出，截距项 a 代表固定成本额，斜率项 b 代表单位业务量的变动成本。

我们通过上面的参数估计寻找出相应的参数 a 和 b 以后，还需要对该模型进行评价，以确定该回归模型是否很好地拟合了历史成本数据。对线性回归模式解释程度的评价通常使用**判定系数**(Coefficient of Determination)，又称 R^2(R-Square)，一般来说，判定系数大于 0.5，说明历史数据的大部分信息都可以通过该模型进行解释。

从以上分析过程中可以看出，回归直线法计算比较精确，能够充分揭示历史成本中的成本性态信息，在实际处理过程中，有些时期企业的成本数据可能会出现极端值的情况，例如其中某一年发生了自然灾害或者重大事故，造成成本过高，这种数据在分析中应该事先予以剔除，以揭示出成本的一般变化规律。另外，回归分析的计算过程相对比较繁琐，通常可以使用Excel、SPSS 等软件来简化计算过程(见本章附录)。

二、成本性态分析中应注意的问题

（一）成本与业务量之间完全线性关系具有估计成分

成本与业务量之间完全的线性关系在现实中是很难达到的，这种假定具有一定的估计性。我们进行成本的性态分析时，往往假定成本的变动率与产量之间呈线性变化。但在许多情况下，成本与产量之间的关系是非线性的，这时使用成本性态分析的数据就具有一定的估计性，只能得出近似的结果。但在企业的管理实践中，由于运用起来方便易懂，因此更容易受到管理者的欢迎。如果需要更准确地反映成本与产量之间的关系，就需要用非线性函数来反映，通常使用二次方程或者三次方程来进行描述，这增加了成本分析的准确程度，但是需要花费更多的时间和精力。对企业来说，需要在这种成本和收益之间作出判断和权衡。通常在企业对成本的要求并不高时，可以使用简单的线性分解，得出成本的估计值。如果在竞争激烈的市场中，企业将成本作为竞争制胜的关键因素，此时就需要更加准确的成本信息，这种情况下企业可能选择非线性函数进行成本分析。

（二）成本粘性（Cost Stickiness）问题[①]

按照成本性态分析的方法，企业的成本可以分为变动成本、固定成本和介于其中的混合成本。混合成本进一步分解，成本就可以表示为固定成本和变动成本的组合了，即 $y=a+bx$，此时，成本的边际变动与业务量变动的方向无关，单位业务量上升还是下降所引起的成本变动额是不变的，都是常数 b。但是根据对现实数据的研究发现，有时这种业务量变化与成本变化的关系并不是固定的，而是不对称的，这种现象成为成本粘性。所谓成本粘性，是指成本随着业务量的变化而变化时，边际变化率在不同的业务量变化方向上的不对称性（特别是降低率低于增长率），即成本的变化随业务量变化的不对称性。按照成本粘性的理解，业务量下降所引起的成本下降要低于业务量上升所引起的成本增加。对于成本粘性现象存在的原因，理论界还有不同的解释。有学者认为，这种现象是由于现有契约的调整成本原因。企业往往会通过长期契约的形式将大量成本固定下来，而长期契约的调整成本往往较高，短期内企业无法修改，从而造成成本很难下降。也有的学者认为，这种现象与业务变动的持久性和经理人员的管理水平有关。如果业务量变动是暂时的，企业将没有必要调整企业的资源配置，只有当经济业务处于持续性变化的时候，随之调整费用的支出才是有效率的。另外，由于管理人员管理水平的限制，可能没有能力根据情况的变化而对费用作出及时的调整，这时就会出现费用粘性现象。

本 章 小 结

成本性态又称成本习性，是指成本总额与业务量之间的依存关系。也可以理解为投入与产出之间的关系。按照成本的性态划分，成本可以分为：（1）固定成本：相关范围内，不直接受

[①]　孙铮、刘浩："中国上市公司费用'粘性'行为研究"，《经济研究》2004 年第 12 期，第 26—34 页。

业务量变动的影响而能保持不变的成本；(2)变动成本：在相关范围内，其总额随着产量（业务量）的增减变动而成正比例变动的成本；(3)混合成本：在相关范围内，随着产量（业务量）的增减变动而不成比例变动的成本。

固定成本和变动成本的划分是针对"相关范围"而言的，所谓相关范围，是指在一定的时期和一定的生产规模范围内。

固定成本按照管理层控制程度的高低又可分成酌量性固定成本和约束性固定成本。酌量性固定成本是指企业根据经营方针由高级管理层确定一定期间的预算额而形成的固定成本，其发生额取决于管理层的经营决策。约束性固定成本是指经营能力成本，是为了维持企业正常的生产经营所必须需要支付的成本，短期内不受管理层决策的控制。

为简便起见，通常将混合成本与业务量之间近似地看作线性关系。通过线性化处理，混合成本可以分解为固定成本和变动成本两部分。这样，总成本分为固定成本、变动成本和混合成本，其中混合成本又可以分解为变动成本和固定成本两部分。因此，企业的总成本就可以表示为

$$总成本＝固定成本总额＋变动成本总额$$
$$＝固定成本总额＋单位变动成本×业务量$$

常用的混合成本分解方法包括账户分析法、高低点法、散布图法和回归直线法。

思考与练习

思考题

1. 什么是成本性态？成本性态分析的目的是什么？
2. 按照成本性态进行划分，成本可以分为哪几种类型？各有什么特点？
3. 如何理解成本性态分析中的"相关范围"？
4. 什么是约束性固定成本？什么是酌量性固定成本？
5. 混合成本分解包括哪几种方法？
6. 成本性态分析过程中，要注意哪些问题？

选择题

1. 下列成本中，属于变动成本的是（　　）。
   A. 直接材料　　　　　B. 直接人工　　　　　C. 折旧费用　　　　　D. 管理人员工资
2. 关于固定成本，下列说法正确的是（　　）。
   A. 固定成本总是不随着业务量的变动而变动
   B. 随着产量的上升，单位固定成本会下降
   C. 固定成本总是针对某一相关范围内而言的
   D. 酌量性固定成本可以由管理人员自由控制
3. 混合成本的分解方法中，主观性最强的方法是（　　）。
   A. 账户分析法　　　　B. 高低点法　　　　　C. 散布图法　　　　　D. 回归直线法
4. 关于成本的性态分析，下列说法正确的是（　　）。
   A. 成本的性态分析是在相关范围内进行的
   B. 在许多情况下，成本与产量之间的关系是非线性的，这时使用成本性态分析的数据就具有一定的

　　估计性

C. 目的在于提供决策有用的成本信息

D. 不仅包括制造成本,也包括销售费用和管理费用

业务分析题

1. 华欣公司是一家生产个人电脑的制造厂商,企业的原材料大多数都来自外部供应商。随着近年来 PC 机市场竞争的加剧,企业逐渐开始注重对成本的分析和预测工作,下表中是公司近 10 年来的产量与成本数据。

	产量(万台)	成本(千元)
1	52	360
2	59	400
3	60	470
4	68	480
5	75	520
6	76	550
7	72	550
8	75	510
9	80	520
10	77	600

要求:

(1) 用高低点法将成本分解为变动成本和固定成本。

(2) 用回归直线法将成本分解为变动成本和固定成本。为何与高低点法的结果不同?

2. A 公司通过对过去一年中 12 个月的业务量和制造费用总额的分析,寻找最高业务量和最低业务量两种情况下的相关数据,如下表所示。

	高点(5月)	低点(3月)
机器小时	70 000	50 000
制造费用总额(元)	166 000	136 000

公司的会计人员对 3 月份的业务活动进行了分析,3 月份制造费用的组成情况如下:

变动成本总额	50 000 元
固定成本总额	60 000 元
混合成本总额	26 000 元
制造费用总额	136 000 元

要求:

(1) 按照高低点法将混合成本进行分解。

(2) 如果企业的下一年 1 月份的预计机器工时量为 60 000 小时,预测其制造费用总额将是多少?

附录:利用 Excel 进行回归分析

通过 Excel 的函数调用功能,可以方便地进行回归分析。以下我们通过例 3-3 中的数据介绍 Excel 中的回归分析方法。

将数据录入 Excel 表格中,如图 3-11 所示。

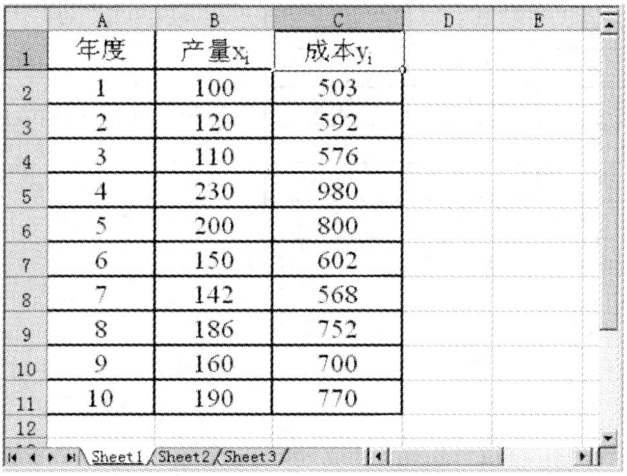

	A	B	C	D	E	
1	年度	产量x_i	成本y_i			
2	1	100	503			
3	2	120	592			
4	3	110	576			
5	4	230	980			
6	5	200	800			
7	6	150	602			
8	7	142	568			
9	8	186	752			
10	9	160	700			
11	10	190	770			
12						

图 3-11

我们在 D2 单元格中计算截距项,在 E2 单元格中计算斜率项。首先选中 D2 单元格,点击"插入"菜单中的"函数"项,弹出插入函数对话框,在类别中选中"统计",在选择函数列表中选中 INTERCEPT 函数,弹出函数参数对话框,如图 3-12 所示。

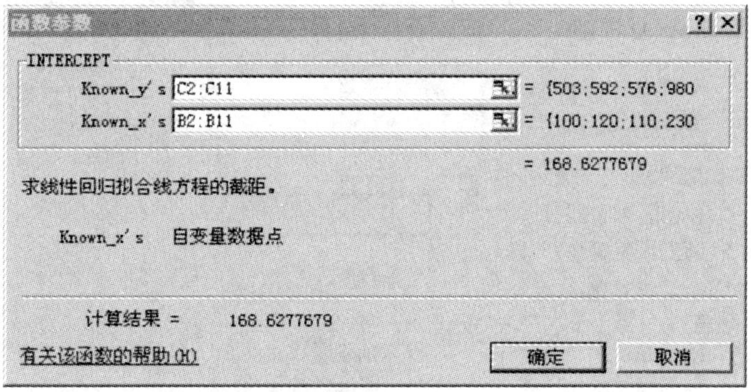

图 3-12

在 Known_y's 框中输入 y_i 所在的单元格 C2:C11,在 Known_x's 框中输入 x_i 所在的单元格 B2:B11,然后点击"确定"按钮。计算结果 168.6278 就显示在 D2 单元格中了。然后我们计算斜率项。选中 E2 单元格,点击"插入"菜单中的"函数"项,弹出插入函数对话框,在类别中选中"统计",在选择函数列表中选中 SLOP 函数,弹出函数参数对话框,在 Known_y's 框中输入 y_i 所在的单元格 C2:C1,在 Known_x's 框中输入 x_i 所在的单元格 B2:B11,然后点击确定按钮。计算结果 3.247306 就显示在 E2 单元格中了。为了显示清楚,可以在 D1 和 E1 中分别输入截距和斜率,如图 3-13 所示。

	A	B	C	D	E	F
1	年度	产量x_i	成本y_i	截距	斜率	
2	1	100	503	168.6278	3.247306	
3	2	120	592			
4	3	110	576			
5	4	230	980			
6	5	200	800			
7	6	150	602			
8	7	142	568			
9	8	186	752			
10	9	160	700			
11	10	190	770			

图 3-13

这样我们就可以得到回归方程 $y = 168.63 + 3.25x$,固定成本为 168.63 万元,单位产品的变动成本为 3.25 万元。

另外,利用 Excel 软件作回归分析,也可以使用工具菜单中的"数据分析"(如果没有该项,需要在工具菜单中选"加载宏",在可用加载宏中选择"分析工具库",进行安装即可)。在数据分析对话框中,选择分析工具中的"回归"。弹出"回归"对话框,如图 3-14 所示。

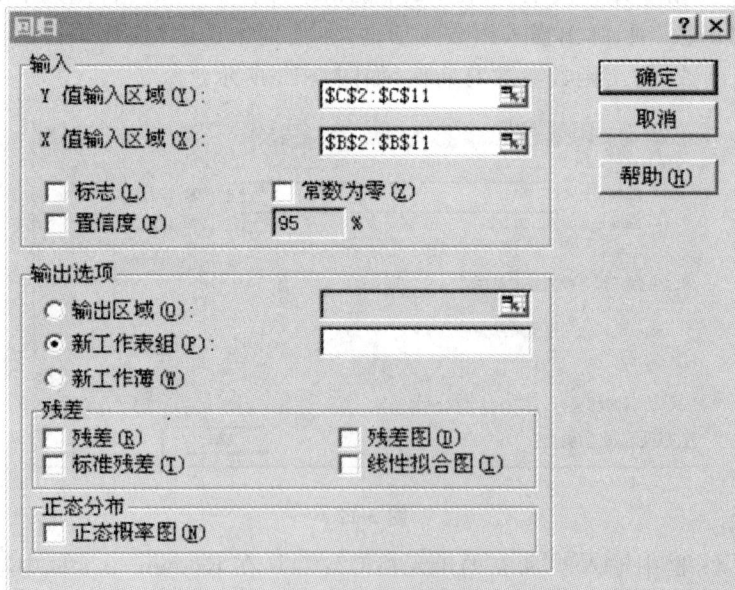

图 3-14

在回归对话框中,在"Y 值输入区域"输入被解释变量对应的区域,在"X 值输入区域"输入解释变量对应的区域,其他选项保持默认值即可,点击"确定"按钮,输出回归结果如图 3-15 所示。

	A	B	C	D	E	F	G	H	I
1	SUMMARY OUTPUT								
2									
3	回归统计								
4	Multiple R	0.95685							
5	R Square	0.91557							
6	Adjusted R S	0.90502							
7	标准误差	44.3551							
8	观测值	10							
9									
10	方差分析								
11		df	SS	MS	F	Significance F			
12	回归分析	1	170677	170677	86.753825	1.43897E-05			
13	残差	8	15739	1967.37					
14	总计	9	186416						
15									
16		Coefficien	标准误差	t Stat	P-value	Lower 95%	Jpper 95%	下限 95.0%	上限 95.0%
17	Intercept	168.628	57.1134	2.95251	0.0183551	36.92400418	300.332	36.9240042	300.3315
18	X Variable 1	3.24731	0.34864	9.31417	1.439E-05	2.443337264	4.05128	2.44333726	4.051275

Sheet4 / Sheet1 / Sheet2 / Sheet3

图 3-15

输出结果表分为三个部分:第一个部分是回归统计,包括该回归的复相关系数、判定系数、调整的判定系数以及标准误差和观测值数量。回归的调整后判定系数为 0.90502,一般说来,超过 0.9 的判定系数可以认为该回归方程的拟合程度很高。说明该回归方程很好地拟合了原始数据。第二部分为方差分析,在方差分析中可以得到该回归的 F 值以及对应的显著性水平。第三部分是回归系数的参数估计,包括参数估计值、标准误差、T 值和对应的 P 值,以及参数的区间估计。从参数估计中,可以得到回归结果为 $y=168.63+3.25x$,固定成本为 168.63万元,单位产品的变动成本为 3.25 万元。这种方法的结果与调用函数的方法是一致的,但是这种方法可以对回归模型进行更多的评价和假设检验。

第四章

管理会计分析工具:变动成本法

/学习目标/

◆理解变动成本法与完全成本法的区别
◆掌握变动成本法下的利润表编制
◆理解完全成本法与变动成本法的优缺点评价

案例引导

　　张星是某公司家居部门的经理,该部门负责生产和销售室内家居用品,包括高档沙发、木质床、写字台和书柜等产品。其中高档沙发是部门的主要获利产品,沙发销售的利润占到部门利润的90%以上。近年来,高档沙发市场竞争十分激烈,新厂商不断进入,产品也不断更新。张星作为部门经理面对激烈的竞争感到了极大的压力。

　　面对激烈的竞争,公司去年对各部门经理的业绩考核方法进行了改革。由原来按照销售额考核调整为按各部门的营业利润进行考核。如果部门的营业利润上升10%,则该部门经理就可以获得年度业绩奖金。上升越多,奖励也就越高。如果没有达到10%,则只给予基本奖金。如果下降,则不给任何奖金。

　　针对这项考核方案,张星对产品的销售不敢有任何的松懈,一方面,加大促销力度,增加销售渠道,通过了解客户需求的变化灵活调整生产,取得了非常好的效果,当年销售增加了20%。库存量从年初的10 000件下降到2 000件;另一方面,张星通过对产品成本的积极控制,使得在产品不断变化的同时,单位产品的用料和人工成本以及固定成本总额(主要是折旧成本和生产设备的维护成本)基本保持不变。面对这样喜人的业绩,张星自信能够获得该年度的业绩奖金。但是,当会计人员将当年的利润表呈给张星时,他几乎不敢相信自己的眼睛,当年利润出现了大幅度的下滑。作为一名管理会计人员,你认为引起这种现象的可能原因是什么呢? 以这种利润作为业绩考核的指标是否合适呢?

　　这些问题可以从企业不同的成本计算方法角度来回答。在管理会计中,成本的含义是多样的。不同的目的、不同的决策,就会有不同的成本。按照产品成本所包含内容的不同,成本计算方法可以分为完全成本法和变动成本法。两种成本计算方法在产品成本的组合、期末存货的计价以及损益计算方面均有所差异。完全成本法符合会计准则的要求,变动成本法有助于提供对内的财务报告和评价管理者的业绩。本章主要探讨两种成本计算方法的主要区别,比较两种方法对利润呈报和管理决策的不同影响。

第一节　完全成本法与变动成本法的概念

对于一个企业来说,成本计算主要有两方面的目的:一方面是为内部管理者提供于决策有用的成本信息,另一方面是为了提供对外的财务报表而按照公认会计准则进行的成本计算。由于两者的目的不同,对产品成本要素的理解和计算方法也就有所区别。按照产品成本中包含内容的不同,成本计算方法可以分为两种类型:完全成本法和变动成本法。

一、完全成本法

完全成本法(Full Costing),又称为**吸收成本法**(Absorption Costing)。完全成本法的指导思想是将全部成本按照经济用途分为生产成本和非生产成本两部分。其中:生产成本包括直接材料、直接人工和制造费用,生产成本作为产品成本核算,非生产成本包括销售费用、管理费用等作为期间成本直接计入当前损益。通常的成本核算方法如分批法、分步法等都属于完全成本法。完全成本法是一般公认会计准则所认定的成本计算方法,被广泛应用于财务会计的存货和成本核算过程之中。

在完全成本法下,在产品存货和产成品存货是按照各成本计算对象所归集来的生产成本计价的,通常包括直接材料、直接人工和制造费用(包含变动和固定制造费用)三个基本成本项目。在产成品尚未出售以前,以存货项目在资产负债表中列示,待产成品销售出去以后,这部分产品成本随之转化为销售成本,在利润表中计入当期损益。

二、变动成本法

变动成本法(Variable Costing),又称**边际成本法**(Marginal Costing)、**直接成本法**(Direct Costing),是将变动制造成本计入产品成本,而将固定制造成本和非制造成本计入期间费用的一种成本计算方法。在变动成本法下,产品成本只包括直接材料、直接人工和变动制造费用,即变动制造成本。变动制造成本随着生产量的变化成正比例变化,因此计入产品成本,随着产品的流动而流动。随着产品的对外出售,其变动制造成本作为销售成本进入利润表,尚未销售的产品,以存货项目在资产负债表中列示。至于固定制造费用,由于与生产量并无变动关系,因此直接作为期间成本,计入当期损益。变动成本法可以提供产品的变动成本数据,从而为本量利分析以及短期经营决策提供良好的数据基础。

采用变动成本法,要求企业将全部成本按照成本性态区分为变动成本和固定成本。然后再将两类成本按经济用途区分生产成本和非生产成本。变动成本中的变动生产成本(包括直接材料、直接人工和变动制造费用)计入产品成本进行成本核算,而将变动的销售、管理费用和固定成本(包括固定制造费用和固定的销售与管理费用)作为期间成本,直接计入当期利润表。

实施变动成本法,首先要求企业能够进行细致的成本性态分析,区分出哪些成本属于变动成本,哪些属于固定成本,这是实施变动成本法的基础。同时,由于变动成本法下产品成本只包含变动生产成本,因此,如果变动生产成本在生产成本中的比例严重偏低,可能会造成产品成本的低估,进而产生产品定价过低的问题。因此,变动成本法要求变动成本在生产成本的构成中占有重要比例。

第二节　完全成本法与变动成本法的比较

完全成本法与变动成本的主要区别体现为以下三个方面。

一、产品成本的组成与流程不同

完全成本法先按照经济用途将成本分为制造成本(包括直接材料、直接人工和制造费用)和非制造成本(包括销售费用和管理费用等)两大类,然后将制造成本计入产品成本,依次进入在产品和产成品存货,最后随着产品销售转入销售成本,进入利润表。非制造成本则直接转入利润表,计入当期损益。完全成本法下的成本流程如图 4-1 所示。

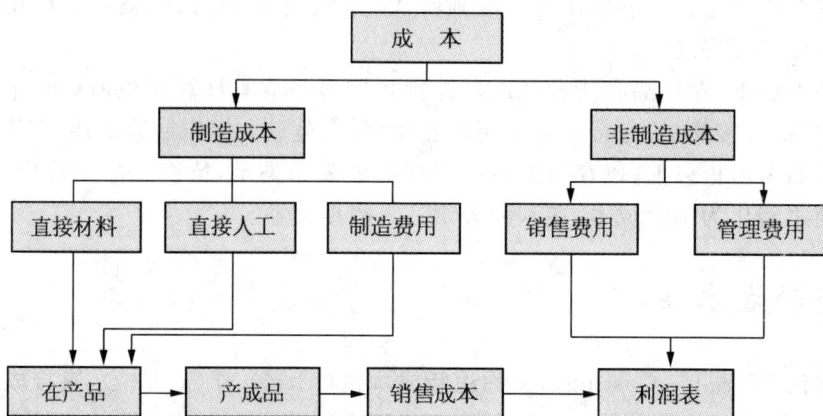

图 4-1　完全成本法的成本流程

变动成本法则将制造成本中的变动制造成本,包括直接材料、直接人工和变动制造费用计入产品成本,随着产品的流动而流动。而非制造成本和固定制造费用则作为期间费用,直接进入当期利润表。变动成本法下的成本流程如图 4-2 所示。

从完全成本法和变动成本法的成本流程图中可以看出,两种方法的主要差异在于对固定制造费用的处理有所不同。完全成本法将固定制造费用计入产品成本,随着产品的流动而流动,当产品销售出去以后,转入本期销售成本,计入当期损益;未销售部分的产品应分摊的固定制造费用则包含在期末存货中。变动成本法将固定制造费用视为期间费用处理,直接列入利润表,计入当期损益。因此,完全成本法下的产品成本包括直接材料、直接人工和全部的制造费用,而变动成本法下的产品成本包括直接材料、直接人工和变动的制造费用。

例 4-1:宏达公司是一家生产电子设备的制造商,该公司只生产一种产品 A。2003 年公司的生产量为 2 000 件,固定制造费用全年合计 24 000 元,单位产品成本的相关数据如下:

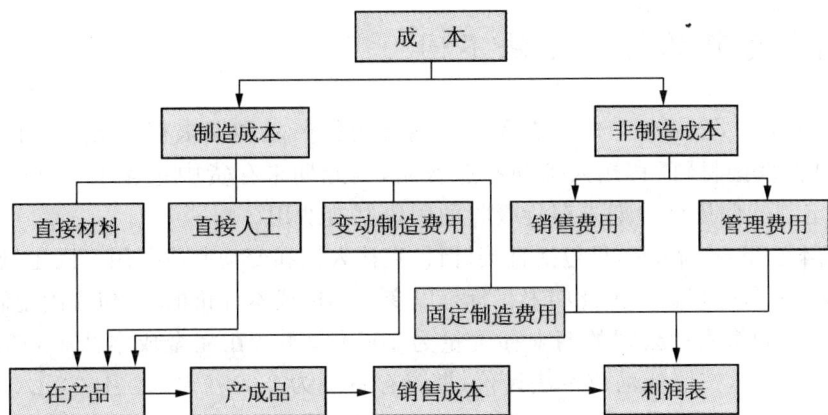

图 4-2 变动成本法的成本流程

直接材料　　　　　10 元
直接人工　　　　　 6 元
变动制造费用　　　 4 元

要求分别按照完全成本法与变动成本法,计算产品的单位成本。
产品单位成本的计算过程如表 4-1 所示。

表 4-1 单位产品成本计算表　　　　　　　　　　　　单位:元

成本项目	完全成本法	变动成本法
直接材料	10	10
直接人工	6	6
变动制造费用	4	4
固定制造费用	12	—
单位产品成本	32	20

　　根据表 4-1 所示,按照完全成本法核算,单位产品成本为 32 元,其中包含了固定制造费用 12(＝24 000÷2 000)元,此时产品存货和销售成本均以单位成本 32 元计价。在变动成本法下,单位产品成本为 20 元,其中包括直接材料、直接人工和变动制造费用三项,此时产品存货和销售成本均应以单位成本 20 元计价。

　　变动成本法与完全成本法在成本核算上的差别,是基于两种成本计算方法对"产品成本"这一概念的理解不同。完全成本法将"产品成本"界定为生产制造过程中所发生的全部生产成本,固定制造费用是在生产过程中所发生的,是维持生产的正常进行所必须承担的成本,因此应该作为产品成本的一部分,随着产品的流动而流动。变动成本法则更关注成本的性态变化,认为只有随着产量的变动而变动的那部分生产成本才应该计入产品成本。固定制造费用只是为了提供一定的生产经营条件而发生的,如厂房的租金、设备的折旧与维护成本。企业的生产经营条件一经形成,在短期内不会发生变化。这些经营条件与产品的生产量没有直接联系,无论实际产量是多少,固定制造费用都会照常发生。因此,固定制造费用随着时间的推移而逐渐消逝,不应该计入产品成本,更适合于按期间费用处理。

二、期末存货的计价方法不同

在完全成本法下,全部生产成本需要在本期已销售产品和期末存货之间进行分配。期末存货的计价包含直接材料、直接人工和制造费用,因此期末存货中包含了一部分固定制造费用,这部分固定制造费用称为期末存货吸收的固定制造费用。

在变动成本法下,产品成本只包括直接材料、直接人工和变动制造费用。固定制造费用作为期间费用直接计入当期损益。因此期末存货是以变动制造成本计价的,不包含固定制造费用。

在例 4-1 中,如果宏达公司的期末存货量为 100 件,那么在完全成本法下,期末存货将为 3 200(＝32×100)元,按照变动成本法计价,期末存货则为 2 000(＝20×100)元。因为完全成本法下的期末存货吸收了一部分固定制造费用,所以完全成本法下的期末存货值将高于变动成本法下的期末存货值。在这个例子中,完全成本法下的期末存货吸收了 1 200(＝12×100)元的固定制造费用,因此估价比变动成本法下的估价高 1 200 元。

三、损益计算结果与利润表的格式不同

在损益的计算方面,完全成本法下的利润与变动成本法下的利润可能会出现差异,这是因为两者对固定制造费用的处理有所不同。变动成本法下当期的固定制造费用全部计入当期费用。而在完全成本法下,固定制造费用并不会全部进入利润表,一部分会被期末存货所吸收,而且期初存货如果本期销售出去,那么期初存货所吸收的前期固定制造费用也会在本期释放,计入本期的销售成本。

另外,两种方法下的利润报告方式也有所区别。完全成本法下的利润表为职能式利润表,即按照收入、毛利、利润的顺序呈报。将成本分为销售成本和期间费用,销售收入减去销售成本后的余额为销售毛利,销售毛利再减去期间费用得到企业的营业利润。用公式表示为

$$营业利润＝销售收入－销售成本－期间费用$$

其中:

$$销售成本＝期初存货＋本期生产成本－期末存货$$
$$本期生产成本＝直接成本＋制造费用$$
$$＝直接材料＋直接人工＋变动制造费用＋固定制造费用$$

变动成本法下的利润表呈报格式为贡献式利润表,利润表中的成本分为变动成本和固定成本。销售收入减去变动成本后的余额为边际贡献。边际贡献反映了企业的盈利能力高低,边际贡献再减去固定成本为企业的营业利润。用公式表示为

$$营业利润＝边际贡献－固定成本＝边际贡献－固定制造费用－固定销售与管理费用$$

其中:

$$边际贡献＝销售收入－变动成本＝销售收入－变动制造成本－变动销售与管理费用$$

例 4-2:新华公司只生产和销售一种产品,该产品 1 月份的期初存货为零。相关资料如

表 4-2 所示。

表 4-2 新华公司一季度相关资料

	1 月份	2 月份	3 月份
生产量（件）	100 000	100 000	80 000
销售量（件）	100 000	80 000	100 000
单价（元）	25	25	25
单位产品直接材料	6	6	6
单位产品直接人工	4	4	4
单位产品变动制造费用	2	2	2
单位产品变动销售费用	1	1	1
单位产品变动管理费用	2	2	2
固定制造费用	200 000	200 000	200 000
固定销售费用	220 000	220 000	220 000
固定管理费用	40 000	40 000	40 000

按照完全成本法进行核算，1月份单位产品的成本应为 14（＝6＋4＋2＋200 000/100 000）元，2月份单位产品的成本应为 14（＝6＋4＋2＋200 000/100 000）元，3月份单位产品的成本应为 14.5（＝6＋4＋2＋200 000/80 000）元。按照完全成本法编制的利润表如表 4-3 所示。

表 4-3 完全成本法下的利润表   单位：元

	1 月份	2 月份	3 月份
销售收入	2 500 000	2 000 000	2 500 000
减：销售成本			
期初存货成本	0	0	280 000
加：本期生产成本	1 400 000	1 400 000	1 160 000
可供销售的产品成本	1 400 000	1 400 000	1 440 000
减：期末存货成本	0	280 000②	0
销售成本合计	1 400 000	1 120 000	1 440 000
销售毛利	1 100 000	880 000	1 060 000
减：			
销售费用	320 000①	300 000	320 000
管理费用	240 000	200 000	240 000
营业利润	540 000	380 000	500 000

注：①销售费用额等于固定销售费用与变动销售费用之和，1月份的销售费用320 000元等于固定销售费用220 000元加变动销售费用100 000（＝1×100 000）元之和。

②2月份的单位产品成本为14元，期末存货量为20 000件，期末存货金额为14×20 000＝280 000元。

按照变动成本法，3个月内单位产品的直接材料、直接人工和变动制造费用都没有变化，因此单位产品成本都是 12（＝6＋4＋2）元。按照变动成本法编制的利润表如表 4-4 所示。

表 4-4　变动成本法下的利润表　　　　　　　　　　单位:元

	1 月份	2 月份	3 月份
销售收入	2 500 000	2 000 000	2 500 000
减:变动成本			
变动生产成本	1 200 000	960 000	1 200 000
变动销售费用	100 000	80 000	100 000
变动管理费用	200 000	160 000	200 000
变动成本合计	1 500 000	1 200 000	1 500 000
边际贡献	1 000 000	800 000	1 000 000
减:固定成本			
固定制造费用	200 000	200 000	200 000
固定销售费用	220 000	220 000	220 000
固定管理费用	40 000	40 000	40 000
固定成本合计	460 000	460 000	460 000
营业利润	540 000	340 000	540 000

　　从表 4-3 和表 4-4 中可以看出,两种成本计算方法对利润的影响是不同的。1 月份两种方法下的营业利润相等,2 月份完全成本法下的利润 380 000 元高于变动成本法下的利润 340 000 元,3 月份完全成本法下的利润 500 000 元低于变动成本法下的利润 540 000 元。造成这种利润差异的原因在于,相对于变动成本法而言,完全成本法下的期末存货会吸收一部分固定制造费用,从而造成当期费用下降,利润上升。同时完全成本法下的期初存货所吸收的一部分固定制造费用会在当期释放出来,造成当期费用上升,利润下降,因此,两种成本计算方法的利润差异主要取决于期末存货和期初存货包含的固定制造费用之差。用公式表示为

$$营业利润差额 = 完全成本法的营业利润 - 变动成本法的营业利润$$
$$= 完全成本法期末存货吸收的固定制造费用$$
$$\quad - 完全成本法期初存货吸收的固定制造费用$$
$$= 期末存货量 \times 固定制造费用分配率$$
$$\quad - 期初存货量 \times 固定制造费用分配率$$

　　从上述公式中,可以看出:
　　(1) 当完全成本法期末存货吸收的固定制造费用等于期初存货吸收的固定制造费用时,完全成本法与变动成本法的当期营业利润相等。
　　(2) 当完全成本法期末存货吸收的固定制造费用大于期初存货吸收的固定制造费用时,完全成本法下的营业利润将大于变动成本法下的利润。
　　(3) 当完全成本法期末存货吸收的固定制造费用小于期初存货吸收的固定制造费用时,完全成本法下的营业利润将小于变动成本法下的利润。
　　根据利润差异公式,可以分析上例中两种方法下的利润差异,如表 4-5 所示。
　　1 月份时,生产量等于销售量,期初期末存货都为零,因此两种计算方法所得出的利润是相等的。

表 4-5　两种方法营业利润的调节　　　　　　　　　　　　　　单位:元

	1 月份	2 月份	3 月份
营业利润:			
完全成本法	540 000	380 000	500 000
变动成本法	540 000	340 000	540 000
营业利润差额:	0	40 000	−40 000
营业利润调节:			
期末存货吸收的固定制造费用	0	40 000	0
期初存货吸收的固定制造费用	0	0	40 000
营业利润差额:	0	40 000	−40 000

2 月份时,生产量大于销售量,期末存货增加,完全成本法下的期末存货吸收了固定制造费用 40 000(=2×20 000)元。导致完全成本法的营业利润高于变动成本法的营业利润 40 000 元。

3 月份时,生产量小于销售量,期末存货为零,期初存货所吸收的前期固定制造费用 40 000 元在当期释放,导致完全成本法下的利润比变动成本法下的利润低 40 000 元。

在上述的分析中,我们并没有考虑成本流动假设的影响。不同的成本流动假设,对期末存货的定价也会产生影响,从而影响两种方法的利润差异。因此具体计算两者的利润时,还需结合不同的成本流动假设进行考虑。

从长期来看,两种方法所得到的营业利润总额是相等的,上例中两种方法在三个月内的利润之和都是 1 420 000 元。因为,从长期来看,企业的各种成本无论是变动成本还是固定成本,都将计入到各期费用中,两种方法对利润的影响只是体现为利润在各期的分布会有所不同。但长期利润总额相等。

第三节　成本计算方法的选择

一、对完全成本法的评价

(一) 完全成本法的优点

(1) 完全成本法下计算的产品成本归集了生产过程中所发生的全部制造成本,与财务会计的成本概念相符合。按照完全成本法进行期末存货计价和损益计算,容易与财务会计的处理过程相结合,直接提供对外财务报告的相关数据。完全成本法是会计准则和税法所要求的成本计算方法。

(2) 以完全成本法下的产品成本为基础进行产品定价,可以更好地弥补产品成本。按照成本加成的定价方法,完全成本法的产品成本包含了全部的制造成本,产品价格可以保证使制造成本得到补偿。从长期来看,有助于长期生产成本的衡量,有利于长期定价决策。

(3)不必区分成本中的变动成本与固定成本。这种成本性态的划分对很多企业来说是不难进行的。

(4)完全成本法下的单位产品成本随着产量的增加而降低,可以促使管理者更充分地利用闲置生产能力。在完全成本法下,产品成本中包含了固定制造费用。随着产量的扩大,单位产品分摊的固定制造费用会减少,单位产品成本相应降低,从而体现了企业的规模效益,促使企业的管理者注重闲置生产能力的利用。

(二)完全成本法的局限性

(1)不符合弹性预算的观念。弹性预算的编制是以变动成本和固定成本的划分为基础的,完全成本法的成本数据无法直接用于弹性预算控制。

(2)各期损益的大小取决于期末存货量的变化,因此各期利润会受到产量的影响,有可能与销量走势相背离。

在完全成本法下,由于各期利润的分布会受到期末存货量变化的影响,因此,当生产量与销售量变化不一致时,可能会出现一些管理者难以理解的现象:

① 销售量增加,产品的售价、单位变动成本、固定成本总额均不变,完全成本法下计算的利润反而下降。

例 4-3: 某公司只生产一种产品,期初存货量为零,按先进先出法计价存货,近两年来的生产和销售情况如下表 4-6 所示。

表 4-6　生产成本相关数据

	第一年	第二年
生产量(件)	2 000	1 600
销售量(件)	1 600	2 000
单位产品售价(元)	30	30
单位产品变动成本(元)	15	15
固定制造费用(元)	17 000	17 000
固定销售与管理费用(元)	5 000	5 000

按照完全成本法,编制的利润表如表 4-7 所示。

表 4-7　完全成本法下的利润表　　　　　　　　　　　　单位:元

	第一年	第二年
销售收入	48 000	60 000
销售成本:		
期初存货	0	9 400
本期生产成本	47 000	41 000
减:期末存货	9 400	0

续表

	第一年	第二年
销售成本	37 600	50 400
销售毛利	10 400	9 600
减:销售与管理费用	5 000	5 000
营业利润	5 400	4 600

该公司销售量从第一年的 1 600 件增加到第二年的 2 000 件,并且单位变动成本和固定成本总额并没有变化,但是利润却从第一年的 5 400 元下降为第二年的 4 600 元,这从企业管理者的角度是很难理解的。这种利润与销量变化之间的背离是由于成本计算方法导致的。完全成本法下的产品销售成本受到期末和期初存货变化量的影响,在上面这个例子中,由于第一年的期末存货量上升,造成期末存货吸收了一部分固定制造费用;第二年生产量下降,期末存货量降为零,从而第一年期末存货吸收的固定制造费用在第二年释放,增加了第二年的销售成本,造成利润的下降。如果采用变动成本法进行成本计算,则不会出现这种情况(见附录)。

② 在销量、售价、成本均不变的情况下,期末存货增加反而会引起企业利润的增加。

例 4-4:金盛公司的生产与销售情况如表 4-8 所示,该公司第一年的期初存货为零,存货按先进先出法计价。

表 4-8　金盛公司相关资料

	第一年	第二年
生产量(件)	2 500	3 200
销售量(件)	2 200	2 200
单位产品售价(元)	80	80
单位产品变动成本(元)	15	15
固定制造费用(元)	100 000	100 000
固定销售与管理费用(元)	10 000	10 000

按照完全成本法提供的营业利润情况如表 4-9 所示。

表 4-9　完全成本法下的利润表　　　　　　　　　　　　　　　单位:元

	第一年	第二年
销售收入	176 000	176 000
销售成本:		
期初存货	0	16 500
本期生产成本	137 500	148 000
减:期末存货	16 500	60 125
销售成本	121 000	104 375
销售毛利	55 000	71 625
减:销售与管理费用	10 000	10 000
营业利润	45 000	61 625

在该例中,产品单价、销量、单位变动成本、固定成本总额均没有变化,期末存货量从第一年的 300 件上升到第二年的 1 300 件,营业利润却从 45 000 元上升到 61 625 元。这是因为第二年的生产量上升引起了期末存货上升,从而期末存货所吸收的固定制造费用超过了上期存货所吸收的固定制造费用,造成营业利润的上升。

可见,完全成本法下的利润不仅受到销量、价格和成本的影响,还会受到生产量的影响,生产量的扩大会降低单位产品成本,增加期末存货,提高利润。因此,在完全成本法下,只要简单地改变产量和产品存货量就可以进行利润操纵了。

虽然完全成本法下的利润受到生产量变化的影响有时可能会与销量相背离,从而可能不能正确反映管理者的业绩,但是在一些特定情况下,完全成本法可能比变动成本法更好地反映管理者的业绩。例如,有些情况下企业的生产量与销售量的背离是管理者故意安排的,例如企业的销售呈现明显的季节性波动,但是如果企业的生产随着销量的变化而波动,可能造成旺季时设备过度使用,人员加班加点,成本会上升,而淡季时设备和人员闲置。因此,企业往往保持各月生产稳定,此时完全成本法比变动成本法能够更好地报告管理者的业绩。

例 4-5:金华公司制造和销售某种产品,预计明年全年将制造并销售 3 600 件产品,单价为 5 元,产品单位变动成本为 3 元,全年的固定制造费用为 5 400 元(年内在各月间平均发生),1—6 月份处于销售淡季,每个月销售量只有 200 件,但是后 6 个月为销售旺季,月销售可以达到 400 件。为了不必要的闲置成本和加班成本,公司决定平衡各月生产,即每月生产 300 件产品。

企业如果按照完全成本法进行成本计算,单位产品固定制造费用的吸收率为 5 400/3 600 =1.5 元/件,产品的单位成本为 4.5(=3+1.5)元,每月的利润情况如表 4-10 所示。

表 4-10　完全成本法下的利润　　　　　　　　　　　　　　　　单位:元

	1 月(2—6 月同)	7 月(8—12 月同)
销售收入	1 000	2 000
销售成本①	900	1 800
销售毛利	100	200

注:①1 月份的销售成本为 200 件×4.5 元/件=900 元。7 月份的销售成本为 400 件×4.5 元/件=1 800 元。

公司前 6 个月每月的利润为 100 元,后 6 个月每月的利润为 200 元,全年的利润合计为 1 800 元。

公司如果采用变动成本法,单位变动成本为 3 元/件,每月的利润情况如表 4-11 所示。

表 4-11　变动成本法下的利润　　　　　　　　　　　　　　　　单位:元

	1 月(2—6 月同)	7 月(8—12 月同)
销售收入	1 000	2 000
变动成本	600	1 200
固定成本	450	450
销售毛利	(50)	350

在变动成本法下,公司前 6 个月每月利润为-50 元,后 6 个月每月利润为 350 元,全年的利润合计为 1 800 元。

在这个例子中,完全成本法和变动成本法下的全年利润总额是相等的,全年利润合计都是1 800 元,只是各期利润的分布有所不同。完全成本法下的利润分布相对于变动成本法的利润更加平稳,并且前 6 个月的利润更高,可以更好地反映管理者通过生产量的合理安排取得的业绩。可见完全成本法能够更好地反映特定生产量安排的影响,此时管理者会更倾向于使用完全成本法报告利润。

二、对变动成本法的评价

(一) 变动成本法的优点

(1) 能提供有用的管理信息,有利于正确地进行短期决策。采用变动成本法计算成本可以提供单位变动成本、边际贡献及其他有关信息,有助于管理者进行损益平衡分析和短期经营决策。企业的变动成本信息是企业进行经营预测及决策必不可少的前提条件。同时,变动成本法可以方便地与弹性预算、标准成本制度等成本控制方法相结合,更好地进行成本控制。

(2) 促使企业管理当局重视销售环节,防止盲目生产。采用变动成本法计算成本,产量与存货的增减对净收益没有什么影响。在销售单价、单位变动成本、销售构成不变的情况下,净收益将随销售量同向变动。这样会促使管理当局重视销售环节,搞好销售预测,做到适销对路,以销定产,防止盲目生产市场上不需要的产品。而完全成本法在固定成本总额比例较高的情况下,就可能出现一方面销售量下降,另一方面生产量上升,造成产品大量积压,以致出现净收益在销售下降的情况下反而有所增长的反常现象。

(3) 有利于科学地进行成本控制与业绩评价。由于变动生产成本的高低最能反映出生产部门和供应部门的业绩,因此变动生产成本可以通过制定标准成本进行日常控制。至于固定成本的高低,责任一般不在生产部门,应由管理部门负责,可以通过制定费用预算的办法进行控制。成本控制还需要结合经济责任对责任中心的负责人的工作进行考核。

(4) 简化成本核算,便于加强日常管理。采用变动成本法,固定生产成本不计入产品成本,而是作为期间成本从边际贡献中扣除,使产品成本计算中的费用分摊工作大为简化,不但减轻了核算工作量,便于会计人员用更多的时间进行日常管理和财务分析,而且也保证了成本资料的及时性,避免了费用分摊过程中的主观随意性,提高了成本资料的客观性和准确性。

(二) 变动成本法的局限性

(1) 不符合传统的成本概念,按照财务会计的成本概念,成本是为了特定目的而已经发生的,以货币计量的价值牺牲。按照这种成本概念,产品成本就应该既包括变动成本,也包括固定成本。而变动成本法却不符合这一传统的成本概念,变动成本法无法用于对外提供财务报表和纳税申报。因此,变动成本法所提供的信息只能为企业内部管理服务。

(2) 不能适应长期决策和定价决策的需要。长期决策主要决定企业的生产能力和经营规模问题。变动成本法是以成本的性态分析为基础的,成本的性态分析以相关范围为前提,即假定在当前的生产经营规模范围内单位变动成本和固定成本保持不变。但从长期来看,由于技术进步和通货膨胀因素的影响,单位变动成本和固定成本很难保持不变。因此,变动成本法提供的变动成本数据很难适应长期成本变化的预测需要。而且,在定价决策中,无论变动成本还是固定成本,都应得到补偿,而变动成本法提供产品成本资料未包括固定成本部分,很难直接用于定价决策。

(3) 在新的技术、经济条件下,变动成本法的适用性受到一定的影响[①]。变动成本法与完全成本法相分离,成为一种重要的管理会计方法,是因为:

① 完全成本法的主要缺陷在于利润与销售走势在一定程度上相互脱节,而变动成本法则可以避免这一问题。

② 在传统的制造类企业中,直接材料、直接人工等变动成本在成本构成中占有重要比例,而间接成本占的比例较小,因此,变动成本法下的产品成本能够大体反映企业产品的生产成本高低。

在新的技术经济条件下,企业的生产方式发生了重要的变化,"适时生产系统"(JIT)的采用,力求产品实现"零存货",自然就消除了完全成本法下利润变动与销量变动的脱节,因为完全成本法与变动成本法的利润差异正是基于期末存货的变化。因此在 JIT 的生产方式下,完全成本法和变动成本法下呈报的利润应该是一致的。

另外,随着新技术的广泛应用,产品成本的结构也在发生着变化。建立在高度自动化基础上的现代化生产,是一种高度技术密集型的生产。生产技术密集的程度越高,制造费用在成本中所占的比例就越大,这种趋势使直接材料、直接人工等产品的变动成本逐渐降低,而固定制造费用的比例逐渐上升。这种成本结构的变化使变动成本法的实施前提受到了挑战。因此,从未来的发展方向来看,变动成本法会随着未来生产方式的转变和技术的不断发展而最终会退出历史舞台。但是我们也应该看到,变动成本法在传统的成本结构和生产方式条件下,仍然是一种重要的管理会计方法。

本 章 小 结

变动成本法是以变动制造成本作为产品成本的一种成本核算方法。在变动成本法下,将制造成本中的变动制造成本计入产品成本,随着产品的流动而流动。而非制造成本和固定制造费用则作为期间费用,直接进入当期利润表。

变动成本法与完全成本法的区别主要体现在对产品成本的界定上,具体表现为三个方面:产品成本的组成与流程不同,期末存货的计价方法不同,损益计算与利润表的格式不同。

完全成本法下的利润变化不仅取决于销售量、价格和成本的影响,同时会受到生产量和期末存货变化的影响,因此可能会出现一些管理人员难以理解的现象。

变动成本法提供了产品的变动成本信息,为企业的短期经营决策提供了数据基础,以变动成本法为基础提供的利润会随着销量的变化而正向变化,从而更易于被管理人员所理解。

变动成本法可以促使企业管理当局重视销售环节,防止盲目生产;有利于科学地进行成本控制与业绩评价;简化成本核算,便于加强日常管理。

适时制生产(JIT)、现代化的技术变革等先进的生产方式和技术手段,使变动成本法的实施前提受到了挑战。在 JIT 制条件下,完全成本法和变动成本法下呈报的利润是一致的。从

---

① 余绪缨主编:《管理会计学》,中国人民大学出版社 1999 年第 1 版,第 115—117 页。

未来的发展方向来看,变动成本法会随着未来生产方式的转变和技术的不断发展而最终可能会退出历史舞台。但是我们也应该看到,变动成本法在传统的成本结构和生产方式条件下,仍然是一种重要的管理会计方法。

思 考 与 练 习

思考题

1. 什么是完全成本法?什么是变动成本法?
2. 完全成本法和变动成本法有何不同?
3. 完全成本法和变动成本法对利润计算有何不同?
4. 如何理解两种成本计算法下营业利润的差异?
5. 变动成本法的优缺点?

选择题

1. 按照变动成本法,产品成本中包括( )。

    A. 材料成本   B. 变动销售费用   C. 变动制造费用   D. 变动管理费用

2. 变动成本法与完全成本法的主要区别在于( )。

    A. 产品成本的定义不同   B. 存货计价不同

    C. 损益计算不同   D. 损益表格式不同

3. 完全成本法与变动成本法下的利润差异受( )的影响。

    A. 期末存货吸收的固定制造费用

    B. 期末与期初存货量的差异

    C. 当期销售量

    D. 变动销售费用的发生额

4. 关于变动成本法,下列说法不正确的是( )。

    A. 不适用于对外提供财务报表

    B. 长期利润总额与完全成本法是一致的

    C. JIT 制条件下,变动成本法与完全成本法利润是一致的

    D. 适用于长期决策的需要

业务分析题

1. 某企业生产并销售一种产品 A,近两年的产销量、价格与成本资料如下表所示。

生产成本相关数据

	第一年	第二年
生产量(件)	2 000	2 500
销售量(件)	1 800	2 000
单价(元)	50	50
直接材料(元)	12	12
直接人工(元)	5	5
变动制造费用(元)	3	3

续表

	第一年	第二年
固定制造费用(元)	30 000	30 000
变动销售与管理费用(元)	6	6
固定销售与管理费用(元)	10 000	10 000

第一年的期初存货量为零,存货计价采用先进先出法。

要求:

(1) 分别用完全成本法和变动成本法计算该产品各年的单位成本。

(2) 分别用完全成本法和变动成本法计算各年的营业利润。

(3) 试解释两种成本计算方法下利润的差异。

2. 中华公司是一家刚成立的生产新型电子设备的公司,王良任公司的经理,公司运营第一年就取得了良好的业绩。如果公司在第二年的利润上升10%,王良就可以获得一笔高额的奖金。公司在第二年销量上升了25%,但利润却有所下降。这种现象对不懂会计的王良来说十分不理解。两年的相关数据如下表所示。

生产成本相关数据

	第一年	第二年
生产量(件)	6 000	3 000
销售量(件)	4 000	5 000
单价(元)	500	500
单位产品变动制造成本(元)	300	300
单位产品变动销售成本(元)	20	20
固定制造费用(元)	180 000	210 000
固定销售费用(元)	100 000	140 000

公司对存货采用先进先出法,两年的利润表如下表所示。

中华公司利润表(完全成本法)

	第一年	第二年
销售收入	2 000 000	2 500 000
销售成本	1 320 000	1 770 000
毛利	680 000	730 000
产品销售费用	180 000	240 000
净利润	500 000	490 000

要求:

(1) 按照变动成本法重新计算两年的计算表。

(2) 分析两种成本计算方法在各年的利润差异来源。

(3) 试给王良解释为什么不能获得奖金,并分析哪种成本计算方法更适合评价王良的业绩,为什么?

3. 蓝凌公司是一家生产打印机的制造商,该公司生产一种新型的多功能打印机,该产品的相关成本资料如下:

原材料成本	200 元/台
直接人工成本	100 元/台
每年固定制造费用	30 000 000 元
单价	800 元/台

该公司在 2005 年的销量比 2004 年多出了 30 000 台，因此，企业经理乐观地预计 2005 年的利润将会上升。但是两年的财务结果出来以后，2005 年的利润竟然下降了。

企业经理对这样的财务结果十分不解，你作为公司的管理会计师，他请您帮助解释这种情况。经过调查，你发现公司 2004 年期初的存货为 88 000 台，生产了 150 000 台，销售 110 000 台，2005 年生产了 100 000 台。公司采用完全成本法，对固定制造费用采用预定分配率 200 元/台进行分配。分摊过高或者过低的固定制造费用计入当年的损益。

要求：

(1) 根据相关数据，请你分别计算两年的利润额。

(2) 如果按照变动成本法，两年的利润额将分别是多少？

(3) 两种成本计算方法下利润差异的原因是什么，哪种方法更适合评价经理人员的业绩。

案例题

利凯工艺制品有限公司业绩考核案例①

利凯工艺制品有限公司宣告业绩考核报告后，二车间负责人李杰情绪低落。原来，二车间主任李杰任职以来积极开展降低成本活动，严格监控成本支出，考核却没有完成责任任务，严重挫伤了工作积极性。财务负责人了解情况后，召集了有关成本核算人员，寻求原因，将采取进一步行动。

利凯工艺制品有限公司自 1997 年成立并从事工艺品加工销售以来，一向"重质量、守信用"，在同行中经营效果及管理较好。近期，公司决定实行全员责任制，寻求更佳的效益。企业根据三年来实际成本资料，制定了较详尽的费用控制方法。

材料消耗实行定额管理，产品耗用优质木材，单件定额 6 元；工人工资实行计件工资，计件单价 3 元；在制作过程中需用专用刻刀，每件工艺品限领 1 把，单价 1.3 元；劳保手套每生产 10 件工艺品领用 1 副，单价 1 元。

当月固定资产折旧费 8 200 元，推销办公费 800 元，保险费 500 元，租赁仓库费 500 元，当期计划产量 5 000 件。

车间实际组织生产时，根据当月定单组织生产 2 500 件，车间负责人李杰充分调动生产人员工作积极性，改善加工工艺，严把质量关，杜绝了废品，最终使材料消耗由定额的每件 6 元，降低到每件 4.5 元；领用专用工具刻刀 2 400 把，共 3 120 元。但是在业绩考核中，却没有完成任务，出现了令人困惑的结果。

试用管理会计相关内容分析出现这一考核结果的原因。

附录：利用 Excel 进行完全成本法与变动成本法之间利润的调节

根据完全成本法与变动成本法营业利润之间的关系，我们可以使用 Excel 表格进行完全成本法与变动成本法之间利润的调节。

根据例 4-3 的计算，结合完全成本法的计算结果表 4-7，我们介绍如何运用 Excel 软件将完全成本法下的营业利润调整为变动成本法下的营业利润。首先，将完全成本法下的利润表数据录入 Excel 表格中，如图 4-3 所示。

---

① 王忠等编著：《管理会计学教学案例》，中国审计出版社 2001 年版，第 48—49 页。

	A	B	C	D
1		第一年	第二年	
2	销售收入	48000	60000	
3	销售成本			
4	期初存货	0	9400	
5	生产成本	47000	41000	
6	减：期末存货	9400	0	
7	销售成本	37600	50400	
8	销售毛利	10400	9600	
9	减：销售与管理费用	5000	5000	
10	营业利润	5400	4600	
11				

图 4-3

　　然后,按照两种成本计算方法下利润差额的关系进行利润调节,根据"变动成本法的营业利润=完全成本法的营业利润+完全成本法期初存货吸收的固定制造费用-完全成本法期末存货吸收的固定制造费用"进行两种方法下的利润调节,关键是确定期初和期末存货所吸收的固定制造费用额。为此,首先需要计算期初和期末存货的数量和固定制造费用分配率,期初、期末存货的固定制造费用分配率的确定方法是:如果制造费用采用预定分配率进行分配,那么直接取固定制造费用的预定分配率;如果制造费用采用实际分配率进行分配,则期末固定制造费用分配率就等于当期固定制造费用除以当期的生产量。如果期末存货中还存留了前期的存货,则需要分年度分别确定其固定制造费用分配率。存货量乘以相应的固定制造费用分配率,就等于相应的期初或者期末存货吸收的固定制造费用了。如图 4-4 所示。

	A	B	C
1		第一年	第二年
2	完全成本法利润	5400	4600
3	加：期初存货吸收固定制造费用		
4	期初存货量	0	400
5	期初存货固定制造费用分配率		8.5
6	期初存货吸收的固定制造费用	0	3400
7	减：期末存货吸收的固定制造费用		
8	期末存货量	400	0
9	期末存货固定制造费用分配率	8.5	
10	期末存货吸收的固定制造费用	3400	0
11	变动成本法利润	2000	8000
12			

图 4-4

在图 4-4 中,完全成本法下的利润额可以直接从利润表中取出,然后分别确定期初和期末的存货量和固定制造费用分配率,如果期初和期末存货中包括以前各期的存货,则需要分别确定其数量和相应的分配率,然后进行汇总。得出两年的期初和期末存货吸收的固定制造费用金额以后,就可以根据计算公式计算变动成本法下的营业利润了,在 B11 单元格中输入"＝B2＋B6－B10",在 C11 单元格中输入"＝C2＋C6－C10",得到两年在变动成本法下的营业利润分别为 2 000 元和 8 000 元。显然变动成本法下营业利润的上升趋势与销售的走势相一致,这更容易被管理人员所理解。

第五章

管理会计分析方法:本量利分析

/学习目标/

◆了解和掌握本量利分析方法的基本框架
◆掌握和运用本量利分析方法进行实际问题的分析
◆了解和掌握企业成本结构、销售组合等问题对本量利分析结果的影响

案例引导

　　天翔实业是一个生产汽车配件的企业,主要产品为汽车底盘。在公司建立的最初几年里,由于国内汽车行业处于几家巨头寡头垄断的局面,而天翔实业是其固定的供应商,所以经营效益一直不错,企业采用的是粗放式的传统生产经营方式。随着中国经济的发展,一方面国外知名厂商纷纷进入中国汽车行业,通过大量的独资、合资等投资行为建立了十数家外商投资企业;一方面,为了振兴民族工业,摆脱传统国有企业导致的经营低效的影响,国内又出现了多家民营汽车生产厂家;并且,由于汽车行业的丰厚利润和良好的前景,又吸引了国内一些原有的企业转向汽车行业进行多元化经营。中国的汽车行业因此风云突变,竞争日益加剧。流行于家电行业的价格战也成了中国汽车厂商热衷的战场。整车的价格降低,必然导致汽车厂商的利润大幅度下降,内部成本控制成为汽车厂商生产经营过程中所关注的重点,供应商提供的原材料和零部件的价格也成为了成本控制的重点。与此同时,国内涌现出大量的以生产汽车底盘为主要产品的生产厂商,导致了天翔实业面临的经营压力越来越大,传统的粗放式经营必须向精细化经营转型;单位产品的利润大幅降低,而产品的成本还不能同比例大幅度降低。企业的高层领导从传统的关心实际利润是多少,转向了企业需要完成多少销量才能先保住不亏损的状态,然后再考虑进一步要达到既定的利润企业需要完成的销售量是多少等等问题。

　　随着技术的进步、生产自动化的推广等原因,现代企业的成本结构中固定性部分比例不断增加,变动部分则相对减少。并且随着外界竞争压力的不断增加,企业一方面要支付日常经营过程中必须支付的固定性成本费用,另一方面面临销售利润下降弥补相应经营成本费用的能力降低。企业经营销售策略从粗放式的大致数额转向精细化方式。如下的问题就成为企业的管理者必须考虑的:

　　(1)销售达到何种程度,企业才能保证不亏损?

（2）销售达到何种程度，企业才能实现目标利润？

（3）不同的销售策略和成本结构对企业的经营业绩产生什么样的影响？

（4）如何在经营利润不变的情况下，保持企业的经营风险较低？

为了回答上述问题，本量利分析方法就成为首选的必备分析工具。通过科学地运用本量利分析方法，企业就能更加清楚自身的经营风险、产品特征、销售策略的优劣，结合行之有效的改进方法，使企业在激烈的外部竞争环境下立于不败之地。

第一节　本量利分析概述

本量利分析（Cost-volume-profit Analysis，缩写为 CVP）是一种重要的管理会计工具。从名称上就可以看出，本量利分析方法是集中考虑企业的成本、销售量和收益之间的综合关系，为企业的经营管理者提供多种经营决策支持。通过对本量利分析的进一步拓展，企业可以更好地了解企业的成本结构、经营风险，以及不同的销售策略等对企业经营业绩的影响，为企业提供有力的决策支持。

本量利分析主要涉及如下五种内在因素：

（1）产品的售价；

（2）单位变动成本；

（3）销售数量和销售水平；

（4）总的固定成本；

（5）产品销售结构。

同前面章节讨论一样，本章所涉及的成本都是广义的成本概念，即包括企业日常经营所花费支出的成本和费用。

为了更好地完成后面的讨论，本节这里先给出本量利分析的基本前提假设、基本数学模型以及相关术语。

一、本量利分析的基本前提假设

同其他的分析一样，为了更容易地开展讨论，这里先给出一些必要的前提假设，并且在以后的讨论中逐渐放松这些假设条件，使其更加适应企业的实际经营情况。

（一）在相关范围内，可将成本按性态划分为变动成本和固定成本两大类，这是本量利分析的基本前提条件

由于变动成本的产生只与相应的业务量的变化有关，在本量利分析模型中，为了方便起见，先简单假设变动成本只与企业生产水平成正相关。对于那些存在复杂的成本结构的企业，也假定有多种不同种类业务量而产生的变动成本都能转化成同生产水平相关。而由于固定成本不随企业业务量的变化而变化，企业必须要弥补这部分成本才有可能获得利润。

（二）在本量利分析期间,固定成本、单位变动成本、产品售价保持不变,并且与利润具有线性函数关系

这个假设是为了保持本量利分析模型的稳定性。只有在这些条件保持不变的情况下,才能保证所进行的本量利分析是有效的。当然在实际情况中,这些条件未必能充分保证,在本章的第四节,针对这些条件进行放松并展开讨论。

（三）在本量利分析期间,产品产销数量保持一致,即存货保持不变

从本书的第四章的讨论中可以看出,在实际情况下,企业存货水平的变化,会导致会计上计算的存货成本发生变动。这里在假设（二）的基础上给出存货水平不变的假设,就是为了更好地理解本量利分析模型,而不陷入与实际联系时导致应用脱节的情况中。这里还要说明,其实只要保证了假设（二）的条件就可以,因为本量利分析的基本模型中集中考虑销售环节对企业利润的影响;但是随着讨论的进一步深入,由生产引发的成本结构的变化成为本量利分析模型的一个重要的内容。

（四）在本量利分析期间,对于多产品情形,产品生产组合和销售结构不变

在企业存在多种产品情况下,产品的生产组合和销售结构都是经常变动的,这使得企业综合变动成本经常变动。因此,这个假设是十分必要的,为本量利分析在多产品的企业中展开讨论提供了可靠的保证。

（五）假定不存在企业所得税,不考虑企业的融资成本

这里假定不存在企业所得税,一是为了讨论方便,二是企业所得税也仅仅影响企业的净利润,通过简单的数学变化,就可以消除其对本量利分析产生的影响。而融资成本是由企业财务活动和财务政策产生,同生产经营的关系不直接。同时,融资成本由于具体的融资方式的不同,可以简单地分为债务融资成本和权益融资成本,前者可以作为一种固定成本来考虑,后者则是净利润形成之后的问题。因此为了简化讨论过程,这里也就不考虑企业的融资成本。

上述给出的前提假设都是为了更加清晰地完成有关本量利分析模型的讨论而设置的,很多会与企业实际经营情况产生很大的偏差,为此,在以后的讨论中我们会不断放松这些假设,使其更贴近于实际的企业生产经营。

二、本量利分析的基本数学模型

在上述基本假设条件下,这里给出本量利分析的基本模型:

净利润＝销售收入－总成本
＝销售收入－变动成本－固定成本
＝单价×销售量－单位变动成本×销售量－固定成本

用字符表示则为

$$\Pi = S - VC - F$$
$$= P \times Q - PVC \times Q - F$$
$$= (P - PVC) \times Q - F$$

其中：Π 为净利润，P 为单位价格，Q 为销售数量，VC 为变动成本，PVC 为单位变动成本，F 为固定成本。

这个方程式明确地表达了本量利之间的数量关系的基本数学模型。它包含了 5 个相互联系的变量，只要给定其中任意 4 个变量，就可以通过模型计算出另外一个变量的值。一般情况下，在规划期间净利润时，通常将单价 P、单位变动成本 PVC 和固定成本 F 视为稳定的常量，只有销量 Q 和利润 Π 两个自由变量。这样在给定目标利润时，可利用数学模型直接计算出应达到的销售水平；给出销售量时，也可以直接计算出预期利润，以便于规划一定期间的利润水平。并且，企业在日常经营决策的时候，还会面临变动成本 PVC 或是固定成本发生变动的情况，这时也可以通过上面的数学模型计算出这些变动对销售水平或预期利润的影响。

三、本量利分析的相关术语及应用

在介绍完本量利分析的基本前提假设和基本数学模型之后，这里介绍几个本量利分析术语。

我们以引言中的天翔实业公司为例，为讨论方便，其经营情况简化为几下几点：(1)假定天翔实业只生产一种型号的汽车底盘；(2)天翔实业的成本根据形态特征可以分为变动成本和固定成本两部分；(3)不存在企业所得税；(4)企业的成本稳定。在上述的情况下，天翔实业当月成本销售信息如表 5-1 所示。

表 5-1　天翔实业成本销售信息表

销售数量(套)	1 600
销售单价(元/套)	5 000
单位变动成本(元/套)	3 000
当月固定成本(元)	3 000 000

根据变动成本法，我们用上面的数据编制天翔实业当月基于变动成本法的利润表，如表 5-2 所示。

表 5-2　天翔实业变动成本法下利润表　　　　　　　　　　　　　　　单位：元

销售收入(1 600 套)	8 000 000
减：变动成本(1 600 套)	4 800 000
边际贡献	3 200 000
减：固定成本	3 000 000
净利润	200 000

（一）边际贡献和边际贡献率

1. 边际贡献

在本书的第四章已经简单地阐述了有关边际贡献的内容,但是这里还需要强调**边际贡献**(Contribution Margin,缩写为 CM)这个概念:它描述的是企业的销售收入弥补全部的变动成本后的剩余部分,用于抵消企业的固定成本而形成企业的利润(或损失)。用公式形式描述如下:

$$边际贡献 = 销售收入 - 变动成本$$

用字符表示如下:

$$CM = S - VC$$

其中:CM 为边际贡献,S 为销售收入,而 VC 则代表变动成本。

根据本量利分析的基本数学模型可知企业的净利润为

$$\Pi = S - VC - F = CM - F$$

其中:Π 为净利润。

因此,边际贡献也可以表示为

$$边际贡献 = 净利润 + 固定成本$$

即
$$CM = \Pi + F$$

天翔实业当月的边际贡献 = 200 000 + 3 000 000 = 3 200 000(元)

边际贡献具备两种形式,绝对数值形式和相对数值形式,并且形成了新的一组同边际贡献相关的概念:单位边际贡献,边际贡献率和单位边际贡献率。

2. 单位边际贡献

单位边际贡献(Per-unit Contribution Margin,缩写为 PCM),是指单位价格弥补单位变动成本后的剩余部分,也就是每增加一单位销售量,带来利润水平的增加。用公式形式描述如下:

$$单位边际贡献 = 单位价格 - 单位变动成本$$

用字符表示如下:

$$PCM = P - PVC$$

其中:PCM 为单位边际贡献,P 为单位价格,而 PVC 则为单位变动成本。

天翔实业当月的单位边际贡献 = 5 000 元/套 - 3 000 元/套 = 2 000(元/套)

这里设定销售量为 Q,那么 $S = P \times Q$,$VC = PVC \times Q$,根据上面两个公式可以得到

$$CM = PCM \times Q$$

天翔实业的边际贡献也可以通过如下方式计算:

边际贡献 = 2 000 元/套 × 1 600 套 = 3 200 000(元)

根据本量利分析的基本数学模型可知企业的净利润为

$$\Pi = (P - PVC) \times Q - F = PCM \times Q - F$$

其中:Ⅱ为净利润。

讨论了边际贡献的绝对值的概念后,下面我们讨论边际贡献的相对值概念。

3. 边际贡献率和单位边际贡献率

边际贡献率(Contribution Margin Ratio,缩写为CMR),是指边际贡献占销售收入的百分比。用公式表示如下:

$$边际贡献率=\frac{边际贡献}{销售收入}$$

用字符表示如下:

$$CMR=\frac{CM}{S}$$

天翔实业的边际贡献率=3 200 000÷8 000 000=40%

而**单位边际贡献率**(Per-unit Contribution Margin Ratio,缩写为PCMR),是指单位边际贡献占单位价格的百分比。用公式表示如下:

$$单位边际贡献率=\frac{单位边际贡献}{单位价格}$$

用字符表示如下:

$$PCMR=\frac{PCM}{P}$$

天翔实业的单位边际贡献率=2 000÷5 000=40%

同前述讨论方式一样通过设定销售量为Q,那么$S=P\times Q,VC=PVC\times Q$,根据上面两个公式可以得到:边际贡献率=单位边际贡献率,也就是

$$CMR=PCMR$$

因此,在本章的后面讨论过程中,不再区分边际贡献率和单位边际贡献率,统称为边际贡献率。

(二)损益平衡点

企业的管理者,无论是大型的跨国公司还是小型的个体工商户,都会考虑这样一个问题:销售状况达到什么样的水平才能保证经营不亏损。仍以天翔实业为例,我们计算一下在销售量为1 550套、1 525套、1 500套、1 475套和1 450套等情况下天翔实业的净利润,如表5-3所示。

表5-3　天翔实业不同销售水平下的利润表　　　　　　　　单位:元

销售数量(套)	1 550	1 525	1 500	1 475	1 450
销售收入	7 750 000	7 625 000	7 500 000	7 375 000	7 250 000
减:变动成本	4 650 000	4 575 000	4 500 000	4 425 000	4 350 000
边际贡献	3 100 000	3 050 000	3 000 000	2 950 000	2 900 000
减:固定成本	3 000 000	3 000 000	3 000 000	3 000 000	3 000 000
净利润	100 000	50 000	0	−50 000	−100 000

通过表 5-3 可以发现,随着天翔实业的销售水平不断下降,其净利润不断降低直至亏损。这里更值得我们注意的是,在销售数量为 1 500 套,或销售收入为 7 500 000 元时,天翔实业的净利润为 0。这个销售水平就是损益平衡点。

损益平衡点(Break-even Point),就是指当企业净利润为零时的销售水平,即恰好弥补全部成本时企业的销售量或销售额。

当销售水平低于损益平衡点的情况下,企业处于亏损状态;随着销售水平的提高,企业亏损逐渐得到弥补,最终达到了损益平衡点;当销售水平高于损益平衡点时,企业处于盈利状态,并随着销售水平的不断提高,企业的获利不断增加。可见,确定企业的实际经营的损益平衡点是十分重要的,可以为企业提供一个经营的必需的标杆,只有通过合理地安排生产销售策略,才能使企业获得超过损益平衡点的收益。

1. 损益平衡点的模型描述

接下来,我们通过本量利分析的基本数学模型计算损益平衡点。

因为处于损益平衡点时,企业的净利润为 0,即 $\Pi = 0$。

(1)以销售量作为衡量销售水平的方式。

根据 $\Pi = (P - PVC) \times Q_B - F = 0$,可以推出

$$Q_B = \frac{F}{P - PVC} = \frac{F}{PCM}$$

根据天翔实业的数据,可以计算出其损益平衡点时的销售量:

$$Q_B = \frac{3\,000\,000}{5\,000 - 3\,000} = \frac{3\,000\,000}{2\,000} = 1\,500(套)$$

(2)以销售额作为衡量销售水平的方式。

一种先计算出损益平衡点的销售量,再计算相应的销售额:

$$S_B = Q_B \times P$$

根据天翔实业的数据,可以计算出其损益平衡点的销售额:

$S_B = 1\,500 \times 5\,000 = 7\,500\,000(元)$

另一种是利用数学模型进行计算:

$$S_B = Q_B \times P = \frac{F \times P}{P - PVC} = \frac{F}{PCM/P} = \frac{F}{PCMR} = \frac{F}{CMR}$$

则天翔实业当月损益平衡点的销售额:

$$S_B = \frac{F}{CMR} = \frac{3\,000\,000}{40\%} = 7\,500\,000(元)$$

2. 损益平衡点的图形描述

为了更形象地描述损益平衡点,这里给出了图 5-1。

从图 5-1 中可以看出,损益平衡点就是总收入线同总成本线的交点。在损益平衡点的左侧,总成本线高于总收入线,企业陷入亏损状态;在损益平衡点的右侧,总收入线高于总成本线,企业获得了利润。

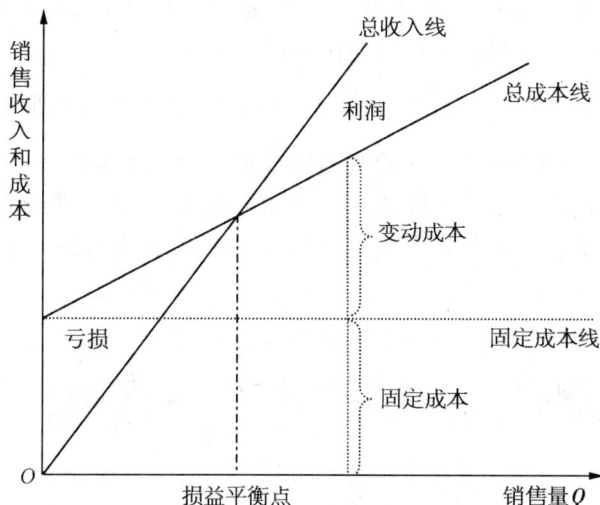

图 5-1　本量利依存关系和损益平衡点图

（三）安全边际和安全边际率

安全边际（Margin of Safety，缩写为 MS），是指在一定期间企业实际或预期的销售水平与损益平衡点的销售水平之间的差。安全边际是反映企业生产经营安全性的重要指标，它表明销售水平降低多少，企业仍然保持盈利不至于亏损。同损益平衡点一样，安全边际也存在销售量和销售额两种形式，而两者之间存在一个单位价格的乘数关系，因此这里只以销售量作为讨论的重点。其公式描述如下：

$$安全边际＝实际（预期）销售量－损益平衡点销售量$$

用字符方式表示为

$$MS＝Q－Q_B$$

安全边际率（Margin of Safety Ratio，缩写为 MSR），是指安全边际与实际（预期）销售水平的比值。安全边际率也可以衡量企业生产经营的安全性，安全边际率越大，企业生产经营的安全程度就越高，经营风险就越低。安全边际率与安全边际相比是一个相对指标，便于不同企业和不同行业之间进行比较。西方企业评价其安全程度的标准如表 5-4 所示。

表 5-4　安全性标准表

安全边际率	40％以上	30％—40％	20％—30％	10％—20％	10％以下
安全程度	非常安全	安全	比较安全	需要注意	危险

将安全边际引入本量利分析模型中，可以得到

净利润（Ⅱ）＝单位边际贡献（PCM）×销售量（Q）－固定成本（F）
　　　　　＝单位边际贡献（PCM）×销售量（Q）－单位边际贡献（PCM）×损益平衡点
　　　　　销售量（Q_B）

$$=（销售量(Q)－损益平衡点销售量(Q_B)）×单位边际贡献(PCM)$$
$$=安全边际(MS)×单位边际贡献(PCM)$$

即
$$净利润(\Pi)=安全边际(MS)×单位边际贡献(PCM)$$

经过进一步思考可以发现,当企业的实际销售水平超过了损益平衡点之后,每增加一单位的销售量,就会给企业带来一单位边际贡献的增加。也就是说,企业的生产经营首先要达到损益平衡点的要求,之后就会因为各自产品单位边际贡献水平的高低产生不同的获利能力和获利水平。

若将上式两边同时除以销售收入,可以得到

$$\frac{净利润(\Pi)}{销售收入(P×Q)}=\frac{安全边际(MS)}{销售量(Q)}×\frac{单位边际贡献(PCM)}{单位价格(P)}$$

即
$$销售利润率=安全边际率×边际贡献率$$

上式为我们提供了一种计算销售利润率的新方法,并且表明企业要提高销售利润率,就必须提高安全边际率和边际贡献率。

根据天翔实业当月的数据,可以计算出其以销售量为表示方式的安全边际为

安全边际＝1 600－1 500＝100(套)

而其安全边际率为

安全边际率＝100/1 600＝6.25%

根据表5-4所提供的数据,天翔实业当月生产经营的安全性很差。

上述本量利分析的基本前提假设、基本数学模型和相关术语,构成了本量利分析的基本框架。下面将在此基本框架的基础上,继续展开讨论。

第二节　单一产品本量利分析

上一节,我们通过结合天翔实业的基本数据,给出了本量利分析的基本框架。在这一节,我们将根据这个基本框架,结合企业实际生产经营过程中发生的一些情况,通过本量利分析模型,讨论在这些情况中企业的成本、销售水平和利润之间的相互影响。在本节中,我们将集中讨论的内容包括:

(1)目标利润同销售水平的关系;

(2)成本结构变化对本量利分析模型的影响;

(3)销售策略对企业获利水平的影响;

(4)所得税对本量利分析的影响。

由于本节集中讨论企业只生产销售一种产品的情形,因此我们继续前一节的天翔实业的基本数据和基本公司经营假设。为了更好地安排和展开本节的讨论,接下来的部分将安排多个短小的案例分析。这里还要说明的是,除了特殊声明之外,每个小案例都是相互独立的。

一、目标利润和销售水平

作为企业的管理者,日常工作之一就是制定预算,制定目标利润。在制定了合理的目标利润之后,这些管理者就要考虑达到目标利润所需的销售水平。在这里,我们先假定企业的成本结构不发生变动,即单位变动成本和固定成本不变。

根据本量利分析的基本模型

$$\Pi = (P - PVC) \times Q - F$$

我们可以得知,对于给定的目标利润 Π^*,可以得出必须达到的销售量 Q^* 为

$$Q^* = \frac{\Pi^* + F}{P - PVC} = \frac{\Pi^* + F}{PCM}$$

使用销售额 S^* 来表示的形式为

$$S^* = \frac{\Pi^* + F}{CMR}$$

其中:P 为单位价格,PVC 为单位变动成本,F 为固定成本,PCM 为单位边际贡献,CMR 为边际贡献率。

天翔实业的管理者根据市场的预测和经营的需要,在保持现有的成本不变的情况下,制定了下个月的目标利润为 300 000 元。为了完成这个目标利润,天翔实业在下个月必须完成的销售水平为

目标销售量=(300 000+3 000 000)÷2 000=1 650(套)

这里我们使用另外一种思路来考虑这个问题,下个月的目标利润与当月利润之差为 300 000元−200 000 元=100 000 元,那么新增的销售量为 100 000 元÷2 000 元/套=50 套,则下个月的目标销售量为 1 600 套+50 套=1 650 套。这个算法虽然比较复杂,但是它清楚地给出了单位边际贡献对企业获利能力的影响。

如果用销售额来衡量目标销售水平的话,可以得到

目标销售额=5 000×1 650=8 250 000(元)

在本节的以后部分我们还会结合其他条件的放松,讨论目标利润的其他问题。

二、成本结构变动对本量利分析的影响

在企业的实际生产经营过程中,成本的结构不是一成不变的,一部分缘于生产工艺和制造流程的不断改进,另一部分缘于供应商购销合同价格的变动,还有一部分缘于销售策略的转换,甚至一部分缘于企业生产经营规模的变化。由于这些原因的存在,企业的单位变动成本和总成本经常发生变动。这一节我们就集中讨论成本结构变动对本量利分析的影响。

(一)单位变动成本变化

由于供应商之间的竞争激烈,导致原材料价格降低,天翔实业单位变动成本降低 500 元,

在其他条件不变的情况下,我们展开相关的本量利分析。

由条件可知:

单位变动成本＝3 000－500＝2 500(元/套)

单位边际贡献＝5 000－2 500＝2 500(元/套)

损益平衡点的销售量＝3 000 000÷2 500＝1 200(套)

损益平衡点的销售额＝5 000×1 200＝6 000 000(元)

预计下个月目标利润为300 000元,则目标销售量为

目标销售量＝(3 000 000＋300 000)÷2 500＝1 320(套)

可见,随着单位变动成本的降低,企业的损益平衡点降低,并且目标销售量也降低;反之,亦然。

(二) 固定成本变化

为了提高产品质量应对愈加激烈的竞争,天翔实业新增了一台进口设备,导致每个月的固定成本增加了500 000元。在其他条件不变的情况下:

固定成本＝3 000 000＋500 000＝3 500 000(元)

损益平衡点的销售量＝3 500 000÷2 000＝1 750(套)

损益平衡点的销售额＝5 000×1 750＝8 750 000(元)

预计下个月目标利润为300 000元,则目标销售量为

目标销售量＝(3 500 000＋300 000)÷2 000＝1 900(套)

可见,随着固定成本的提高,企业的损益平衡点增加,并且目标销售量也增加;反之,亦然。

(三) 单位变动成本和固定成本均发生变化

这里承接上面两个案例的内容,天翔实业的单位变动成本降低为2 500元,而固定成本增加到3 500 000元,假定其他条件不变的情况下,则

单位边际贡献＝5 000－2 500＝2 500(元/套)

损益平衡点的销售量＝3 500 000÷2 500＝1 400(套)

损益平衡点的销售额＝5 000×1 400＝7 000 000(元)

预计下个月目标利润为300 000元,则目标销售量为

目标销售量＝(3 500 000＋300 000)÷2 500＝1 520(套)

可见,在单位变动成本和固定成本都变动的情况下,企业的生产经营都发生了重大的变化。这一点不仅体现在例题中这些变化上,只要改变了企业的变动成本和固定成本的比例或数值就会引起例题中的变化,只不过越贴近实际这种变化就越复杂。

三、销售策略对本量利分析的影响

从本量利的基本数学模型中可以看出,销售价格和销售量是模型中重要的两个变量。这两个指标会随着企业采用的实际销售策略的不同而发生变化,因此,不同的销售策略就是进行本量利分析所需要考虑的问题。与此同时,不同的销售策略会改变由销售过程产生的变动成本和固定成本的结构比例,譬如,提高广告的固定性支出还是增加销售人员的提成工资这种变

动成本。在不影响企业的销售价格和销售量的情况下,这些销售策略的变化的讨论都可以转变为研究成本结构对本量利分析的影响,因此不作为本部分的讨论内容,可以参看上一部分进行分析。本部分主要集中讨论销售价格、销售量、销售成本同利润之间的相互影响。

(一) 销售价格和销售量对利润的影响

通过市场分析专家提供的数据表明,如果天翔实业的销售价格降低为 4 500 元/套,其相应的市场份额就会增加,销售量从本月的 1 600 套增加到 2 500 套,在其他条件不变的情况下,我们展开分析。如果下个月开始采用新的价格政策,那么:

单位边际贡献＝4 500－3 000＝1 500(元/套)

损益平衡点的销售量＝3 000 000÷1 500＝2 000(套)

净利润＝1 500×2 500－3 000 000＝750 000(元)

由于 750 000 元＞200 000 元,新的销售价格策略应该被采纳。然而还要看到,由于销售价格的降低导致单位边际贡献的减少,造成了企业损益平衡点的升高,增加了企业经营压力。从另一个角度来看:

安全边际率＝(2 500－2 000)÷2 500＝20%

参见表 5-4 可以得到,如果实际销售情况正像市场分析专家分析的一样的话,采用新的价格策略,会使天翔实业的安全性从"危险"转为"需要注意"的情况下,经营风险也相对降低了。

(二) 销售价格策略和销售方式策略同时对利润的影响

承接上面的案例,为了实现市场分析专家所预期的销售水平,这里有两种销售方式的变化可供选择:(1)增加现有销售人员的提成,每销售一套底盘,提成 100 元;(2)增加销售人员的数量,具体增加人数为 10 人,每人月工资 5 000 元。天翔实业面临两个方案选择的问题,我们分别进行分析。

(1) 第一种情况下:

单位变动成本＝3 000＋100＝3 100(元/套)

单位边际贡献＝4 500－3 100＝1 400(元/套)

损益平衡点的销售量＝3 000 000÷1 400＝2 143(套)

净利润＝1 400×2 500－3 000 000＝500 000(元)

安全边际率＝(2 500－2 143)÷2 500＝14%

(2) 第二种情况下:

固定成本＝3 000 000＋5 000×10＝3 050 000(元)

损益平衡点的销售量＝3 050 000÷1 500＝2 033(套)

净利润＝1 500×2 500－3 050 000＝700 000(元)

安全边际率＝(2 500－2 033)÷2 500＝19%

通过上面的分析,无论从总的净利润、损益平衡点的销售水平,还是安全边际率,都可以看出第二个方案明显优于第一个方案。因此,天翔实业的高层管理人员更应该倾向采纳第二个销售方式方案。

四、所得税对本量利分析的影响

前面的诸多讨论都避开了所得税这个因素,这部分则围绕这个话题展开。企业所得税是针对销售收入扣除成本费用后的净利润按照相关的税法规定,通常是按一定比例征收税款的一种税种。可以看出所得税的存在并不会影响企业损益平衡点的销售水平,因为损益平衡点的净利润为零,并且数学模型中也不需要考虑所得税的存在。通过相同的思路,可以发现除了税后利润和目标税后利润之外,企业所得税对本量利分析模型的其他内容没有影响。

(一) 所得税对税后利润的影响

如果企业使用的所得税率为比例税率,那么

$$税后利润 = 税前利润 \times (1 - 所得税税率)$$

用字符表示为

$$\Pi' = \Pi \times (1 - R)$$

其中:Π'为税后利润,Π为税前利润,R为企业所得税税率。

根据中国所得税法的规定,天翔实业适用 33% 的比例税率。根据天翔实业的原始资料,可以计算出其税后利润为

$$税后利润 = 200\,000 \times (1 - 33\%) = 134\,000(元)$$

(二) 所得税对目标税后利润的影响

企业的管理者在做生产经营决策的时候,不仅仅要考虑税前净利润,还要考虑企业所有者的利益要求,这时候设定目标利润,就必须考虑所得税对税后利润的影响。因此,往往企业的管理者设定税后目标利润。接下来就集中讨论所得税对目标税后利润的影响问题。

根据

$$税后目标利润 = 税前目标利润 \times (1 - 所得税税率)$$

可得

$$税前目标利润 = \frac{税后目标利润}{1 - 所得税税率}$$

用字符表示为

$$\Pi^* = \frac{\Pi^{*\prime}}{1 - R}$$

其中:Π^*为税前目标利润,$\Pi^{*\prime}$为税后目标利润,R为企业所得税税率。

根据相关的目标利润的讨论,对于给定的税后目标利润 $\Pi^{*\prime}$,可以得出必须达到的销售量 Q^* 为

$$Q^* = \frac{\Pi^{*\prime}/(1-R) + F}{P - PVC} = \frac{\Pi^{*\prime}/(1-R) + F}{PCM}$$

使用销售额 S^* 来表示的形式为

$$S^* = \frac{\Pi^{*'}/(1-R)+F}{CMR}$$

其中：P 为单位价格，PVC 为单位变动成本，F 为固定成本，PCM 为单位边际贡献，CMR 为边际贡献率。

考虑到所得税的影响和迎合企业所有者的要求，天翔实业制定了下个月的税后目标利润为 268 000 元，其适用的企业所得税税率为 33%，则其必须达到的目标销售水平为

目标销售量＝[268 000÷(1-33%)+3 000 000]÷2 000＝1 700(套)

目标销售额＝5 000×1 700＝8 500 000(元)

本节前述的讨论基本完成了在单一产品情况下本量利分析的主要内容。当然这里还有一些情况没有展开讨论，譬如，不同的成本结构给企业带来了经营风险的问题等。

第三节　多种产品本量利分析

在现实生活中，企业很少仅仅依靠一种产品保持生存，而更多的是依靠生产多种产品在日益激烈的竞争环境中得以生存。因此，本章在讨论完单一产品本量利分析之后，进一步贴近实际，讨论多种产品的本量利分析问题。当然对于多种产品的本量利分析情况复杂，我们将分为无约束条件和有约束条件两种情况进行分析。

一、无约束条件下的多种产品本量利分析

无约束条件是指企业生产各种产品所需的资源不受限制，即生产产品的产量不受限制。在这种情况下，企业不需要考虑生产方面的限制，只需要生产适销对路的产品就行了。

这里设某企业生产 n 种产品，用下标 i 表示第 i 种产品，并定义：P_i 为第 i 种产品的销售单价，PVC_i 为第 i 种产品的单位变动成本，Q_i 为第 i 种产品的销售量，Q 为企业销售 n 种产品的总的销售量，F 为企业生产经营所耗费的固定成本，Π 为销售 n 种产品所获得的利润。

根据本量利分析的基本数学模型，可以推导出多种产品本量利分析模型为

$$\Pi = \sum_{i=1}^{n}(P_i - PVC_i)Q_i - F$$

利用这一模型，通过前面相似的讨论，就可以求出企业生产销售的各种产品的损益平衡点的销售水平，以及达到目标利润所需的目标销售水平。

在本量利分析的基本假设条件下，多品种产品销售组合保持不变，则我们可以定义 $W_i = Q_i / \sum_{i=1}^{n} Q_i = Q_i/Q$ 为第 i 种产品销售量占全部产销量的比重，那么上面的本量利分析模型就可以转化为

$$\Pi = \sum_{i=1}^{n}(P_i - PVC_i)Q_i - F$$

$$= \sum_{i=1}^{n}(P_i - PVC_i)W_iQ - F$$

$$= Q\sum_{i=1}^{n}(P_i - PVC_i)W_i - F$$

这样,在规划期间利润时,给定目标利润 Π^*,就可以根据公式求出 n 种产品共同的目标销售量 Q^*:

$$Q^* = (\Pi^* + F)\Big/\sum_{i=1}^{n}(P_i - PVC_i)W_i$$

进而可以求出各种产品应达到的目标销售量 Q_i^*:

$$Q_i^* = W_iQ^*$$

根据同样的思路,也可以就推导出在企业达到损益平衡点时,各种产品的销售水平。令 $\Pi = 0$,则得到 n 种产品共同的损益平衡点销售量:

$$Q_B = F\Big/\sum_{i=1}^{n}(P_i - PVC_i)W_i$$

进一步,有各种产品的损益平衡点 $Q_{i,B}$:

$$Q_{i,B} = W_iQ_B$$

这里,还可以定义 $\sum(P_i - PVC_i)W_i$ 为综合边际贡献,它是由每种产品的单位边际贡献同各自的销售量比例的乘积之和计算出来的。

如果,我们用 W_i' 代表第 i 种产品的销售额占全部产品销售额的比例,即 $W_i' = \dfrac{P_iQ_i}{\sum P_iQ_i}$,则 $\sum\dfrac{P_i - PVC_i}{P_i}W_i'$ 为综合边际贡献率,也就是各种产品的边际贡献率同其销售额占全部产品销售额的比例的乘积之和算出来。

为了更好地说明这个问题,这里给出一个小的案例。某企业生产三种产品 A、B、C,有关资料如表 5-5 所示。

表 5-5　某企业的基本销售资料

项　目	产品 A	产品 B	产品 C
销售单价(元/件)	10	21	25
单位变动成本(元/件)	8	14	18
销售量(件)	1 600	4 000	2 400

企业生产这三种产品的固定成本为 42 000 元。假定企业这三种产品的生产组合和销售结构都保持不变,那么可以计算出这三种产品损益平衡点销售量如表 5-6 所示。

表 5-6　多种产品损益平衡点计算表

项　目	产品 A	产品 B	产品 C	总计
销售单价 P_i(元/件)	10	21	25	
单位变动成本 PVC_i(元/件)	8	14	18	
销售量 Q_i(件)	1 600	4 000	2 400	8 000
固定成本 F(元)	42 000			
销售量比例 W_i(%)	20	50	30	100
单位边际贡献 PCM_i(元/件)	2	7	7	6
损益平衡点销售量 $Q_{i,B}$(件)	1 400	3 500	2 100	7 000*

＊ $Q_B = 42\,000 \div 6 = 7\,000$(件)

若该企业预计下一期目标利润达到 12 000 元,这三种产品生产组合和销售结构保持不变,则这三种产品的目标销售量为

$$Q^* = \frac{\Pi^* + F}{\sum_{i=1}^{n}(P_i - PVC_i)W_i} = \frac{12\,000 + 42\,000}{6} = 9\,000(件)$$

$$Q_1^* = W_1 Q^* = 20\% \times 9\,000 = 1\,800(件)$$
$$Q_2^* = W_2 Q^* = 50\% \times 9\,000 = 4\,500(件)$$
$$Q_3^* = W_3 Q^* = 30\% \times 9\,000 = 2\,700(件)$$

二、有约束条件下的多种产品的本量利分析

在实际的生产经营过程中,管理者往往希望通过增加边际贡献高的产品的产销量,使企业的边际贡献总额达到最大,以抵偿固定成本,创造最高的利润。但是,在多数情况下,由于生产产品所需资源(机器小时数、原材料供应量、动力、运输力和工资等)的限制,不可能使边际贡献高的产品产销量达到最大,否则将导致某些资源供不应求,而其他资源出现闲置浪费。因此,在这种存在生产资源限制的情况下,企业管理者面临的主要问题是如何科学地安排各种产品的生产和销售,以使利润达到最大化。此时,不仅仅需要利用本量利分析的基本数学模型,还要使用运筹学中的线性规划方面的知识。

假设企业生产 n 种产品,产销量一致为 $Q_i(i=1,2,\cdots,n)$,需要 m 种资源约束,第 j 种资源的最大获得量为 $C_j(j=1,2,\cdots,m)$,生产单位第 i 种产品所需第 j 种资源的数量为 R_{ij},则结合线性规划问题的本量利分析模型为

$$\text{Max}(\Pi) = \sum_{i=1}^{n}(P_i - PVC_i)Q_i - F$$

由于固定成本 F 不随产量的变化而变化,在研究期间保持一个常值,因此上面的求解方程也可以转化为

$$\text{Max}(\Pi) = \sum_{i=1}^{n}(P_i - PVC_i)Q_i$$

$$s.t. \begin{cases} \sum_i R_{ij}Q_i \leqslant C_j, & j = 1,2,\cdots,m \\ Q_i \geqslant 0, & i = 1,2,\cdots,n \end{cases}$$

利用求解线性规划的方法,就可以计算出各种产品的最优产销量 Q_i^*,使企业利润最大化 Π^*。

这里给出一个案例。某企业生产两种产品 A 和 B,需要在一台机器上加工,每天可供使用的机器小时数为 600 机器小时,两种产品有关成本和售价资料如表 5-7 所示。

表 5-7　两种产品相关成本和售价资料表

产品	销售价格 P_i (元/件)	单位变动成本 PVC_i (元/件)	单位产品所需机器小时 R_{ij} (小时/件)
A	12	4	1
B	32	20	3

在这种资源约束的条件下,使企业利润最大化的产品生产安排在后面的讨论中给出。

若不考虑资源约束,两种产品的边际贡献分别为

$$PCM_A = P_A - PVC_A = 12 - 4 = 8(元)$$
$$PCM_B = P_B - PVC_B = 32 - 20 = 12(元)$$

因为,$PCM_A < PCM_B$,即 B 种产品的边际贡献大于 A 种产品,企业应生产销售更多的第二种产品。

若考虑资源约束限制时,如将企业获得的机器小时全部用来生产和销售 B 种产品,则最多可生产 200(=600 小时÷3 小时/件)件,其边际贡献为 2 400(=12 元/件×200 件)元。如果只生产和销售 A 种产品,则最多可以生产 600(=600 小时÷1 小时/件)件,其边际贡献为 4 800(=8 元/件×600 件)元。因此,企业应该生产和销售更多的 A 种产品。这说明在资源短缺的情况下,衡量产品获利能力的标准不再是边际贡献,而是单位资源所创造的边际贡献,即资源的利用效率。A 产品单位机器小时创造了 8(=8 元/小时÷1 小时)元的边际贡献,B 产品单位机器小时仅创造了 4(=12 元/小时÷3 小时)元,因此,生产 A 产品对资源利用效率较高,所以企业应尽量安排 A 产品的生产。

一般来说,在有多种产品生产和销售,只有一种资源限制的情况下,用边际贡献除以单位产品所消耗资源的数量就可以衡量出不同产品的获利能力,其代数表达式为

$$\text{Max}(\Pi) = \sum_{i=1}^{n}(P_i - PVC_i)Q_i$$

$$s.t. \begin{cases} \sum_i R_iQ_i \leqslant C_1 \\ Q_i \geqslant 0, & i = 1,2,\cdots,n \end{cases}$$

上述线性规划问题的解是,只生产使 $\dfrac{P_i - PVC_i}{R_i}$ 的值最大的那种产品 K,即利用资源 C_1 效率最高的,$\dfrac{P_K - PVC_K}{R_K} = \text{Max}\left\{\dfrac{P_i - PVC_i}{R_i}\right\}$。

如果企业面临的约束性资源不止一种的话,相应的求解就比较复杂了。

承接前面的案例,若考虑该企业生产 A、B 两种产品不仅受机器小时数的限制,并且受到生产产品所需的原材料的限制,每天可供使用的原材料的数量为 800 千克,生产单位产品 A、B,皆需要 2 千克的原材料,则企业为了达到利润最大化,对其生产计划的安排应该按照以下的计算方法获得。

设计划安排产品 A、B 的产量分别为 Q_A 和 Q_B,则问题转化为求解如下的线性规划:

$$\text{Max}(\Pi) = 8Q_A + 12Q_B$$

$$s.t. \begin{cases} Q_A + 3Q_B \leqslant 600 \\ 2Q_A + 2Q_B \leqslant 800 \\ Q_A, Q_B \geqslant 0 \end{cases}$$

解此线性规划问题得最优解 $Q_A = 100$ 件、$Q_B = 200$ 件,其总边际贡献为 3 600 元,与只有一种资源约束的情况下不同的是,在有两种资源约束时,有可能两种产品都生产。

这里还要指出的是,随着企业生产的产品种类的增加、约束资源的增加,线性规划求解的过程就越复杂,甚至会出现没有最优解的情况。这时企业的管理者面临的决策压力就更大,甚至要依靠他们自身的经验和判断。

第四节　本量利分析的进一步讨论

前面三节内容是建立在基本假设条件下进行的讨论。但是,企业实际生产经营过程难免存在各种不确定的因素,这些不确定的因素会导致某些基本假定条件不再成立,进而影响损益平衡点和目标利润的确定。因此,在放宽基本假定条件的情况下,探讨本量利分析模型,对企业适应实际生产经营情况是十分重要的。

本节集中讨论以下四个方面:

(1) 相关因素变动对损益平衡点和目标利润的影响;

(2) 非线性本量利分析;

(3) 不确定性条件下的本量利分析;

(4) 成本、销售结构对本量利分析的影响。

一、相关因素变动对损益平衡点和目标利润的影响

在经济学领域中,研究相关因素对所研究内容的影响,常用的是弹性分析方法。在这一部分,引入经济学的弹性分析方法完成相关讨论。

(一) 产品销售价格变动的影响

产品价格随市场供求条件的变化而变动。产品价格的变动是影响损益平衡点及目标利润的一个重要因素。在单位产品变动成本和固定成本保持不变的情况下,产品销售价格上升,则

销售收入增加,相应的总收入线的斜率就越大,损益平衡点就会相应地降低,同样的销售量实现的利润就越多;反之,价格下降,会使损益平衡点升高,同样的销售量实现的利润就越少。这种影响可以通过图 5-2 体现出来。

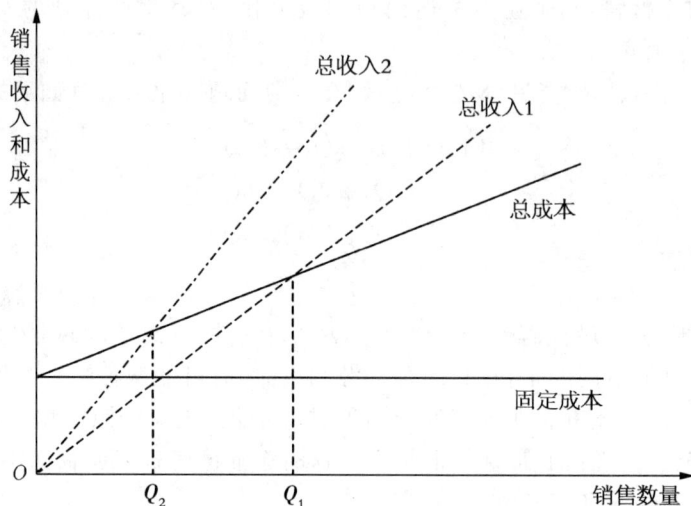

图 5-2 产品销售价格对损益平衡点和盈利的影响

如图 5-2 所示,随着产品的销售价格上升,使总收入线斜率变大,损益平衡点从 Q_1 降低到 Q_2,企业的获利能力也增加了。

这里给出一个案例来讨论销售价格的变动对损益平衡点和目标利润的影响。

某企业只生产、销售一种产品,产品每件销售价格 6 元,单位变动成本 4 元,预计年销量 4 000件,全部的固定成本为 5 000 元。则损益平衡点销售量 Q_{B1} 和目标利润 Π_1 为

$$Q_{B1} = \frac{F_1}{P_1 - PVC_1} = \frac{5\,000}{6-4} = 2\,500(件)$$

$$\Pi_1 = (P_1 - PVC_1)Q - F_1 = (6-4) \times 4\,000 - 5\,000 = 3\,000(元)$$

若其他因素保持不变,产品销售单价从 $P_1 = 6$ 元上升到 $P_2 = 8$ 元,则新的损益平衡点 Q_{B2} 和目标利润 Π_2 为

$$Q_{B2} = \frac{F_1}{P_2 - PVC_1} = \frac{5\,000}{8-4} = 1\,250(件)$$

$$\Pi_2 = (P_2 - PVC_1)Q - F_1 = (8-4) \times 4\,000 - 5\,000 = 11\,000(元)$$

若其他因素保持不变,产品销售价格变化,则对损益平衡点和目标利润产生剧烈影响。这里我们用弹性来衡量这种影响:

$$损益平衡点对销售价格的弹性 = \frac{\Delta Q_B / Q_B}{\Delta P / P} = \frac{1\,250/2\,500}{2/6} = 1.5$$

$$目标利润对销售价格的弹性 = \frac{\Delta \Pi / \Pi}{\Delta P / P} = \frac{8\,000/3\,000}{2/6} = 8$$

也就是说,在销售价格为 6 元的情况下,销售价格每增加 1%,损益平衡点销售量就降低

1.5%,同时目标利润增加 8%。

(二)单位变动成本变动的影响

单位变动成本随着企业劳动生产率的提高而降低,随着原材料价格的降低而降低。在固定成本和产品销售价格保持不变的情况下,单位变动成本的降低同样会使单位产品提供的边际贡献增加,进而降低损益平衡点的销售水平,同样的销售量实现的利润增加;反之,单位变动成本升高,同样的销售量实现的利润就减少。这种变化的影响如图 5-3 所示。

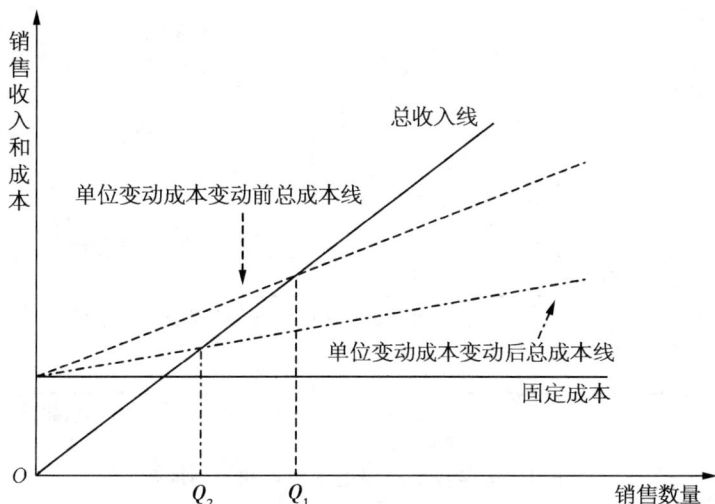

图 5-3 单位变动成本对损益平衡点和盈利的影响

如图 5-3 所示,随着单位变动成本的降低,总成本线的斜率变小,损益平衡点销售量从 Q_1 降低到 Q_2,企业的盈利水平也大幅度提升了。

仍以上例为例,若单位变动成本从 4 元降至 3 元,则新的损益平衡点 Q_{B2} 和目标利润 Π_2 为

$$Q_{B2}=\frac{F_1}{P_1-PVC_2}=\frac{5\,000}{6-3}=1\,667(件)$$
$$\Pi_2=(P_1-PVC_2)Q-F_1=(6-3)\times 4\,000-5\,000=7\,000(元)$$

若其他因素保持不变,产品销售价格变化,则对损益平衡点和目标利润产生剧烈影响。这里我们用弹性来衡量这种影响:

$$损益平衡点对单位变动成本的弹性=\frac{\Delta Q_B/Q_B}{\Delta PVC/PVC}=1.33$$

$$目标利润对单位变动成本的弹性=\frac{\Delta \Pi/\Pi}{\Delta P/P}=5.33$$

也就是说,在单位变动成本为 4 元的情况下,单位变动成本每降低 1%,损益平衡点销售量就降低 1.33%,同时目标利润增加 5.33%。

(三)固定成本变动的影响

在一般情况下,固定成本不会随着产销量的变动而变动,但是生产能力的扩充和缩减都将

会导致固定成本的增减。尤其是,当今生产流程和制造工艺面临大规模的变迁,大规模自动化系统和柔性制造模式替代传统的人工为主的制造方式,固定成本的比重大幅度增加。在产品销售价格和单位变动成本保持不变的情况下,固定成本的增加,就会使总成本增加,导致损益平衡点销售水平提高,目标利润相应减少;反之,固定成本减少,会使损益平衡点的销售水平降低,目标利润相应增加。这种变化的影响可以从图5-4中看出。

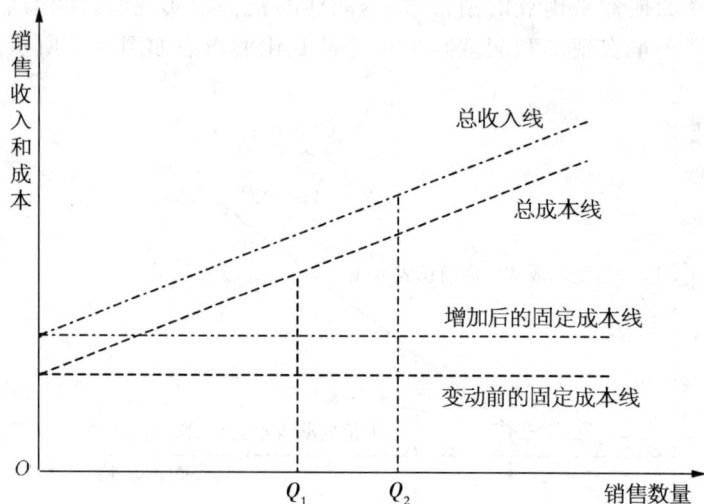

图 5-4 固定成本对损益平衡点和盈利的影响

如图5-4所示,固定成本的增加,使固定成本线和总成本线皆向上平移,导致损益平衡点销售量从 Q_1 升至 Q_2,企业的获利水平降低。在一般情况下,这种在产品销售价格和单位变动成本保持不变的情况下,固定成本的增加主要是由于因管理决策影响的酌量性固定成本增加的结果,如增加广告费用等。

这里还利用上面提供的案例数据,若固定成本从原来的 5 000 元上升为 6 000 元,则新的损益平衡点销售量 Q_{B2} 和目标利润 Π_2 为

$$Q_{B2}=\frac{F_2}{P_1-PVC_1}=\frac{6\,000}{6-4}=3\,000(件)$$

$$\Pi_2=(P_1-PVC_1)Q-F_2=(6-4)\times4\,000-6\,000=2\,000(元)$$

若其他因素保持不变,产品销售价格变化,则对损益平衡点和目标利润产生剧烈影响。这里我们用弹性来衡量这种影响:

$$损益平衡点对固定成本的弹性=\frac{\Delta Q_B/Q_B}{\Delta F/F}=1$$

$$目标利润对固定成本的弹性=\frac{\Delta\Pi/\Pi}{\Delta F/F}=1.67$$

也就是说,在固定成本为 5 000 元的情况下,固定成本每增加 1%,损益平衡点销售量就增加 1%,同时目标利润降低 1.67%。

以上我们分析了在企业只生产销售一种产品的情况下,相关因素中只有某个因素发生变化时对损益平衡点销售水平和目标利润的影响。实际上,这些相关因素有时会同时发生,如固

定成本增加,而产品的单位变动成本也随之变动,甚至产品的销售价格和销售量都会发生变化,这时,损益平衡点的销售水平和目标利润要依据具体变化了的因素做出相应的调整和计算。

需要指出的是,使用弹性分析方法,一定要考虑到所获得的结果的计算基础问题和符号问题。前者是指结果的有效性取决于所讨论的基础的数据点,而后者则要考虑弹性分析涉及的两种因素之间相互作用的方向问题。

二、非线性本量利分析

在企业的实际生产经营过程中,成本、销售量和利润之间并非一定是线性关系,它们之间有可能是非线性关系,这时应分别依据有关信息资料确定产销量与成本、利润之间的函数关系。

在一般情况下,产品销售价格 P 和总成本 TC 皆是产品销售量 Q 的函数,即 $P=f(Q)$,$TC=g(Q)$,并且在通常情况下,成本函数 $TC=g(Q)$ 一般表现为二次或三次函数形式:

$$TC=\alpha_0+\alpha_1 Q+\alpha_2 Q^2+\alpha_3 Q^3$$

价格函数 $P=f(Q)$ 则一般表现为一元线性函数形式:

$$P=\beta_0+\beta_1 Q$$

因此总收入函数为

$$TR=P\cdot Q=\beta_0 Q+\beta_1 Q^2$$

对于非线性本量利分析,最常用的方法是边际分析法,即对收入函数和成本函数就产品销售量 Q 求一阶导数,分别可得到边际收入和边际成本,即 $MR=\dfrac{dTR(Q)}{dQ}$、$MC=\dfrac{dTC(Q)}{dQ}$。这里我们令边际收入 MR 等于边际成本 MC,即

$$\frac{dTR(Q)}{dQ}=\frac{dTC(Q)}{dQ}$$

满足这个方程的产品销售量 Q^* 即是最佳产品销售量。

在非线性条件下,成本、销售量和利润之间的关系如图 5-5 所示。

当边际收入 MR 等于边际成本 MC 时,利润最大,也就是图 5-5 中总成本线与总收入线之间的垂直距离在它们的导数相等点 Q^*。当产销量较小时,总成本线在总收入线的上方,净利润为负;当产销量增加到 Q_1 时,总收入等于总成本,净利润为零,出现了一个损益平衡点;当产销量超过 Q_1 之后,总收入的增加速度高于总成本的增加速度,因而两条曲线之间的垂直距离逐渐增大,这种趋势将一直延续到总收入曲线的切线斜率恰好等于总成本曲线的切线斜率,即边际收入等于边际成本时($MR(Q^*)=MC(Q^*)$)为止;当产销量超过 Q^* 之后,总收入的增加速度小于总成本的增加速度;当产销量增加到 Q_2 时,总收入又等于总成本,净利润为零,出现了第二个损益平衡点;当产销量超过 Q_2 之后,总成本超过总收入,净利润再次为负。

与线性本量利分析比较,非线性本量利分析有两个损益平衡点,这两个损益平衡点之间为企业盈利范围,其余部分为亏损范围。并且在非线性本量利分析模型中,损益平衡点不像在线

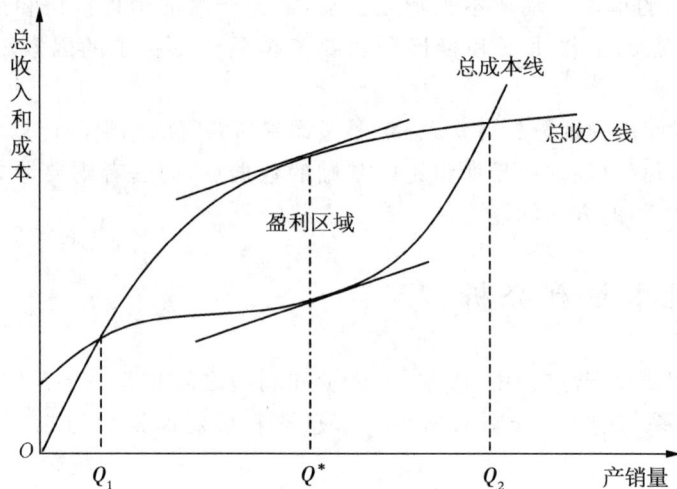

图 5-5　非线性本量利分析图

性本量利分析中那样受到特别重视。而非线性本量利分析重视的是能够给企业带来最大利润的最佳产销量 Q^*,强调的是按最佳产销量进行生产销售可达到资源的有效利用,而线性本量利分析说明以开工率达到最大限度时可实现最大利润。

这里给出一个案例进一步说明非线性本量利分析模型的应用。

某企业生产和销售一种产品,经销售部门提供资料,会计部门计算得到产品销售价格函数为 $P=146-0.06Q$,总成本函数为 $TC=2\,000+50Q+0.02Q^2$。根据这些资料可以得到总收入函数为 $TR=P\cdot Q=146Q-0.06Q^2$,那么损益平衡点可以通过如下方法计算获得:

$$
\begin{aligned}
\text{净利润}(\Pi)=\text{总收入}(TR)-\text{总成本}(TC)\\
=(146Q-0.06Q^2)-(2\,000+50Q+0.02Q^2)\\
=-2\,000+96Q-0.08Q^2
\end{aligned}
$$

令 $\Pi=0$ 的损益平衡点产销量为:$Q_1=268$(件),$Q_2=932$(件)

而企业最大利润的产销量的计算为

边际收入 $MR=146-0.12Q$

边际成本 $MC=50+0.04Q$

令 $MR=MC$,可得 $146-0.12Q=50+0.04Q$

进一步可得最佳产销量 $Q^*=600$(件)

此时,企业最大利润 $\Pi^*=-2\,000+96\times600-0.08\times600^2=8\,800$(元)

非线性本量利分析在更接近现实的条件下,利用边际分析可以为利润规划提供信息,但由于不同行业的成本性态各不相同,若得不到有关成本函数的正确信息,就很难进行本量利分析。因此,企业的管理者应通过各种渠道收集有关数据,利用计算机和各种计量分析方法,以正确确定收入函数和成本函数,从而促进本量利分析在利润规划中得到有效的应用。

三、不确定条件下的本量利分析

企业经营所处的环境变化无常,充满着不确定性,特别是企业的管理者进行决策时必须预测未来,要考虑各种因素的变化,不确定性当然是不可避免的。在通常情况下,由于市场供求的变化,产品的销售量是不确定因素,并且产品的销售价格、成本都会随着销售量的变化而变化。因此,这里我们这种讨论销售量是随机变量的情况,并且假定销售量的概率分布服从比较常见的正态概率分布。考虑到多种产品组合时的不确定性本量利分析,还需要计算各种产品之间的相关系数、协方差等,情况比较复杂。因此,这里我们只考虑单一产品的不确定性本量利分析。

(一) 不确定性条件下的线性本量利分析

对于单一产品的线性本量利公式

$$\Pi = (P - PVC)Q - F$$

根据销售部门的预测,产品的销售量 Q 是随机变量,并且服从均值为 μ、方差为 σ 的正态分布,即 $Q \sim N(\mu, \sigma^2)$。

令 $F_N(x)$ 为标准正态分布的分布函数,以 Q 表示随机变量(销售量),以 q 表示某一特定销售量,则根据正态分布的性质,销售量小于 q 的概率为

$$P_r(Q \leqslant q) = P_r\left(\frac{Q-\mu}{\sigma} \leqslant \frac{q-\mu}{\sigma}\right)$$
$$= F_N\left(\frac{q-\mu}{\sigma}\right)$$

这里,μ 和 σ 皆已知,根据 q 的值可计算出 $\frac{q-\mu}{\sigma}$,通过查表可得出销售量小于 q 的概率。

当产品销售价格、成本相对保持不变时,利润($\Pi = (P-PVC)Q - F$)也是一个正态随机变量,并且其期望利润、方差分别为

$$E(\Pi) = E[(P-PVC)Q - F] = (P-PVC)\mu - F$$
$$\sigma(\Pi) = \sigma[(P-PVC)Q - F] = (P-PVC)\sigma$$

即,$\Pi \sim N[(P-PVC)\mu - F, (P-PVC)^2\sigma^2]$。根据利润 Π 的分布,我们就可以计算出销售量至少达到损益平衡点销售量(即不亏损)的概率:

$$P_r(\Pi > 0) = 1 - P_r(\Pi \leqslant 0)$$
$$= 1 - P_r\left(\frac{\Pi - E(\Pi)}{\sigma(\Pi)} \leqslant -\frac{E(\Pi)}{\sigma(\Pi)}\right)$$
$$= 1 - F_N\left(-\frac{E(\Pi)}{\sigma(\Pi)}\right)$$
$$= 1 - F_N\left(\frac{F - (P-PVC)\mu}{(P-PVC)\sigma}\right)$$
$$= 1 - F_N\left(\frac{\frac{F}{P-PVC} - \mu}{\sigma}\right)$$

相应地,预计销售量至少实现目标利润 Π^* 的概率为

$$P_r(\Pi > \Pi^*) = 1 - P_r(\Pi \leqslant \Pi^*)$$
$$= 1 - P_r\left(\frac{\Pi - E(\Pi)}{\sigma(\Pi)} \leqslant \frac{\Pi^* - E(\Pi)}{\sigma(\Pi)}\right)$$

$$=1-F_N\left(\frac{\Pi^* - E(\Pi)}{\sigma(\Pi)}\right)$$

$$=1-F_N\left(\frac{\dfrac{\Pi^* + F}{P-PVC} - \mu}{\sigma}\right)$$

在不确定条件下,单一产品的线性本量利分析有关损益的变化可由图 5-6 所示。

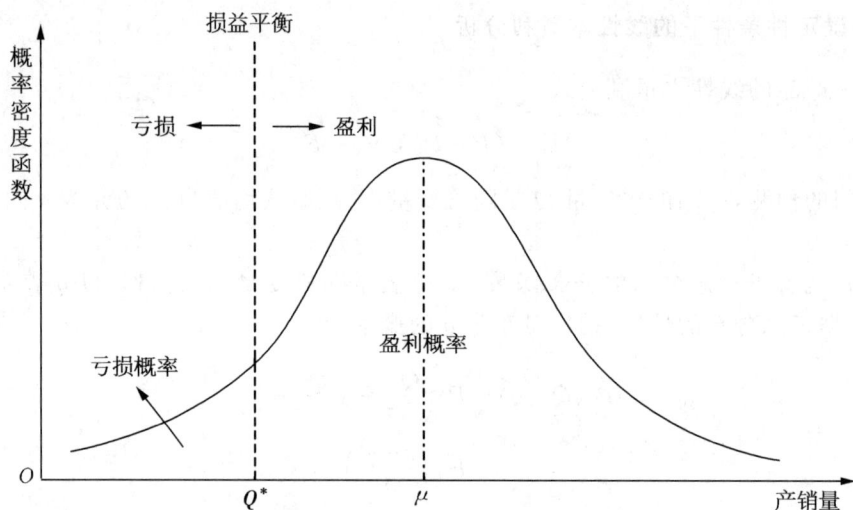

图 5-6　不确定性条件下单一产品本量利分析图

这里给出一个案例。某企业产销一种产品,单位销售价格为 16 元,单位变动成本为 10 元,固定成本为 60 000 元,经销售部门预测销售量 Q 服从均值 μ 为 12 000、方差为 3 600 的正态分布,即 $Q\sim N(12\,000,3\,600^2)$。则该企业产品销售量至少达到损益平衡点销售额的概率为

$$
\begin{aligned}
P_r(\Pi>0) &=1-F_N\left(\frac{\dfrac{F}{P-PVC} - \mu}{\sigma}\right)\\
&=1-F_N\left(\frac{\dfrac{60\,000}{16-10} - 12\,000}{3\,600}\right)\\
&=1-F_N(-0.556)=71\%
\end{aligned}
$$

而预期产品销售量实现的目标利润 Π^* 超过 3 000 元的概率为

$$
\begin{aligned}
P_r(\Pi>\Pi^*) &=1-F_N\left(\frac{\dfrac{\Pi^* + F}{P-PVC} - \mu}{\sigma}\right)\\
&=1-F_N\left(\frac{\dfrac{3\,000+60\,000}{16-10} - 12\,000}{3\,600}\right)\\
&=1-F_N(-0.417)\\
&=66\%
\end{aligned}
$$

（二）不确定性条件下的非线性本量利分析

这里我们通过一个案例来说明不确定性条件下的非线性本量利分析。某企业的总收入函数 $TR(Q)$ 和总成本函数 $TC(Q)$ 通过销售部门和会计部门预测分别获得如下形式：

$$TR(Q)=540Q$$
$$TC(Q)=14\ 400+240Q+Q^2$$

管理会计人员通过对以往销售资料的分析，并参考销售部门对市场需求变化的预测，得知销售量 Q 的概率分布为均值 $\mu=130$、方差 $\sigma=60$ 的正态分布。则该企业总利润函数 $\Pi(Q)$ 为

$$\Pi(Q)=TR(Q)-TC(Q)=540Q-(14\ 400+240Q+Q^2)=-14\ 400+300Q-Q^2$$

令 $\Pi(Q)=0$，可以得到两个损益平衡点销售量为

$$Q_1^*=60（件），Q_2^*=240（件）$$

则企业预期盈利的概率为

$$
\begin{aligned}
P_r(60{\leqslant}Q{\leqslant}240) &=P_r(Q{\leqslant}240)-P_r(Q<60)\\
&=F_N\left(\frac{240-\mu}{\sigma}\right)-F_N\left(\frac{60-\mu}{\sigma}\right)\\
&=F_N\left(\frac{240-130}{60}\right)-F_N\left(\frac{60-130}{60}\right)\\
&=F_N(1.833)-F_N(-1.167)\\
&=84.54\%
\end{aligned}
$$

根据正态分布的性质及在概率密度函数 $f(Q)$ 已知的条件下，企业的期望利润为

$$
\begin{aligned}
E(\Pi) &=\int_{-\infty}^{+\infty}\Pi(Q)f(Q)\mathrm{d}Q\\
&=\int_{-\infty}^{+\infty}(-14\ 400+300Q-Q^2)f(Q)\mathrm{d}Q\\
&=300\mu-(\mu^2+\sigma^2)-14\ 400\\
&=300\times130-(130^2+60^2)-14\ 400\\
&=4\ 100（元）
\end{aligned}
$$

上面将不确定性引入本量利分析模型中，缘于决策所面临环境条件的复杂性。就损益平衡点和目标利润所对应的销售水平计算而言，上述不确定条件下的本量利分析与确定条件下的没有什么不同，只是分析的中心转移到期望利润、利润分布的标准差和特定盈亏值实现的概率计算方面上。而上述分析所提供的信息能在多大程度上促进管理者的决策，则决定于他们的风险态度。如果决策者是风险回避型，他将选择盈利概率较大的备选方案；如果是冒险型，他将选择虽然风险大，但利润额较大的方案，任何管理者都有他们可接受的风险标准。

四、成本、销售结构对本量利分析的影响

成本结构和销售组合对企业的获利水平有着深远的影响，这里在前面相关讨论的基础上

进一步展开讨论。

（一）成本结构与企业经营风险

成本结构，是指企业的变动成本和固定成本的比例关系。而企业的经营风险主要表现在企业利润的稳定性上。为了更形象地说明成本结构对企业经营风险的影响，这里给出两个企业：A 企业和 B 企业。这两个企业生产同种类型的产品，这里为了降低讨论的复杂性，假定这两个企业都只生产一种相同产品，两个企业的差异就是它们的成本结构。A 企业偏重于传统的劳动密集型生产，直接人工成本占据了较大的部分，而投入的机器设备带来的固定成本的比例较低；B 企业则运用了现代化的流水线生产技术，大大降低了对于劳动力的依赖，直接人工成本比例较低，而相应的固定成本比例较高。假设这两个企业面临的市场是一样的，也就是产品的销售价格一致。表 5-8 给出这两个企业的具体数据。

表 5-8　A、B 企业单月成本资料

成本项目	A 企业	B 企业
单位销售价格（元/套）	20	20
单位变动成本（元/套）	12	6
固定成本（元）	30 000	60 000

根据表 5-8 的数据我们计算一下两个企业的损益平衡点的销售量如表 5-9 所示，以及在不同销售量下企业的利润，如表 5-10 所示。

表 5-9　A、B 企业损益平衡点销售量

项　　目	A 企业	B 企业
单位销售价格（元/套）	20	20
单位变动成本（元/套）	12	4
单位边际贡献（元/套）	8	16
固定成本（元）	20 000	60 000
损益平衡点销售量（套）	2 500	3 750

表 5-10　A、B 企业在不同销售量下的利润表

销售量（套）	2 000	2 500	3 000	3 750	4 000	5 000	6 000
A 企业净利润（元）	−4 000	0	4 000	10 000	12 000	20 000	28 000
B 企业净利润（元）	−28 000	−20 000	−12 000	0	4 000	20 000	36 000

从表 5-9 可以看出，由于 A 企业固定成本比例较低，销售量较少的时候就可以弥补，达到损益平衡点；反之，B 企业达到损益平衡点的销售量较高。与此同时，由于 A 企业单位变动成本相对于 B 企业的较高，因而 A 企业单位边际贡献较 B 企业低，也就是说 A 企业产品销售抵消成本赚取利润的速度较慢，从表 5-10 中可以看出。进而，当 A、B 企业均超过损益平衡点时，B 企业的利润增长速度高于 A 企业。

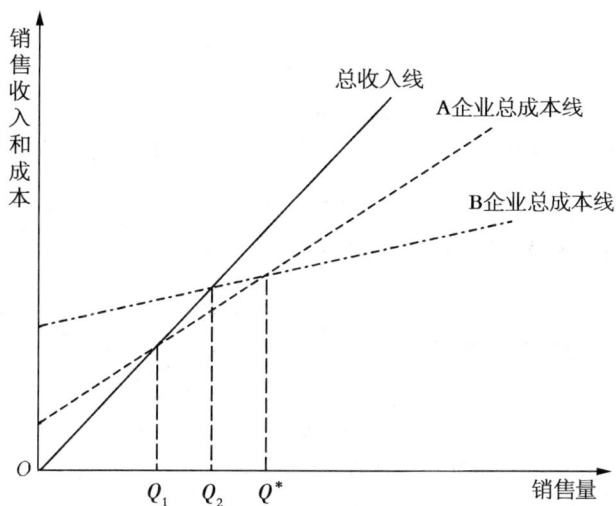

图 5-7　成本结构对本量利分析影响图

图 5-7 形象地给出了 A、B 两个企业的成本结构对本量利分析产生的影响。这里着重指出的是,图 5-7 中的 Q^* 点处,A、B 两个企业的总成本相同,并且获得的利润也相同,即表5-10 中销售量为 5 000 套时,A、B 两个企业的利润。而这个 Q^* 点,叫做**无差异点**(Indifferent Point),即两个企业总成本相等的点。从图 5-7 中还可以看出,当销售量低于 Q^* 点时,企业应当选择 A 企业的成本结构;而当销售量高于 Q^* 点时,企业选择 B 企业的成本结构能获得更高的利润。也就是说,当销售量低于无差异点时,企业应当选择变动成本比例较低的成本结构;当销售量高于无差异点时,企业应当选择变动成本比例较高的成本结构。这样企业通过合理的安排成本结构,能够获得更高的利润。

为了更好地说明成本结构对企业经营的影响,这里引入经营杠杆这个概念。**经营杠杆**(Operating Leverage),是衡量企业经营收益变动同销售水平变动之间关系的一个指标,反映企业在当前的销售水平基础上每增加或减少 1% 而导致企业经营收益增加或减少的百分比数。这里所说的经营收益,也就是前面提到的不考虑利息和企业所得税的净利润,也称为**息税前净利**(Earnings Before Interest and Tax,缩写为 EBIT)。经营杠杆反映企业的经营风险高低:经营杠杆水平越高企业的利润受销售水平变动的影响越大,企业经营风险就越高;反之,企业的经营风险就越低。

经营杠杆系数(Degree of Operating Leverage,缩写为 DOL)可以用公式描述如下:

$$经营杠杆系数 = \frac{息税前净利的变化率}{销售额的变化率}$$

用字符表示如下:

$$DOL = \frac{\Delta EBIT / EBIT}{\Delta S / S}$$

其中:DOL 为经营杠杆系数,$EBIT$ 为息税前净利,S 为销售额。

如果这里定义，VC 为变动成本，F 为固定成本，P 为价格，PVC 为单位变动成本，Q 为销售量，则

$$S = P \cdot Q$$

$$\Delta S = P \cdot \Delta Q$$

$$EBIT = S - VC - F = Q(P - PVC) - F$$

$$\Delta EBIT = \Delta Q(P - PVC)$$

将这些表达式带入经营杠杆系数计算公式中：

$$DOL = \frac{\Delta EBIT/EBIT}{\Delta S/S} = \frac{\dfrac{\Delta Q(P-PVC)}{Q(P-PVC)-F}}{\dfrac{P \cdot \Delta Q}{P \cdot Q}}$$

$$= \frac{Q(P-PVC)}{Q(P-PVC)-F} = \frac{S-VC}{S-VC-F}$$

$$= \frac{\text{Contribution Margin}}{\text{Net Income}}$$

即

$$经营杠杆系数 = \frac{边际贡献}{净利润}$$

这里还要说明的是，同前面讨论的本量利分析相关因素影响中的敏感性分析一样，经营杠杆系数不是一成不变的，在不同的销售水平情况下都不一样。越接近损益平衡点销售水平，企业的经营杠杆系数越大，企业面临的经营风险就越高；反之，企业经营风险越低。从另外一个角度来看，经营杠杆系数越大，企业利润增长速度就越快，相关的管理者的相对业绩评价指标就越高，给管理者带来的效益也就越大。因此，我们可以发现很多的企业都是维系在损益平衡点之上很小的一段空间里。

从经营杠杆系数的公式中，可以看出，不同成本结构的企业面临不同的经营杠杆。固定成本比例越高，企业的经营杠杆就越高，企业的经营风险就越高；反之，企业的经营杠杆就越低。这也可以从前述 A、B 两个企业的例子中清晰地看出来。相对于 A 企业，B 企业的固定成本比例较高，相同销售水平下，其经营杠杆水平也较高，面临的经营风险也就越大。

(二) 销售组合对企业经营的影响

对于那些生产多种产品的企业来说，由于不同产品所能提供的边际贡献各不相同，因此，当企业的销售组合发生变动时，必然会对损益平衡点和目标利润产生影响。

1. 不考虑资源约束条件

在不考虑资源约束的条件下，当提供边际贡献较大的产品产销比例提高时，整个销售组合提供的边际贡献就会增加，损益平衡点也会相应降低，而企业的目标利润就会提升；反之，当提供边际贡献较大的产品的产销比例降低时，整个产品组合提供边际贡献就会减少，损益平衡点也会相应上升，而企业的目标利润就会缩减。

这里我们给出一个案例来说明在没有资源约束的情况下，销售结构对企业损益平衡点和目标利润的影响。某企业生产三种产品 A、B、C，有关成本、价格和销售量资料如表 5-11 所示。

表 5-11　某企业生产销售资料

项　　　　目	产品 A	产品 B	产品 C
销售单价(元/件)	10	12	16
单位变动成本(元/件)	8	9	11
销售量(件)	1 600	4 000	2 400
固定成本(元)	20 400		

则这三种产品提供的边际贡献为

$PCM_A = 10 - 8 = 2$(元/件)

$PCM_B = 12 - 9 = 3$(元/件)

$PCM_C = 16 - 11 = 5$(元/件)

而三种产品销售组合比例分别为

$$W_A = \frac{Q_A}{Q} = \frac{1\ 600}{8\ 000} = 20\%$$

$$W_B = \frac{Q_B}{Q} = \frac{4\ 000}{8\ 000} = 50\%$$

$$W_C = \frac{Q_C}{Q} = \frac{2\ 400}{8\ 000} = 30\%$$

三种产品销售组合的损益平衡点总的销售量为

$$Q^* = \frac{F}{\sum_i PCM_i W_i} = \frac{20\ 400}{2 \times 20\% + 3 \times 50\% + 5 \times 30\%} = 6\ 000(件)$$

则三种产品的损益平衡点的销售量分别为

$Q_A^* = W_A Q^* = 20\% \times 6\ 000 = 1\ 200$(件)

$Q_B^* = W_B Q^* = 50\% \times 6\ 000 = 3\ 000$(件)

$Q_C^* = W_C Q^* = 30\% \times 6\ 000 = 1\ 800$(件)

该企业实现的目标利润为

$$\Pi_i = Q\sum_i PCM_i W_i - F = 6\ 800(元)$$

三种产品的销售结构比例为

$Q_A : Q_B : Q_C = 1\ 600 : 4\ 000 : 2\ 400 = 2 : 5 : 3$

三种产品提供的边际贡献能力的大小次序为

$$PCM_C > PCM_B > PCM_A$$

若企业改变了这三种产品的销售结构,提高提供边际贡献能力较大产品(C 产品)的产销量,相应降低提供边际贡献能力较小产品(B 产品)的产销量,使这三种产品的产销量结构变为

$Q_A' : Q_B' : Q_C' = 2 : 2 : 6$

而三种产品销售总量不变,仍为 8 000 件,则三种产品的产销量分别为

$Q'_A = 20\% \times 8\,000 = 1\,600$(件),销售量保持不变;

$Q'_B = 20\% \times 8\,000 = 1\,600$(件),销售量降低;

$Q'_C = 60\% \times 8\,000 = 4\,800$(件),销售量提高。

则三种产品销售组合的损益平衡点的总销量为

$$Q^{*\prime} = \frac{F}{\sum_i PCM_i W'_i} = \frac{20\,400}{2 \times 20\% + 3 \times 20\% + 5 \times 60\%} = 5\,100\,(\text{件}),\text{销售量降低。}$$

三种产品损益平衡点销售量分别为

$Q_A^{*\prime} = W'_A Q^{*\prime} = 20\% \times 5\,100 = 1\,020$(件),销售量降低;

$Q_B^{*\prime} = W'_B Q^{*\prime} = 20\% \times 5\,100 = 1\,020$(件),销售量降低;

$Q_C^{*\prime} = W'_C Q^{*\prime} = 60\% \times 5\,100 = 3\,060$(件),销售量降低。

则实现的目标利润增至:$\Pi_2 = Q' \sum_i PCM_i W'_i - F = 11\,600\,(\text{元})$

反之,若降低提供边际贡献较大产品(C 产品)的比例,相应地提高提供边际贡献较小的产品(A 产品和 B 产品)的比例,则三种产品损益平衡点的销售量将分别上升,企业实现的目标利润将减少。

2. 考虑资源约束条件

在考虑资源约束的条件下,这一问题就转化为如何重新安排各种产品的产量,使企业获利最大化的线性规划问题。若只有一种资源约束,当耗用单位资源提供边际贡献较大的产品比例提高时,就会增加企业的目标利润;反之,若耗用单位资源提供边际贡献较小的产品比例提高时,就会减少企业的目标利润。若有两种以上的资源约束时,就应根据具体问题,重新求解线性规划问题。这部分将在后面的章节中进一步展开讨论。

五、本量利分析、经营决策和战略管理

本量利分析方法主要应用于企业短期经营决策。这主要是因为,在短期经营决策过程中,企业的成本信息和收入信息能有效地获取或预测。但是,本量利分析方法不仅仅局限于企业的短期经营决策,还可以应用于企业项目预测和战略管理。

企业战略管理的根本目的就是保持和提高企业未来长远的获利能力。为此,我们可以看出,为了更好地配合企业的战略管理,在制定企业经营战略的过程中,必然要引入本量利分析的基本思想。在制定过程中,进一步分析相应战略所带来的未来收益、相关成本,结合本量利分析模型,评判是否采用或如何采用新的战略。

在战略管理过程中,在分析我们所需要采取的战略后,必然面临战略实施方式选择的问题。作为以获利为根本目的的企业来说,无论采用何种经营策略或战略,都必须遵循成本收益原则,即所获取的收益能够充分地弥补相应的成本,为企业带来利润。然而,与短期经营决策所不同的是,战略管理往往涉及未来较长的经营期间,从而影响了对相应成本和收入信息预测的准确性。随着预测期间长度的增加,未来不确定性就会大大增强,各种相关的因素变化情况

更加难以确定,必然影响相关分析的准确度。为此,在实际战略制定的过程中,通过各种分析方法和技术手段,将这些成本和收入信息确定得更为准确,这不仅仅是由战略的制定者所能完成的,还需要大量实际工作者、专家的参与。

在本书的第八章还给出了一个简单的例题,用于说明本量利分析方法在长期经营决策中的应用。

本 章 小 结

本章在成本性态分析的基础上,通过本量利分析方法,进一步研究了由于不同的成本类型,对企业获利能力的影响。

本量利分析方法,是一种重要的管理会计分析工具,集中考虑企业的成本、销售量和收益之间的综合关系,为企业的经营管理者提供多种经营决策支持。在本量利分析过程中,涉及的影响因素包括产品的售价、单位变动成本、销售数量和销售水平、总的固定成本和产品销售结构。本量利分析还要满足一些基本的假设,其中在相关范围内,可将成本按性态划分为变动成本和固定成本两大类,这是本量利分析的基本前提条件,其他条件可以在一定的条件下适当放宽以便更接近实际的经营状况。

在进行本量利分析的过程中,还要掌握和灵活运用一些概念:(1)边际贡献和边际贡献率,用以衡量销售价格抵消变动成本的能力;(2)损益平衡点,也就是产品销售收入刚好弥补全部成本的销售额或销售量;(3)安全边际和安全边际率,反映企业远离损益平衡点的状况。

掌握了这些概念,首先从简单的本量利分析入手,进行单一产品的本量利分析包括:(1)为了达到目标利润确定预期的销售水平;(2)单一产品成本结构变化对本量利分析的影响;(3)销售策略对本量利的影响;(4)所得税带来的相关讨论。随着讨论的深入,还需要考虑生产多种产品的情况下的本量利分析问题,主要考虑有无约束条件对多产品本量利分析的影响。

为了更加符合企业实际经营情况,相关因素变动对损益平衡点和目标利润的影响、非线性本量利分析、不确定性条件下的本量利分析和成本销售结构对本量利分析的影响等问题都是需要进行研究和讨论的。只有尽可能地考虑到企业的实际生产经营的特点,并针对这些特点运用本量利分析方法,才能发挥其作为管理会计的重要工具的作用。

在掌握了本章的内容后,有效地使用本量利分析法,不仅仅可以服务于企业日常的短期经营,还可以满足企业长期投资决策等项目。

思 考 与 练 习

思考题

1. 什么是本量利分析法,其基本的前提假设有哪些?

2. 本量利分析的五个基本要素是哪些,其基本的数学模型是如何表达的?

3. 什么是边界贡献、单位边际贡献和边际贡献率,具体的模型如何表达?

4. 什么是损益平衡点,用图形描述损益平衡点的经济意义?

5. 什么是安全边际和安全边际率,数学推导净利润同安全边际率之间的关系如何?

6. 什么是无差异点,企业的成本结构选取同无差异点的关系如何?

7. 什么是经营杠杆,损益平衡点同经营杠杆之间的关系如何?

选择题

1. 本量利分析模型涉及的因素包括如下的（　　）。

　　A. 产品的售价　　　　B. 单位变动成本　　　　C. 销售水平　　　　D. 总的固定成本

2. 下列术语中,反映企业销售收入弥补变动成本能力的有（　　）。

　　A. 边际贡献　　　　　B. 损益平衡点　　　　　C. 边际贡献率　　　　D. 单位边际贡献率

3. 下列术语中,反映企业达到收支平衡状态的是（　　）。

　　A. 边际贡献　　　　　B. 损益平衡点　　　　　C. 边界贡献率　　　　D. 安全边际

4. 下列术语中,反映企业同保本状况差距的是（　　）。

　　A. 边际贡献　　　　　B. 安全边际　　　　　　C. 损益平衡点　　　　D. 安全边际率

5. 下列描述中,正确的有（　　）。

　　A. 安全边际反映企业获利能力

　　B. 越接近损益平衡点,企业的经营杠杆就越大

　　C. 固定成本比例较高的企业也面临较高的经营风险

　　D. 不同成本结构的无差异点可以为企业选择成本结构提供决策依据

业务分析题

1. 某企业当月的销售信息和成本信息如下:

销售数量(套)	3 500
销售单价(元/套)	2 500
单位变动成本(元/套)	2 000
当月固定成本(元)	1 500 000

要求:

（1）计算该企业的单位边际贡献和单位边际贡献率;

（2）计算该企业的当月边际贡献和利润;

（3）计算该企业的损益平衡点的销售水平。

2. 在题 1 的成本、销售价格基础上,该企业制定下月的目标利润分别为

方　　案	目标利润(元)
高目标利润	500 000
中目标利润	350 000
低目标利润	200 000

要求:

（1）在不考虑企业所得税的情况下,计算三种情况下该企业目标销售水平;

（2）假设企业使用的企业所得税税率为 20%,计算三种情况下该企业目标销售水平。

3. 在题 1 的基础上,假定其他销售信息和成本信息不变的情况下,完成下列独立情况下的本量利分析:

（1）该企业销售数量为 4 000 套,计算企业的边际贡献和利润,以及经营杠杆系数。

（2）经过细致科学的分析,如果将价格降低到每套 2 400 元,销售数量会增加到 4 000 套,计算该企业新的损益平衡点的销售水平,以及该企业是否采取新的价格政策。

（3）经过细致科学的分析，如果使用一种新的加工机器可以大大降低直接人工成本，从而使单位变动成本降低到 1 500 元/套，但是也会带来每月折旧成本 2 500 000 元的增加。计算该企业新的损益平衡点的销售水平、两种成本结构的无差异点，以及企业是否使用新的加工机器。

4. 某企业生产销售两种不同产品 A、B，具体的生产销售结构、销售信息和成本信息如下：

	A 产品	B 产品
销售数量（套）	3 000	5 000
销售单价（元/套）	12	8
单位变动成本（元/套）	9	2
当月固定成本（元）	29 250	

要求：

（1）计算该企业的利润；

（2）保持生产销售结构不变，计算该企业各种产品的损益平衡点销售水平。

案例题

王鹏自己经营了一个民营学校，主要培养适合企业现实生产经营需要的专业技术人才，主要包括机械加工、英语翻译、厨师等从业人员。在经营过程中，始终有一件让王鹏感到困惑不解的事情，那就是如何确定或是估算最低招生人数，即当年拥有的学生数达到什么数量情况时学校才能保证不亏损。王鹏也曾自己根据经验估计过，但是总觉得不是很准确。咨询过专业的会计师后，王鹏知道有一个专门的方法——本量利分析方法就是为了解决其困惑的问题而设计的。但是，通过成本性态分析后，王鹏发现学校的成本同基本本量利分析模型还是有一定的差异。为了更好地解决这个困惑，假定王鹏只招收机器加工学生。

学校的收入来源于学生缴纳的学费和食宿费，其变动成本来自于学生宿舍的租金、伙食成本，固定成本来自于行政人员的工资、招生资料费、相关的行政办公室的租金和其他管理费用。这里还有一些特殊的成本：（1）上课教室的租金，由于教室容量和教学效果的要求，每个教室只能容纳 40 人，超过 40 人就需要租赁一个新的教室；（2）上课的教师费用，按教室数配备教授的课程数，如果教室数增加相应的课程数也增加。该学校的年收入和成本信息如下：

收入：	
学生年学费（元/人）	4 000
学生年宿费（元/人）	1 000
学生年伙食费（元/人）	2 600
变动成本：	
学生宿舍租金（元/人）	800
学生伙食成本（元/人）	1 800
固定成本：	
行政人员的工资（元/年）	60 000
招生资料费（元/年）	200 000
行政办公室租金（元/年）	30 000
其他管理费用（元/年）	30 000
半固定成本：	
教室租金（元/（间·年））	10 000
教师授课费用（元/（间·年））	50 000

要求：

（1）如果当年在校学生为 200 人，计算该学校的利润；

（2）计算该学校损益平衡点在校生的数量。

附录：利用 Excel 进行本量利分析

这里，我们使用本章提供的天翔实业公司的成本销售资料，利用 Excel 进行单一产品的本量利分析，这里包括：边际贡献、损益平衡点、安全边际，以及预计销售水平等内容。

我们先把天翔实业公司的基本数据输入 Excel 中，如图 5-8 所示。

	A	B
1	天翔实业成本信息表	
2	销售数量（套）	1600
3	销售单价（元/套）	5000
4	单位变动成本（元/套）	3000
5	当月固定成本（元）	3000000
6	（1）预计利润（税前）	300000
7	（2）预计利润（税后）	268000
8	所得税率	33%

图 5-8

其中，单元格 A6 和单元格 B6 提供的是不考虑所得税的预计利润；单元格 A7 和单元格 B7 提供的是考虑所得税的预计利润，而单元格 A8 和单元格 B8 则是此时适用的所得税税率。

首先，我们计算相关的边际贡献指标。（1）单位边际贡献，在单元格 B11 中输入"＝B3－B4"；（2）边际贡献，在单元格 B12 中输入"＝B11 * B2"；（3）单位边际贡献率，在单元格 B13 中输入"＝B11/B3"；（4）边际贡献率，在单元格 B14 中输入"＝B12/（B3 * B2）"。这里可以发现如果企业只生产单一产品的话，单位边际贡献率（单元格 B13 的数值）和边际贡献率（单元格 B14 的数值）是一样的。还要指出的是，这两个比率的单元格还需要设置一下数据格式为"百分比"就可以了。

然后，我们计算相关的损益平衡点的销售水平。（1）损益平衡点销售数量，在单元格 B15 中输入"＝B5/B11"；（2）损益平衡点销售额，在单元格 B16 中输入"＝B5/B13"，也可以在单元格 B16 中输入"＝B15 * B3"。

接下来，我们计算相关的安全边际指标。（1）安全边际销售额，在单元格 B17 中输入"＝B2－B15"；（2）安全边际率，在单元格 B18 中输入"＝B17/B2"。这里还要注意设置单元格的数据格式为"百分比"。

再下来，我们计算不考虑所得税的预计利润相关的预计销售水平。（1）预计销售数量，在单元格 B19 中输入"＝（B6＋B5）/B11"；（2）预计销售额，在单元格 B18 中输入"＝（B6＋B5）/B13"，也可以在单元格 B18 中输入"＝B19 * B3"。

最后，我们计算考虑所得税的预计利润相关的预计销售水平。（1）预计销售数量，在单元格 B21 中输入"＝（B7/（1－B8）＋B5）/B11"；（2）预计销售额，在单元格 B22 中输入"＝（B7/

（1－B8)＋B5)/B13"，也可以在单元格 B22 中输入"＝B21＊B3"。

完成上述过程，我们就可以得到如下的结果，见图 5-9。

	A	B
10	天翔实业的本量利分析表	
11	单位边际贡献	2000
12	边际贡献	3200000
13	单位边际贡献率	40%
14	边际贡献率	40%
15	损益平衡点销售数量（套）	1500
16	损益平衡点销售额（元）	7500000
17	安全边际销售数量（套）	100
18	安全边际率	6.25%
19	预计销售数量（税前利润）	1650
20	预计销售额（税前利润）	8250000
21	预计销售数量（税后利润）	1700
22	预计销售额（税后利润）	8500000

图 5-9

这里还要指出的是，我们通过更改天翔实业的成本销售信息，就可以分析不同因素对本量利分析的影响。

第六章

管理会计分析工具:作业成本法

案例引导

作为某家电生产厂商的总经理,张启明像以往一样阅读着财务部门提供的财务报表,一边阅读一边皱起眉头,几个月来企业的经营状况持续下滑。为了不让这种事态继续扩大下去,张启明决定在今天的早会上,同各个部门的主管讨论其产生的原因及相应的对策。

张启明首先向销售部门提出质疑,销售部门经理李明拿着手中的统计资料阐述了自己所看到的问题:企业不同的产品定价策略产生的问题。企业主要的销售收入来自于新近开发的一系列产品,相对于原有的产品,这些产品生产工艺更复杂、功能更多,但是产品的价格很具有竞争力,比同行业其他厂家的定价低出很多,抢占了大比例的市场;同时,企业原有的复杂程度低、功能简单的产品,由于售价较高缺乏竞争力,在多次竞价投标中都处于劣势,其所拥有的市场份额在不断缩减。至于价格制定问题,李明指出本企业主要使用的是成本加成方法完成的,成本的高低决定了价格的制定。新产品的成本相对于同业企业厂商低了很多,自然可以制定很好的价格;而旧产品的成本居高不下,现在的价格已经几乎达到了生产的成本底限了,没有再降低的余地了。李明建议是否应该考虑将旧产品停产。

由于产品成本的问题,张启明将问题转给了生产部门经理王守义。这个平时话语不多的经理,一股脑地倒出了心中的委屈。王守义给大家展示了他手中的资料,并做了如下的阐述。在新产品开发之前,原有的产品成本其实是很低的,并且在同业中也是比较低的,具有很好的成本竞争力。但是新产品生产投入后,由于新旧产品都是在一个生产线上完成的,生产中投入的成本大大地增加,自然分摊到旧产品的成本相应增加。为此,王守义也带领相关的技术人员,从生产工艺和人员调配方面入手,尽量降低旧产品的成本,但是并没有带来显著的变化,值得庆幸的是,新产品的成本却显著地下降了。因此,王守义建议研发部门和市场部门考虑重新设计和定位市场问题。

而研发部门和市场部门都认为自己的工作是到位的,之所以导致企业目前状况的根本原因是销售部门制定的政策不对,其他的同业企业可以制定较低的价格肯定是为了抢占市场展开蚀本的价格战,因此,趁着新产品具有价格优势,进一步降价抢占更多的市场份额,同时,也在旧产品上展开更加残酷的价格战保住原有的市场份额。这两个部门的主管将问题的矛头重新指向了销售部门,很快新的一轮指责又展开了。

整个一个早会,没能有任何的进展,在指责中乱哄哄地过去了,本来很和谐的部门关系也出现了小小的裂痕。

散会后,一直没有发言的财务部门经理于志强敲开了总经理办公室的门,面对无可奈何的张启明,于志强阐述了自己的观点。于志强认为这几个部门都是没有错误的,形成企业现在状况的根本原因,是成本核算方法过于落后,建议张启明主持各个部门的相关人员,一起完成从传统简单的成本方法向作业成本法转变。在介绍了作业成本法的利弊之后,张启明也对其产生了浓厚的兴趣,要求于志强提供相关的作业成本法的资料,并以最快的速度制定一套有效的实施方案。

在当今的生产经营环境中,张启明面对的问题普遍存在各个企业中。当外部竞争环境日益严峻,产品和服务越发多样化和复杂化,企业生产经营的成败,受到内部成本信息精确程度的影响越来越大。尤其是那些使用传统分配方法的成本核算系统的企业,面临的挑战就更大了:

(1) 外部竞争日益剧烈,产品或服务的定价决定了生死,而定价又来源于成本信息;

(2) 产品或服务种类多样化、生产工艺或提供过程复杂化,共同成本比例越来越大;

(3) 信息化、流水线、弹性生产等等先进的技术和生产工艺的广泛使用,间接成本的比例越来越大;

(4) 产生成本的原因越来越复杂,已经不再是原来那些简单的原因,分配基础变得更加复杂,传统简单的分配基础面临挑战。

为了应对这些挑战,企业需要寻找使用一种新的成本核算方法,更有效地完成成本核算的任务,作业成本法成了企业的选择。

第一节 作业成本法的概念

本书的第二章介绍了企业日常生产经营过程中几种传统的基本的成本核算分配方法,这些方法的主要特征在于,通过简单的分配基础将复杂的间接成本分配到在产品或产成品中。这些分配方法的主要优点就在于分配基础单一,分配方法简单,在成本分配过程中,尤其是间接成本的分配过程中,为企业节省了因成本分配而发生的成本。然而,这种分配的简单性,也带来了传统成本核算方法的致命缺点。由于分配基础过于简单,导致成本分配过程中使用的分配基础与实际要分配的成本之间的关系很不科学,甚至不存在什么关系。采用这样的分配基础,一方面会造成由于分配基础的不科学,导致分配之后的成本信息存在严重的歪曲;另一方面由于这些分配基础都是只考虑到简单的分配基础的消耗而没有考虑到不同产品生产或服务提供之间复杂程度的不同,造成大批量复杂程度低的产品或是服务分摊的成本较高,而小批量复杂程度高的产品或不服务分摊的成本较低,进而造成了产品或服务定价存在严重的问题:大批量复杂程度低的产品或服务定价过高,丧失了市场竞争力,而小批量复杂程度高的产品或服务定价过低,甚至低于实际成本,导致企业销售越多亏损越多的销售困境。为了解决上述这些由于传统成本分配方法带来的成本信息的扭曲和失真,企业采用作业成本法来提供更加准确的产品和服务的成本信息。

作业成本法(Activity-based Costing),就是以细分企业生产经营过程中与成本相关的作业为基础,进行成本归集和分配的一种成本核算方法。企业的生产经营过程中,存在着大量的间接成本,这些间接成本是由于企业提供多种产品和服务造成的,而这些产品和服务的复杂程度又不同,造成了间接成本分配的难度。同时,很多企业使用的资源并没有直接形成企业产品或服务的实体,而是为各种辅助作业活动提供支持,以便能够为顾客提供多样化的产品和服务。这些为提供辅助作业而消耗的成本很难直接分配到最终的产品和服务中去。这些间接成本和辅助资源成本就成为成本归集和分配的难题。作业成本法,相对于其他成本核算方法,其最突出的特点就是对于间接成本和辅助资源(行政部门和服务部门提供的资源)的分配。由于作业成本法的这个突出特点,所以,很多企业把作业成本法作为一个辅助成本法,嫁接在其原有的、有利于其经营特点的成本核算系统上,如适合于成本控制和业绩评价的标准成本法,甚至很多企业已经直接使用作业成本核算系统替代其原有的成本核算系统。随着企业管理信息系统的不断推广和发展,作业成本法已经成为当今成本核算系统的主流方法。

作业成本法首先要根据企业生产经营的具体特征和流程,确定消耗企业间接成本和辅助资源的各种作业,然后通过将企业发生的间接成本和辅助资源的消耗追溯到相应的作业池中。完成上述过程后,就进入了作业成本法的第二个步骤,即通过使用每个作业的消耗计算出不同作业池中作业分配率,以及产品和服务所消耗的作业数量,计算分配到不同产品和服务的间接成本和辅助资源成本。

为了更好地理解作业成本法的概念和分配过程,这里先给出作业成本法中主要使用到的概念。这些概念包括作业、作业池、驱动、作业计量和作业率等。

一、作业

作业(Activity),在产品生产和提供服务过程中,产生成本的原因可以是产品或服务的数量、某种事件、某类行为、某种交易等。每种作业都同特定成本的产生直接相关,只要有作业发生,相关的成本也随之产生。譬如,机器每次启动都要消耗一定的成本,而这种成本随着机器启动这个事件相关,每发生一次机器启动事件,就会消耗启动时的成本。因此,机器启动这个事件就是一个作业。

企业日常生产经营过程中,会涉及五种不同等级的作业:单位级作业,批次级作业,产品级作业,顾客级作业和设备级作业。这五个级别的作业之间的关系和等级如图 6-1 所示。

单位级作业(Unit-level Activity),是指衡量同生产的产品或提供的服务的单位数量相关的作业。也就是说,由单位级作业产生的成本同生产产品或提供服务的数量成正比例变动。譬如,加工机器的动力消耗同其加工的产品的数量直接相关,则加工机器动力就是单位级作

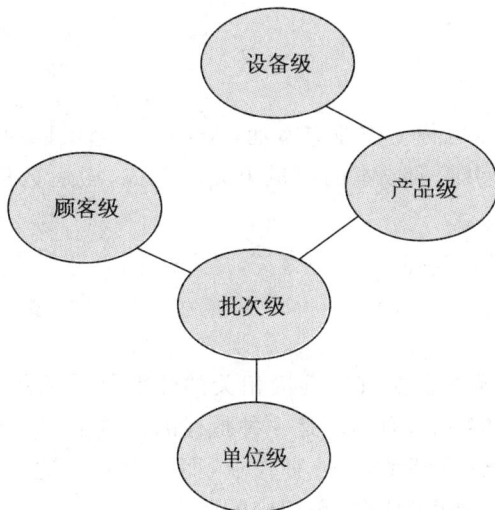

图 6-1　作业的种类和级别

业。单位级作业,不仅仅限于传统概念中的产品或服务的数量,而且包括与产品或服务成正比例变动的其他指标,如与直接人工时间、机器加工时间、直接材料消耗量等引起的成正比例变化的相关作业。

批次级作业(Batch-level Activity),是指衡量与产品生产或服务提供的批次直接相关的作业,而不考虑批次中具体涉及的产品或服务的数量。譬如,每个批次加工之前的机器调试,其产生的成本只与加工的批次的数量有关,而与每个批次中产品的数量无关,因此是批次级作业。

产品级作业(Product-level Activity),是指衡量与产品或服务种类直接相关的作业,而不考虑产品生产或服务提供的批次数量,以及该种产品生产或服务提供的数量。譬如,某种产品的研发,消耗了企业大量的资源和成本,而这些成本与企业产品生产或服务提供的批次数以及生产产品或提供服务数无关,因此是产品级作业。

顾客级作业(Customer-level Activity),是指衡量同顾客支持相关的作业。由这类作业引发的成本,只是针对于顾客而不考虑特定的产品或服务,更不考虑产品生产或服务提供的具体安排,进而不考虑具体的产品或服务的数量。顾客级作业主要是为了获取客户、维护客户,以及其他客户管理而发生的作业。譬如,顾客服务中心的产品回馈电话产生的成本,只与需要得到回馈的客户的数量有关,而与具体的产品没有多少直接关系,因此属于顾客级作业。

设备级作业(Facility-level Activity),也称为**组织存续级作业**(Organization Sustaining-level Activity),是指衡量同企业或组织存续、发展相关的作业。这类作业,不考虑企业有哪些顾客、生产什么产品或提供什么服务,也不考虑产品生产和服务提供的具体批次和数量。譬如,由企业行政管理部门的资产产生的折旧费用,同企业具体的生产产品或提供服务的种类和相关的批次数、产品生产或服务提供的具体数量和针对的顾客都无关,因此,其属于设备级作业。

二、作业池

作业池(Activity Pool),也称为**作业成本池**(Activity Cost Pool),就是根据不同的作业而设定的,用以归集由该作业引起的成本的虚拟单元。譬如,搬运数作业池,就是归集由搬运次数引起的成本。

三、驱动

驱动(Driver),就是与成本发生数量直接相关的作业衡量依据。这个概念容易与作业相混淆。作业是一种指标性质特征,而驱动是一种指标的计量依据。譬如,停工会引起企业成本的增加,那么停工就是一种性质特征,是一种作业,而如果假设这些成本的产生与发生停工的次数有关,那么停工次数就是计量依据,是相应的驱动。

常见的驱动可以分为经济业务驱动和期间驱动。

经济业务驱动(Transaction Driver),也就是简单记录作业的发生频数,譬如,产品生产数量。所有的产出对作业的需求相同时,我们可以使用经济业务驱动。经济业务驱动,是成本驱动中最简单的、最低级的一类,因此也是所有驱动中可能最不准确的一类。这主要是因为,经济业务驱动假定无论什么情况,完成一项作业消耗的资源数量都是相同的。

期间驱动(Duration Driver),是用来衡量完成每一个作业所需要的时间量。当不同产品生产或服务提供相同的作业消耗不同的时间时,我们就可以引入期间驱动。譬如,生产准备在不同的产品生产复杂程度下消耗的时间不同,即:对于大批量而生产复杂程度较低的产品生产,其消耗的生产准备所花费的时间较少,而对于小批量而生产复杂程度较高的产品生产,其消耗的生产准备所花费的时间较多。这时候如果使用简单的经济业务驱动,就会引起在分配生产准备成本时,成本从生产复杂程度较高的产品向复杂程度较低的产品上转移,造成产品信息的扭曲。

在上面两种驱动的基础上,还存在一种更加精确的驱动,即密度驱动。

密度驱动(Density Driver),是根据每完成一次作业所使用的资源来计量相关的成本和费用。密度驱动所使用的直接计量的方法使其成为最为准确的作业成本驱动,然而也因此消耗了大量的核算资源,成为最为昂贵的成本驱动。一般情况下,根据成本收益原则,企业尽量避免使用密度驱动,只适用于在那些与作业相关,而消耗的资源昂贵并且每次作业用量上都有很大变化的情况下。譬如,高档钻石首饰生产中,每个首饰消耗的钻石价值都很高,并且每个首饰使用的钻石数量都不尽相同,这时就应该使用密度驱动。

相对于传统的成本核算方法,驱动是作业成本法最主要的创新,同时也产生了作业成本法最昂贵的一面。具体的讨论在本章后面相关内容中展开。

四、作业计量

作业计量(Activity Measure),就是归集成本期间,衡量作业发生数量的标准,也就是作业发生数量的单位。与作业驱动的主要区别是:作业驱动是指衡量作业的计量依据,而作业计量则是这个计量依据实际发生数量的标准。譬如,某种间接成本与直接人工小时相关,那么直接人工就是作业,直接人工小时就是作业驱动,归集其内发生的直接人工小时数则是作业计量。

五、作业率

作业率(Activity Rate),就是成本归集期内,单位作业量对应的作业池中归集的总成本的相关成本数量,即用作业池中归集的总成本除以相应的作业量计算获得。其计算公式表述为

$$某种作业的作业率 = \frac{归集期内作业池归集的总成本}{归集期内相应的作业量}$$

在明确这些作业成本法涉及的基本概念后,本书将进一步讨论作业成本法实施的相关内容。

第二节　作业成本法的计算

从上一节讲述的内容中,我们知道企业运用作业成本法将间接成本进行归集和分配,需要经过两个核心的步骤:(1)将成本根据不同的作业归集到相应的作业池中;(2)将不同作业池中归集的成本分配到相应的成本对象上。而直接成本直接归集到相应的成本对象上,无须经过这两个步骤。上述关于直接成本归集和间接成本归集分配涉及的两个步骤之间的联系如图6-2所示。本节接下来的部分就是围绕这两个步骤展开的,并且为了与实际作业成本法实施过程相一致,将这两个步骤又进一步细分成几个不同的子步骤。

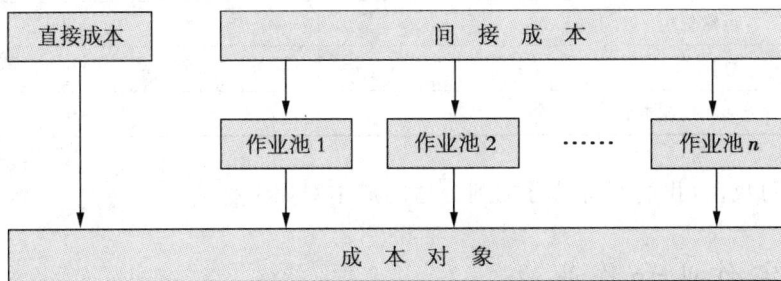

图 6-2　作业成本法中成本归集分配步骤

由于直接成本的产生与成本对象直接相关,也就是相关的成本动因很简单,所以,无论使用哪种成本核算方法,都比较容易处理。与其他的成本方法一样,在作业成本法下,直接成本根据相关的动因首先被直接归集分配到成本对象上。而间接成本的归集、分配方法和步骤,就成了不同成本方法的主要区别。因此,这里主要研究作业成本法对于间接成本归集和分配的具体步骤。

为了更好地说明作业成本法实施步骤,这里给出一个简单的案例。

天润公司是一个室内家饰公司,主要生产家庭使用的小装饰用品。在创立之初,由于规模

小,天润公司使用的是粗放式成本核算方法,即使用传统的成本核算方法。但是,随着规模越来越大,公司引入了先进的生产和管理系统,大量的自动化制造系统被引入到生产中,并在产品销售、售后服务方面加大了投资,并且由于规模的增大,行政管理方面的支出也增加很快。与此同时,随着竞争者的进入,外部竞争压力不断加大,天润公司面临巨大的价格压力问题。为了更好地确定公司的获利能力,天润公司决定引入作业成本法,来核算其成本的精确性。表 6-1给出了天润公司所发生的全部间接成本。

表 6-1　天润公司间接成本一览表　　　　　　　　　　　　　　单位:元

间接成本类别	间接成本
生产部门	
间接人工工资	600 000
机器设备折旧	200 000
厂房租金	100 000
总计	900 000
管理部门	
管理人员的工资	300 000
办公设备折旧	40 000
办公室租金	30 000
总计	370 000
销售部门	
销售人员工资	200 000
销售费用	50 000
运输费用	40 000
总计	290 000
全部间接成本	1 560 000

有了上述的数据,我们要将其分配到合适的成本对象上。

一、确定作业和作业池

作业成本法最基本和最核心的一步,就是要根据企业实际经营的特点,区分和确定必要的作业。这一步看来很简单,然而实际操作过程中会遇到很多的难题。一个相对行之有效的基本作业确认过程就是,同生产经营第一线的工人和相应的技术人员交谈和分析,询问各种间接成本是怎么产生的、为什么产生。这也带来了一个很棘手的结果:得到数量众多的作业。

对于作业确定的数量,要从两方面考虑:一方面,作业细分得越多越精细,对于未来通过作业成本法获得的成本信息就越精确;另一方面,随着作业数量的增加,企业为了实施作业成本法而花费的成本也不断地增加。所以,综合上面两个方面的讨论,在获得有效的第一手确定的作业列表之后,应该根据作业引发成本的数量程度、作业之间的相似程度,将作业进行合并。这样既满足了作业成本法对作业的需要,又降低了企业实施作业成本法的成本。譬如,同顾客签订销售合同过程中,电话费与通话时间相关,合同的打印费用与销售项目涉及的纸张数量相关,谈判过程中消耗的场地费与谈判时间相关,这些在实际作业确定过程中都一一被识别确定出来,但是企业与同一类顾客签订销售合同时耗费的成本通常相差不大,所以可以将其合并为一个作业,叫做顾客订货。

随着核算技术的发展,由作业细分带来的成本核算系统实施成本大大降低之后,也会适当地增加作业数目。当然,另外决定作业数目的重要因素是不同行业和不同企业实际生产经营的复杂程度。生产经营越复杂,作业数目也就相应有所增加;反之,生产经营越简单,作业数目也就相应进行减少。

根据对天润公司的生产经营进行分析,确定其主要的作业,并对应每个作业建立作业池归集相应作业的成本,同时也确认了相应的成本驱动和作业计量。表 6-2 给出了最后确认的 5 个作业的作业池和作业计量。

表 6-2　天润公司作业池表

作业池	作业计量
顾客订货	顾客订货的次数(单位:次)
产品设计	产品设计的次数(单位:次)
产品数量	机器加工小时(单位:小时)
顾客关系	保持关系的顾客数量(单位:个)
其他*	不需要或没必要分配

* 这部分一般为设备级作业,其成本由公司整体承担。

二、分配成本到作业池

在确定了作业、作业池之后,就面临将间接成本分配归集到相应的作业池中,也就是作业成本法的一个核心步骤。正如我们所知的,企业为了节约核算成本,其成本信息一般都是通过财务会计工作完成的。并且伴随企业管理信息系统的发展,某些特殊的作业计量可以通过财务会计核算体系或自动化体系完成。

在科学测算和实地计量的基础上,天润公司各个作业池分配相关间接成本的比例如表 6-3 所示。

表 6-3　天润公司作业池分配比率表

间接成本类别	作业池					
	顾客订货	产品设计	产品数量	顾客关系	其他	合计
生产部门						
间接人工工资	15%	25%	40%	10%	10%	100%
机器设备折旧	5%	15%	60%	5%	15%	100%

间接成本类别	作 业 池					
	顾客订货	产品设计	产品数量	顾客关系	其他	合计
厂房租金	0	0	10%	0	90%	100%
管理部门						
管理人员的工资	20%	10%	5%	15%	50%	100%
办公设备折旧	30%	10%	0	20%	40%	100%
办公室租金	0	0	0	0	100%	100%
销售部门						
销售人员工资	25%	0	20%	45%	10%	100%
销售费用	20%	0	0	60%	20%	100%
运输费用	80%	0	10%	10%	0	100%

我们利用表 6-1 提供的天润公司的间接成本数量和表 6-3 提供的各作业池分摊比例,将天润公司的间接成本分配并归集到各个作业池中。表 6-4 给出了间接成本分配的结果。

表 6-4　天润公司间接成本分配到作业池表　　　　　　　　　　单位:元

间接成本类别	作 业 池					
	顾客订货	产品设计	产品数量	顾客关系	其他	合计
生产部门						
间接人工工资	90 000	150 000	240 000	60 000	60 000	600 000
机器设备折旧	10 000	30 000	120 000	10 000	30 000	200 000
厂房租金	0	0	10 000	0	90 000	100 000
管理部门						
管理人员的工资	60 000	30 000	15 000	45 000	150 000	300 000
办公设备折旧	12 000	4 000	0	8 000	16 000	40 000
办公室租金	0	0	0	0	30 000	30 000
销售部门						
销售人员工资	50 000	0	40 000	90 000	20 000	200 000
销售费用	10 000	0	0	30 000	10 000	50 000
运输费用	32 000	0	4 000	4 000	0	40 000
合计	264 000	214 000	429 000	247 000	406 000	1 560 000

至此,我们将天润公司的间接成本分摊到相应的作业池中,完成了作业成本法关于间接成本分配的第一个核心步骤。

三、根据作业计量计算作业率

在完成了上面的步骤后,作业成本法的实施就需要根据在归集间接成本过程中获得的作业计量的具体数值,来计算相应的作业率,以便把各个作业池中归集的成本分配到不同的成本对象中。表 6-5 给出了各个作业池的不同的作业率,其中各作业计量单位参见表 6-2 所示。

表 6-5　天润公司各作业池的作业率表

	归集的间接成本	作业计量数	作业率
顾客订货	264 000 元	1 000 次	264 元/次
产品设计	214 000 元	200 次	1 070 元/次
产品数量	429 000 元	15 000 小时	28.6 元/小时
顾客关系	247 000 元	100 个	2 470 元/个
其他	406 000 元	不分配	

这一个步骤相对来说比较简单,其计算的精确度取决于前面间接成本分配到作业池中的数量和作业计量数的精确程度。如果这两个数值的精确度比较差,那么这个步骤所计算出的作业率就会存在一定的偏差。

四、将间接成本分配到成本对象

接下来,我们就要进行作业成本法第二个核心步骤:将间接成本分配到特定的成本对象中。为了更好地说明这个问题,我们选择天润公司三种不同的产品 A、B、C 来展开讨论。每种产品具体消耗的作业数、分配的间接成本可以通过表 6-6 计算得出。

表 6-6　特定产品分配得到的间接成本表

	作业率	消耗的作业数	分配得到的间接成本
产品 A			
顾客订货	264 元/次	20 次	5 280 元
产品设计	1 070 元/次	3 次	3 210 元
产品数量	28.6 元/小时	1 000 小时	28 600 元
顾客关系	2 470 元/个	5 个	12 350 元
合　计			49 440 元
产品 B			
顾客订货	264 元/次	50 次	13 200 元
产品设计	1 070 元/次	5 次	5 350 元
产品数量	28.6 元/小时	2 000 小时	57 200 元
顾客关系	2 470 元/个	7 个	17 290 元
合　计			93 040 元
产品 C			
顾客订货	264 元/次	100 次	26 400 元
产品设计	1 070 元/次	10 次	10 700 元
产品数量	28.6 元/小时	1 500 小时	42 900 元

	作业率	消耗的作业数	分配得到的间接成本
顾客关系	2 470 元/个	15 个	37 050 元
合　计			117 050 元

从表 6-6 可以看出，当天润公司以产品种类作为成本归集的成本对象，那么我们就将间接成本分配到各个产品种类。如果天润公司选取其他的成本对象，如某个特定的客户，那么间接成本分配就会有所不同。表 6-7 给出了某个特定客户为成本核算对象的间接成本分配的结果。

表 6-7　某特定客户分配得到的间接成本表

	作业率	消耗的作业数	分配得到的间接成本
顾客订货	264 元/次	200 次	52 800 元
产品设计	1 070 元/次	30 次	32 100 元
产品数量	28.6 元/小时	4 000 小时	114 400 元
顾客关系	2 470 元/个	1 个	2 470 元
合　计			201 770 元

在表 6-6 和表 6-7 的基础上，我们把相应的直接成本加入其中，就可以得出特定的成本对象所分配的全部成本。

五、准备管理报告

在完成把间接成本分配到特定的成本对象后，企业还需要准备相应的管理报告，以便于衡量不同的成本对象对企业经营业绩产生的影响。从前面章节可知，我们将使用变动成本法下的利润表形式来计算各个成本对象的单位成本、边际贡献、获利能力等指标。这里不再重复前面章节的内容，仅仅在表 6-6 中给出产品数据，计算每个产品的单位成本，如表 6-8 所示。

表 6-8　特定产品的单位成本表

	总的间接成本 （元）	生产数量 （个）	单位间接成本 （元/个）	单位直接成本 （元/个）	单位成本 （元/个）
产品 A	49 440	100	494.40	150	644.40
产品 B	93 040	160	581.50	240	821.50
产品 C	117 050	50	2 341.00	280	2 621.00

运用作业成本法的计算，我们可以获得更为准确的成本信息，可以把传统成本法下认为固定部分的成本继续加以细分，成为变动部分。另外，也使得对间接成本的分配更加精确和有效。

通过上述五个基本步骤，企业完成了作业成本法的分析、实施、计算等相关内容。在以后的部分中，将会继续讨论这些步骤在实施中会遇到的其他问题和注意事项。

第三节　作业成本法与传统成本核算方法的比较

作业成本法计算步骤的复杂性，带来了成本核算自身成本的增加，但是也使得成本核算结果的准确性大大提高，为企业进行经营管理提供了更为准确的成本信息，这一点在企业考虑产品或服务定价决策、运用产品或服务提供的边际贡献进行相关决策中体现得更为显著。

由于传统分配方法对于间接成本的计算基于简单的分配基础（如直接人工小时、机器加工小时、产品或服务的个数等），对间接费用的分配存在很大偏差，导致成本信息失真，这在生产的产品或提供的服务复杂程度存在显著差异的情况下尤为突出。为了更直观地说明传统成本核算方法与作业成本法成本信息的差异，这里先给出一个简单的案例，对比分析两种方法的区别。

假定大志汽车厂只生产两种不同型号的汽车：一种是豪华版汽车，另外一种为大众版汽车。这两种汽车的主要零部件均由外部供应商提供，而大志汽车厂利用现有的一条组装生产线完成两种型号的汽车装配，并投入外部市场进行销售。我们假定大志汽车厂使用两套不同的成本核算方法：一种是使用作业分析分配间接成本的作业成本法，另一种是使用简单分配间接成本的传统成本法。这里先给出大志汽车厂的基本成本信息，如表 6-9 所示。

表 6-9　大志汽车厂基本成本信息表

直接成本		
	单位直接成本	生产数量
豪华版汽车	100 000 元/辆	50 辆
大众版汽车	50 000 元/辆	1 000 辆
间接成本		
间接人工		5 000 000 元
间接材料		3 000 000 元
机器折旧		20 000 000 元
厂房折旧		2 000 000 元
总计		30 000 000 元

一、确定作业和作业池

根据作业分析，大志汽车厂分成 3 个作业，形成了 3 个作业池：人工，机械加工，场地。具体的作业和成本动因如表 6-10 所示。

表 6-10　大志汽车厂作业表

作业池	作 业 计 量
直接人工	直接人工小时(单位:小时)
机器加工	机器加工小时(单位:小时)
场地占用	产品生产占用的面积(单位:平方米)

二、分配间接成本到作业池

在作业设定之后,建立相关的作业池,之后我们给出了各作业池归集的间接成本比率,如表 6-11、表 6-12 所示。

表 6-11　大志汽车厂作业池分配比率表

	直接人工	机器加工	场地占用	合 计
间接人工	70%	20%	10%	100%
间接材料	40%	30%	30%	100%
机器折旧	20%	80%	0	100%
厂房折旧	0	0	100%	100%

表 6-12　大志汽车厂间接成本分配到作业池表　　　　　　　　　单位:元

	直接人工	机器加工	场地占用	合 计
间接人工	3 500 000	1 000 000	500 000	5 000 000
间接材料	1 200 000	900 000	900 000	3 000 000
机器折旧	4 000 000	16 000 000	0	20 000 000
厂房折旧	0	0	2 000 000	2 000 000
合 计	8 700 000	17 900 000	3 400 000	30 000 000

三、根据作业计量计算作业率

为了更清楚地计算两种车型的间接成本的分配,这里先给出两种产品消耗的各个作业的数量,如表 6-13 所示。

表 6-13　大志汽车厂两种产品消耗的作业数

	豪华型	大众型	合 计
单位消耗直接人工(小时)	50	27.5	
单位消耗机器加工(小时)	120	44	
单位耗用场地占用面积(平方米)	100	5	

	豪华型	大众型	合　计
总耗用直接人工（小时）	2 500	27 500	30 000
总耗用机器人工（小时）	6 000	44 000	50 000
总场地占用面积（平方米）	5 000	5 000	10 000

根据表 6-12 所示数据和表 6-13 所示的单位产品作业计量数，我们计算相应的作业率，如表 6-14 所示。

表 6-14　大志汽车厂各作业池的作业率表

	归集的间接成本	作业计量数	作业率
直接人工	8 700 000 元	30 000 小时	290 元/小时
机器加工	17 900 000 元	50 000 小时	358 元/小时
场地占用	3 400 000 元	10 000 平方米	340 元/平方米

四、分配间接成本到成本对象

由表 6-9、表 6-13 和表 6-14 可以得出两种产品分配的单位成本，如表 6-15 所示。

表 6-15　作业成本法下两种产品的单位成本　　　　　　　　　　　单位：元

	豪华型	大众型	合计
直接人工	725 000	7 975 000	8 700 000
机器加工	2 148 000	15 752 000	17 900 000
场地占用	1 700 000	1 700 000	3 400 000
间接成本合计	4 573 000	25 427 000	30 000 000
单位间接成本	91 460	25 427	
单位直接成本	100 000	50 000	
单位成本	191 460	75 427	

从表 6-15 可以看出在作业成本法下，豪华型汽车的单位成本为 191 460 元/辆，而大众型汽车的单位成本为 75 427 元/辆。

五、传统成本法计算的成本信息

与作业成本法相对比，这里使用简单分配标准进行间接成本分配的传统成本法，计算得出的两种产品单位成本信息。这里假设使用直接人工小时作为间接成本分配基础，则直接人工间接成本分配率为

直接人工间接成本分配率＝30 000 000÷30 000＝1 000（元/小时）

则两种产品的单位成本信息如表 6-16 所示。

表 6-16　传统成本法下两种产品的单位成本　　　　　　　　单位:元

	间接成本总额	单位间接成本	单位直接成本	单位成本
豪华型	2 500 000	50 000	100 000	150 000
大众型	27 500 000	27 500	50 000	77 500

　　参照表 6-15 所示的数据,从表 6-16 可以看出,使用简单分配的方法得出豪华型汽车的单位成本降低至 150 000 元/辆,而大众型汽车的单位成本升高到 77 500 元/辆。两种成本法得出的成本信息的差异主要是由于两种型号的汽车的加工复杂程度和产量不同,而耗用不同种类的资源也不一样。并且比较表 6-15 和表 6-16 所示的数据,可以发现使用简单分配基础会导致成本从小批量、加工复杂程度高的产品向大批量、加工复杂程度较低的产品转移,导致小批量、加工复杂程度高的产品的单位成本低估以及大批量、加工复杂程度较低的产品的单位成本高估。

六、不同成本法对经营决策产生的影响

　　由于不同的成本法提供了不同的成本信息,这些成本信息会直接或间接影响企业生产经营过程中的各种同成本相关的决策。为了简化接下来的讨论,我们在这里只给出一个很重要的决策——定价决策。假定大志汽车厂销售时使用 20% 的单位成本加成定价策略,则使用两种成本方法而获得的销售定价如表 6-17 所示。

表 6-17　不同成本法下两种汽车销售价格　　　　　　　　单位:元

	作业成本法			使用简单分配标准的传统成本法		
	单位成本	成本加成	销售价格	单位成本	成本加成	销售价格
豪华型	191 460	120%	229 752	150 000	120%	180 000
大众型	75 427	120%	90 512.4	77 500	120%	93 000

　　如果大志汽车厂使用传统成本法提供的成本信息作为价格制定的基础,会发现小批量生产、复杂程度较高的豪华型汽车的价格居然低于作业成本法下相应的单位成本。这样即使由于价格优势会得到很好的销量,但是由于价格低于实际的单位成本,也就意味着每销售一辆豪华型汽车就会给大志汽车厂带来 11 460(= 191 460 − 180 000)元的亏损,销售量越大亏损越多。与此同时,大众型汽车由于定价偏高了 2 487.6(= 93 000 − 90 512.4)元,会使其在市场上丧失价格优势,出现滞销的状况。这些都给大志汽车厂带来了经营上的负面影响,导致企业消耗大量的资源,却面临虚假盈利的状态。只有运用作业成本法替代简单分配基础的传统成本法,企业才能真正明白,为什么竞争对手不能压低小批量、生产复杂程度较高的产品的价格,而自己的大批量、生产复杂程度较低的产品的价格却怎么也压低不到竞争对手的水平。这一点,需要每个企业的经营管理者加以注意,而且这种效用也会在其他涉及成本的生产经营决策中表现出来。本章的案例引导,就是因为上述原因导致企业的经营业绩不断下滑。

七、作业成本法同传统成本法的差异

结合上面的计算和分析,这里给出作业成本法与传统成本法的主要差异。

（1）相对于传统成本法,作业成本法需要确定更多更复杂的作业来作为间接成本分配的依据。分配基础的复杂化,产生了作业成本法计算的复杂性,增加了作业成本法实施的成本。这也是作业成本法与传统成本法之间最为根本的差异。

（2）相对于传统成本法,作业成本法增加了一个关键的环节,即作业池。由于多了一个关键环节,作业成本法需要经过两个成本分配的步骤,即将间接成本分配到作业池中和将作业池中的间接成本分配到成本对象上。这进一步增加了作业成本法核算和实施的成本。

（3）相对于传统成本法,作业成本法提供了更为精确的成本信息。通过两个成本分配步骤,使用多个复杂的间接成本分配依据,作业成本法将间接成本分配得更为精确。这种精确度会随着企业生产的产品种类增多、产品之间批量和生产复杂程度的差异加剧而增加,为现代多产品复杂生产提供了更为精确的成本计算方法。

（4）相对于传统成本法,作业成本法为企业生产经营决策提供了更有效的成本信息支持。作业成本法下的成本信息更为精确,企业的生产经营决策者可以据此制定更为有效的、更符合企业实际情况的、对企业更有利的经营决策。企业可以在竞争压力越来越大的经营环境下,取得更有效的竞争优势,保持企业长期的经营优势。

第四节　作业成本法的相关问题

本章前面三节中已经对作业成本法的基本概念、具体的计算步骤,以及与传统成本法之间的主要差异,进行了细致的讨论。为此,本节在这里对一些作业成本法的相关问题进一步展开讨论,包括作业确定的问题、作业管理、作业成本法的优点和局限,以及企业选择作业成本法的条件。

一、作业确定问题

承续前面的讨论,作业成本法的关键内容就是对企业实际生产经营过程中产生资源消耗的各个环节,进行细致、科学的分析,判断和确定各个环节中造成资源被使用的根本原因,并且标示它们,赋予一个既代表其特征又可与其他类别相区别的名字,这就是作业。看来,作业的划分是一个非常复杂又具有很强专业知识的工作。在一个企业中,推行作业成本法,面临的最大问题,不是传授作业成本法的原理和基本实施步骤,而是如何结合企业的实际情况确定出科学有效的作业。这一步骤往往花费了作业成本法主要的时间,也决定了作业成本法能否实施成功并达到预期的使用效果。

（一）作业成本法设计期间的主要问题

由于企业所处的行业不同，企业内部生产安排和经营管理的具体安排不同，导致世界上很难找到两个一模一样的企业，尤其对于一定规模的企业，更是很难做到完全的复制。因此，每个企业都会或多或少地具有其特殊的生产经营特点，这也为作业成本法推广提出了难题，即不能随意直接套用现有已成型的模式。为了实施作业成本法，更好地确定生产经营中所涉及的作业，企业必须做好以下事情。

1. 高层管理者的鼎力支持

作业成本法的实施，需要动用很多人、花费很长的时间，协调工作才能完成，在这段时间里，很容易出现各种问题、矛盾和摩擦，并且由于时间的拖延使参与者的信心和耐心大打折扣。而高层管理者，尤其是企业管理层最高层次管理者的全力支持，为作业成本法的实施提供了前提保证。高层管理者在作业成本法实施的过程中，扮演信心鼓舞者、重大问题解决方案确定者、摩擦冲突的协调者和仲裁者等身份，而不是一个人浮于事的标志。

2. 多种专业人士和基层工作者共同参与

为了更好地针对企业特定的生产经营特征而确定作业，除了力主推行的高层管理者之外，还需要如下三类参与者。

（1）精通作业成本法的专业人士或会计人员。他们需要有对作业成本法理论框架和实施过程中的基本步骤和原则把握得比较准确。并且，一些专业人士多次的成功经验，能大大缩短作业成本法实施所耗用的时间，尽可能避免和有效解决其中可能出现的问题。

（2）专业的生产经营的工程师和专家。他们对企业的生产经营流程、环节等问题，都有很好的把握，能够通过其专业知识，很快把握和确定关键的作业，并能为设计作业成本法的人员提供高效的流程分析和全局概念。

（3）生产经营的直接参与者。虽然专业的工程师和专家能提供生产经营过程中的关键作业，但是由于他们不是直接的生产经营的参与者，对很多在实际过程中出现的具体情况，不能一一考虑到。而生产经营的直接参与者，他们与实际的生产经营环节打交道，更能清楚地、符合实际地划分和确定可能的作业。

这里要指出的是，狭义作业成本法用来解决间接成本精确分配问题，广义作业成本法用来解决所有辅助资源精确分配问题。所以，专业的生产经营的工程师和专家，不仅仅包括产品生产和服务提供相关的人士，还包括企业一切消耗成本或资源部门的专家；同理，生产经营的直接参与者，也包括各个部门一线的参与人员。

3. 必须注意实施过程中的协调和激励

作业成本法涉及企业各个部门，而这些部门又都面临业绩评价、奖金红利等方面的压力。因此，作业成本法实施过程中面临一个重要的问题，就是如何公平地确定各个部门成本的负担。常常会出现各个部门的管理者相互推诿、相互指责、不愿承担成本的现象，所以，协调，主要是高管人员的仲裁，为推行作业成本法顺利进行提供了可能。

另一方面，即使不考虑作业成本法对业绩评价等问题产生的影响，就其自身设计和实施过程中面临的过多投入，也会造成设计和实施的参与者的消极态度。因此，如何设计和提供相关的激励制度，也是作业成本法顺利实施所需要考虑的问题。

（二）作业数量的确定

在确定作业的时候，经常会遇到这样的问题，由于考虑得仔细，参与者提出了大量复杂的作业。这些作业，一方面都与企业实际生产经营相关，另一方面并不能保证都是企业日常生产经营经常出现的。初始提供的作业往往多达几十，甚至上百个；如果是更大规模的企业，可能的作业数会更多。

作业数的增加，一方面减少了成本信息失真而产生的成本，另一方面增加了成本核算过程自身消耗的成本。作业成本法对作业数量的确定，要权衡这两种成本之间的消长关系，力图达到作业成本法实施成本最低时作业数量。

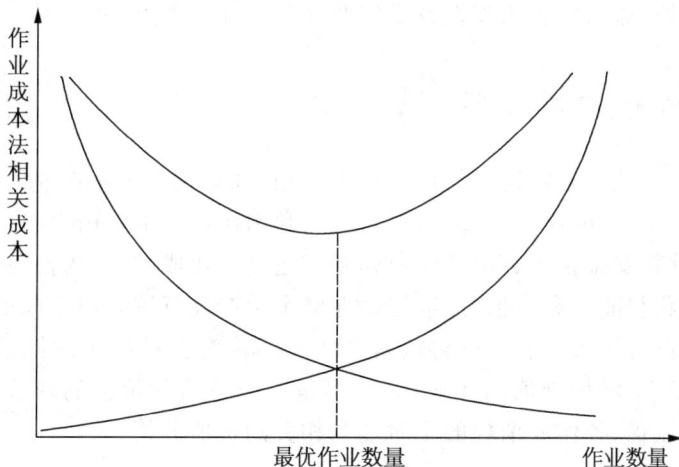

图 6-3　作业成本法相关成本和最优作业数量

虽然图 6-3 给出了作业成本法实施过程中发生的相关成本和最优作业数量确认的理论模型，但是在实际过程中，很难寻找、测试、确定最优的作业数量，因此，这里给出几个有效的确定作业数量的原则。

1. 确定和保留关键作业和主要作业

关键作业和主要作业消耗了企业主要的资源，因此这些作业必须被甄别出来并加以保留。而那些非关键作业和非主要作业就要考虑是否保留的问题了。

2. 剔除合并不经常发生的作业

虽然企业的很多作业消耗了一定的资源，但是这些作业不经常发生，甚至几乎不会发生，仅是在设计过程中考虑到的特殊事项。这类作业在设计时，就需要剔除，并入其他作业内。如果企业在实施作业成本法过程中，真的出现了设计期考虑到的特殊事项，如果涉及的成本过高，可以作为企业的例外事件加以管理。

3. 合并动因一致或相似的作业

在设计期，初始提出的众多作业中，有很多作业的动因是一致的或相似的。这样，设计人员就可以将它们加以合并，减少了作业成本系统中的作业数量。

当然，最终保留下来的作业数也取决于专业人士的职业判断和对作业成本法的科学把握。

（三）不同等级的作业如何运用

本章的第一节已经阐述了五个不同级别的作业。在企业实施作业成本法时,如何运用这些作业是需要进一步考虑的,这主要取决于企业需要核算的成本对象的性质。

如果企业的成本对象是针对单位产品或服务,那么单位级的作业就是核算的重点,由其计算出的单位成本就是变动的,其他级别作业产生的成本就可以认为是固定部分;如果是针对某一批次的产品或服务,那么批次级的作业就是核算的重点,这个级次之下的作业产生成本就是变动的,其他的是固定部分;如果是某种产品或服务,则产品级作业就是核算重点,与产品和服务相关的作业产生的都是变动成本,而顾客级和设备级作业产生的成本都是固定成本;如果是针对顾客或整个机构,那么顾客级和设备级作业就是核算的重点。

二、作业成本法和作业管理

讨论作业成本法,就有必要讨论与作业成本法相关的问题:作业管理。

作业管理(Activity-based Management),就是利用作业成本法衍生出来的作业分析,考虑如何加强、调整和重新安排企业目前的作业体系。通过作业成本法进行细致科学的作业分析,计量不同的作业的获利能力和价值,能够把企业整个生产经营重新以不同的作业加以组合。

作业管理与企业持续改进和工程再造紧密相关。首先要对作业进行必要的分析,主要区分增加价值的作业和不增加价值的作业,并且尽量缩减不增加价值的环节。图 6-4 给出了一个制造环节的作业流程、各作业消耗的小时数和相关的价值分析。

NVA	NVA	NVA	VA	NVA	NVA	VA	NVA	VA	NVA	NVA
运输检验	等待	机器初始化	生产加工	检验	等待	组装	检验	包装	存储等待	运输
1	0.5	0.5	7	2	0.5	5	2	2.5	1.5	1

注:NVA 为不产生价值的作业,VA 为产生价值的作业。

图 6-4　某制造环节初始作业流程图

从图 6-4 中,可以看出该制造环节全部作业消耗的时间长度为 23.5 小时,其中不产生价值的作业消耗的时间长度为 9 小时,而产生价值的作业消耗的时间长度为 14.5 小时。而不产生价值的作业也要消耗资源、产生成本。所以,作业管理的目标就是尽量缩短不产生价值的作业消耗的时间,从而降低整个制造环节的生产周期,并为企业节约相当数量的成本。通过图 6-4 提供的作业的分析,并结合该制造环节的实际特点,将其不产生价值的作业进行调整和改进,得到了图 6-5 的新的作业流程图。

NVA	NVA	VA	NVA	VA	NVA	VA	NVA
运输检验	机器初始化	生产加工	检验	组装	检验	包装	运输
0.5	0.5	7	1	5	1	2.5	0.5

注:NVA 为不产生价值的作业,VA 为产生价值的作业。

图 6-5　某制造环节改进后作业流程图

经过改进后,如图 6-5 所示,新流程的全部作业消耗的时间长度为 18 小时,其中不产生价值的作业消耗的时间长度为 3.5 小时,而产生价值的作业消耗的时间长度为 14.5 小时。一方面,该制造环节的生产周期大大缩短;另一方面,由于不产生价值的作业消耗的时间长度大大缩短,也为企业节约了大量的资源,降低了为此消耗的成本。

可见,通过作业成本法促使企业进行科学有效的作业分析,结合实际的生产经营特点,运用持续改进和工程再造等相关方法,不断加强作业管理,提高企业的生产效率和资源利用率,并为企业节约大量的成本。

随着信息技术的广泛使用和发展,以及生产技术的加速革新,企业的生产经营环境变得更加复杂,竞争更加激烈。一个重要的特点就是产品或服务的生命周期不断缩短,为了保持持续的获利能力,企业必须选择以价值链分析为基础的战略管理。在战略管理过程中,不仅仅要通过成本收益原则评价和选择有效的经营战略,还需要考虑在选择了具体的战略之后,如何在当前变化纷呈的经营环境下更有效地实施相应的战略。而在具体战略实施过程中,也面临不断改进和修正,以适应不断变化的经营环境,这样价值链管理也就成了企业的日常管理工作。价值链管理的根本目的就是通过对不同价值链上环节的分析,找寻出不同获利能力的价值环节,进而对不同获利能力的价值链采用相应的实施策略,为企业创造更多的利润。通过拓展作业分析和作业管理思路,企业可以根据价值创造情况将价值链内不同的环节加以细分,进而可以发现那些更为细致的但不产生价值的环节,并加以控制甚至删减,提高企业的价值创造能力。

三、企业选择作业成本法的条件

从前面的讨论可以看出,作业成本法是一个非常有用的管理工具,但是作业成本法的实施需要某些特定条件。如果希望通过实施作业成本法来提高企业生产经营管理效率,那么企业必须满足如下六个基本条件。

(1) 企业提供的不同产品或服务在数量上和复杂程度上存在着显著的差异。如果企业仅仅生产或提供少数几种产品或服务,那么传统的成本核算方法就能满足企业日常生产经营管理的需要。

(2) 间接成本占企业生产的产品或提供的服务的总成本相当大的比例。只有间接成本在全部成本中的比例较大时,采用作业成本法才能创造出高于其较高的核算成本的成本信息收益,符合成本—收益原则,为企业提供更多的收益。

(3) 企业存在不同级别的成本核算对象。不同级别的成本核算对象的存在,为企业在设计、实施作业成本法时,分析、确定各种不同级别的作业提出了实际要求。根据生产经营管理特点和不同的成本核算对象的特征,作业成本法对作业的选用满足了企业对不同目的成本信息的要求。

(4) 企业现有的成本核算系统提供的成本信息存在着严重的不精确和歪曲。正是因为这个原因,企业才需要寻找和采用一种能提供更加准确的成本信息的成本核算方法,作业成本法成为一个有效的备选成本核算方法。

(5) 企业拥有高效的管理信息系统和电算化基础。这不仅仅要求企业拥有先进的网络化管理信息系统的软硬件平台,还需要作业成本法实施过程中的参与者熟练掌握使用电算化和信息系统的能力。

(6) 企业外部竞争压力不断增强。随着企业所处的竞争压力不断地增大,其所处的地位,尤其是控制价格的能力不断降低。为了保证有效的获利能力,维系短期的生产经营和长期的战略发展,在没有采取其他有效措施之前,企业至少可以通过降低其自身的成本,在价格不能很好地自我控制的情况下,也能保持较为理想的获利能力。作业成本法一方面精确了成本信息,另一方面通过作业管理降低成本,增强了企业的竞争力。

四、作业成本法的优点和局限

(一) 作业成本法的优点

作业成本法越来越被众多企业所采用,主要是基于其具有如下三个优点。

(1) 作业成本法提供更为精确的成本信息。这是作业成本法最基本的优点。这一优点,不仅仅满足了财务会计对成本核算精确度的要求,也为企业进行与成本相关的生产经营决策提供了更为有效的决策信息。

(2) 作业成本法引入更多的作业。这不仅仅增加了成本信息的精确度,并且为企业进行作业管理提供了科学的依据,对企业生产经营流程进行持续改进和工程再造提供了强劲的支持。

(3) 作业成本法加强了企业对间接成本的控制。企业实施作业成本法后,不同类型的间接成本的产生原因就更加明确了。一方面通过对企业生产经营流程进行持续改进和工程再造,另一方面通过更严格的监控间接成本的动因,企业能够实现对间接成本的控制,节约更多的成本。

(二) 作业成本法的局限

相对于其所带来的优点,作业成本法也具有一定的局限性。

(1) 作业成本法设计、实施成本较高。在作业成本法设计和实施过程中,消耗大量的人员协调工作相当长时间,区分、确定所需的作业,根据不同作业动因计量作业数量、计算作业率,以及将间接成本通过两个关键步骤分配到目标成本对象上等行为和过程,都产生了大量的成本。虽然信息技术和电算化体系的不断发展在一定程度上降低了作业成本法的实施成本,但是相对于传统成本法,其核算成本依旧很高。

(2) 作业成本法依旧存在一定的主观判断成分。根据成本—收益原则,作业成本法不能使用企业生产经营过程中所涉及的全部作业,而是通过剔出合并大量减少作业数,这里需要依靠一定程度的主观判断。

五、作业成本法与服务部门的成本分配

服务部门为生产部门提供了大量的辅助支持,因此也消耗了大量的资源。而服务部门仅仅作为辅助部门存在企业结构体系中,因此,其产生的成本对于生产部门来说均为间接成本。当企业内部存在多个服务部门或服务部门产生的间接成本数额较大时,科学地分配服务部门产生的间接成本就是企业生产经营管理的一个重要内容。在本书的第二章第三节中,我们已经给出了服务部门成本分配的三种基本方法:直接分配法,顺序分配法和交互分配法。这三种

方法都是针对服务部门和服务部门、服务部门和生产部门之间如何分配成本问题提出的可行解决思路。并且为了阐述方便和降低分析难度,讨论这三种方法时,仅仅在结合数据基础上使用简单的分配基础完成的。

随着企业规模的扩大,企业内部原有的辅助性质的工序逐渐独立出来,形成众多的服务部门,而这些服务部门产生的间接成本也越来越显著。此时,一方面,服务部门提供的服务种类复杂多样,服务部门产生的间接成本越来越多;另一方面,服务部门自身成本核算的要求也从幕后走到幕前。使用简单的分配基础来分配服务部门的成本,像其他间接成本一样,都不能满足企业生产经营的需要。作业成本法的引入,大大提高了服务部门成本分配的精确度。

通过作业分析可以发现,随着服务部门提供的服务种类的增加,作业的数量显著性增加,超出了原来仅仅作为一个辅助服务时的作业数量。因此,在第二章中那种仅仅使用一种简单的分配基础不能提供准确的成本信息。然而,第二章介绍的这三种方法中除了直接分配法之外,其他的两种方法都需要经过复杂的过程,尤其是交互法,其成本分配难度和分配成本随着服务部门数量的增加就已经显著地增加了。如果在此基础上,再引入更多种类的作业,使用多种分配基础综合运用,那么服务部门的成本分配成本就会增加更多。这里还需要提及的是,服务部门的间接成本分配一般要经过前后两个步骤,即在服务部门之间进行分配和在服务部门与生产部门之间分配;而作业成本法的基本方法中也需要经过两个关键步骤,即将间接成本归集分配到作业池和将作业池的成本分配到成本对象。结合上面的内容,为分配服务部门的间接成本而设计和实施的作业成本法,需要经过的步骤就更为复杂,需要考虑服务部门之间使用服务的因素。

为了达到对服务部门的经营进行绩效评价目的,作业成本法还需要针对服务部门这类特殊的成本对象确定作业。这里可以将服务部门提供的服务作为一种产品,设计产品级作业;也可以将服务部门作为一个单独的部门,设计设备级作业;还可以对于特殊的服务部门,如顾客服务中心,设计顾客级作业。这时,根据新的作业归集的成本,就成为了相应服务部门的变动成本部分,可以利用变动成本法和本量利分析方法等管理会计工具,评价相关服务部门的业绩,以及进行服务部门的改进和增减等决策。

六、作业成本法在服务行业中的应用

传统的制造业正在从劳动密集型向资本密集型的转变过程中,不同国家这个转变过程不尽相同。发达国家,如北美、西欧的很多国家,几乎已经完成了这个转变过程;发展中国家,如南美、东南亚的许多国家,正处于这个变革中。这个转变导致制造业的成本结构发生了重大变化,直接成本比例降低,间接成本比例提高,进而成本核算方法为了适应这个转变而发生变革,作业成本法被创造并广泛地推广。同时,制造业的成本概念很容易被初学者所接受,所以,本章在讨论作业成本法的相关内容的时候,都是以制造业为研究对象的。然而,随着后工业时代的到来,社会越来越发达,服务业提供的贡献所占的比例越来越大。并且由于服务业自身具有的特点,其更适用于运用作业成本法进行成本核算了。

(一) 服务业自身的特点

服务业相对于制造业存在的主要特点有如下四点。

（1）无形资源消耗比例大。相对于传统的制造业，服务业主要依靠的不是大规模的机器对有形生产材料加工生产进行经营的，而是通过其拥有的大量无形资源，如人力资源、特殊渠道等，满足顾客的特定要求，提供相应的服务来完成经营目的的。因此，无形资源消耗比例显著增加。如何计量、归集和分配这些无形资源的成本，成为服务业需要解决的一个难题。

（2）间接成本比例大。由于服务业不是以提供有形产品的行业，其直接材料部分显著降低；同时由于服务的连续性和交叉性，导致直接人工的比例也显著降低。因此，服务业的直接成本比例相对于传统制造业显著降低，间接成本的比例则显著地增加了。间接成本比例的增加和复杂化，必然引起生产经营管理者对传统成本法的应用效应产生质疑。

（3）服务同质性差。虽然服务业往往提供比较相似的服务，但是这些服务不能达到传统制造业的标准化要求，如律师面临的每一个经济纠纷案件都不尽相同。这种服务同质性差特征就会引起确定成本分配依据的困难，增加成本核算方法标准化难度。

（4）人员的特质变得更为重要。相对于传统的制造业，服务业主要依靠人力资本来完成服务，为企业获取收益。而人力资本与其他生产要素的最大区别就是，其特质性大。在制造业，可以通过标准化程序和训练降低这种特质性，而服务业则往往需要激发利用这种特质性。因此，人员的特质性导致了服务业人力成本核算分配的难度进一步增加。

（二）服务业采用作业成本法

服务业自身的特点，也带来了对成本核算的特殊要求。比例较大的间接成本，服务的同质性差，使用传统的成本核算方法必然会导致服务业的成本信息失真。作业成本法更适合用于服务业，满足相关企业的成本核算要求。在服务业实施作业成本法时，基本方法和步骤同制造业没有明显的差异，但是还需要注意以下三点。

（1）针对于无形资源比例较高，把握起来不是很容易，所以在设计作业时，需要更加仔细分析各种实际情况，细致辨别这种动因，以便能设计更好的作业体系来满足无形资源成本的核算要求。

（2）由于服务同质性差，则在设计作业时，要做得更为细致，尽量根据期间驱动和密度驱动来划分作业。只有这样做才可以保证针对特定的作业能客观科学地分配成本。

（3）人力资本成为服务业的成本核算的重点，在原来制造业的五个不同级别的作业的基础上，还存在一个针对特定人力的作业等级，并且把特定的人力资源作为成本核算对象。可以从服务业的自身特点入手，建立一套有效的成本核算系统，并完成相关人力资源的业绩评价工作。

本 章 小 结

本章主要讲述了一种先进的成本核算方法，作业成本法。作业成本法，与传统的成本核算方法的最根本的不同，就是使用多种分配基础分配归集间接成本。具体说来，相对于传统的成本核算方法，作业成本法通过对企业生产经营流程进行细致的作业区分，针对不同作业的成本动因，设计成本分配基础，完成间接成本分配的工作。

作业成本法涉及一些重要的概念，如作业、作业池、驱动、作业计量和作业率等。在掌握这些基本概念后，企业就可以通过两个关键步骤完成作业成本法的设计和实施：（1）将成本根据不同的作业归集到相应的作业池中;(2)将不同作业池中归集的成本分配到相应的成本对象上。为了更好地设计和实施作业成本法,企业还要将步骤细化:(1)确定作业和作业池;(2)分配成本到作业池;(3)根据作业计量计算作业率;(4)将间接成本分配到成本对象;(5)准备管理报告。

相对于传统的简单分配标准的成本核算系统,作业成本法提供了更为精确的成本信息,这不仅满足了企业生产经营管理对成本信息质量的要求,还为企业经营决策制定的有效性提供了必要保证。与此同时,不仅要考虑作业成本法的优点,还要考虑其主要的缺点,作业成本法最大的缺点就是设计实施成本较高。除设计实施成本之外,作业成本法还面临着许多需要解决的问题:(1)作业成本法设计期间的主要问题,包括高层管理者的鼎力支持、多种专业人士和基层工作者共同参与、必须注意实施过程中的协调和激励等问题;(2)如何确定作业的数量;(3)不同级别作业的使用方法。并且,作业成本法还涉及作业管理、服务部门成本分配和在服务行业应用的内容,这些也是作业成本法的重要内容。

思 考 与 练 习

思考题

1. 什么是作业成本法,其突出的特点是什么?

2. 什么是作业和作业池,作业可以分成哪些级别?

3. 什么是驱动,作业成本法可以选择使用的驱动有哪些?

4. 作业成本法设计和实施的具体步骤有哪些?

5. 作业成本法同传统成本法有哪些主要的差异?

6. 作业成本法在设计期需要解决好哪些问题?

7. 作业数量确定的成本原因和基本原则是什么?

8. 企业在什么条件下选择作业成本法?

9. 作业成本法的优点和缺点有哪些?

10. 服务行业的特点同作业成本法之间存在怎样的关系?

选择题

1. 作业可以包括如下的(　　)的级别。

　　A. 单位级　　　　　B. 批次级　　　　　C. 顾客级　　　　　D. 产品级

2. 企业的作业驱动可以分为(　　)。

　　A. 经济业务驱动　　B. 期间驱动　　　　C. 数量驱动　　　　D. 密度驱动

3. 作业成本法对成本的归集和分配需要经过的核心步骤包括(　　)。

　　A. 将成本根据不同的作业归集到相应的作业池中

　　B. 计量各作业池归集的作业数量

　　C. 计算各作业池的作业率

　　D. 将不同作业池中归集的成本分配到相应的成本对象上

4. 作业成本法同传统成本法的主要差异有(　　)。

　　A. 作业成本法需要确定更多更复杂的作业来作为间接成本分配的依据

　　B. 作业成本法增加了作业池这个关键环节

　　C. 作业成本法提供了更为精确的成本信息

D. 作业成本法为企业生产经营决策提供了更有效的成本信息支持

5. 为了更好地设计和实施作业成本法,企业必须做好( )等工作。

A. 高层管理者的鼎力支持

B. 多种专业人士和基层工作者共同参与

C. 必须注意实施过程中的协调和激励

D. 必须受到外部较大的竞争压力

6. 企业选择使用作业成本法作为其归集和分配间接成本的条件包括( )。

A. 企业提供的不同产品或服务在数量上和复杂程度上存在显著的差异

B. 间接成本占企业生产的产品或提供服务的总成本相当大的比例

C. 企业存在不同级别的成本核算对象

D. 企业拥有高效的管理信息系统和电算化基础

7. 相对于制造业,服务业具有( )的特点,促使其选择作业成本法。

A. 无形资源消耗比例大　　　　　　B. 间接成本比例小

C. 服务同质性强　　　　　　　　　D. 人员的特质变得更为重要

业务分析题

1. 某银行的分支机构当年的工资成本信息如下:

前台人员工资	180 000 元
经理助理工资	80 000 元
经理工资	80 000 元

而其他的间接成本,如折旧、房租等都属于设备级成本,这里不进行分配。经过作业分析,该分支机构有 4 个作业,并为此设计了作业池用以归集相关作业的成本。这 4 个作业为开户业务、存取款业务、其他客户交易业务和其他作业。通过对这些作业产生的成本进行分析后,获得了如下的各作业分摊的工资成本比例。

	前台人员工资	经理助理工资	经理工资
开户业务	10%	20%	0
存取款业务	65%	15%	0
其他客户交易业务	15%	25%	30%
其他作业	10%	40%	70%
总计	100%	100%	100%

要求:将该分支机构的工资成本分配到各作业池中。

2. 承题 1,该分支机构当年各作业数量如下:

开户业务	200 次
存取款业务	50 000 次
其他客户交易业务	1 000 次

要求:计算各作业池的作业率。

3. 承题 1、题 2,该分支机构有两个重要客户 A、B,每个客户消耗的各种作业量如下:

	A 客户	B 客户
开户业务	4 次	6 次
存取款业务	5 000 次	7 000 次
其他客户交易业务	200 次	350 次

要求:计算这每个重要客户所承担的工资成本。

4. 承题1、题2、题3,除了前述两个重要客户之外,该分支机构的其他客户均是附近居住的普通客户。当年该分支机构平均有 500 个普通客户。普通客户所消耗的各种作业如下:

	开户业务	存取款业务	其他客户交易业务
普通客户	190 次	38 000 次	450 次

要求:计算每个普通客户的平均工资成本。

案例题

郑立明是一个家用电器制造厂的会计主管。其所在的企业只生产一种产品的两个不同的型号:标准型和豪华型。当他看到当期的财务报表的时候,始终没有弄明白为什么销售部门在大肆宣扬豪华型产品的市场竞争力是如何的强大,以至于很快占领了高端市场的主要份额,而企业的业绩却在不断下滑。虽然,销售部门也把这个归结到标准型的定价过高导致产品滞销。但是,郑立明发现了这样一个问题,在没有豪华型产品生产前,标准版的定价远低于现在的价格,而企业仍然保持了较高的获利能力。相反,为了提高市场竞争力,企业开始生产豪华型产品时,标准型的定价已经达到了企业能容忍的最低限度了,但是仍然很高。

具有扎实的管理会计基础的郑立明认为是企业成本核算系统的问题。通过分析之后,他发现企业一直使用直接人工小时来分配制造费用。相关产品生产情况和成本信息如下:

	标准型	豪华型
生产数量(套)	120 000	15 000
单位直接材料成本(元/套)	112	154
单位直接人工成本(元/套)	8	16
单位产品消耗直接人工小时数(小时/套)	0.8	1.6
年制造费用(元)	6 000 000	

如今为了应付外部日益剧烈的竞争环境,该企业决定引入作业成本法来核算成本。经过作业分析,确定了 4 个作业用以分配制造成本,相应的作业池分配的制造费用如下:

作业池	作业计量	分配的制造费用
购货订单	订货的次数	252 000 元
废品和返工	废品和返工次数	648 000 元
产品检测	产品检测数	1 350 000 元
机器加工	机器加工小时	3 750 000 元

两种产品消耗的各作业数如下:

作业计量	标准型	豪华型	总计
订货的次数（次）	800	400	1 200
废品和返工次数（次）	400	500	900
产品检测数（次）	9 000	6 000	15 000
机器加工小时（小时）	30 000	20 000	50 000

要求：

（1）计算只使用直接人工小时作为制造费用分配基础上两种产品的单位成本；

（2）计算在作业成本法下两种产品的单位成本；

（3）比较说明两种成本法下，成本信息的准确度对企业生产经营的影响。

附录：利用 Excel 进行作业成本计算

同其他章节不同的是，作业成本法设计的计算比较复杂，这样仅仅使用单一的 Excel 表不容易或是不能清晰地完成相应的计算。因此，在这里我们使用 Excel 的多表之间关联运算，完成作业成本法的核算。

我们使用本章给出的天润公司的相关资料，利用 Excel 完成本章使用的表 6-1 至表 6-8 的计算。为了计算便捷，我们将 Excel 中使用 8 个不同的表，并且这些不同的表依次使用"表 6-1"至"表 6-8"命名。

首先，我们将天润公司的基本资料输入 Excel 中，依次形成本章中的表 6-1、表 6-2 和表 6-3，如下：

	A	B
1	表6-1 天润公司间接成本一览表（单位：元）	
2	生产部门	
3	间接人工工资	600000
4	机器设备折旧	200000
5	厂房租金	100000
6	总计	900000
7	管理部门	
8	管理人员的工资	300000
9	办公设备折旧	40000
10	办公室租金	30000
11	总计	370000
12	销售部门	
13	销售人员工资	200000
14	销售费用	50000
15	运输费用	40000
16	总计	290000

	A	B
1	表6-2 天润公司作业池表	
2	作业池	作业计量
3	顾客订货	顾客订货的次数（单位：次）
4	产品设计	产品设计的次数（单位：次）
5	产品数量	机器加工小时（单位：小时）
6	顾客关系	保持关系的顾客数量（单位：个）
7	其 他	不需要或没必要分配

	A	B	C	D	E	F	G
1	表6-3 天润公司作业池分配比率表						
2	间接成本类别	作业池					
3		顾客订货	产品设计	产品数量	顾客关系	其他	合计
4	生产部门						
5	间接人工工资	15%	25%	40%	10%	10%	100%
6	机器设备折旧	5%	15%	60%	5%	15%	100%
7	厂房租金	0%	0%	10%	0%	90%	100%
8	管理部门						
9	管理人员的工资	20%	10%	5%	15%	50%	100%
10	办公设备折旧	30%	10%	0%	20%	40%	100%
11	办公室租金	0%	0%	0%	0%	100%	100%
12	销售部门						
13	销售人员工资	25%	0%	20%	45%	10%	100%
14	销售费用	20%	0%	0%	60%	20%	100%
15	运输费用	80%	0%	10%	10%	0%	100%

其中，表 6-3 中的单元格 G5 中输入函数"＝SUM(B5:F5)"，并使用填充方法将其他合计项目的单元格的计算完成。

然后，计算各个作业池分配得到的间接成本。(1)先在单元格 B5 中输入"＝'表 6-1'! ＄B ＄3 * '表 6-3'!B5"、单元格 B6 中输入"＝'表 6-1'! ＄B＄4 * '表 6-3'!B6"和单元格 B7 中输入"＝'表 6-1'! ＄B＄5 * '表 6-3'!B7"，之后将这些公式填至单元格 G5、G6 和 G7，完成生产部门的间接成本的分配。(2)同理，我们将管理部门和销售部门的间接成本分配到各作业池。(3)并且在单元格 B16 中输入"＝SUM(B5:B15)"，并将计算公式填至 G16，完成各作业池分配的间接成本的汇总。对于 Excel 中不同表间关联计算的相关内容请参见相关的书籍。计算结果如下：

	A	B	C	D	E	F	G
1	表6-4 天润公司间接成本分配到作业池表(单位:元)						
2	间接成本类别	作业池					
3		顾客订货	产品设计	产品数量	顾客关系	其他	合计
4	生产部门						
5	间接人工工资	90000	150000	240000	60000	60000	600000
6	机器设备折旧	10000	30000	120000	10000	30000	200000
7	厂房租金	0	0	10000	0	90000	100000
8	管理部门						
9	管理人员的工资	60000	30000	15000	45000	150000	300000
10	办公设备折旧	12000	4000	0	8000	16000	40000
11	办公室租金	0	0	0	0	30000	30000
12	销售部门						
13	销售人员工资	50000	0	40000	90000	20000	200000
14	销售费用	10000	0	0	30000	10000	50000
15	运输费用	32000	0	4000	4000	0	40000
16	合计	264000	214000	429000	247000	406000	1560000

进一步,我们计算各作业池的作业率。(1)先在单元格 B3 中输入"='表 6-4'!B16",将表 6-4 中归集的顾客订货池的间接成本链入表 6-5 中,同理在 B4、B5、B6 和 B7 中链入表 6-4 中的相关数据。(2)在单元格 C3、C4、C5 和 C6 中输入各个作业池作业计量数。(3)在单元格 E3 中输入"=B3/C3",并将该计算公式填充至单元格 E6,完成了各作业池的作业率的计算。计算结果如下:

	A	B	C	D	E	F
1	表6-5 天润公司各作业池的作业率表					
2		归集的间接成本	作业计量数		作业率	
3	顾客订货	264000	1000	次	264	元/次
4	产品设计	214000	200	个	1070	元/个
5	产品数量	429000	15000	机器加工小时	28.6	元/小时
6	顾客关系	247000	100	个	2470	元/个
7	其他	406000	不分配			

接下来,我们计算特定产品分配的间接成本。(1)在单元格 B4 中输入"=' 表 6-5'!E3",并将该计算公式填充至 B7,并重复上述过程输入和填充单元格 B10 至 B13、单元格 B16 至 B19。这样完成了表 6-5 中相应作业率的链入过程。(2)在单元格 D4 至 D7 输入产品 A 消耗的各个作业池的作业数,同理完成产品 B 和产品 C 的作业数的输入。(3)在单元格 F4 中输入"=B4 * D4",并将该计算公式填充至单元格 F7,计算产品 A 归集的各个作业池的间接成本。同理,归集产品 B 和产品 C 所承担的各个作业池的间接成本。(4)在单元格 F8 中输入函数"=SUM(F4:F7)",汇总产品 A 所承担的间接成本。同理,汇总产品 B 和产品 C 所承担的间接成本。计算结果如下:

	A	B	C	D	E	F	G
1		表6-6 特定产品分配得到的间接成本表					
2		作业率		消耗的作业数		分配得到的间接成本	
3	产品A						
4	顾客订货	264	元/次	20	次	5280	元
5	产品设计	1070	元/个	3	个	3210	元
6	产品数量	28.6	元/小时	1000	小时	28600	元
7	顾客关系	2470	元/个	5	个	12350	元
8	合计					49440	元
9	产品B						
10	顾客订货	264	元/次	50	次	13200	元
11	产品设计	1070	元/个	5	个	5350	元
12	产品数量	28.6	元/小时	2000	小时	57200	元
13	顾客关系	2470	元/个	7	个	17290	元
14	合计					93040	元
15	产品C						
16	顾客订货	264	元/次	100	次	26400	元
17	产品设计	1070	元/个	10	个	10700	元
18	产品数量	28.6	元/小时	1500	小时	42900	元
19	顾客关系	2470	元/个	15	个	37050	元
20	合计					117050	元

根据上面的操作,我们可以完成某特定客户分配的间接成本,计算结果如下:

	A	B	C	D	E	F	G
1		表6-7 某特定客户分配得到的间接成本表					
2		作业率		消耗的作业数		分配得到的间接成本	
3	顾客订货	264	元/次	200	次	52800	元
4	产品设计	1070	元/个	30	个	32100	元
5	产品数量	28.6	元/小时	4000	小时	114400	元
6	顾客关系	2470	元/个	1	个	2470	元
7	合计					201770	元

最后,我们计算特定产品的单位成本。(1)先输入产品 A、产品 B 和产品 C 的基本信息,包括各个的总的间接成本和生产数量。(2)在单元格 D3 中输入"=B3/C3",并将该计算公式填充至单元格 D5,完成各个产品的单位间接成本的计算。(3)再输入各个产品的单位直接成本。(4)在单元格 F3 中输入"=D3＋E3",并将该计算公式填充至单元格 F5,完成各个产品的单位成本的计算。计算结果如下:

	A	B	C	D	E	F
1		表6-8 特定产品的单位成本表				
2		总的间接成本（元）	生产数量（套）	单位间接成本（元/套）	单位直接成本（元/套）	单位成本（元/套）
3	产品A	49440	100	494.40	150	644.40
4	产品B	93040	160	581.50	240	821.50
5	产品C	117050	50	2341.00	280	2621.00

通过上面的操作计算过程,我们完成了利用 Excel 实现作业成本法的核算。并且将上述操作进行拓展,还可以完成利用作业成本法提供的成本信息进行的决策分析。

第七章

管理决策评价:短期经营决策

／学习目标／

◆ 理解相关成本的含义
◆ 掌握生产决策的分析方法
◆ 理解产品定价的主要方法
◆ 掌握存货的管理方法

案例引导

　　最近,嘉实公司刚刚外聘了一位职业经理顾君,嘉实公司是一家刚刚成立三年的民营企业,在短短的三年时间里,公司从最初的 500 万元资本已经发展到近 1 500 万元的规模。面对企业的快速成长,企业的投资人感到管理这样规模的企业已经越来越吃力,经过慎重选择,决定聘请具有丰富管理经验的顾君作为企业的经理人。

　　嘉实公司主要生产有特色的陶瓷制品,除了供应给陶瓷的零售商,还根据一些大客户(主要是大型的宾馆和饭店)的需求生产定制的瓷盘、瓷具等。由于公司产品的质量好、档次高,深受当地市场的欢迎。顾君到来后,通过一系列的管理措施,使企业生产和财务运作更加有效率,市场占有率也进一步有所上升。

　　最近在公司召开的高层管理者会议上,出现了一些棘手的问题。

　　首先市场部经理发言:"上午刚接到客户的一个订购单,需要淡绿色的瓷盘 8 000 个,浅蓝色的小型瓷具 2 000 个。买家要求的单价不超过 80 元,并且要求 2 个月内交货。我们企业这种产品的正常售价是 120 元。这批订单是否可以接受呢?"

　　生产部的经理说:"刚刚建成的新厂房已经能够投入使用,现在还有大量的闲置生产能力。因此 2 个月内生产出 10 000 个应该没问题,淡绿色的瓷盘我们以前生产过,可以立即生产,但是淡蓝色小瓷具没有生产过,需要进行一些调试,而且这种瓷具需要特殊的模具。这种模具市场上有卖的,当然我们也可以自己制造。"

　　财务经理发言说:"淡蓝色小瓷具的模具我们自己生产的成本是每个 20 元,市场上只卖 18 元,还是外购合适一些。而淡绿色的瓷盘,我们的成本是每个 90 元,这笔交易不合算。"

如果你作为顾君,面对这样的决策问题,该考虑哪些方面呢? 财务经理的回答正确吗?
特殊订单决策、自制还是外购决策都属于典型的短期经营决策问题。短期经营决策是在企业当前的经营规模范围内做出的、涉及的时间在一年以内的决策类型。本章主要介绍针对短期经营决策的各种分析方法。

第一节　短期经营决策概述

短期经营决策是指涉及时间在一年以内的经营决策。短期经营决策通常以利润最大化为目标，包括生产数量如何安排、特殊订单是否接受、产品是否进一步深加工等生产决策，以及如何确定产品价格的定价决策和决定最优采购量和库存量的存货决策。

一、决策概述

所谓**决策**，是指人们为了实现某一特定目标，在占有必要信息的基础上，借助于科学的理论和方法，进行必要的计算、分析和判断，从若干可供选择的方案中选择一个最优方案的过程。简单地说，决策就是为实现特定的目标，从若干个备选方案中选择一个最优方案的过程。企业管理者要面临大量的决策问题，如家具厂的经理人员会面临是生产高档家具还是低档家具？生产的家具怎样进行合理的定价？应该保持什么样的存货水平？亏损的椅子产品是否应该停产？这些决策问题需要管理会计人员提供相关的决策信息进行分析，以帮助管理者作出正确的选择。

决策分析是企业管理过程的核心，决策的正确与否关系到企业未来发展的成败。对企业的管理层来说，科学合理的决策是企业能够在激烈的竞争环境中生存、发展的必要条件。从管理会计的角度，就是要求管理会计人员能够提供决策过程有用的会计信息，帮助管理层作出正确的决策。决策过程的主要程序包括以下四个步骤。

（一）明确决策问题和目标

制定决策首先应该明确决策的问题和目标，例如，是否接受某一特殊的客户订单，或者生产何种产品。在一项决策作出之前，必须澄清该问题。澄清该问题以后，就应该对决策的标准进行界定，目标是利润最大化，是尽可能扩大市场份额，还是使成本最小化？在决策之前，必须清晰界定决策的标准，作为选择最优方案的依据和准绳。

（二）搜集相关资料并制定备选方案

对决策问题明确之后，应该收集相关资料，了解决策问题的相关数据，并充分考虑现实与可能，设计制定各种可能实现目标的备选方案。备选方案的制定要集思广益，充分考虑各种可能的情况，各备选方案要尽可能详细，以有利于分析各方案的优劣。

（三）对备选方案作出评价，选择最优方案

这一过程需要对各备选方案进行详细的定性和定量分析，从各个方面分析各方案的可行性和优劣。这个过程是正确决策的关键，它要求对各方案的决策标准（例如利润）作出细致的

分析,进而通过各方案的决策标准进行比较,从而得出最优方案。

(四)决策方案的实施和控制

最优方案选定以后,就要组织实施,在方案的实施过程中,可能会出现不曾预料到的新情况,根据新情况可能要调整和修改原方案,对方案实施过程的监控,可以保证决策的顺利实施,同时能够积累经验和数据,为今后的决策制定提供指导。

按照决策涉及时间的长短,企业的决策可以分为短期决策和长期决策。

短期决策是指对企业一年以内或者维持当前的经营规模的条件下所进行的决策。短期决策的主要特点是在既定的规模条件下决定如何有效地进行资源的配置,以获得最大的经济效益。通常不涉及固定资产投资和经营规模的改变,因此,短期决策通常是在成本性态分析时提到的"相关范围"内所进行的决策。

长期决策是指对较长时间内(通常一年)的经营问题所进行的决策,如投资兴建新项目、固定资产的更新改造等决策。长期决策往往涉及的时间长、投资大、风险高,因此往往要考虑资金的时间价值和风险价值。关于长期决策的方法,我们将在下一章予以介绍。

二、决策过程中的相关信息

在决策制定过程中,管理会计的主要作用是:(1)确定与每项决策问题相关的信息是什么;(2)提供准确、及时的相关信息和决策方法。因此,在短期经营决策过程中,首先要分析决策中的相关信息。

(一)相关信息的特点

相关信息必须同时具备两个特点。

第一,相关信息是面向未来的。决策影响的是未来,而不是过去,其依据的信息也必须是涉及未来的事件。由于相关信息面向未来事件,管理会计人员必须预测相关成本与效益的数额。作为预测的方法之一就是利用过去的数据进行分析,因此,对历史数据的分析是为了找到数据间的适当关系,进而有利于未来进行更准确的预测。

第二,相关信息在各个备选方案之间应该有所差异。在所有可获取的备选方案中,同样都发生的那部分成本或效益对决策不会产生任何影响。例如,在选择生产何种产品的决策中,如果各种产品的固定成本是相同的,那么固定成本信息就属于无关信息,它并不影响决策过程。合理地选择相关信息是进行决策分析的基础,如果不区分相关信息与无关信息,往往会使信息的搜集和加工陷入无序的信息陷阱中,分散决策者的注意力,降低决策的效率。

决策的相关信息应该同时具备以上两个特点,这两个特点也是区分相关信息与无关信息的标准。在决策过程中,区分相关信息与无关信息是管理会计师十分重要的工作,企业经营的信息涉及面广,方方面面,纷繁复杂。管理者每天要面对大量的信息,如果不能区分出决策有用的相关信息和无用的无关信息,就可能会落入信息陷阱中去。一方面,任何管理者的精力都是有限的,无关信息会占用管理者的时间和精力,从而降低决策的效率;另一方面,大量无关信息可能会干扰管理者的决策,甚至造成决策错误。面对大量的信息,管理会计师需要根据其职业判断,区分哪些信息是与决策相关的,哪些是不相关的,对于不相关的信息,应该在决策时予以剔除。

（二）相关成本分析

在第二章中，我们曾经介绍了常见的成本类型。按照相关信息的两条标准，这些成本有些属于相关成本，有些属于无关成本。下面分别分析如下。

1. 差量成本、增量成本与边际成本

差量成本是指两个备选方案的预期成本之差。**增量成本**是指由实施某一方案所增加的成本额。**边际成本**是指产量再增加或减少一单位所导致的成本变动量。从定义上看，增量成本和边际成本都属于差异成本的特定表现形式。这三种成本既是未来将要发生的，各方案间又有差异，因此属于相关成本。

2. 沉没成本、重置成本与付现成本

沉没成本是指过去已经发生，目前决策不能改变的成本。由于是在过去发生的成本，对未来不会有影响，因此属于无关成本。**重置成本**是指重新购买或者生产同一项原有资产所需支付的成本。**付现成本**是指需要用现金进行支付的成本。这两项成本都是对未来有影响并存在差异的成本，因此属于相关成本。

3. 机会成本与假计成本

机会成本是在若干个备选方案中，由于选择了某个方案而放弃了其他方案所丧失的潜在的最大收益。一笔资金既可以购买股票，也可以用来购买债券。如果购买股票，那么就会丧失债券的利息收入，这种潜在的损失就是投资股票的机会成本。由于机会成本是一种潜在的损失，有时无法准确地计算，往往用近似的方法进行估计，这种估计的成本又称**假计成本**，如权益资本成本。机会成本和假计成本都会影响未来，并在方案间存在差异，因此都属于相关成本。

4. 可避免成本与不可避免成本

可避免成本是指直接与某一方案相联系，其发生与否直接取决于该方案是否被采纳的成本。例如，企业决定是否投产某项新产品，如果投产，则需要增添一台新设备，该设备成本直接与投产新产品的方案相联系，其发生与否取决于是否投产新产品，属于可避免成本。如果该设备无论是否投产新产品都需要购买，那么设备成本就应该属于**不可避免成本**。显然，可避免成本与未来相联系，并在各方案间存在差异，因此属于相关成本。而不可避免成本由于无论如何选择都会发生，因此属于无关成本。

5. 专属成本和联合成本

专属成本（Exclusive Cost），是指可以明确归属于特定的成本对象（如某种或某批产品、某项或某类服务、某个部门）的成本。由此可见，变动成本大多数是专属成本；而专门生产某种或某批产品的专用设备的折旧费用、保险费用，以及专门推销某种或某批产品的销售费用等固定成本也是专属成本。显然，专属成本与决策相关，是相关成本。

联合成本（Joint Cost），也称共同成本，是指那些需要有多种、几批产品或多个部门共同承担的成本。固定成本大多是联合成本，譬如，腾飞公司日常的管理人员的工资、车间照明费等成本。可见，联合成本通常是无关成本。

（三）生命周期成本

随着技术的进步和市场竞争的加剧，产品从设计、生产到销售、使用直至废弃，所经历的生命周期逐渐缩短。传统的管理会计只注重生产成本，产品生命周期的变化要求管理者从全流程的角度对产品在整个生命周期发生的成本都予以关注。

1．生命周期成本的含义

通常所说的产品生命周期是从市场的角度分类的,从产品进入市场到退出市场所经历的各种阶段划分为导入期、成长期、成熟期和衰退期,这种生命周期的划分方法是服务于竞争战略选择的需要,有助于管理者针对不同的市场类型选择合适的竞争战略。生命周期成本则是从生产者和消费者的角度,将产品的生命周期看作为从产生到报废的循环过程,这个周期包括产品研发和设计、生产制造、销售与物流、顾客使用五个阶段。显然这种生命周期的划分方法与通常所说的产品生命周期是不同的,这种生命周期的划分方法更加有助于管理者对成本进行全程的跟踪和控制,理解各阶段对成本的影响程度和成本在各阶段的发生情况。

关于**产品生命周期成本**(Life-cycle Cost,简称 LCC)有狭义和广义两种认识①,狭义的生命周期成本是指在企业内部及其相关联方发生的由生产者负担的成本,具体指产品研发、设计、制造、营销与物流等过程中发生的成本。广义的生命周期成本又称"全生命周期成本"(Whole Life-cycle Cost,简称 WLCC),它不仅包括产品制造者发生的成本,而且把消费者购入产品后发生的使用成本、维修成本、废弃处置成本也包括在内。对于企业来说,为获取竞争优势,不仅要考虑自身的成本,还有考虑客户所承担的使用、维修、废弃处置等成本,从降低全生命周期成本的角度进行决策,能够增强企业的成本优势,提高自身的竞争能力。

生命周期成本按照承担者的不同可以分为两个主要部分:生产者成本和消费者成本。

(1) 生产者成本。生产者成本是由生产者承担的,从产品的研究设计、生产制造到销售配送一系列环节中发生的成本。具体包括以下三种。

研究、开发与工程设计成本。包括产品设计/开发过程中初步设计、演示、论证等各阶段所需的各种花费,具体包括产品的市场调研、可行性分析、图纸设计、产品试验、工程设计及产品开发或测试过程中牵涉的人力、物力的花费,以及培训、许可证等方面的间接费用等。产品的研发成本是生产周期成本的起点,也是最重要的一部分。因为后期的大部分产品成本都已经在研究开发阶段就决定了。产品在生产过程中的成本控制,主要是对料、工、费的控制,但是这种控制仅仅是对实际成本超过了标准成本的差额进行的小幅调整,产品使用什么材料、需要多少人工和何种设备,是在研发阶段所确定下来的,一旦设计方案确定,就很难再改变成本的数额。研究阶段的一项技术改进,例如材料从成本较高的钢材转变为成本较低的硬塑料,可以为企业节省大量的生产成本。研究表明:对于大多数的产品,产品成本的 $65\% - 80\%$ 在产品设计阶段就已经确定了。产品投入生产以后,降低成本的空间就不大了。因此,企业管理者应该充分认识到研究、开发与工程设计成本在生命周期成本中的重要作用,提高企业产品的创新能力和成本控制力。

生产成本。包括产品生产过程中所发生的材料、人工成本、产品检验、储存、设备维护等方面的制造成本和管理成本。对制造成本的管理是传统成本管理的重点,运用标准成本制度、成本计算、成本分析等方法进行成本控制。比较新的成本控制方法是 Kaizen 成本法,它强调通过简化流程和提高效率来达到持续降低成本的目的。

销售、物流与售后服务成本。包括在产品的销售过程中的营销、物流配送和售后服务成本。具体包括产品的广告费用、促销活动成本、产品的包装、运输、物流配送成本以后售后服务

---

① 余恕莲主编:《管理会计》,对外经济贸易大学出版社,2004 年第 1 版,第 302—306 页。

过程中发生的各项费用等。这些成本在财务会计处理中通常作为期间费用处理,但是从生命周期成本的角度来看,它和生产成本一样,都属于生产者成本的一部分。

(2) 消费者成本。产品销售给顾客以后,由消费者承担的在产品使用过程中所发生的各种成本和代价构成消费者成本。消费者成本虽然并不是由生产厂商负担,但是由于竞争的日趋激烈,为了争取客户资源,生产者也不得不把消费者所承担的成本综合考虑到决策中来,从而力求在生产者成本和消费者成本之间作出权衡,以使产品的全生命周期成本达到最低。消费者成本主要包括以下三种类型。

使用成本。 是指消费者在使用该产品过程中需要承担的人力、物力资源的成本。例如,消费者购买汽车以后,需要承担的油费、养路费、保险费等。

维护保养成本。 包括在产品的使用期限内,对产品进行的定期维护成本以及出现故障时所需花费的维修成本。企业为了降低客户的维护保养成本,通常作出一定的售后服务保证。这种售后服务不仅可以降低消费者的维护保养成本,而且可以赢得消费者的信任并提高企业的市场竞争力。

废弃处置成本。 包括在产品使用报废阶段所发生的各项处置成本。如果将社会看作为广义的消费者,那么产品对社会所产生的代价也可看作为消费者成本,其中最受关注的是产品对环境所产生的影响,即环境成本。例如,产品使用过程中产生的废气、废水污染,汽车、大型家具和电器废弃时的垃圾处理成本等。随着社会环境保护意识的增强,产品的环境成本也应该成为企业所必须考虑的重要问题。

企业需要对生命周期成本进行完整的事前规划,在产品或者项目的早期阶段对生命周期成本数据进行调查、分析,以便在不同方案之间做出合理的选择。例如,在产品设计、软件配置、设备选择等方面进行决策时,应该考虑在其生命周期内所产生的收入是否足以抵减所有这些成本。管理者应该从传统的只注重生产成本的成本管理观念转变为降低全生命周期成本的现代成本管理观念。

2. 生产者成本的控制

对企业的管理者来说,虽然要关注全生命周期成本,但是企业能直接影响的是生产者成本的部分,企业对消费者成本的影响也是通过对生产者成本进行间接影响的,例如,通过技术改进提高产品质量,从而降低消费者的维护修理成本。因此,对生产者成本的控制方法是企业进行成本控制的重点。

对生产者成本的不同阶段,企业会采用不同的成本控制方法。对于研发阶段,通常采用目标成本法进行成本控制。在产品制造阶段,成本的控制方法较多,包括传统的标准成本制度以及近些年受到广泛关注的改进成本法。对于销售和售后阶段,通常采用预算的形式进行成本控制。图 7-1 体现了生命周期成本的构成以及相应的成本控制方法。图中的生命周期成本是指狭义的生命周期成本即生产者成本。

(1) 目标成本法。目标成本法是一种成本规划与控制方法,它主要关注在产品研发和工艺设计阶段的产品应该满足的成本目标。在日益加剧的国际化竞争环境中,企业往往面临着很强的市场压力,市场价格由市场力量或者价格主导者所决定,企业为了能在市场中生存,必须使成本低于价格,才能有利可图。目标成本就是预计的市场价格与要求的利润之差。

$$目标成本＝预计价格－要求的利润$$

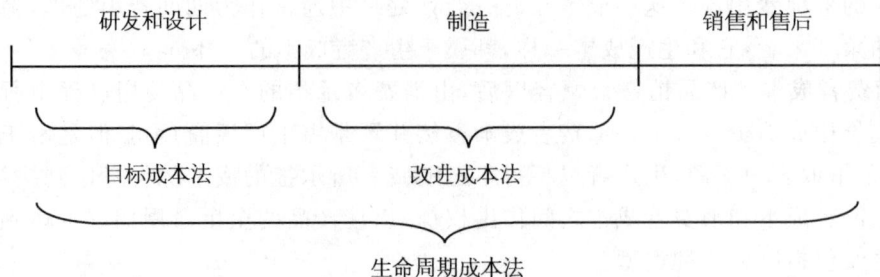

图 7-1　生命周期成本的成本控制

按照传统观念,首先设计和制造产品,然后加上企业要求的利润,按照这样的价格出售产品。如果价格定得太高,再努力地降低成本。而目标成本法则将这种观念颠倒过来,并不是成本决定价格,而是价格驱动成本。在产品研发的阶段就根据顾客的需要确定目标成本,从而确保设计出来的产品能够达到目标成本,获得目标利润。

实施目标成本法的主要程序:①根据市场需求和竞争状况确定目标价格;②确定目标利润;③确定必须达到的目标成本。

企业在确定目标价格时,必须充分考虑市场需求和竞争状况,包括可能的替代产品、竞争对手可能推出的产品和价格,以及顾客对产品价格的接受程度等因素。在确定目标利润时,要结合企业的战略目标等因素进行综合考虑,例如,产品的生产周期有多长?需要多长时间弥补研发成本?企业是否想要迅速地占领市场?在分析中应该注重长期财务规划。确定目标成本即计算目标价格与目标利润的差额。在按照目标成本进行规划和控制时,首先,要充分注重研发阶段的成本管理,80％左右的产品成本包括要求的材料用量、人工和设备用量都是在研发阶段所决定的。产品一旦投入生产过程,降低成本就很困难了。因此企业应该在早期设计阶段就对产品的成本予以充分的关注。

（2）Kaizen 成本法。Kaizen 成本法又称为**改进成本法**,是近年来日本制造商广泛采用的一种成本管理与控制方法。它强调通过简化流程和提高效率来达到持续性降低成本的目的,常常是通过对业务流程的逐步优化实现持续的渐进式的改进。源自日语的"Kaizen",原意指小的、连续的、渐进的改进。在改进成本法下,企业通过改进一系列生产经营过程中的细节活动,如持续减少搬运等非增值活动、消除原材料浪费、改进操作程序、提高产品质量、缩短产品生产时间、不断地激励员工等方式达到成本的持续改进。

根据这种持续改善的思想,企业从 CEO 到生产线上的工人,在每项作业、每天、每时每刻都不断寻求改进,通过每个人微薄的、持之以恒的努力,一段时间后,就会取得实质性的成本降低。为有助于持续的成本降低,企业应该建立分阶段(每年或者每月)的成本目标,以便用实际成本与改善的目标进行比较。成本改善的基数通常就是上一年度末的实际成本业绩。改善目标用成本降低率或者成本降低额表示,到了该年年末,用当年的实际成本降低额与改进目标作比较,同时,当年的实际成本成为下一年的成本基数。如此往复下去,降低成本的努力不断地循环下去。

第二节　生　产　决　策

生产决策是企业短期经营决策的重要内容之一,它主要针对企业短期内(或当前的经营规模范围内)是否生产、生产什么、怎样组织生产以及生产量如何安排等问题而进行的相关决策。典型的生产决策包括生产数量的组合决策、零部件是自制还是外购决策、产品是否进一步深加工、亏损产品是否停产决策、是否接受特殊订单的决策、生产工艺的选择决策等。

一、生产决策的主要方法

(一) 差量分析法

差量分析法就是分析备选方案之间的差额收入和差额成本,根据差额利润进行选择的方法。在差量分析中,差额利润等于差额收入与差额成本之差,差额收入等于两个方案的相关收入之差,差量成本等于两个方案相关成本之差。若差额利润大于零,则前一个方案优于后一个方案;反之,则后一个方案优于前一个方案。通常可以通过编制差量分析表来计算差额利润的高低。

这种方法在分析过程中,只考虑相关收入和相关成本,对不相关因素不予考虑,因此较为简单明了,但对于两个以上的备选方案,只能两个两个地分别进行比较,逐次筛选,故比较麻烦。

(二) 边际贡献分析法

边际贡献分析法(Contribution Margin Analysis Method),就是通过对比各备选方案的边际贡献额的大小来确定最优方案的决策方法。边际贡献是销售收入与变动成本的差额。在短期生产决策过程中,固定成本往往稳定不变,因此,直接比较各备选方案边际贡献额的大小就可以作出判断。但当决策中涉及追加专属成本时,就无法直接使用边际贡献大小进行比较,此时,应该使用相关损益指标,某方案的相关损益是指该方案的边际贡献额与专属成本之差,或该方案的相关收入与相关成本之差。哪个方案的相关损益大,哪个方案为优,这种相关损益分析法可以看作是边际贡献法的一种特例。

(三) 本量利分析法

本量利分析法就是利用成本、产量和利润之间的依存关系来进行生产决策。利用本量利分析的思路和各种分析指标,可以方便地分析判断各种方案对企业利润的影响程度。有关本量利分析的方法已经在第五章中作了介绍,在此不再详述。

二、生产产品的组合决策

当企业可以生产多种产品时,需要决定生产哪些产品以及各种产品的生产数量,这种决策称为产品的组合决策。如果生产的每种产品企业都有足够的资源充分供应,在销售量既定的条件下,企业显然会选择能够提供单位边际贡献最大的产品。但是在现实的企业实践中,企业的生产通常都会受到一定的资源约束。这些资源约束包括原材料供应不足、人员的缺乏、设备使用时间的限制以及占地面积和仓储面积的限制等。这些资源约束会限制企业的生产活动,此时企业就不能用单位边际贡献作为产品盈利能力的标准。因为不同产品消耗的资源量是不同的。在资源量有限的条件下,应该考虑各种产品对稀缺资源的消耗程度,消耗资源多的产品应该比消耗资源少的产品盈利能力低。在只有一种资源约束的情况下,可以使用单位资源的边际贡献作为衡量各种产品盈利能力的指标,企业优先生产单位资源边际贡献最大的产品,可以保证边际贡献总额达到最大。

$$单位资源边际贡献 = \frac{单位产品边际贡献}{单位产品资源消耗量}$$

(1) 如果企业只受一种资源约束的限制,并且产品的销售数量不受限制,那么企业应该选择单位资源边际贡献最大的产品进行生产,此时企业的边际贡献总额最大。

(2) 如果企业只受一种资源约束的限制,而且产品的销售数量也受到限制,此时,决策的思路应该是:首先计算各种产品的单位资源边际贡献,然后按照各产品的单位资源边际贡献从大到小进行排序,按照这个排序在销量的范围内依次安排各种产品的生产,直至有限的资源全部消耗。按照这种方法所作出的产量安排可以使边际贡献总额达到最大。

例 7-1:某企业使用一批机器设备,可同时生产甲、乙两种产品。若这种设备每月的最大生产能力为 2 400 个机器工时,生产两种产品的有关资料如表 7-1 所示。

表 7-1　相关数据资料

项　　目	甲产品	乙产品
预计销售单价(元)	60	50
单位变动成本(元)	36	35
单位边际贡献(元)	24	15
每周需求量(件)	2 000	2 200
每件消耗机器工时(小时)	1	0.5

单纯从两种产品的获利能力来看,甲产品的单位边际贡献为 24 元,比乙产品要高。但是考虑到对资源的消耗量,甲产品耗用更高的瓶颈资源量(即机器工时)。这时应该考虑两种产品的单位资源的边际贡献(见表 7-2)。

表 7-2　单位资源边际贡献的计算

	甲产品	乙产品
单位产品边际贡献(元)	24	15
单件消耗机器工时(小时)	1	0.5
每工时的边际贡献(元)	24	30
排序	2	1

从表 7-2 中可以看出,甲产品的单位资源边际贡献为 24 元,乙产品的单位资源边际贡献为 30 元。因此,应该优先安排生产乙产品,满足乙产品的市场需求,然后用剩余的生产能力来生产甲产品。首先安排每月生产乙产品 2 200 件,耗用工时 1 100 小时,剩余的 1 300 个工时生产甲产品,可以生产甲产品 1 300 件。这样,企业每月的产量安排为生产甲产品 1 300 件,生产乙产品 2 200 件,两种产品的边际贡献总额为 64 200(=1 300×24+2 200×15)元。

(3) 当存在多种资源约束时,可以使用线性规划的方法进行产量安排。

如果前例中除了机器工时限制以外,原材料的供应数量也有限,每月原材料总供应量为 20 000 千克,单位甲产品耗用 10 千克原材料,单位乙产品耗用 5 千克原材料。根据相关数据,可以建立线性规划模型如下:

设甲、乙两种产品的月产量分别为 q_1 和 q_2。线性规划的目标函数应该为使边际贡献总额达到最大。

目标函数:边际贡献 $M=24q_1+15q_2$

约束条件:
$$\begin{cases} q_1+0.5q_2 \leqslant 2\ 400 \\ 10q_1+5q_2 \leqslant 20\ 000 \\ q_1 \leqslant 2\ 000 \\ q_2 \leqslant 2\ 200 \\ q_1,q_2 \geqslant 0 \end{cases}$$

问题转化为在满足约束条件的情况下,求使目标函数 $M=24q_1+15q_2$ 为最大值时的产量安排 q_1 和 q_2。线性规划模型的求解可以通过 Excel 软件来进行,具体过程参见本章附录。求解该规划模型可得 $q_1=900$ 件,$q_2=2\ 200$ 件。可见企业此时的最优产品安排为生产甲产品 900 件,生产乙产品 2 200 件。

三、零部件是自制还是外购决策

对于某些企业来说,零部件可以自制也可以选择向外部供应商购买。例如,汽车生产企业所需要的汽车配件,可以自行生产,也可以向外部的零部件供应商采购。零部件是自制还是外购,从短期经营决策的角度,需要比较两种方案的相关成本,选择成本较低的方案即可。在决策时还要考虑企业是否有剩余生产能力,如果企业有剩余生产能力,不需追加设备,那么只需考虑变动成本即可;如果企业没有足够的剩余生产能力,需要追加设备,则新增加的专属成本也应该属于相关成本。同时还要把剩余生产能力的机会成本考虑在内。

例 7-2:宏利公司是一家越野自行车的制造商,每年需要自行车外胎 10 000 个,市场上采购成本为每个 58 元,企业自己的车间有能力制造这种外胎,单位外胎的成本资料如下:

直接材料	32 元
直接人工	12 元
变动制造费用	7 元
固定制造费用	10 元
单位零件成本	61 元

在下列相关情况下,分别作出该自行车外胎是自制还是应该外购的决策。

（1）企业现在具有足够的剩余生产能力,且剩余生产能力无法转移,即该车间不制造外胎时,闲置下来的生产能力无法被用于其他方面。

由于有剩余生产能力可以利用,且无法转移,所以零件自制的相关成本仅包含自制的变动成本。

自制的单位变动成本＝32＋12＋7＝51(元)

外购的相关成本＝58(元)

可见,这种外胎应采用自制方案,因为自制方案可比外购方案每年节约成本(58－51)×10 000＝70 000 元。

（2）企业现在具备足够的剩余生产能力,但剩余生产能力可以转移用于加工自行车内胎,每年可以节省内胎的采购成本 20 000 元。

若选择自制外胎,则会放弃生产内胎所带来的成本节约 20 000 元,这可以看作是自制外胎的机会成本。相关成本分析如表 7-3 所示。

表 7-3　差异分析表　　　　　　单位:元

	自　制	外　购	差量成本
变动成本	510 000	580 000	－70 000
机会成本	20 000		20 000
相关成本合计	530 000	580 000	－50 000

从表 7-3 中可知,自制成本低于外购成本 50 000 元,企业应该自制该外胎。

（3）企业目前只有生产 5 000 件的年生产能力,且无法转移,若自制 10 000 件,则需租入设备一台,月租金 4 000 元,这样使外胎的生产能力达到 13 000 件。

表 7-4　差异分析表　　　　　　单位:元

	自　制	外　购	差量成本
变动成本	510 000	580 000	－70 000
专属成本	4 000×12＝48 000		48 000
相关成本合计	558 000	580 000	－22 000

从表 7-4 中可知,自制外胎的年成本低于外购成本 22 000 元,企业应该选择自制该零件。

（4）条件同(3),只是该企业可以同时采用自制和外购两种方式,既可自制一部分,又可同时再外购一部分。

在这种情况下,企业应先按现有生产能力自制 5 000 个,因为其成本低于外购成本,超过 5 000 个的部分,则应比较外购成本与自制成本的高低。对于超过 5 000 个部分的外胎,如果自制,单位成本为 51＋48 000/5 000＝60.6 元,超过了外购的单位成本,因此,超过部分应该选择外购。这样,企业应该自制 5 000 个,同时外购 5 000 个外胎。

在进行自制还是外购的决策时,管理者除了要考虑相关成本因素以外,还要考虑外购产品的质量、送货的及时性、长期供货能力、供货商的新产品研发能力以及原有职工的抱怨程度等因素,在综合考虑各方面因素之后才能进行最后的选择。

四、产品是否应进一步深加工的决策

有些企业生产的产品,既可以直接对外出售,也可以进一步加工后再出售。例如,纺织厂生产的面纱可以直接出售,也可以进一步加工为坯布出售。牛肉加工企业生产的牛肉可以直接对外出售,也可以进一步生产火腿肠等产品。此时企业需要对产品是直接出售还是进一步深加工两种方案进行选择。

在这种决策类型中,进一步深加工前的半成品所发生的成本,都是无关的沉没成本。因为无论是否深加工,这些成本都已经发生而不能改变。相关成本只应该包括进一步深加工所需的追加成本,相关收入则是加工后出售和直接出售的收入之差。对这类决策通常采用差异分析的方法。

例 7-3:某企业生产 A 半成品 10 000 件,销售单价为 50 元,单位变动成本为 20 元,全年固定成本总额为 200 000 元,若把 A 半成品进一步加工为产品 B,则每件需追加变动成本 20 元,产品的销售单价为 80 元。

(1)企业已经具备进一步加工 10 000 件 A 半成品的能力,该生产能力无法转移,且需要追加专属固定成本 50 000 元(见表 7-5)。

表 7-5 差异分析表 单位:元

	进一步加工	直接出售	差 量
相关收入	80×10 000＝800 000	50×10 000＝500 000	300 000
相关成本	250 000	0	250 000
其中:变动成本	20×10 000＝200 000	0	
专属成本	50 000	0	
差额损益			50 000

可见,进一步加工方案会提高收益 50 000 元,因此企业应该进一步深加工该产品。

(2)企业只具备进一步加工 7 000 件 A 半成品的能力,该能力可用于对外承揽加工业务,预计一年可获得边际贡献 75 000 元(见表 7-6)。

表 7-6 差异分析表 单位:元

	进一步加工	直接出售	差 量
相关收入	80×7 000＝560 000	50×7 000＝350 000	210 000
相关成本	215 000	0	215 000
其中:变动成本	20×7 000＝140 000	0	
机会成本	75 000	0	
差额损益			−5 000

从表 7-6 中可以看出,进一步加工会降低收益 5 000 元,因此企业应该直接出售该产品。

五、亏损产品是否停产的决策

对于产品多元化的企业而言,通常企业的绝大多数利润都是由几种核心产品所带来的,其他的产品往往提供较少的利润,甚至亏损。对于亏损的产品或者部门,企业是否应该立即停产或者转产呢？从短期经营决策的角度,关键是看该产品或者部门能否给企业带来正的边际贡献。

例7-4:假定某企业生产甲、乙两种产品,两种产品的相关收益情况如表7-7所示。

表7-7　相关数据资料　　　　　　　　　单位:元

	甲产品	乙产品	合　计
销售收入	10 000	50 000	60 000
变动成本	6 000	30 000	36 000
贡献边际	4 000	20 000	24 000
固定成本	2 000	25 000	27 000
营业利润	2 000	−5 000	−3 000

由于乙产品的营业利润为−5 000元,因此,企业的管理层考虑是否应该停止乙产品的生产。我们可以分析如下:在短期内,即使停产乙产品,固定成本也不会相应降低。如果停产乙产品,则企业的利润将为甲产品的边际贡献4 000元扣除固定成本总额27 000元,利润额将为−23 000元,反而扩大了亏损额。为什么会出现这种现象呢?原因在于乙产品虽然亏损,但是提供的边际贡献仍然为正。乙产品如果继续生产,其边际贡献20 000元能够抵减固定成本20 000元;但是如果停产,则连20 000元的固定成本也无法抵减,因此会造成利润的下降。由此可以看出,在短期内,如果企业的亏损产品能够提供正的边际贡献,就不应该立即停产。当然,这毕竟不是长远之计。从长期来看,企业仍应考虑转产经营其他能够提供更高边际贡献的产品。

六、生产工艺方案的选择决策

企业生产某种产品时,可能面临不同工艺方案的选择,一般情况下,采用先进工艺生产时,所用的设备价值较高,日常的维护成本也较高,因此固定成本相对较高。但由于先进工艺的生产效率高、材料消耗低等特点,变动成本也相对较低。而采用普通工艺生产时则固定成本较低,但变动成本部分相对较高。从一般倾向上看,人们往往愿意使用工艺先进的设备,但是从成本的角度来看,工艺先进的设备成本往往也更高一些。

例7-5:某企业生产A产品,有三种加工方案可供选择,分别为手工加工、机械加工、自动化设备加工。各方式下的变动成本和固定成本各不相同,有关成本资料如表7-8所示。

表7-8　相关成本数据　　　　　　　　　单位:元

加工方案	单位变动成本	固定成本总额
手工	8	200
机械化	6	400
自动化	4	650

要求:分析企业如何在各加工方案之间作出选择。

从各方案的比较来看,如果假定各加工方案对产品的质量、销售价格不会产生影响,即各加工方案下未来的销售额是一致的,那么,最优决策就应该为成本最低的方案。各方案成本的高低取决于产量的高低,设手工、机械化和自动化生产方式下的总成本分别为y_1、y_2、y_3,加工

数量为 x 件,则有

$$y_1 = 200 + 8x$$
$$y_2 = 400 + 6x$$
$$y_3 = 650 + 4x$$

让上述三式两两相等,即可解出三种生产方式的成本无差别点业务量。解得

$x_1 = 100$ 件;$x_2 = 125$ 件;$x_3 = 112.5$ 件

我们也可以通过成本变化图(见图 7-2)来分析。

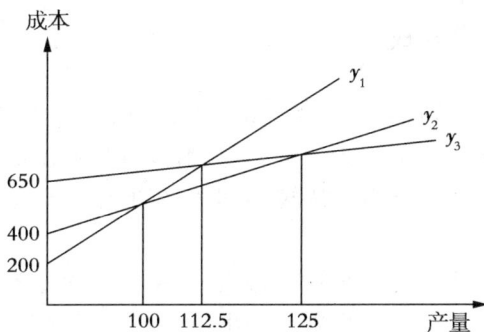

图 7-2　加工方案的选择

从图 7-2 中可以看出,当产量小于 100 件时,企业应该选择第 1 个方案,即手工加工,因为此时手工加工的总成本最低;当产量在 100 件和 125 件之间时,企业应该选择第 2 个方案,即机械加工;当产量大于 125 件时,应该采用第 3 个方案,即自动化生产。

企业在进行生产工艺的选择过程中,除了要考虑上述的相关成本因素以外,还要结合企业对未来经营规模的预测,对各种加工工艺可能带来的产品质量、加工的速度、生产的灵活性以及是否达到环保要求等方面进行综合考虑。

七、是否接受特殊订货的决策

企业往往会面对一些特殊的订货合同,这些订货合同的价格有时会低于市场价格,甚至低于平均单位成本。在决定是否接受这些特殊订货时,总的分析思路是比较该订单所提供的边际贡献是否能够大于该订单所引起的相关成本。企业管理人员应该根据不同的具体情况作出决策。

(1) 如果追加订货不影响正常销售的完成,即利用剩余生产能力就可以完成追加订货,又不需要追加专属成本,而且剩余生产能力无法转移,这时只要特殊订单的单价大于该产品的单位变动成本就可以接受该追加订货。

(2) 如果该订货要求追加专属成本,其他条件同(1),则接受该追加订货的前提条件就应该是:该方案的边际贡献大于追加的专属成本。

(3) 如果相关的剩余生产能力可以转移,其余条件同(1),则应该将转移剩余生产能力的可能收益作为追加订货方案的机会成本考虑,当追加订货创造的边际贡献大于机会成本时,则可以接受该订货。

(4) 如果追加订货影响正常销售,即剩余生产能力不够生产全部的追加订货,从而减少正

常销售,其余条件同(1),则应将由此而减少的正常边际贡献作为追加订货方案的机会成本。当追加订货的边际贡献足以补偿这部分机会成本时,则可以接受订货。

例 7-6:某企业 A 产品的生产能力为 10 000 件,目前的正常订货量为 8 000 件,销售单价10 元,单位产品的成本为 8 元,成本构成如下:

直接材料	3 元
直接人工	2 元
变动制造费用	1 元
固定制造费用	2 元
单位产品成本	8 元

现有某客户向该企业追加订货,且客户只愿出价每件 7 元。

(1) 订货 2 000 件,剩余生产能力无法转移,且追加订货不需追加专属成本。

(2) 订货 2 000 件,剩余生产能力无法转移,但需要追加一台专用设备,全年需支付专属成本 1 000 元。

(3) 订货 2 500 件,剩余生产能力无法转移,也不需要追加专属成本。

(4) 订货 2 500 件,剩余生产能力可以对外出租,可获租金 3 000 元,另外追加订货需要追加专属成本 1 000 元。

请分别针对不同的情况,分析企业是否应该接受该订单。

下面我们分别分析如下:

(1) 特殊订单的定价为每件 7 元,单位变动成本为 6(=3+2+1)元,因此,接受该订单可以增加边际贡献 2 000 元,应该接受该订单。

(2) 订货可增加边际贡献 2 000 元,扣除增加的专属成本 1 000 元,可以增加利润 1 000元。因此应该接受该订单。

(3) 接受订单会影响到正常的销售,企业的剩余生产能力能够生产 2 000 件。其余的 500件要减少正常的订货量,因此 500 件正常销售所带来的边际贡献应该作为接受订单的机会成本。订单的 2 500 件会带来边际贡献额 2 500×(7−6)=2 500 元,扣除 500 件的机会成本500×(10−6)=2 000 元,增加利润=2 500−2 000=500 元。因此应该接受该订单。

(4) 剩余生产能力的年租金应该作为接受订单的机会成本,因此,接受订单的增量收益计算如表 7-9 所示。

表 7-9 增量收益计算表 单位:元

项 目	接受追加订货
增加的相关收入	7×2 500=17 500
增加的变动成本	6×2 500=15 000
增加的边际贡献:	2 500
减:专属成本	1 000
机会成本(减少的正常销售)	500(10−6)=2 000
机会成本(租金收入)	3 000
增量收益	−3 500

接受订单带来的增量收益为－3 500元,显然此时企业不应该接受该订单。

第三节 定 价 决 策

一、产品定价决策原理

定价决策是企业生产经营活动中一个极为重要的问题,它关系到生产经营活动的全局。价格作为一种重要的竞争工具,在竞争激烈的市场上往往可以作为企业的制胜武器。在市场经济环境中,产品的价格是由供需双方的力量对比所决定的。根据微观经济学的分类,按照市场中供应方的力量大小可以将市场分为完全竞争、垄断竞争、寡头垄断和完全垄断四种不同的市场结构。面对不同的市场类型,企业对价格的控制力是不同的。在完全竞争的市场中,市场价格是单个厂商所无法左右的,每个厂商只是均衡价格的被动接受者。在垄断竞争和寡头垄断市场中,厂商可以对价格有一定的影响力。而在完全垄断的市场中,企业可以自主决定产品的价格。因此,对于产品定价决策来说,通常是针对后三种市场类型的产品。

根植于供求规律基础上的产品定价基本原理,在企业的现实操作中由于数据、信息不对称等各种条件的限制而无法直接进行操作。在企业的定价决策过程中,除了借助数学模型等工具外,还要根据企业的实践经验和自身的战略目标进行必要的定性分析,来选择合适的定价策略。严格地说,定价属于企业营销战略的重要组成部分,管理会计人员主要是从成本与价格之间关系的角度为管理者提供产品定价的有用信息。

二、产品的基本定价方法

从管理会计的角度,产品定价的基本准则是:从长期来看,销售收入必须足以补偿全部的生产、行政管理和营销成本,并为投资者提供合理的利润,以维持企业的生存和发展。因此,产品的价格应该是在成本的基础上进行一定的加成后得到的。

(一)成本加成法

成本加成法的基本思路是先计算成本基数,然后在此基础上加上一定的"成数",通过"成数"获得预期的利润,以此得到产品目标价格。这里所说的成本基数,既可以是完全成本计算法下的产品成本,也可以是变动成本计算法下的变动成本。

1. 完全成本加成法

在完全成本加成法下,成本基数为单位产品的制造成本。以这种制造成本进行加成,加成部分必须能弥补销售以及管理费用等非制造成本,并为企业提供满意的利润。也就是说,"加成"的内容应该包括非制造成本及合理利润。

例7-7:某公司正在研究某新产品的定价问题,该产品预计年产量为10 000件。公司的会计部门收集到有关该产品的预计成本资料如表7-10所示。

表 7-10 相关数据资料 单位:元

成本项目	单位产品	总 成 本
直接材料	6	60 000
直接人工	4	40 000
变动制造费用	3	30 000
固定制造费用	7	70 000
变动销售及管理费用	2	20 000
固定销售及管理费用	1	10 000

假定该公司经过研究确定在制造成本的基础上,加成 50% 作为这项产品的目标销售价格。则产品的价格计算过程如表 7-11 所示。

表 7-11 目标价格的计算 单位:元

成本项目	单位产品
直接材料	6
直接人工	4
制造费用	10
单位产品制造成本	20
成本加成:制造成本的 50%	10
目标销售价格	30

根据表 7-11 的计算,按照制造成本进行加成定价,目标销售价格为 30 元。

2. 变动成本加成法

企业采用变动成本加成,成本基数为单位产品的变动成本,加成的部分要求弥补全部的固定成本,并为企业提供满意的利润。此时,在确定"加成率"时,应该考虑是否涵盖了全部的固定成本和预期利润。

仍以上述公司为例,假设该公司经过研究确定采用变动成本加成法,在变动成本的基础上,加成 100% 作为该项产品的目标销售价格。计算过程如表 7-12 所示。

表 7-12 目标价格的计算 单位:元

成本项目	单位产品
直接材料	6
直接人工	4
变动性制造费用	3
变动性销售管理费用	2
单位产品变动成本	15
成本加成:变动成本的 100%	15
目标销售价格	30

根据表 7-12 的计算,目标销售价格仍然为 30 元。由此可见,变动成本加成法与完全成本

加成法虽然计算的成本基数有所不同,但在思路上是相似的,都认为企业的定价必须弥补全部成本,只是成本基数的不同会引起加成比例的差异。此例中完全成本加成法下的加成率为50%,变动成本加成率为100%。

除了使用完全成本加成法和变动成本加成法以外,企业还可以使用标准成本法,即以标准成本作为成本基数,在此基础上进行加成定价。

(二)目标成本法

目标成本法是一种以市场为基础的定价方法,它以具有竞争性的市场价格和目标利润倒推出产品的目标成本,目标价格是指预计潜在客户愿意接受的价格,目标成本根据预计的市场价格和目标利润推出的,其计算公式如下:

$$目标成本＝目标价格－目标利润$$

推行目标成本法的基本步骤包括:

(1)根据目标客户的需求,设想生产一种满足目标顾客需要的产品;

(2)根据客户与竞争对手的情况确定该产品具有竞争性的市场价格和目标利润;

(3)根据竞争性的市场价格和目标利润确定目标成本;

(4)推行价值工程实现目标成本。价值工程以功能分析为核心,以最低成本实现产品必要功能。价值工程贯穿于整个企业价值链之中,通过价值工程的"功能分析",可以分析哪些功能是必要的,哪些功能是不必要的,在满足产品必要功能的前提下,降低成本,保证目标利润的实现。

目标成本法主要用于对新产品在研发过程中的成本控制,以确保产品进入生产环节以后成本不会超过目标成本,从而能够为企业提供有保障的目标利润。在确定目标成本过程中,需要针对未来新产品的市场定位和目标顾客的需求程度等因素进行详细的分析,以确定未来新产品的目标售价。

(三)新产品的定价方法

新产品的定价一般具有"不确定性"的特点。因为新产品还没有被消费者所了解,因此需求量难以确定。企业对新产品定价时,通常要选择几个地区分别采用不同价格进行试销。通过试销,企业可以收集到有关新产品的市场反应信息,以此确定产品的最终销售价格。

新产品定价基本上存在撇脂性定价和渗透性定价两种策略。

1. 撇脂性定价

撇脂性定价法是在新产品试销初期先定出较高的价格,以后随着市场的逐步扩大,再逐渐把价格降低。这种策略可以使产品的销售初期获得较高的利润,但是销售初期的暴利往往引来大量的竞争者,引起后期的竞争异常激烈,高价格很难维持。因此,这是一种短期性的策略,往往适用于产品的生命周期较短的产品。

2. 渗透性定价

渗透性定价法是在新产品试销初期以较低的价格进入市场,以期迅速获得市场份额,等到市场地位已经较为稳固的时候,再逐步提高销售价格。这种策略在试销初期会减少一部分利润,但是它能有效排除其他企业的竞争,以便建立长期的市场地位,所以这是一种长期的市场定价策略。

（四）有闲置能力条件下的定价方法

有闲置能力条件下的定价方法是指在企业具有闲置生产能力时，面对市场需求的变化所采用的定价方法。当企业参加订货会，或者参加某项投标的情况下，往往会遇到较强的竞争对手，虽然每个厂家都希望以高价得标而获得高额利润，但是通常只有报价较低的厂商才能中标。这时管理者为了确保中标，往往以该投标产品的增量成本作为定价基础。当公司存在剩余生产能力时，增量成本即为该批产品的变动成本。这种定价方法虽然定价会较低，但是短期内可以维持企业的正常运营，并维持员工的稳定，还可以抵补一部分固定成本。

在这种情况下，企业产品的价格应该在变动成本与目标价格之间进行选择。

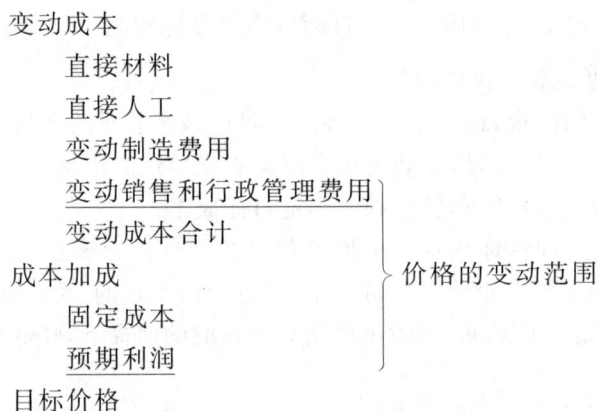

```
变动成本
    直接材料
    直接人工
    变动制造费用
    变动销售和行政管理费用    ┐
    变动成本合计              │
成本加成                      ├ 价格的变动范围
    固定成本                  │
    预期利润                  ┘
目标价格
```

例 7-8： 某市政府准备建造一座新的游船停泊港，拟向社会公开招标。某船舶运输公司主营各港口间的客运和货运服务，其下属的港口建设部准备参与该项目的竞标。经过会议讨论，公司管理层认为该港口项目对维持该部门的正常运转非常重要，因为港口建设部已经连续几个月处于生产能力以下，大量设备和人员闲置，并且该项目不会妨碍该部门承接其他工程项目。

根据公司会计部门提供的资料，港口建设工程成本估算如下：

直接材料成本（千元）	18 000
直接人工成本（千元）	30 000
变动制造费用（千元）	7 500
变动成本合计（千元）	55 500
固定成本估算（千元）	12 000
总成本估算（千元）	67 500

由于该港口建设部有剩余生产能力，因此只要价格超过该工程的变动成本 55 500 元，就能弥补一些固定制造费用，并提供边际贡献。可见，当企业有闲置生产能力时，企业的投标价格通常会更低一些，因为此时只要价格高于变动成本企业就可以接受。

第四节　存货管理

一、存货管理的目标

存货是企业为满足生产和销售需要而储存的流动资产,包括原材料、燃料、低值易耗品、在产品、半成品、产成品等。尽管存货的直接管理和控制通常不是财务管理人员的责任,但财务人员有责任对资金进行有效配置,对存货占用的资金进行控制和调度。

存货管理主要关注持有存货的收益和成本之间的权衡,达到两者的最佳结合。存货的持有收益表现为多种形式,例如,增加原材料的采购批量通常可以获得商业折扣,增加产成品存货可以减少缺货现象,从而改善客户的关系,增加销售量。这些持有存货的收益很难定量化描述。因此,持有存货的收益和成本之间的权衡很难直接进行。在通常情况下,存货管理的目标也可以表述为在满足企业正常的存货需要的前提下尽量达到存货成本的最低。

二、存货的相关成本

存货管理的目的是以最低的成本提供企业经营所需的存货。因此,我们首先介绍与存货有关的成本。通常,存货相关成本包括以下三类。

(一)取得成本

取得成本是指存货进入企业仓库之前所发生的成本,包括购买的价款、定购费用(包括编制和处理订购单、订货单等)、运输费用、采购部门的折旧费用和人员工资等。我们把除了购买价款之外的成本称为订货成本。订货成本可分成固定的订货成本(如采购部分的折旧费用)和变动的订货成本(如编制和处理订单成本、运输成本)。变动的订货成本只与采购次数相关,因此,取得成本可以表示为

$$取得成本 = 购置成本 + 订货成本$$
$$= 购置成本 + 订货固定成本 + 订货变动成本$$

$$TC_a = DU + F_a + \frac{D}{Q}K_a$$

其中:D 表示年存货需求量,U 表示购买单价,F_a 表示订货固定成本,Q 表示每次的采购批量,K_a 表示每次采购的订货成本。

(二)储存成本

储存成本是指为保存存货而发生的成本,包括存货占用资金的应计利息、仓库保管费用、保险费用、存货变质和损失费用。储存成本也可分为固定成本和变动成本。固定成本不随存货量的变动而变动,如仓库的折旧费用、保管人员的工资等。变动成本随存货量的变动而变

动,如存货占用资金的应计利息、保险费用、变质损失等。用公式表示的储存成本为

储存成本＝储存固定成本＋储存变动成本

$$TC_c = F_c + K_c \frac{Q}{2}$$

其中:F_c表示储存固定成本,K_c表示单位存货的年储存成本,Q表示每次的订货批量。

(三) 缺货成本

缺货成本是指存货供应中断而造成的损失,包括丧失的销售机会所造成的收入损失和信誉损失,停工待料而发生的损失,拖延交货而被处以的罚金,以及紧急采购所发生的额外购入成本等。缺货成本用TC_s表示。这样,如果用TC表示存货总成本,那么其计算公式为

$$TC = TC_a + TC_c + TC_s$$
$$= DU + F_a + \frac{D}{Q}K_a + F_c + K_c \frac{Q}{2} + TC_s$$

三、经济订货批量的确定

订货批量是指企业每次订货的数量。它影响到企业存货的持有水平,同时影响存货相关成本的高低。因此,存货管理的一项重要任务就是确定合理的订货批量,从而使相关成本达到最低。**经济订货批量**就是指能够使存货相关成本达到最低的订货批量。在不同的模型假定条件下,经济订货量的确定方法也有所不同。

(一) 基本模型

经济订货量的基本模型假定:
(1) 订货一次性到达企业,而不是陆续到货;
(2) 不允许缺货,即当存货量达到零时,新存货应立即补充;
(3) 需求量稳定,且总需求量D能合理预测。
存货的变化情况如图7-3所示。

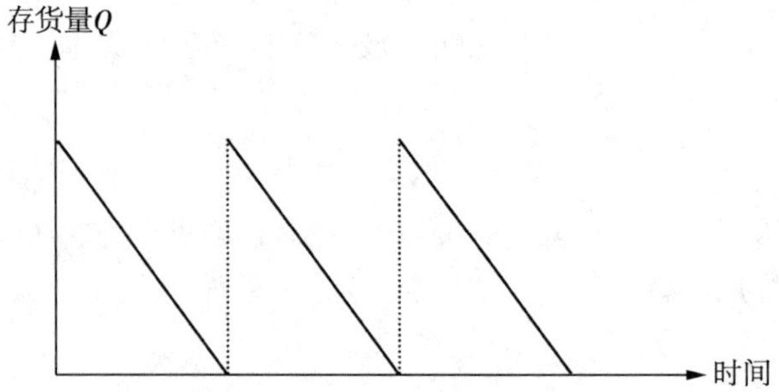

图7-3 存货变化示意图

在上述假设条件下,存货的总成本可以简化为

$$TC = DU + F_a + \frac{D}{Q}K_a + F_c + K_c\frac{Q}{2}$$

使总成本达到最小的订货批量 Q^* 即为经济订货量。其中 DU、F_a、F_c 不随 Q 的变化而变化,因此,总成本 TC 公式也可以表示为

$$TC = \frac{D}{Q}K_a + \frac{Q}{2}K_c$$

对 TC 求导数,导数为零时的 Q 就是经济订货量 Q^*,可以推出 Q^* 的公式为

$$Q^* = \sqrt{\frac{2K_aD}{K_c}}$$

例 7-9:某企业每年耗用某种材料 450 吨,该材料单价为每吨 10 元,单位年存储成本 3 元,一次订货成本 12 元。则

$$经济订货量 = \sqrt{\frac{2K_aD}{K_c}} = \sqrt{\frac{2\times450\times12}{3}} = 60(吨)$$

$$每年的订货次数 = \frac{450}{60} = 7.5(次)$$

$$存货的总成本 = 10\times450 + \frac{450}{60}\times12 + \frac{60}{2}\times3 = 4\,680(元)$$

(二) 不允许缺货,分批到货模型

如果每批定购的存货分批到达企业,然后均匀使用,其他假定与前一个模型相同,如图7-4所示。

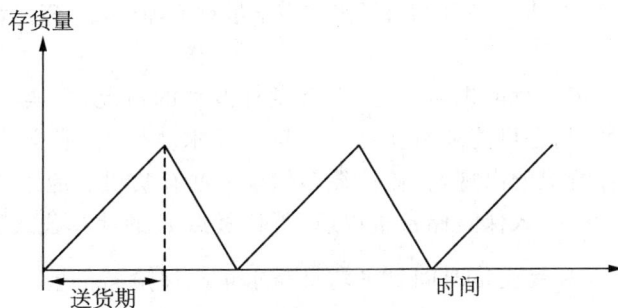

图 7-4 存货变化示意图

设每批订货数为 Q,每日送货量为 p,则该批订货全部到达企业需 Q/p 日,称之为送货期。设每日耗用量为 d,则送货期内的全部耗用量为 $\frac{Q}{p}d$,因此,每批订货送完时,最高存货量为 $Q - \frac{Q}{p}d$,平均存货量为 $\frac{1}{2}\left(Q - \frac{Q}{p}d\right)$。这样,与批量有关的总成本为

$$TC(Q) = \frac{D}{Q}K_a + \frac{1}{2}\left(Q - \frac{Q}{p}d\right)K_c$$

同样,对该函数求导数,令其导函数为零,推出使总成本最低的经济订货量公式为

$$Q^* = \sqrt{\frac{2K_a D}{K_c}\left(\frac{p}{p-d}\right)}$$

例 7-10:某企业耗用某种零件,年需用量为 3 600 件,该零件单价为每件 10 元,陆续到货,每日送货量为 30 件,每日耗用量为 10 件,单位储存的变动成本为 2 元,一次订货成本为 25 元,则

$$经济订货量 = \sqrt{\frac{2K_a D}{K_c}\left(\frac{p}{p-d}\right)} = \sqrt{\frac{2\times 25\times 3\ 600}{2}\times\frac{30}{30-10}} = 367(件)$$

$$年订货次数 = \frac{3\ 600}{367} = 9.8(次)$$

$$存货总成本 = 3\ 600\times 10 + \frac{3\ 600}{367}\times 25 + \frac{1}{2}\left(367 - \frac{367}{30}\times 10\right)\times 2 = 36\ 490(元)$$

(三) 再订货点的确定与保险储备量

1. 再订货点

从订货到存货入库需要经过一段时间,这段时间称为交货期。进行下一批订货时的存货持有量,称为再订货点。这是存货管理的重要概念,它等于交货期(L)和每日平均需求量(d)的乘积:

$$R = L \cdot d$$

例 7-11:企业订货日至到货日的时间为 20 天,每日存货需要量 6 吨,则

$$R = 20\times 6 = 120(吨)$$

即当企业库存量达到 120 吨时,就应当再次订货,下一批货到达时,原有的存货刚好用完。需要注意的是,再订货点的确定与交货期和每日平均需求量有关,但和经济订货批量的大小无关。

2. 保险储备量

以上的讨论都是假定存货的供需稳定,没有意外波动的情况,事实上,企业的日需求量可能经常发生变动,交货时间也可能随时变化。一旦日需求量增大,或交货时间延长,就会导致企业缺货。为防止这种情况的出现,企业往往多保留一些存货以备应急之用,这部分多保留的存货就称为保险储备量。引入保险储备量以后,再订货点 R 的计算公式变化为

$$R = 交货时间\times 平均日需求量 + 保险储备量$$
$$= L \cdot d + B$$

建立保险储备量,使缺货成本减少,但同时储存成本相应上升,因此确定合理的保险储备量,关键是使缺货成本 C_S 和储存成本 C_B 之和达到最低。

$$TC(S,B) = C_S + C_B$$

通常使用以下两种方法确定合理的保险储备量。

(1) 经验法。按照经验法,保险储备量可以首先确定一个上下限,在这个上下限内,企业根据历史经验和对未来的预期确定一个储备量。这种方法并不一定准确,但简便易行,决策成本较低。因此适用于那些品种较多、占用资金比例较小的存货项目。

保险储备量上限＝最长的交货期×存货每日最高使用量－正常交货期×

存货每日平均使用量

$$保险储备量下限＝\frac{1}{2}保险储备量上限$$

例 7-12：科维公司正常的交货期为 10 天,每日平均使用量为 80 件。根据统计,最长交货期为 17 天,每日最高使用量为 90 件。则

保险储备量上限＝17×90－10×80＝730(件)

保险储备量下限＝730/2＝365(件)

(2)概率法。即按照对未来存货需要量的概率估计来确定保险储备量的方法。

例 7-13：牧林公司根据以往的存货使用资料,预计企业在 2 周的交货期内,存货的耗用情况如表 7-13。全年存货需求量为 5 400 件,每次订购成本为 10 元,每件年平均储存成本为 0.5 元,每次每件缺货成本为 0.8 元。

表 7-13　存货使用量概率预测表

交货期内的使用量	80	120	160	200	240	280	320
概率	0.04	0.06	0.2	0.4	0.2	0.06	0.04

$$经济订货量＝\sqrt{\frac{2×5\,400×10}{0.5}}≈465(件)$$

$$订货次数＝\frac{5\,400}{465}＝11.6(次)$$

在不设安全储备量的情况下,再订货点为交货期 2 周内的期望耗用量,则缺货量的概率分布见表 7-14。

表 7-14　缺货量概率分布表

交货期内的使用量	0	0	0	0	40	80	120
概率	0.04	0.06	0.2	0.4	0.2	0.06	0.04

为弥补缺货量,按可能的缺货量确定相应的保险储备量。

① 保险储备量为 0：

平均缺货量＝$\sum$缺货量×概率＝0×0.7＋40×0.2＋80×0.06＋120×0.04＝17.6(件)

存货成本＝缺货成本＋储存成本

　　　　＝平均缺货量×每次单位缺货成本×定购次数

　　　　　＋安全储备量×单位年储存成本

　　　　＝17.6×0.8×11.6＋0×0.5＝163.33(元)

② 保险储备量为 40 件：

平均缺货量＝0×(0.7＋0.2)＋40×0.06＋80×0.04＝5.6(件)

存货成本＝5.6×0.8×11.6＋40×0.5＝71.97(元)

③ 保险储备量为 80 件：

平均缺货量＝0×(0.7＋0.2＋0.06)＋40×0.04＝1.6(件)

存货成本 $= 1.6 \times 0.8 \times 11.6 + 80 \times 0.5 = 54.85$（元）

④ 保险储备量为 120 件：

平均缺货量 $= 0$

存货成本 $= 120 \times 0.5 = 60$（元）

比较上述不同保险储备量下的存货成本，以最低者为最佳保险储备量。显然，当保险储备量为 80 件时，存货成本为 54.85 元，是各总成本中最低的，因此应确定保险储备量为 80 件，此时的再订货点为 $465 + 80 = 545$ 件。

四、存货的控制

（一）ABC 存货管理法

到目前为止，我们一直将主要精力放在最佳库存水平及再订货点的确定问题上，在分析中我们只是针对某一种存货来进行的，事实上，每个企业都有大量的不同类型的存货项目，对这些不同种类的存货，企业不可能逐项应用这种方法来管理其存货。ABC 存货管理法正是解决这个问题的一种工具。

ABC 管理法的基本要点是：

（1）企业所有的存货项目可按一定标准分成 A、B、C 三类，其中，A 类存货品种少，单位价值大，对企业具有重要影响。这类存货的品种数大约占全部存货品种数的 10% 左右，其金额大约占全部存货金额的 70% 左右。C 类存货包括那些数量繁多、单位价值较低的存货项目，这类存货的品种数大约占全部存货品种数的 60%—70% 左右，其金额则约占总存货金额的 10% 左右。B 类存货介于两者之间，其品种数和金额数都大约占全部存货的 20% 左右。见图 7-5。

（2）对不同的类别，使用不同的管理策略。A 类存货品种数量少，但占用资金较高，公司应重点管理好这部分存货。对此类存货，企业需要准确估计各项存货成本、经济订货量、再订货点和安全储备量，并建立详细的存货收发存记录；B 类存货的控制措施应比 A 类适当宽松一些；而对 C 类存货则采用较为简化的方法，在保证需要的前提下，只对总量控制即可。

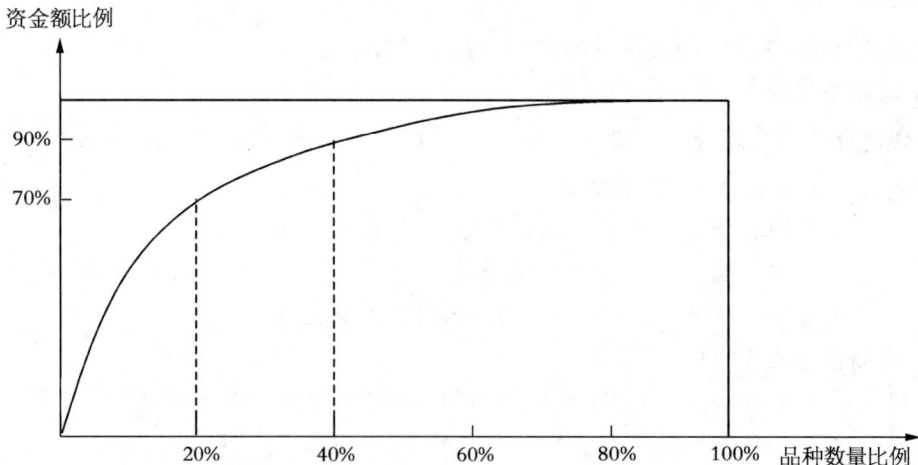

图 7-5　ABC 制下的存货分类控制

（二）适时制存货管理

适时制（Just in Time，简称 JIT）的生产方式，是在 20 世纪 70 年代由日本丰田汽车公司首先应用并逐步推广的，它强调零存货管理，认为企业保留存货是一种浪费和低效率的表现，企业不应该保持适当的存货，而应该尽量降低存货至最低水平，以减少浪费和无效率。传统的经济订货批量模型认为，企业应该保留适当的存货，存货管理的目标是确定合理的存货采购批量，使订购成本、储存成本和缺货成本之和达到最低。而适时制存货管理与经济订货批量的存货管理模式不同，它的目标是以需求带动生产，以生产带动材料购买，企业随时保持零库存状态。

在适时制系统下，以销售订单拉动生产和供应系统，从原材料的供应、生产节奏的安排到产品交付给客户整个过程需要良好的协调系统，企业需要对销售环节、生产环节与供应商的供货系统进行统一协调，使各个环节的存货水平达到最低。这要求企业具有准确的生产规划、灵活的生产方式、熟练而技术全面的技术工人，以及稳定的供应商系统。通常企业的供应商就分布在企业的周围，成为企业的卫星工厂，材料订单发出后，材料可以很快到达企业直接投入生产，由于供应商稳定、材料质量有所保证，从而节省了材料仓库和进料检验的时间。适时制对企业的供产销流程提出了非常严格的要求，一旦某个环节出现问题，如材料供应延迟、生产过程中出现废品等，都会影响整个系统的正常运行，因此，严格的供应和生产进程安排、高质量的原材料供应和全面质量管理是适时制系统的必要条件。

本 章 小 结

在短期经营决策过程中，首先要分析决策中的相关信息。相关信息必须同时具备两个特点：第一，相关信息是面向未来的；第二，相关信息在各个备选方案之间应该有所差异。

产品生命周期成本有狭义和广义两种认识，狭义的生命周期成本是指在企业内部及其相关联方发生的由生产者负担的成本。广义的生命周期成本又称"全生命周期成本"，它不仅包括产品制造者发生的成本，而且把消费者购入产品后发生的使用成本、维修成本、废弃处置成本也包括在内。

典型的短期经营决策包括生产决策、定价决策和存货决策。

生产决策通常包括生产产品的组合决策、零部件是自制还是外购决策、产品是否应进一步深加工的决策、亏损产品是否停产的决策、生产工艺方案的选择决策、是否接受特殊订货的决策等。

生产决策的主要方法包括差量分析法、边际贡献分析法和本量利分析法。

在产品的定价决策中，企业应该根据不同的环境和市场特点，选择相应的定价策略。

存货决策主要关注保持合理的存货量水平，在持有存货的收益和成本之间作出权衡，达到两者的最佳结合。存货相关成本包括取得成本、储存成本和缺货成本。经济订货批量就是指能够使存货相关成本达到最低的订货批量。在不同的模型假定条件下，经济订货量的确定方法也有所不同。

思考与练习

思考题

1. 存货的相关成本包括哪些类型?

2. 主要的产品定价方法包括哪些?

3. 举例说明机会成本在经营决策中的作用。

4. "亏损的产品应该立即停产",这种说法是否正确?为什么?

5. 决策分析的程序一般包括哪几个步骤?

6. 什么是相关成本?相关成本应具备哪两个方面的基本特征?

7. 在进行生产产品的组合决策时,应该考虑哪几个方面?

选择题

1. 下列成本属于相关成本的是( )。

    A. 机会成本   B. 沉没成本   C. 不可避免成本   D. 付现成本

2. 关于生命周期成本,下列说法正确的是( )。

    A. 狭义的生命周期成本是指在企业内部及其相关联方发生的由生产者负担的成本

    B. 广义的生命周期成本不仅包括产品制造者发生的成本,而且把消费者购入产品后发生的使用成本、维修成本、废弃处置成本也包括在内

    C. 对于研发阶段,通常采用 Kaizen 成本法进行成本控制

    D. 产品的研发成本是生产周期成本的起点,也是影响力最大的一部分

3. 关于成本加成定价法,下列说法错误的是( )。

    A. 成本加成的基数可以是完全成本法下的产品成本,也可以是变动成本

    B. 不同的成本基数,可能得出相同的定价

    C. 成本加成定价要求价格补偿全部成本,并提供合理的利润

    D. 成本加成定价法适用于任何企业

4. 确定建立保险储备量时的再订货点,需要考虑的因素有( )。

    A. 交货时间   B. 平均日需求量

    C. 保险储备量   D. 平均库存量

业务分析题

1. 某企业生产 3 种产品,相关资料如下表所示。

三种产品的相关资料   单位:元

	产品 A	产品 B	产品 C	合 计
销售额	50 000	60 000	65 000	175 000
变动成本	25 000	40 000	60 000	125 000
固定成本	16 000	12 000	8 000	36 000
经营利润	9 000	8 000	−3 000	14 000
单位产品需要工时	4	3	2	

    三种产品当前的产量各为 1 000 个单位,企业的总工时限制为 9 000 小时。

要求:

(1) 如果 A、B 两种产品产量保持当前水平,企业是否应该停止产品 C 的生产?

(2) 假定三种产品没有销量限制,企业应该如何进行产量安排?

(3) 假定三种产品没有销量限制,如果客户想定购 500 个单位的产品 C,那么该订货的最低价格应该是多少?

(4) 假定该企业已经接受一项销售合同,约定每种产品提供 500 个单位,如果三种产品各自的总市场需求量分别为 1 500 个单位。则企业应该如何生产以使利润能够最大?

2. 某企业每年需要 A 零件 10 000 件,市场售价为每件 30 元。企业现有剩余生产能力可以自行安排生产,经预测,每件需要直接材料 15 元,直接人工 10 元,变动性制造费用 4 元,固定性制造费用 11 元。

要求:

(1) 如外购,企业的剩余生产能力也无法转移。那么,对 A 零件,该企业是应该自制还是外购?

(2) 如果企业可利用剩余生产能力生产另一种 B 产品 1 600 件,其售价为每件 15 元,单位变动成本为 8 元,那么,这时 A 零件是应自制还是外购?

3. 某公司生产三种产品,这三种产品在生产过程中同时生产出来,在分离点之前发生的成本为 300 000 元。该成本按照三种产品在分离点上的销售额进行分配。各种产品的生产量,以及分离点上的销售价格与深加工的追加成本和销售价格如下表所示。

单位:元

	生产量(件)	分离点处的销售价格	深加工后的销售价格	深加工的追加成本
A	3 000	10	15	14 000
B	6 000	11.6	16.2	16 000
C	2 000	19.4	21.6	9 000

要求:

(1) 考虑三种产品是否进行深加工的决策,分离点之前的 300 000 元成本是否是相关成本?为什么?

(2) 三种产品中哪种产品应该进一步深加工,哪种产品应该在分离点立即销售?

附录:利用 Excel 进行线性规划求解

利用 Excel 程序我们可以方便地进行线性规划的求解以及敏感性分析。我们使用在例 7-1 中建立的线性规划模型,介绍如何使用 Excel 程序进行线性规划求解。

根据例 7-1 中所建立的线性规划模型,模型具体形式如下:

最大化目标函数: $M = 24q_1 + 15q_2$

$$约束条件:\begin{cases} q_1 + 0.5q_2 \leqslant 2\ 400 \\ 10q_1 + 5q_2 \leqslant 20\ 000 \\ q_1 \leqslant 2\ 000 \\ q_2 \leqslant 2\ 200 \\ q_1, q_2 \geqslant 0 \end{cases}$$

下面我们利用 Excel 表对上面的线性规划问题进行求解。首先打开 Excel 程序,在第一次求解线性规划问题时,需要先进行安装宏程序。点击"工具"菜单,"加载宏",在加载宏对话框中选中规划求解，然后确定。在“工具”菜单中就增加了一项“规划求解”。

在进行规划求解之前，先要进行数据表的准备。在数据表中输入相应的数据，如下图 7-6 所示。

	A	B	C	D	E	F
1	数据表					
2		甲产品	乙产品	合计		
3	产量					
4	单位边际贡献	24	15			
5	边际贡献	0	0	0		
6						
7	约束条件	约束				
8	总工时限制	0	2400			
9	原材料供应量	0	20000			
10	甲产品销量限制	0	2000			
11	乙产品销量限制	0	2200			
12	甲产量非负	0	0			
13	乙产量非负	0	0			
14						

Sheet1 / Sheet2 / Sheet3

图 7-6

在数据表中包括两个部分：一部分是待定变量（两种产品的产量）和目标函数（这里是总的边际贡献额）的描述，这里定义单元格 B3 代表甲产品的产量，C3 代表乙产品的产量。单元格 B5 为甲产品的边际贡献额，因此在 B5 中输入“＝B3 * B4”；C5 为乙产品的边际贡献额，在 C5 中输入“＝C3 * C4”，在 D5 中输入“＝B5＋C5”，表示总的边际贡献额，即目标函数值。

另一部分为约束条件的描述，这里共有 6 个约束条件，第一个为总工时约束，用单元格 B8 代表总工时，在 B8 单元格中输入“＝1 * B3＋0. 5 * C3”，这个公式用来表示 $q_1+0.5q_2$，在 C8 中输入 2 400，即总工时的限制值。第二个条件为原材料的供应量，用单元格 B9 代表原材料的总供应量，在 B9 中输入“＝10 * B3＋5 * C3”，这个公式用来表示 $10q_1+5q_2$，在 C9 中输入限制值 20 000，即总原材料的限制。类似地，在 B10 中输入“＝B3”，在 C10 中输入限制值 2 000；在 B11 中输入“＝C3”，在 C11 中输入 2 200；在 B12 中输入“＝B3”，在 B13 中输入“＝C3”，在 C12 和 C13 中分别输入限制值 0。如图 7-6 所示。

数据输入完毕以后，就可以进行规划求解了。选择“工具”菜单中的“规划求解”项，弹出“规划求解参数”对话框，如图 7-7 所示。在“设置目标单元格”中选择目标函数值所在的单元格即 D5 单元格。因为该规划求解的是目标函数的最大值，因此在“等于：”中选中最大值。在可变单元格中选中 B3 和 C3，分别代表两种产品的产量。点击约束框中的“添加”按钮，添加约束条件，按图 7-8 所示添加第一项约束条件后，继续点击“添加”按钮依次添加其他约束条件，添加完成后点击“确认”按钮。回到“规划求解参数”对话框中，点击选项按钮，选中“采用线性模型”选项，单击“确定”，点击“求解”按钮。出现“规划求解结果”对话框如图 7-9。选择“保存规划求解结果”，在“报告”框中，选中“运算结果报告”和“敏感性报告”，点击“确定”按钮。这时，Excel 会生成两个新的工作表“运算结果报告 1”和“敏感性报告 1”，用来显示运算结果和敏感性分析结果。如图 7-10 和图 7-11 所示。

从运算结果报告中，我们在目标单元格部分得到目标函数的最大值即边际贡献的最大值为 54 600 元；在可变单元格部分可以得到决策变量的最优值，甲产品的最优产量为 900 件，乙

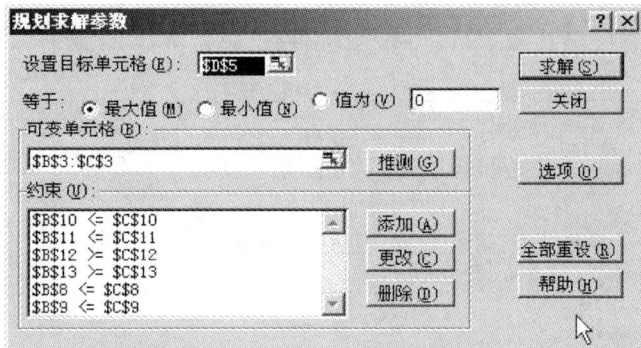

图 7-7

图 7-8

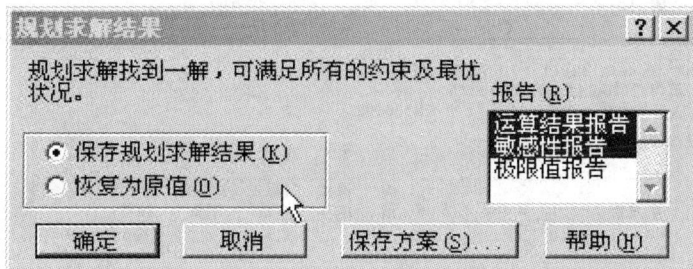

图 7-9

产品的最优产量为 2 200 件;在约束部分,可以分析哪些约束条件达到了限制值(Binding)。表中显示,原材料的供应量和乙产品的销量限制已经达到了限制值,其他条件都没有达到限制值,说明这两个条件是瓶颈资源,制约了目标函数的增加。约束表中的最后一列表示没达到限制值的约束条件的松弛量。

在敏感性分析表中,可以分析最优配置对目标函数的系数和限制条件的敏感程度。在可变单元格部分,敏感性分析显示甲、乙两种产品的终值分别为 900 件和 2 200 件,两种产品的递减成本都为 0,后面三列分别表示两个变量的目标函数系数以及使当前最优配置不变的系数松弛值。在约束部分,可以分析各约束条件的影子价格,例如,原材料供应量的影子价格为 2.4,表示原材料供应量如果增加一个单位,则边际贡献额会增加 2.4 元,因此,如果原材料的增量单位采购成本低于 2.4 元,企业应该考虑增加原材料供应量。如果该项资源约束没有达到极限值,则影子价格应该为零。表中的后三列分别代表约束的限制值以及使当前的资源限制瓶颈状态不变的资源松弛值。

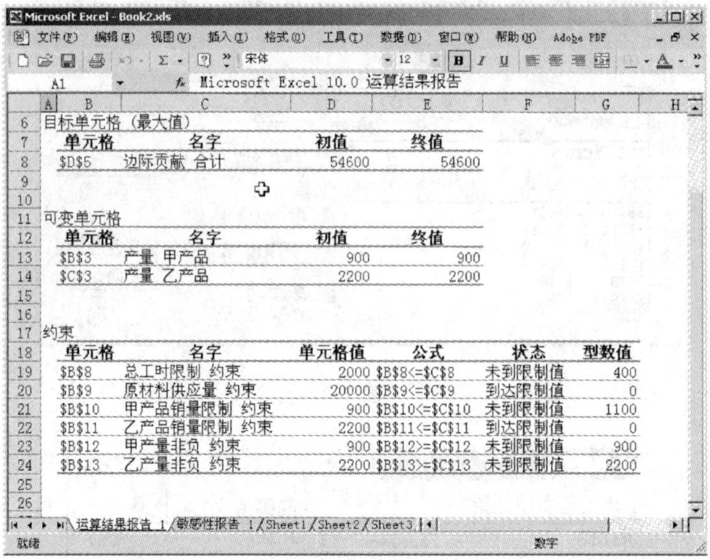

图 7-10

Microsoft Excel - Book2.xls

文件(F) 编辑(E) 视图(V) 插入(I) 格式(O) 工具(T) 数据(D) 窗口(W) 帮助(H) Adobe PDF

A1 ▾ Microsoft Excel 10.0 运算结果报告

目标单元格（最大值）

单元格	名字	初值	终值
$D$5	边际贡献 合计	54600	54600

可变单元格

单元格	名字	初值	终值
$B$3	产量 甲产品	900	900
$C$3	产量 乙产品	2200	2200

约束

单元格	名字	单元格值	公式	状态	型数值
$B$8	总工时限制 约束	2000	$B$8<=$C$8	未到限制值	400
$B$9	原材料供应量 约束	20000	$B$9<=$C$9	到达限制值	0
$B$10	甲产品销量限制 约束	900	$B$10<=$C$10	未到限制值	1100
$B$11	乙产品销量限制 约束	2200	$B$11<=$C$11	到达限制值	0
$B$12	甲产量非负 约束	900	$B$12>=$C$12	未到限制值	900
$B$13	乙产量非负 约束	2200	$B$13>=$C$13	未到限制值	2200

运算结果报告 1 / 敏感性报告 1 / Sheet1 / Sheet2 / Sheet3

就绪　　数字

图 7-11

Microsoft Excel - Book2.xls

文件(F) 编辑(E) 视图(V) 插入(I) 格式(O) 工具(T) 数据(D) 窗口(W) 帮助(H) Adobe PDF

A1 ▾ Microsoft Excel 10.0 敏感性报告

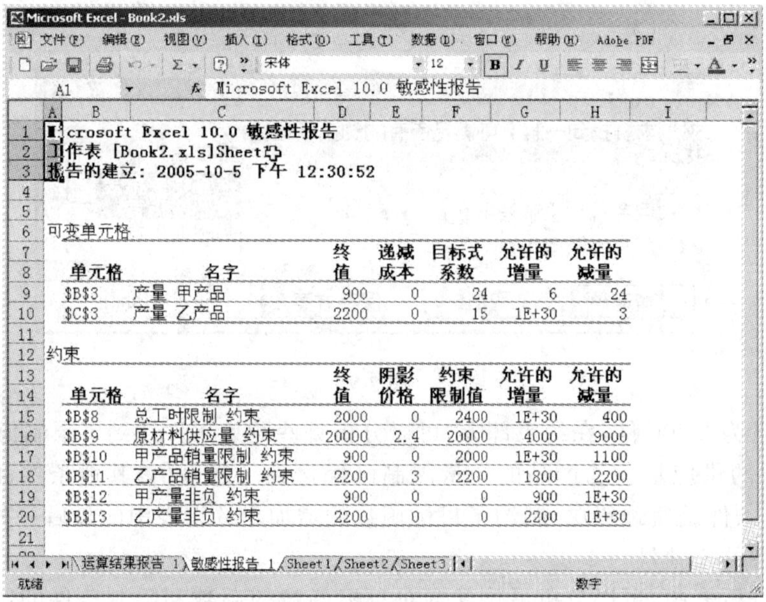

Microsoft Excel 10.0 敏感性报告
工作表 [Book2.xls]Sheet
报告的建立: 2005-10-5 下午 12:30:52

可变单元格

单元格	名字	终值	递减成本	目标式系数	允许的增量	允许的减量
$B$3	产量 甲产品	900	0	24	6	24
$C$3	产量 乙产品	2200	0	15	1E+30	3

约束

单元格	名字	终值	阴影价格	约束限制值	允许的增量	允许的减量
$B$8	总工时限制 约束	2000	0	2400	1E+30	400
$B$9	原材料供应量 约束	20000	2.4	20000	4000	9000
$B$10	甲产品销量限制 约束	900	0	2000	1E+30	1100
$B$11	乙产品销量限制 约束	2200	3	2200	1800	2200
$B$12	甲产量非负 约束	900	0	0	900	1E+30
$B$13	乙产量非负 约束	2200	0	0	2200	1E+30

运算结果报告 1 / 敏感性报告 1 / Sheet1 / Sheet2 / Sheet3

就绪　　数字

第八章

管理决策评价:长期投资决策

/学习目标/

◆ 理解长期投资决策的重要性,熟练运用资金时间价值的计算方法

◆ 掌握项目现金流量的估计和项目评价指标的分析方法

◆ 理解风险因素对长期投资决策的影响

案例引导

　　随着房地产市场近年来的火爆,建材市场也遇到了前所未有的发展机遇。民丰公司是一家生产装饰材料的生产厂商。经过多年的发展,公司在建材领域已经具有较大的影响力。出于对未来市场状况的良好预期,公司打算进一步扩大规模,投建新的项目,以进一步提高公司的竞争能力,保持公司在市场中的地位。

　　经过反复的磋商与选择,公司的管理层看中了一个新型的塑钢门窗项目。该项目生产一种更美观、耐用、防火性能好的塑钢门窗。由于该项目的投资金额较大,是否应该投资在管理层内部还存在争议。公司准备组织力量对该投资项目的财务可行性进行分析论证。作为管理会计人员,在这种投资项目的分析评价过程中起到重要的作用。

　　在这种长期投资项目的评价过程中,应该如何组织相关的资料,如何按照一个规范的评价准则对投资项目进行可行性分析评价? 这也是本章所介绍的主要问题:如何进行长期投资项目的财务评价。

第一节　长期投资决策概述

一、长期投资决策的重要性

　　长期投资决策是对企业的长期投资项目的资金流进行全面的预测、分析和评价的财务工作,也就是对长期投资项目进行分析决策的过程。它是企业财务人员所面临的重要决策问题

之一。

长期投资项目对企业的生产经营活动产生长期影响,其投资额大、风险高,影响的时间长,对企业的长期获利能力具有决定性的影响。因此,长期投资决策在企业管理决策中具有重要地位,它的正确与否,将直接影响企业的财务状况和经营成果,以至于影响企业的生存和发展。因此,长期投资决策决不能在缺乏严密的论证和可行性分析的情况下轻率地作出,必须按照一定的程序,认真细致地做好长期投资决策的可行性分析,运用科学的方法进行分析评价,以保证决策的科学有效。

二、长期投资决策的程序

在一个投资项目的创意提出以后,如果企业打算进一步论证它的可行性,可以按照以下程序进行。

(一)调查研究,收集相关的资料

这是投资分析活动的开始。首先要对项目的投资环境和市场状况进行深入的考察,并对企业的技术和管理能力进行分析,从技术、管理、经济等各方面均能够保证项目的正常运行。投资环境主要包括政治、经济、法律和文化环境。政治环境主要考察投资地区的政府政策的稳定性,以及政府对项目所在行业的支持力度。政策稳定、政府支持是项目可行的前提条件。经济环境包括的范围较广,主要包括经济体制和经济政策,如财税政策、金融政策、价格政策、产业政策等方面。法律环境是指投资过程中可能涉及的各种法律法规。文化环境则对人们的生活方式和工作方式产生潜在的影响,从而可能影响未来项目的运营方式和运营效果。除了宏观环境以外,项目的未来市场状况是最重要调查对象,要求企业对项目所在的市场包括产品市场、原料市场和劳动力市场进行深入分析,调查市场的需求总量和需求者的消费偏好以及未来的市场细分化趋势,评价竞争对手的竞争能力和本企业的竞争优势。只有对未来市场完整清楚地把握,才能保证对项目盈利能力和风险程度作出更准确的评价。

在调查研究和收集相关资料的基础上,企业应该可以对项目相关的情况作出合理的预测,如未来产品和要素市场的市场状况和价格水平,以及未来市场各种状况的概率。这些预测可以为后来的长期投资决策打下基础。

(二)提出备选方案

在预测分析的基础上,企业可以制定出各种可供选择的备选方案。备选方案应具备可操作性和多样性,以增加企业的选择空间。

(三)选择最优方案

通过对备选方案的分析比较和评价,选择最优的方案。在这一阶段,决策者要运用科学的决策方法检验各种备选方案的可行性,从中选出最有利于企业的方案。这是投资决策过程的核心环节,一旦决策失误,可能严重影响企业的长期发展能力甚至导致企业破产。这一决策过程也是本章的主要内容。

（四）项目实施与事后评价

选择了最优方案以后，就要保证最优方案按照预算的要求组织实施。在实施过程中要将责任落实到各责任单位和个人，并进行严格的事中监督和检查，以确保方案的投资额和各项收支按照预算的要求顺利进行。对发生费用超支或其他意外情况应及时调查，找出原因，评估影响，迅速予以解决。

在项目结束以后，企业还要对项目的运行状况和效果进行事后的分析评价，与预算的预期进行比较，从而总结经验，指导以后的长期投资决策工作。

三、长期投资决策的类型

（一）按照项目之间的相互关系，可分为独立项目和相关项目

独立项目是指采纳或放弃某一项目并不显著地影响另一项目，如购置一个厂房、引进一套生产线、增加存货等，均属独立性投资。如果采纳或放弃某一项目，会显著影响另外一个项目，那么这样的项目就属于**相关性项目**。相关性项目又可分为互相补充型投资项目和互相替代型投资项目。凡是可同时进行、相互配套、缺一不可的投资项目，如港口和码头、油田和输油管道等均属于互相补充的投资。凡是在互相排斥的各项投资中仅选择某一项目的投资，如厂址的选择，生产线、生产工艺的选择等均属于互相替代型投资项目，又称为互斥型项目。

对于独立项目的评价，可以看单一项目的可行与否决策，只要对企业有利，符合评价准则，均可采纳。而相关型项目的决策则要把两个或多个项目联系起来，进行综合分析，以比较各个项目经济效果的优劣，才能正确进行决策。

（二）按投资效果划分，可分为扩大收入型投资和降低成本型投资

扩大收入型投资是指通过扩大企业生产经营规模，如扩大产品生产规模、开发新产品等方式提高企业价值；**降低成本型投资**一般不增加收入，通过降低成本支出，如对设备进行更新或大修理等方式来增加企业的价值。

对于扩大收入型项目的评价一般需要将收入与支出进行对比，以判断是否会增加企业的价值。而对于降低成本投资项目的评价，则只需比较相关成本孰低，即可作出决策。

（三）按项目的风险程度划分，可分为确定性投资和风险性投资

确定性投资是指在可以比较准确的预测未来的相关因素时所进行的投资，这样的项目现金流量稳定，投资收益可以准确确定，决策过程相对比较简单。如在市场、币值、利率稳定的条件下，企业增加的固定资产投资。**风险性投资**是指在不能准确预计未来的相关因素时所进行的投资。这样的项目现金流不稳定，未来的投资效益处于不确定状态，企业只能根据现有的信息估计其各种结果的概率。对此类项目，除了评价项目的期望收益情况以外，还要对其进行详细的风险分析和评价。

第二节 资金的时间价值

资金的时间价值观念是现代公司财务的基础观念之一,也是长期投资决策过程中所必不可少的重要内容。所谓**资金的时间价值**,是指资金在投资和再投资过程中所增加的价值。它是货币使用的数量和时间的函数,通常以利率或利息的形式来表示。直观的理解,也就是现在的一元钱和未来的一元钱价值量是不等的,现在的一元钱比未来的一元钱更值钱。如果现在把一元钱存到银行,一年后还会获得一定的利息,因此现在的一元钱应当和未来的一元钱加上利息等值。

时间本身不会产生价值,时间价值的本质是资金投入生产经营过程后,经过不断地周转和循环所产生的增值额。按照增值的形式不同,可分为单利和复利。在以下的介绍中,经常使用以下符号:

P——本金或者现值;

i——利率;

F——终值;

t——时间或计息期(可以是年、季度或月份等)。

一、单利

仅对本金计息,利息不计息的增值方式,称为**单利**。单利一般用于货币市场上利息的计算。单利终值的计算公式为

$$F=P+P\times i\times t=P(1+i\times t)$$

例 8-1:1999 年 3 月 30 日发行的 5 年期国债面值 100 元,票面利率为 4.22%,单利计息,到期一次还本付息。则到期时支付的本息额为

$$100\times(1+4.22\%\times 5)=121.10(元)$$

二、复利

所谓复利,是指不仅本金计息,以前各期所产生的利息也要计息的一种增值形式,又称为利滚利。

(一)复利的终值

复利的终值表示现在的本金按利率 i 进行复利增值,在 t 期后的价值。复利终值的计算公式为

$$F=P(1+i)^t$$

其中$(1+i)^t$表示当前一元钱t期后的复利终值。它由利率和时间两个因素所决定,又称为复利终值系数,用$(F/S,i,t)$表示。复利终值系数可以通过查复利终值系数表获得。

例 8-2:2001 年 3 月 30 日发行的 5 年期国债面值 100 元,票面利率为 4.22%,复利计息,到期一次还本付息。则到期时支付的本息额为

$$100\times(1+4.22\%)^5=122.96(元)$$

(二)复利的现值

根据复利的终值公式,可以推出现值公式为

$$P=\frac{F}{(1+i)^t}$$

其中$\frac{F}{(1+i)^t}$表示未来的一元钱在现在的价值,又称为复利现值系数,用$(P/S,i,t)$表示。复利现值系数可以通过查复利现值系数表获得。

例 8-3:如果你想要在 5 年后得到现金 10 000 元,银行利率为 8%,则现在需要存入多少钱?

$$P=10\,000\times(P/S,8\%,5)=10\,000\times0.680\,6=6\,806(元)$$

现在应存入 6 806 元,按复利计息,5 年后就可以得到 10 000 元。

事实上,根据公式,我们已知P,F,i,t四个变量中的任意三个,都可以得到另外一个变量。

例 8-4:如果我们今天存款 5 000 元,以利息率为 10% 计,我们不得不等待多久可以涨到 10 000 元?

$$F=P(1+i)^t$$
$$t\cdot\ln(1+i)=\ln(F/P)$$
$$t=\ln(F/P)/\ln(1+i)=\ln(2)/\ln(1.10)=7.27\,(年)$$

即我们需要等待 7.27 年才能涨到 10 000 元。

例 8-5:假设一所大学的教育费用在你刚出生的孩子 18 岁上大学时总数将达到 50 000 元,你今天有 5 000 元用于投资,那么当利息率为多少时你从投资中获得的收入可以解决你孩子的教育费用?

$$F=P(1+i)^t$$
$$i=(F/P)^{1/t}-1=10^{1/18}-1=0.136\,46$$

即年利率 13.646% 时,可以从投资中获得的收入解决孩子的教育费用。

三、年金

年金是指在一定时期内,定期等额的系列收支。年金可分为后付年金(又称为普通年金)、先付年金、递延年金、永续年金等形式。

（一）普通年金

普通年金是每期期末都有定期等额的系列收支的现金流，如图 8-1 所示。图中表示的是 n 年的每年金额为 A 的普通年金。

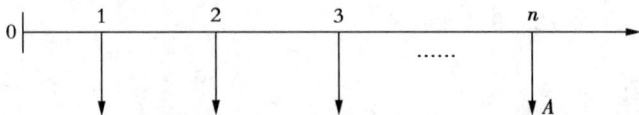

图 8-1　普通年金的现金流量示意图

从图 8-1 中可以看出，年金的现值公式为

$$P = \frac{A}{(1+i)} + \frac{A}{(1+i)^2} + \frac{A}{(1+i)^3} + \cdots + \frac{A}{(1+i)^n}$$

经整理得

$$P = A \sum_{t=1}^{n} \frac{1}{(1+i)^t} = A \frac{1-(1+i)^{-n}}{i}$$

当 A 为 1 元时，年金的现值为 $\frac{1-(1+i)^{-n}}{i}$。$\frac{1-(1+i)^{-n}}{i}$ 又称为年金现值系数，通常用 $(P/A, i, n)$ 表示，我们可以通过年金现值系数表查得其数值。

例 8-6：某人出国 3 年，请你代付房租，每年租金 100 元，设银行存款利率 10%，他应当现在给你在银行存入多少钱？

$$P = 100(P/A, i, 3) = 100 \times 2.49 = 249（元）$$

例 8-7：某投资者以 10% 的贷款利率借得 20 000 元，投资于某个寿命为 10 年的项目，每年至少要收回多少现金才是有利的？

$$20\,000 = A\,(P/A, 10\%, 10)$$
$$A = 20\,000/6.14 = 3\,257（元）$$

即每年至少收回 3 257 元，才能按时归还贷款。

普通年金的终值计算公式为

$$F = A + A(1+i) + A(1+i)^2 + A(1+i)^3 + \cdots + A(1+i)^{n-1}$$

整理得

$$F = A \sum_{t=0}^{n-1} (1+i)^t = A \frac{(1+i)^n - 1}{i}$$

其中 $\frac{(1+i)^n - 1}{i}$ 又称为年金终值系数，用 $(F/A, i, n)$ 表示，其值可以通过查年金终值系数表获得。

如果从今年起，每年年末存入 1 000 元，按年利率 10% 计算，则 10 年后的终值为

$$F = A(F/A, 10\%, 10) = 1\,000 \times 15.937 = 15\,937（元）$$

（二）先付年金

先付年金是每期期初都有定期等额的系列收支的现金流，其现金流示意图如图 8-2 所示。

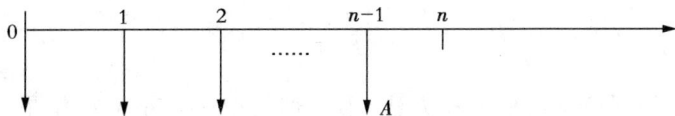

图 8-2　先付年金现金流量示意图

从图 8-2 中可以看出，先付年金的现值公式为

$$P=A+\frac{A}{(1+i)}+\frac{A}{(1+i)^2}+\cdots+\frac{A}{(1+i)^{n-1}}$$

整理得

$$P=A\frac{1-(1+i)^{-(n-1)}}{i}+A=A\frac{1-(1+i)^{-n}}{i}(1+i)$$

n 期先付年金现值的计算可以看作是 $n-1$ 期的后付年金，再加上第一期的金额。先付年金的现值系数等于对应的后付年金现值系数乘以 $(1+i)$。

例 8-8： 海欣公司拟新增添设备一项，使用期 10 年，购买该设备需要 25 万元，如果租赁该设备，则每年初付租金 3 万元。如果市场利率为 8%，则比较购买与租赁两种方案的优劣。

在租赁的条件下，各期的租金支出即为先付年金。租金支出的现值为

$$P=3\times\frac{1-(1+8\%)^{-10}}{8\%}\times(1+8\%)=21.75(万元)$$

租金支出的现值小于购买价款 25 万元，因此选择租赁方式较为合适。

先付年金的终值计算公式为

$$F=A(1+i)+A(1+i)^2+A(1+i)^3+\cdots+A(1+i)^{n-1}+A(1+i)^n$$
$$=A(1+i)\left(\frac{1-(1+i)^{-n}}{i}\right)=A(1+i)(F/A,i,n)$$

可见，先付年金的终值等于对应的后付年金终值乘以 $(1+i)$。

（三）递延年金

递延年金是指首次收支发生在若干期之后的年金。其现金流如图 8-3 所示。

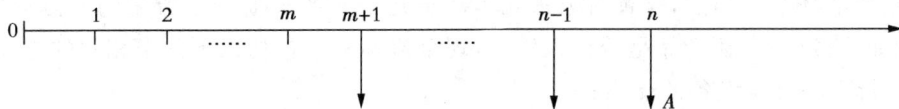

图 8-3　递延年金现金流量示意图

图 8-3 中表示的是递延期为 m 的 n 期递延年金。其现值的计算公式为

$$P = A\left(\frac{1-(1+i)^{-(n+m)}}{i} - \frac{1-(1+i)^{-m}}{i}\right)$$

或

$$P = A\frac{1-(1+i)^{-n}}{i}(1+i)^{-m}$$

可见,递延年金的现值有两种计算方法,第一种是把递延年金看作是$(n+m)$期的普通年金的现值与m期的普通年金的现值之差;另一种方法是先把n期普通年金折算到m期的期末,然后再按复利现值折算为现在的价值。两种方法的结果是相等的。

（四）永续年金

永续年金是没有到期日的后付年金,由于没有到期日,也就没有终值的计算问题了。其现金流如图 8-4 所示。

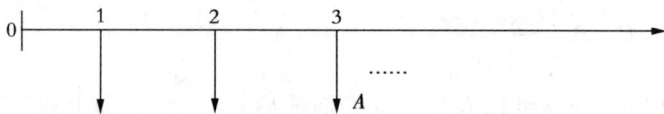

图 8-4　永续年金现金流量示意图

永续年金的现值计算公式为

$$P = \sum_{t=1}^{\infty}\frac{A}{(1+i)^t} = \frac{A}{i}$$

例 8-9：某政府发行一种无到期日的债券,债券按面值发行,面值为 1 000 元,市场利率为 5%,则该债券的市场价格应为 1 000/5% = 20 000 元。

第三节　长期投资决策的现金流量分析

一、现金流量估计的一般问题

与一个项目的创新思想一样,准确地估计项目所引起的现金流量同样是成功的长期投资决策至关重要的环节。当然,这种对未来几年甚至几十年的长期现金流量的预测通常是比较困难的,例如,决定一个新产品是否投入生产,现金流预测将包括以下几个相关的方面：

（1）对新产品所需设备的支出；

（2）预计的销售数量和价格；

（3）新产品对原有产品销售的影响；

（4）对营运资本的增量投资；

（5）其他的运营管理成本等。

在这种预测过程中,还要考虑未来价格水平的变动,如果涉及国际市场,还要考虑汇率的变化,另外,风险因素也要考虑(对风险因素的考虑,我们将在下一章详细介绍)。最后,所有的各项现金流收支都必须汇总为项目的总现金流量,以此为基础判断一个新的项目是否对企业整体有利。

在估计一个项目的现金流量的时候,以下四个问题通常要给以特别关注。

1. 边际现金流量或增量现金流量

在估计一项投资的现金流量时,我们只对该项新投资对原企业的整体经营产生的增量影响(或称为边际影响)感兴趣,包括一些该项目所引起的间接现金流量。我们要比较与没有采纳该项投资相比,采纳之后所产生的增量现金流量,包括增量现金流入量和增量现金流出量。

2. 沉没成本

沉没成本是指过去发生的、当前决策不能改变的成本。如在进行长期投资决策之前所进行的市场调查费用,在编制预算时已经发生,无论项目是否采纳都不会影响该现金流了,因此属于沉没成本。沉没成本在长期投资决策时不应予以考虑。沉没成本还包括以前进行的研究开发费用和请财务顾问作长期投资决策的咨询费用等。

3. 机会成本

这里的机会成本是指把公司已经拥有的资源分配给新项目而产生的潜在的失去的收益。如果企业不用现金,而用其他资产进行投资,如企业可以用以前闲置的厂房作为投资,也可以用已有的存货作为流动资金投资。这些资产虽然不是现金,但如果它们不用作投资,而是出售或出租,同样会获得现金收入,即它们存在机会成本。这种机会成本在估计现金流量时必须予以考虑。这种机会成本的高低取决于该项资源在项目以外的应用价值。

4. 关联效应

新产品的投产可能会提高企业的竞争能力,扩大市场份额,但同时也可能对企业的其他产品产生影响。一些原有产品的老客户可能转向新产品,从而对原有产品的销售产生侵蚀。如汽车企业出产了一种新的车型,那么是不是所有的这种新车型的销售额和利润都是净增量呢?显然不是,因为有一部分新车型的销售额可能是从原有车型的销售中转移过来的。因此,在估计现金流量时,要把对其他产品产生的侵蚀作为现金流量的扣减处理。

二、现金流量的构成与计算

投资项目的现金流量一般由初始现金流量、营业现金流量、终结现金流量三个部分构成。

(一) 初始现金流量

初始现金流量是从项目投资到项目建成投产使用而发生的有关现金流量,是项目的投资支出。它由以下三个部分构成。

(1) 固定资产投资。包括固定资产的购置成本或建造成本以及安装成本。

(2) 营运资金投资。一个项目的正常运转,还需要企业注入相应的流动资金,包括为维持项目正常运转所需要占用的现金、应收账款、原材料、在产品和产成品等流动资产。但这些流动资产,企业并不全部出资,因为这部分流动资产所需的资金可以由应付账款、应付税金等流动负债解决一部分。因此,企业对项目的营运资金投资应当等于维持项目运营的流动资产减去增加的流动负债。

（3）其他投资费用，如职工的培训费、组织筹建费等。

启明公司是一家高新技术企业，成功研制了一种新型的太阳能供暖设备，如果将它投产，需要厂房和设备等。公司可以购买一座价值 3 400 万已建好的厂房，还要购置 1 800 万元的设备进行生产，另需运输及安装费用 80 万元。为使项目正常运转，初期投入原材料等流动资金 900 万元。那么启明公司对该项目的初始投资额为 6 180（＝3 400＋1 800＋80＋900）万元。

（二）营业现金流量

营业现金流量是指项目在正常运行过程中因生产经营活动而产生的现金流量，包括现金流入量和现金流出量。现金流入量主要由销售收入收现引起的。现金流出则包括日常的付现成本如采购支出、设备维护费用和人员的工资，以及所得税支出等。假定销售收入都在当期收到现金，则计算公式为

$$营业现金流量＝销售收入－付现成本－所得税 \qquad (8\text{-}1)$$

如果对上式进一步整理，就会得到估计营业现金流量的另外一个重要计算公式，即

$$
\begin{aligned}
营业现金流量 &＝销售收入－（销售成本－折旧）－所得税 \\
&＝销售收入－销售成本－所得税＋折旧 \\
&＝净利润＋折旧 \qquad (8\text{-}2)
\end{aligned}
$$

营业现金流量等于净利润加折旧。因此折旧可以看作是企业的一项现金来源，它是相对于净利润来说的，即当期的现金流要比净利润多出一些，多出的金额就是折旧额。事实上，这里折旧额实质是非付现费用的摊销，包括无形资产摊销、长期待摊费用的摊销等。

如果对上式中的所得税进行分解，分别得出各项收入和成本支出的税后影响净额，则我们可以得出计算营业现金流量的第三个重要公式：

$$
\begin{aligned}
营业现金流量 &＝销售收入－付现成本－（销售收入－付现成本－折旧）×税率 \\
&＝销售收入（1－税率）－付现成本（1－税率）＋折旧×税率 \qquad (8\text{-}3)
\end{aligned}
$$

从这个公式中，我们可以看出，营业现金流量由三个因素所决定，即税后收入、税后支出和折旧抵税三个部分。

税后收入是指扣除了所得税影响之后的营业收入。企业的营业收入的增加，也增加了应税收益，会引起所得税的同时增加。因此，如果把这部分增加的所得税扣除，那么剩余的税后收入就可以表示收入的变化对营业现金流量的净影响大小，它等于"销售收入×（1－税率）"。

税后支出是指扣除了所得税影响之后的付现支出。与营业收入相反，付现支出的增加会减少企业的应税收益，引起所得税的减少。因此，实际的现金流出应该比付现支出少，它等于"付现成本×（1－税率）"。如某企业的广告支出为 100 万元，税率为 30％，100 万元的支出同时减少了 100 万元的利润，从而减少的所得税支出 30 万元，这样该项广告支出的实际现金流出额为 100 万元减去 30 万元即 70 万元。这 70 万元即为税后支出。

折旧抵税又称为折旧的税收挡板作用。折旧本身只是一种固定资产的成本分摊程序，不是直接的现金流，但是折旧进入成本后就可以减少应收收益，从而减少所得税支出，支出的减少可以看作是现金流入。因此，折旧会引起现金流入，其金额等于它的抵税额，即"折旧×税率"。

例 8-10：启明公司的上述投资期限为 5 年。预计各年的销售量均为 20 000 个，单位售价为 0.4 万元。付现成本中变动成本占收入的 30%，折旧外的固定成本费用为 1 300 万元。厂房和设备的折旧年限分别为 20 年和 5 年，残值率都为 5%。公司的所得税税率为 30%。

$$厂房的年折旧额 = \frac{3\,400 \times (1 - 5\%)}{20} = 161.5(万元)$$

$$设备的年折旧额 = \frac{1\,880 \times (1 - 5\%)}{5} = 357.2(万元)$$

利用公式(8-1)：

每年的所得税 $= [20\,000 \times 0.4 \times (1 - 30\%) - 1\,300 - 161.5 - 357.2] \times 30\%$
$\qquad\qquad = 1\,134.39(万元)$

营业现金流量 $= 20\,000 \times 0.4 \times (1 - 30\%) - 1\,300 - 1\,134.39 = 3\,165.61(万元)$

利用公式(8-2)：

每年净利润 $= 20\,000 \times 0.4 \times (1 - 30\%) - 1\,300 - 161.5 - 357.2 - 1\,134.39$
$\qquad\qquad = 2\,646.91(万元)$

营业现金流量 $= 2\,646.91 + 161.5 + 357.2 = 3\,165.61(万元)$

利用公式(8-3)：

税后收入 $= 20\,000 \times 0.4 \times (1 - 30\%) = 5\,600(万元)$

税后付现成本 $= (20\,000 \times 0.4 \times 30\% + 1\,300) \times (1 - 30\%) = 2\,590(万元)$

折旧抵税 $= (161.5 + 357.2) \times 30\% = 155.61(万元)$

营业现金流量 $= 5\,600 - 2\,590 + 155.61 = 3\,165.61(万元)$

（三）终结现金流量

终结现金流量是指投资项目终结时所发生的各种现金流量，包括固定资产的残值净收入、垫付的流动资金的收回等现金流项目。固定资产的残值净收入是指固定资产的残值收入减去相关的税金、清理费用后的净额。

上述的启明公司投资项目结束时，预计厂房可以按 800 万元的价格出售，设备的变现价值为 200 万元。同时收回项目占用的流动资金 400 万元。

项目结束时，

厂房的账面价值 $=$ 厂房原值 $-$ 累计折旧
$\qquad\qquad\qquad = 3\,400 - 161.5 \times 5 = 2\,592.5(万元)$

厂房的变卖损失 $= 2\,592.5 - 800 = 1\,792.5(万元)$

变卖损失可以抵掉一部分税金，减少税金可以看作是现金流入。

厂房变卖损失抵减的税金 $= 1\,792.5 \times 30\% = 537.75(万元)$

厂房变现引起的现金流入 $= 800 + 537.75 = 1\,337.5(万元)$

同理，项目结束时，

设备的账面余额＝1 880－357.2×5＝94(万元)

设备变现收益＝200－94＝106(万元)

变现收益同时增加企业的税金,增加的税金负担可以看作是现金流出。

设备变现收益增加的税金＝106×30％＝31.8(万元)

设备变现引起的现金流入＝200－31.8＝168.2(万元)

项目结束期时产生的现金流量＝1 337.5＋168.2＋900＝2 405.7(万元)

汇总启明公司该项目的现金流量,其分布情况如表 8-1 所示。

表 8-1 项目总现金流量表   单位:万元

	0	1	2	3	4	5
初始现金流量	－6 180					
营业现金流量		3 165.61	3 165.61	3 165.61	3 165.61	3 165.61
终结现金流量						2 405.7
总现金净流量	－6 180	3 165.61	3 165.61	3 165.61	3 165.61	5 571.31

第四节 长期投资决策评价的方法

按照是否考虑资金的时间价值,长期投资决策的评价指标可以分为贴现指标和非贴现指标。

一、贴现指标

(一) 净现值

净现值(Net Present Value,缩写为 NPV)是指从投资开始直至项目寿命终结时现金流入量与现金流出量按预定贴现率折现的现值之差。贴现率可以是企业的资本成本,也可以是企业要求的最低收益率水平。净现值的计算公式为

$$NPV = \sum_{t=0}^{n} \frac{NCF_t}{(1+r)^t} = \sum_{t=1}^{n} \frac{NCF_t}{(1+r)^t} - NII$$

其中:n 为项目经济寿命期,r 为预定贴现率,NCF_t 为第 t 年的净现金流量,NII 为项目的净增量投资额。

净现值的决策标准是:投资项目的净现值大于零,接受该项目;净现值小于零,则放弃该项目。多个互斥项目进行选择时,选取净现值最大的项目。

例 8-11:以上述启明公司的项目为例,假定该项目的折现率为 8％,那么

$$NPV = \frac{3\,165.61}{(1+8\%)} + \frac{3\,165.61}{(1+8\%)^2} + \frac{3\,165.61}{(1+8\%)^3} + \frac{3\,165.61}{(1+8\%)^4} + \frac{5\,571.31}{(1+8\%)^5} - 6\,180$$

$$=3\,165.61\times(P/A,8\%,4)+5\,571.31\times(P/S,8\%,5)-6\,180$$
$$=3\,165.61\times3.312+5\,571.31\times0.680\,6-6\,180=8\,096.334(万元)$$

NPV 大于零,该项目可行。

(1) NPV 体现了项目的投资效益。从货币价值增量绝对额的角度来考察项目,符合企业价值最大化的目标。

(2) NPV 是预定贴现率 r 的函数,从其计算公式中可以看出,NPV 本质上是假定预定贴现率 r 为自身的增值率,按此增值率增值后,多余现金流量按此贴现率贴现的现值。因此,贴现率 r 的确定是净现值法的关键。

(3) 对于投资期限不同的互斥方案,NPV 比较的效益期限不同。因此,对这类方案不适合用 NPV 比较。这时,可使用年均净现值指标($ANPV$),它等于净现值除以对应的年金现值系数,用以表示每年所获得的净现值,从而可以对不同期限的项目进行比较。

$$ANPV=\frac{NPV}{(P/A,i,n)}$$

(二) 内含报酬率

内含报酬率(Internal Return Rate,缩写为 IRR),是使项目的未来现金流入量的折现值等于未来现金流出量的折现值时的贴现率,即净现值为零时的贴现率。它反映了一个投资项目自身的投资报酬率。计算公式为

$$\sum_{t=1}^{n}\frac{NCF_t}{(1+IRR)^i}-NII=0$$

内含报酬率的计算过去通常使用插值法,计算较为繁琐,但现在可以通过计算机软件(如 Excel)快速地获得,这极大地推动了该指标在实践中的应用。

内含报酬率的决策标准是:如果项目的内含报酬率大于企业的资本成本,则接受该项目;如果内含报酬率小于企业的资本成本,则放弃该项目;多个互斥项目进行选择时,选取内含报酬率最大的项目。

仍以启明公司的项目为例,通过计算可得其内含报酬率为 46.26%,高于其资本成本 8%,因此,该项目可行。

内含报酬率指标的特点:

(1) IRR 是由特定的现金流量所确定的。即只要达到预定的现金流量,无论实际的再投资收益率为多少,内含报酬率都是确定的。

(2) IRR 的计算与基期无关。这可以从计算公式的特点中推出。在等式两边同时乘以 $(1+IRR)^i$(i 为任意正整数)等式变为

$$\sum_{t=1}^{n}\frac{NCF_t}{(1+IRR)^{t-i}}-NII(1+IRR)^i=0$$

该等式的含义是将现金流入与现金流出按 IRR 同时折算至第 i 年末时仍相等。即无论将现金流量折算至哪一年,只要流入量与流出量相等,其折现率都等于 IRR。

(3) IRR 假定各个方案的所有中间投入可按各自的内含报酬率进行再投资而进行增值。

理论界通常认为这与实际有所不符。如某方案的现金流量如图 8-5 所示。

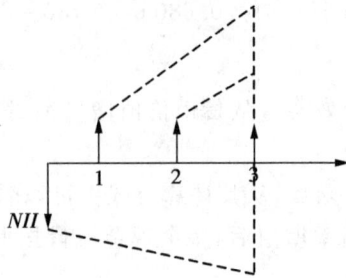

图 8-5

由于 IRR 的计算与计算基期无关,因此,可将所有现金流量折算至最后一年末。如图 8-5 所示,内含报酬率也可理解为使一个投资方案的初始投资额的终值与各年的净现金流量终值之和相等的收益率。这样,方案的净现金流量都是按其 IRR 进行再投资,导致不同方案有着不同的投资收益再投资假定,从而削弱了 IRR 的可比性。但是,这并不影响 IRR 的客观性,只要预计的现金流量实现,那么,无论实际再投资收益率为多少,都不会改变其内含报酬率。

(三) 外部收益率

外部收益率(External Return Rate,缩写为 ERR)是根据内含报酬率的再投资假设的不足而提出来的,它是使一个投资项目投资额的终值与各年的净现金流量按预定收益率计算的终值之和相等时的收益率,计算公式为

$$NII(1+ERR)^n = \sum_{t=1}^{n} NCF_t(1+r)^{n-t}$$

其评价规则与 IRR 相似:对单一项目的可行与否决策,ERR 大于资本成本时,方案可行,否则不可行。对多个项目的选择决策中,取 ERR 最大的方案。

外部收益率的主要特点:

(1) 经济含义较明显,即通过一项投资的终值与现值的比较得出其增值率。

(2) ERR 是预定收益率的函数。它以预定收益率作为再投资报酬率,受 r 的准确性的影响,其取值具有一定的主观性,并且人为预计未来现金收益的报酬具有很大的不确定性,很难为人所信服,这也是 ERR 受人攻击,难以普及的重要原因。

(四) 获利指数

获利指数(Profit Index,缩写为 PI)是指投资项目未来各期现金流量的折现值与初始投资额之比。其基本特点与净现值类似,只是从投资效率的角度来考察项目,其计算公式为

$$PI = \frac{\sum_{t=1}^{n} \frac{NCF_t}{(1+r)^t}}{NII}$$

获利指数的决策准则是:当投资项目的获利指数大于 1 时,选取该项目;当获利指数小于 1 时,放弃该项目;当有多个互斥项目供选择时,选取获利指数最大的项目。

对于启明公司的项目：

$$PI = \frac{\dfrac{3\,165.61}{(1+8\%)} + \dfrac{3\,165.61}{(1+8\%)^2} + \dfrac{3\,165.61}{(1+8\%)^3} + \dfrac{3\,165.61}{(1+8\%)^4} + \dfrac{5\,571.31}{(1+8\%)^5}}{6\,180} = 2.31$$

获利指数为 2.31,代表 1 元的现金投资可以产生现值为 2.31 的现金流入,因此项目可行。

对于投资额不同的方案,仍然可以利用 PI 比较各方案的投资效率,但该指标仍没有考虑期限的因素,同 NPV 指标一样,对不同期限的互斥方案仍不适用。

二、非贴现指标

(一) 投资回收期

投资回收期(Payback Period,缩写为 PP)是指收回全部初始投资所需要的时间,通常以年为单位。这个指标可以衡量初始投资额的回收速度的快慢。计算公式为

$$\sum_{t=1}^{PP} NCF_t = NII$$

例 8-12：对于启明公司的例子,计算过程如表 8-2。

表 8-2　投资回收期计算表

单位:元

年　度	现金流	未回收额
0	−6 180	6 180
1	3 165.61	3 014.39
2	3 165.61	0

显然,回收期应在 1 年与 2 年之间,可按下式计算：

$$PP = 1 + \frac{3\,014.39}{3\,165.61} = 1.95(年)$$

即项目可在 1.95 年的时候收回全部投资额。回收期的决策过程很简单,选择一个企业可以接受的回收期,如 2 年,则所有回收期小于或等于 2 年的项目都可行,大于 2 年的项目则不可行。

回收期法的优点是易于理解,计算简单,但同时存在明显的不足：

(1) 回收期法不能体现回收期内现金流量的分布先后。如表 8-3 中所示,项目 A 与项目 B,现金总额相同,但项目 B 的现金流的分布是先大后小,因此净现值一定高于项目 A,而两者的回收期相同。这是由于回收期法没有体现资金的时间价值。

(2) 回收期法没有考虑超过回收期的那些现金流量。如表 8-3 中项目 B 与项目 C,显然,项目 C 要优于项目 B,但两者的回收期却相同。这是因为回收期法不能反映超过回收期以后的现金流量。

(3) 回收期法的决策依据主观臆断,没有客观准确的参照标准可供选择,只能根据企业管理人员的主观判断。

表 8-3　回收期的计算

年　份	A	B	C
0	−100	−100	−100
1	10	60	60
2	30	30	30
3	60	10	10
4	50	50	5 000
回收期	3	3	3

由于回收期法的不足,一些决策人员又提出了新的方法,称为折现回收期法(Discounted Payback Period,缩写为 DPP),这种方法先对现金流进行折现,然后计算折现后现金流量的回收期。如对表 8-4 中项目 A 按 8% 的折现率计算折现回收期。

表 8-4　折现回收期法计算表

年　份	A	折现系数(8%)	贴现现金流量	未回收额
0	−100	0	−100	100
1	10	0.925 9	9.259	90.741
2	30	0.857 3	25.719	65.022
3	60	0.793 8	47.628	17.394
4	50	0.735 0	36.75	0

贴现回收期在 3 年和 4 年之间,具体计算如下:

$$DPP = 3 + \frac{17.394}{36.75} = 3.47(年)$$

由于贴现会使现金流量变小,所以折现回收期一定会大于相应的回收期。

折现回收期法虽然考虑了时间价值的因素,但仍没有反映回收期后的现金流量情况,判断标准依然主观,并且计算方法也变得较复杂,因此,实践中并不常用。

(二) 会计收益率

会计收益率(Accounting Return Rate,缩写为 ARR)指标是指投资项目经济寿命期内的平均税后利润与净增量投资额之比。它采用会计报表上的数据,易于理解,在实际工作中也有广泛应用,但与投资回收期一样,它没有考虑货币的时间价值,属于静态指标。

$$会计收益率 = \frac{ANR}{NII}$$

其中:ANR 表示年平均净收益,它等于年均营业净现金流量减去年均折旧额;NII 表示净增量投资额。

在采用会计收益率法进行投资方案评价时,应事先确定一个企业要求达到的会计收益率,在进行采纳与否的决策时,高于要求达到的收益率则可行,否则放弃。在多个方案的互斥选择决策中,选用会计收益率最高的方案。

三、投资决策指标的比较

(一) NPV 与 IRR 的比较

对于独立方案而言,各方案之间互相独立,彼此互不影响,对这类方案的决策,主要是考虑其经济上是否可行。此时,NPV、IRR 会得出相同的结论。

仍以启明公司为例,我们可以得到不同折现率条件下,NPV 的各个取值(见表 8-5),从而可以绘出 NPV 曲线图(见图 8-6)。

表 8-5　NPV 变化表

折现率	NPV(万元)
20%	4 254
30%	2 177
40%	710
50%	−366
60%	−1 178

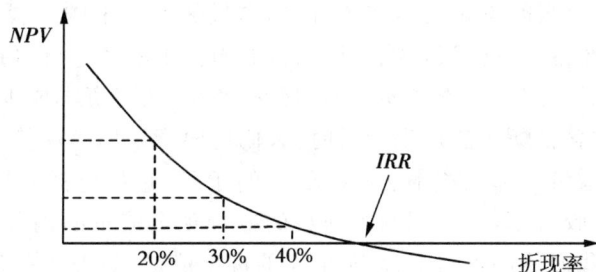

图 8-6　NPV 曲线图

从 NPV 曲线图中可以看出,IRR 是 NPV 曲线与横轴的交点所在的折现率。当折现率小于 IRR 时,NPV 大于零;当折现率大于 IRR 时,NPV 小于零;当折现率等于 IRR 时,NPV 等于零。因此,对单一项目的可行与否决策或独立项目的选择,两者的结论总是一致的。

而对于互斥方案,两个指标可能出现相互矛盾。考虑下面两个项目。

例 8-13: 两个项目 A、B 的预测现金流量如表 8-6 所示。

表 8-6　两个项目的现金流量预测　　　　　　　　　　　　　　单位:元

年	0	1	2	3
项目 A	−10 000	10 000	1 000	1 000
项目 B	−20 000	2 000	2 000	24 000

我们可以画出两个项目的 NPV 曲线,如图 8-7 所示。

如图 8-7 所示,项目 A 的 IRR 为 16.04%,项目 B 的 IRR 为 12.94%。当折现率为

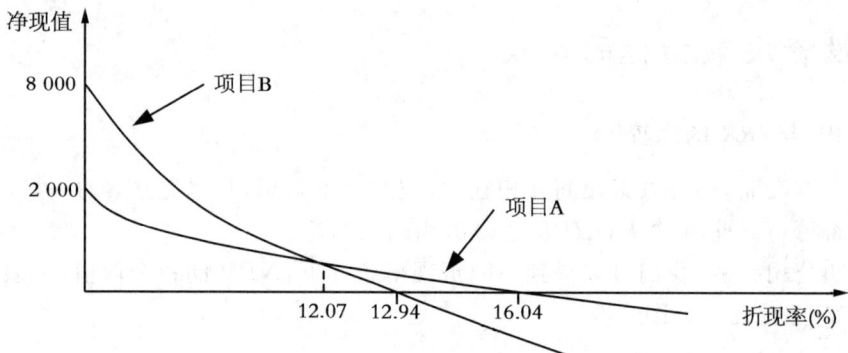

图 8-7　项目 A 和项目 B 的 NPV 曲线图

12.07％时,两个项目的净现值相等。如果按照 IRR 进行选择,应选择项目 A。

当折现率小于 12.07％时,项目 B 的净现值要大于项目 A 的净现值。因此,按照净现值法则,应选择项目 B;而当折现率大于 12.07％时,项目 A 的净现值大于项目 B 的净现值,应选择项目 A。因此,按照净现值选择方案,关键是选取的折现率的高低。

在上例中,两个项目投资规模不同,以及各期现金流量的分布不同,从而造成两个项目的净现值曲线在第一象限内交叉。当资本成本低于 12.07％时,两种方法得出不同的结论。造成净现值法和内含报酬率法所得出的结论相矛盾的根本原因,在于两种方法的再投资假设不同。净现值法下的再投资报酬率是资本成本,而内含报酬率法下的再投资报酬率为项目的内含报酬率,即假定项目产生的现金流量能以该项目的内含报酬率进行再投资。通常认为,在资金充足的市场上,资本成本应是投资者要求的均衡收益率,故以资本成本作为再投资假定更加合理。当净现值法和内含报酬率法产生矛盾时,人们更愿意采用净现值法作为评价指标。

另外,还可以使用增量内部收益率法解决两者的矛盾,它是选择大投资额的项目时,所增加的那部分投资的内部收益率,即计算两个项目的差额现金流量的内部收益率。为使差额现金流量的初始额为负,我们使用项目 B 减项目 A 的现金流量,如表 8-7 所示。

表 8-7　差额现金流量
单位:元

	0	1	2	3
项目 B－项目 A	－10 000	－8 000	1 000	23 000

差额现金流量的内含报酬率为 12.07％,当资本成本低于 12.07％时,则多投资的那部分是值得的,应选择 B 项目。当资本成本高于 12.07％时,多投资的部分不能弥补资本成本,因此应选择 A 项目,选择的结果和净现值法是一致的。

(二)净现值法与获利指数法的关系

对于独立项目的评价,净现值法和获利指数法得到的结论是一致的,只是从不同方面反映项目的获利能力。净现值法侧重反映项目的效益额,而获利指数侧重反映项目的效率高低。

对于互斥方案的选择决策,两者可能得到不同的结论。这是因为净现值是一个绝对值指标,而获利指数是一个相对指标。用 NII 表示投资额,两者的关系表示为

$$NPV = NII \times (PI - 1)$$

从公式可以看出，NPV 的大小取决于该项目的投资规模和获利指数，因此，对于规模相同的两个互斥项目，两个指标的结论应是相同的。而对规模不同的两个项目，如果获利指数相同，规模较大的项目会带来更大的净现值。更高的净现值符合企业价值最大化的目标，因此，在这种情况下，应选择净现值最大的方案。

四、折现率的确定

我们知道，企业投资项目的回报必须满足项目投资者所要求的收益，才能融通到所需的资金。因此，当管理者在评估一个项目时，他们应该确定该项目所增加的现金流能否补偿所增加的风险。换句话说，管理者应该明确，在项目风险既定的情况下，提供多高的回报才能从现在的金融市场上融通到所需的资金。投资者所要求的回报就是企业为该项目进行融资的资本成本，也是管理者在评估该项目预期现金流的现值时应使用的折现率。如果项目的预期报酬高于投资者要求的收益率，那么该项目就应该被采纳，否则，就应该被否决。

大多数企业在对新项目进行融资时，都要对各种资金来源进行组合，各种资金来源的比例取决于企业的目标资本结构，这种融资组合的平均资本成本就应该作为项目的折现率。首先，根据项目的风险和当前金融市场的状况计算出各项资金来源的成本，即个别资本成本。其中，债务资金来源的成本称为债务资本成本，权益资金来源的成本称为权益资本成本，然后结合项目的目标资本结构，我们就可以计算出该项目资金的加权平均资本成本。加权平均资本成本的计算公式为

$$K = K_S \frac{S}{B+S} + K_B (1-T) \frac{B}{B+S}$$

其中：K 为加权平均资本成本，K_S 为权益资本成本，K_B 为税前债务资本成本，T 为所得税税率，B 为债务资金的价值，S 为股东权益价值。

这个加权平均资本成本是企业为该项目进行融资的平均成本，因此通常被用来作为长期投资决策评价过程中的折现率。应该注意的是，项目的折现率选择应该与现金流量的风险相对应，如何采用项目的实体现金流量，则应该使用平均资本成本作为项目的折现率；如果使用股权现金流量，则应该使用权益资本成本作为项目的折现率。实体现金流量与股权现金流量的关系为

股权现金流量＝实体现金流量－债权人现金流量

实体现金流量是项目所产生可供股东和债权人共同分配的现金流量，债权人现金流量包括应支付给债权人的税后利息额以及本金额。而股权现金流量是实体现金流量中扣除了给债权人的现金流量之后的剩余现金流量。

第五节 长期投资决策实例

一、扩充型方案的决策

扩充型方案(Expansion Projects)是指能够扩充企业当前的生产规模的投资项目,如引入新产品、扩展新市场、提高产品产量等投资项目。

例 8-14: 明达公司是一家生产污水处理设备的公司,现准备计划在今年添置一台新型设备,以增加产量,扩大市场份额。预计购置新设备成本 60 万元,运输、安装、调试等费用共计 6 万元。新设备寿命期为 5 年,预计残值率为 5%,按直线法计提折旧。使用该设备可使公司每年增加销售收入 50 万元,每年增加营业付现成本 30 万元。所得税税率为 30%。公司的资本成本为 10%。

分析过程如下。

初始投资额:

设备投资:$60+6=66$(万元)

营业现金流量:

年折旧额:$\dfrac{66\times(1-5\%)}{5}=12.54$(万元)

每年新增税后利润:$(50-30-12.54)\times(1-30\%)=5.22$(万元)

营业现金流量=净利润+折旧=$5.22+12.54=17.76$(万元)

终结现金流量:

设备残值=$66\times5\%=3.3$(万元)

计算净现值 NPV 为

$$NPV=17.76\times(P/A,10\%,5)+3.3\times(P/S,10\%,5)-66$$
$$=17.76\times3.790\,8+3.3\times0.620\,9-66$$
$$=3.73(万元)$$

该方案的净现值为正,故项目可行。

二、重置项目决策

重置项目(Replacement Projects)决策是指对原有的生产设备或生产工艺是否进行更新的选择决策。随着技术水平的不断提高,企业原有的旧生产设备可能显得已经落后,原料消耗大,维修费用多,而新设备则耗能少,效率高。这时,尽管旧设备仍可继续使用,但企业仍会考虑是否有必要采用更新的设备和工艺进行代替。因为设备的更新往往投资较大,对企业的长期发展具有重要影响,因此,重置项目决策也是长期投资决策中的重要内容。

更新决策与通常的项目决策有所不同,设备的更新可能不会引起销售额的变化,或者很难从企业的总销售额中分离出某项固定资产的贡献。因此,设备更新决策主要通过更新前后成本现值的比较,作为决策的基础,如果能判断出销售额的变化,也作为成本的减项处理。

例 8-15:某企业考虑用一台新设备替代目前正在使用的旧设备。旧设备原值为 106 000 元。已使用 5 年,估计还可以使用 5 年,期末残值为 6 000 元,每年的付现成本为 6 000 元,如果现在出售,市价为 46 000 元。新设备的买价、运费和安装费共需 80 000 元,估计可使用 5 年,5 年后的残值为 10 000 元,按直线法计提折旧,使用新设备后,每年可增加销售收入 1 000 元,并使付现成本降低至 1 200 元。企业所得税税率为 40%,资本成本为 12%。试就该企业是继续使用旧设备,还是进行更新重置做出决策。

继续使用旧设备的成本:

每年的税后付现成本:$6\,000 \times (1-40\%) = 3\,600$(元)

5 年后的残值:6 000 元

年折旧额:$\dfrac{106\,000 - 6\,000}{10} = 10\,000$(元)

年折旧抵税额:$10\,000 \times 40\% = 4\,000$(元)

成本的现值:

$3\,600 \times (P/A, 12\%, 5) + 6\,000 \times (P/S, 12\%, 5) - 4\,000 \times (P/A, 12\%, 5)$
$\quad = 3\,600 \times 3.604\,8 + 6\,000 \times 0.567\,4 - 4\,000 \times 3.604\,8$
$\quad = 1\,962$(元)

更换新设备的成本:

旧设备的变现损失:$(106\,000 - 10\,000 \times 5) - 46\,000 = 10\,000$(元)
变现损失抵税额:$10\,000 \times 40\% = 4\,000$(元)
旧设备变现的现金流入:$46\,000 + 4\,000 = 50\,000$(元)
新设备的净投资额:$80\,000 - 50\,000 = 30\,000$(元)
每年的税后付现成本:$1\,200 \times (1-40\%) = 720$(元)
每年增加的税后销售收入:$1\,000 \times (1-40\%) = 600$(元)

年折旧额:$\dfrac{80\,000 - 10\,000}{5} = 14\,000$(元)

年折旧抵税额:$14\,000 \times 40\% = 5\,600$(元)
5 年后的残值收入 $= 10\,000$(元)
成本的现值 $= 30\,000 + 720 \times (P/A, 12\%, 5) - 600 \times (P/A, 12\%, 5)$
$\qquad\quad - 5\,600 \times (P/A, 12\%, 5) - 10\,000 \times (P/S, 12\%, 5)$
$\qquad = 30\,000 + (720 - 600 - 5\,600) \times 3.604\,8 - 10\,000 \times 0.567\,4$
$\qquad = 4\,572$(元)

设备更新的成本现值为 4 572 元,高于继续使用旧设备的成本现值,因此,应选择继续使用旧设备。

另外,新旧设备在未来的使用年限也可能不同,这时,仅仅比较成本的现值也不能得出合理的结论。因为如果旧设备还可使用 5 年,而新设备则可以使用 10 年,那么用旧设备 5 年的成本现值和新设备 10 年的成本现值相比较,显然对年限多的方案不利,且两者产出也不相同,因此不能直接比较。这时可使用年均成本法,年均成本是一个项目所引起的年平均现金流出量。如果不考虑资金时间价值,它是未来使用年限内的现金流出总额与使用年限的比值;如果考虑资金的时间价值,它是未来使用年限内现金流出的总现值与对应的年金现值系数的比值。一般说来,时间价值是长期投资决策所必须考虑的因素,所以,后者更加合理。

仍以上例来说,如果其他条件不变,只是新设备的使用年限改为 7 年,那么,就不能简单地比较两个方案的现值,而必须计算各自的年均成本额。

继续使用旧设备:

年均成本=成本现值/年金现值系数=1 962 /$(P/A,12\%,5)$=1 962/3.604 8=545(元)

更换新设备:

年均成本=成本现值/年金现值系数=4 572 /$(P/A,12\%,7)$
$$=4 572/4.563 8=1 002(元)$$

更换新设备的年均成本高于继续使用旧设备的年均成本,因此,应选择继续使用旧设备。

在运用年均成本法时,应注意年均成本法的前提假设,它假定将来设备再更换时,仍然可以按原来的平均年成本找到可替代的设备。如上例中,旧设备在使用 5 年期满后,仍可以按每年 545 元的成本找到可代替的设备。如果企业预计 5 年期满后,可替换设备的平均年成本会升高,则应把 5 年后的更新设备的成本也考虑在内。但对未来数据的估计往往有很大的主观性,因此这种估计实际意义并不大。

以上的分析中,对旧设备的变现价值作为购买新设备的投资额减项处理,这是按照项目的实际现金流量进行的分析。另外一种观点认为,旧设备的变现价值应作为继续使用旧设备的投资额处理,称为"局外观",即从局外人的角度,如果设备继续使用,那么它的变现价值就成为它的机会成本,相当于按变现价值重新购入进行生产,因此应作为继续使用旧设备的投资额处理。

第六节　长期投资决策中的风险分析

前面介绍的长期投资决策是在确定的条件下进行的,即只考虑未来的一种可能性,现金流量也是唯一确定的。事实上,任何项目在运行过程中都会有风险,都难免与预期的现金流量发生偏差。长期投资决策必须包含这些风险因素,充分考虑项目的风险价值。

在本节中,我们将扩展长期投资决策的内容,把对不确定性的分析和评价纳入到长期投资决策的编制过程中,从而使决策者能够完整地考察项目的真正价值。

就概念来说,风险和不确定性两者之间是有所区别的。不确定性是指无法预知未来行为的各种结果,或者无法预知各种结果所发生的概率,如预测未来的可能的竞争对手。而风险是指事先可以确定行为的各种结果以及各种结果发生的概率,只是不能准确预知哪种结果会出现,如企业可以根据历史经验判断未来的销售额分布。在实践中,往往很难区分两者,往往对不确定性的项目也人为地估计各种结果和相应的概率,把它转化为风险型项目。对于风险性投资项目,由于已知概率分布,因此可以用概率分析的方法通过各种数学特征来描述项目的风险大小。

对项目进行风险分析和评价,存在两种基本方法。第一种方法是通过改变项目评估的假设条件来分析这一改变对项目评价结果的影响程度,根据评价结果的变动程度来评价项目的风险高低。这种方法主要包括敏感性分析、场景分析、盈亏平衡分析和决策树分析等方法。这些方法都是对基本状态分析的一种补充,必须和基本状态分析结合起来进行考虑。但是,它们的分析结果没有一致的判断标准。最终的评价结果仍然要依靠决策者的主观判断和对风险的偏好程度。例如,即使是同样的场景分析结果,不同的决策者就可能作出不同的决策。这种方法我们将在第二小节中详细介绍。

另外一种方法是将风险因素考虑到项目评价指标的计算过程中。通过调整评价指标中的分子和分母即现金流量和折现率来重新评价项目的价值。这种方法简单易懂,并且最终的评价结论有一致的判断标准。相对于第一种方法,本方法在很大程度上减少了风险分析中的主观因素,同时增加了项目分析人员对分析结论的责任。

一、敏感性分析

前面介绍的项目评价是在项目的基本状态下进行的。基本状态是以一系列的变量假设为基础。我们假定未来的投资额、销售量、价格、成本等与现金流量相关的变量处于预期值状态,以此为基础进行分析并得出相应的结论。但是,未来的情况是在变化的,一旦某个变量与假定不一致,其评价结果就会与实际出现偏差,从而影响我们的分析结论。这种偏差越大,对我们决策的正确性影响也就越大。事实上,这种实际值与假定的不一致是经常发生的,项目风险越大,变量的不确定水平越高,这种不一致发生的可能性也就越大。

敏感性分析就是研究项目的评价结果对项目的各种假定条件变动的敏感性的一种分析方法。在基本状态分析的基础上,敏感性分析首先研究项目现金流量的所有假设变量,在此基础上,在保持其他假设条件不变的情况下,调整某个假设变量的取值,计算改变后的评价指标。分别对各个变量进行逐一分析,以此可以得到每一个变量的变动对 NPV 或 IRR 的影响。然后把这种变动同基本状态分析联系起来,根据评价指标变动的程度判断项目的风险大小,并决定项目是否可行。下面举一实例介绍敏感性分析的过程。

例 8-16: 甫林公司是一家橡胶轮胎制造企业,现正准备投资上马一新项目。新项目计划投资 200 万元,其中固定资产投资 150 万元,营运资本投资 50 万元。新项目上马后,预计每年新增销售量 4 000 个,单价为 300 元。每年变动成本为当年销售额的 40%,折旧以外的固定成本费用为 5 万元。项目预计期限 4 年,固定资产采用直线法计提折旧。4 年后,固定资产的残值收入为 20 万元,营运资本全部收回。公司的所得税税率为 30%。公司的资本成本为 10%。

在上述基本状态下,我们可以估计项目未来的现金流量,并得出项目的评价指标。计算过程如表 8-8 所示。

表 8-8　甫林公司新项目现金流量计算表　　　　　　　　单位:元

	0	1	2	3	4
固定资产投资	−1 500 000				
营运资本投资	−500 000				
销量(个)		4 000	4 000	4 000	4 000
单价		300	300	300	300
销售收入		1 200 000	1 200 000	1 200 000	1 200 000
变动成本		480 000	480 000	480 000	480 000
折旧以外的固定成本		50 000	50 000	50 000	50 000
折旧费用		325 000	325 000	325 000	325 000
税前利润		345 000	345 000	345 000	345 000
所得税		103 500	103 500	103 500	103 500
税后利润		241 500	241 500	241 500	241 500
营业现金流量		566 500	566 500	566 500	566 500
固定资产残值					200 000
营运资本收回					500 000
总现金流量	−2 000 000	566 500	566 500	566 500	1 266 500
NPV(10%)	321 386				
IRR	15.38%				

项目的净现值为 321 386 元,大于零,显然项目是可行的。但这只是基本状态的结果,如果相关变量发生变动,该结果是否还成立呢?现假定上述方案中的各因素上下波动±5%和±10%,重新计算净现值,计算结果如表 8-9 所示。

表 8-9　敏感性分析结果表　　　　　　　　　　　　单位:元

	NPV				
	−10%	−5%	0	+5%	+10%
销量(个)	114 077	193 958	273 838	353 719	433 599
单价	114 077	193 958	273 838	353 719	433 599
变动成本率	380 346	327 092	273 838	220 584	167 331
折旧以外的固定成本	284 933	279 385	273 838	268 291	262 744
固定资产投资	388 177	331 008	273 838	216 669	159 499
营运资本投资	289 688	281 763	273 838	265 914	257 989
固定资产残值	264 933	269 385	273 838	278 291	282 744

表 8-9 即为敏感性分析结果表,表中的各行数字表示该行变量变动后重新计算的 NPV 值。从表中可以看出,销量和单价对净现值的影响相同,可统一看作销售额变动的影响。两者对净现值的影响最大,其次为固定资产投资。各因素变化后,NPV 仍然都为正,说明各因素的

有限变化不会对项目的可行性产生很大的影响,由此可见项目的风险较低。为更形象地比较各因素对净现值影响的大小,我们可以画出各因素变动对净现值的影响图,见图8-8。横轴表示各因素变动的百分比,纵轴表示各因素变动后的净现值。

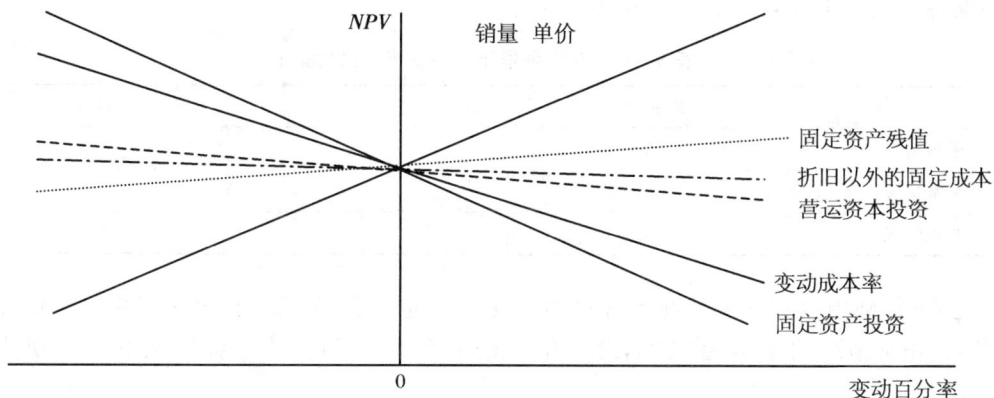

图 8-8 敏感性分析示意图

曲线由左向右上升,代表该变量与净现值同向变动,下降则代表与净现值反向变动。坡度的大小代表影响程度的高低。从图8-8中可以清晰地看出各因素对净现值的影响大小和方向。其中销售量和单价、固定资产残值与净现值同方向变化,折旧以外的固定成本、营运资本投资、变动成本率、固定资产投资与净现值反方向变化。并且销售量和单价以及固定资产投资额三个因素的影响最大。而固定资产残值、折旧以外的固定成本、营运资本投资三个因素对净现值的影响不大。因此,企业应该把销售量、单价以及固定资产投资额三个变量的预测作为长期投资决策的重点,如果它们稍有偏差,就可能对评价结果产生重要影响。

敏感性分析使我们对项目的 NPV 有了更加全面的认识,并且指出了项目对哪些信息更敏感,在哪些方面需要搜集更多的信息。但敏感性分析也有其不足之处,它把各个变量看作是相互独立的,一个变量的变化并不会引起其他变量的变化,而实际上不同变量的变化可能是相互影响的。例如,如果未来销路不好,销售量下降,那么价格也很可能下跌。如果企业的成本控制没有搞好,固定成本和变动成本可能同时上升。另外,敏感性分析提供了变量变动的影响,但无法提供这种影响发生的概率。有些变量的敏感性可能很强,但如果该变量发生变化的概率很小,敏感性分析就失去了意义。如上例中,销量下降 10%,会使净现值下降为 161 625元,但这种情况的概率却无法确定,从而无法准确预知风险。最后,敏感性分析结果的应用具有主观性。对同样的分析结果,决策者对风险的好恶不同,就可能作出不同的决策。

二、场景分析

与敏感性分析一样,**场景分析**(Scenario Analysis)也是经常使用的一种反映和评价项目风险的分析方法。场景分析的方法类似于敏感性分析,只是包含了各种变量在某种场景下的综合影响。场景分析一般设定三种情景:乐观的,正常的以及悲观的情景。在不同的场景下,各变量的预期值随着场景的变化而变化。如在悲观的场景下,各变量的预期值都是最悲观的估计,由此得到的净现值和内含报酬率也是三种情景下最低的。

仍以上述甫林公司的项目为例。假定公司管理层希望进一步了解在最糟糕的情况下,该项目会损失多少,以及在一切条件都最有利的情况下,该项目最多可以获利多少。这时,长期投资决策需要按乐观、正常和悲观三种情景分别编制。在不同的场景下,销量、单价和变动成本率会发生相应的变化,如表 8-10 所示。

表 8-10 不同场景下项目的相关数据

	销量(个)	单价(元)	变动成本率
乐观情况	4 500	350	35％
正常情况	4 000	300	40％
悲观情况	3 000	250	45％

由此,可得到项目在三种情况下各自的净现值。进一步,公司预计未来发生乐观情况的概率为 25％,正常情况的概率为 50％,悲观情况的概率为 25％。计算各情况下的净现值如表 8-11 所示。

表 8-11 不同场景下 NPV 的分布 单位:元

	概率 P	NPV
乐观情况	25％	995 379
正常情况	50％	321 386
悲观情况	25％	−360 927

从表 8-11 中可以看出,在最乐观的情况下,项目的净现值可以达到 995 379 元,而在最悲观的情况下,净现值仅为 −360 927 元。如果悲观的情况出现,项目会变得不可行。这种信息可以使公司意识到最差情况的影响程度,从而采取相应的措施,预防最差情况的发生。根据这种场景分析的结论,我们还可以结合各情况出现的概率,得到甫林公司新项目的期望净现值、净现值的标准差和变异系数,从而可以根据变异系数评估项目风险的高低。期望净现值的计算公式为

$$E(NPV) = \sum_{i=1}^{n} (P_i \times NPV_i)$$
$$= 995\ 379 \times 25\% + 321\ 386 \times 50\% - 360\ 927 \times 25\%$$
$$= 319\ 306(元)$$

净现值的标准差为

$$\sigma_{NPV} = \sqrt{\sum_{i=1}^{n} P_i \times [NPV_i - E(NPV)]^2}$$
$$= \sqrt{25\%(995\ 379 - 319\ 306)^2 + 50\%(321\ 386 - 319\ 306)^2 + 25\%(-360\ 927 - 319\ 306)^2}$$
$$= 479\ 531(元)$$

将标准差除以均值,得到净现值的变异系数:

$$Q = \frac{\sigma_{NPV}}{E(NPV)} = \frac{479\ 531}{319\ 306} = 1.5$$

变异系数越高,项目风险越高。具体可接受的数值视各公司管理层对风险的偏好程度而定。甫林公司该项目的变异系数 1.5 要和公司现有资产的变异系数以及公司对该项目可接受的变异系数相比较,从而确定该项目风险的高低。同时,因为变异系数反映了项目的风险程度,因此也可能会反过来影响项目资本成本的确定。

场景分析虽然提供了许多有用的信息,但是这种方法也有相应的弊端。首先,它认为未来的情况可以被清楚地区分为几种状态,如繁荣、稳定、衰退。但这些状态现实中可能并不能截然分开,它们也可能陆续出现。另外,场景分析增加了分析的范围,例如,对于未来有三种状况的项目,如果在分析中涉及 12 个变量,那么分析人员就不得不估计 36(=3×12)个预期值进行分析。最后,场景分析和敏感性分析一样,没有统一的决策标准供决策者使用,决策者面对场景分析的结果,仍然要根据自己的风险偏好来主观选择。

三、盈亏平衡分析

传统的盈亏平衡分析是分析当企业的会计收益为零时的销售水平,它是为维持企业获利所必须保持的最低销售水平。计算公式为

$$Q=\frac{F}{P-V}$$

其中:Q 为盈亏平衡时的销售量,F 为固定成本,P 为单价,V 为单位变动成本。

长期投资决策中的盈亏平衡分析主要是分析为维持项目盈亏平衡所应达到的销售水平。这里的盈亏平衡指的是 NPV 为零或内含报酬率等于资本成本。盈亏平衡分析的实质是敏感性分析的延伸,即在保持其他变量不变的条件下,单独考察使项目净现值为零时的销售量。通过盈亏平衡分析,企业可以明确能使项目获利的销售底线。事实上,除了分析盈亏平衡时的销售量以外,这种方法还可以分析盈亏平衡时的任一假设变量。

仍以甫林公司的新项目为例,我们列举几种销售量状态下项目的净现值,如表 8-12 所示。

表 8-12 NPV变化表

销售量(个)	NPV(元)
4 000	321 386
3 500	121 685
3 000	−78 017
2 500	−277 718

从表 8-12 中可以看出,NPV 为零时的销售量应介于 3 500 和 3 000 之间,可使用插值法确定。设 NPV 为零时的销售量为 X,则

$$\frac{X}{3\,500-3\,000}=\frac{78\,017}{121\,685+78\,017}\Rightarrow X=195$$

盈亏平衡的销售量为 3 195(=3 000+195)个。由此,企业管理层可以确定销售部门的最低任务。同样,我们可以确定其他变量的盈亏临界点,如表 8-13 所示。

表 8-13　盈亏平衡分析　　　　　　　　　　　　　　　　单位:元

	保本的上下限	基本状态	差额	差额占基数的比率
单价	240	300	—60	—20％
变动成本率	52％	40％	12％	30％
折旧外的固定成本	195 000	50 000	145 000	290％
固定资产投资	1 921 500	1 500 000	421 500	28.1％
营运资本投资	1 514 000	500 000	1 014 000	202.8％

表 8-13 中第一列表示各变量对应的盈亏临界点,最后一列表示盈亏临界点与基本状态的差额占基本状态的比例,该比例越低,表示盈亏临界点与基本状态越接近,该变量对项目的影响也就越大。

四、项目风险的种类

以上介绍的方法都是通过改变项目评估的假设条件,来分析这一改变对项目评价结果的影响程度,根据评价结果的变动程度来评价项目的风险高低。接下来我们介绍另外一种方法:将风险因素考虑到项目评价指标的计算过程中。通过调整评价指标中的分子和分母即现金流量和折现率来重新评价项目的价值。为此,我们先介绍项目风险的种类。

一个典型的投资项目包含以下几种风险,它们是项目特有风险、竞争性风险、行业特有风险、国际风险、市场风险。下面分别简单加以介绍。

(一) 项目特有风险

项目特有风险是指只考虑项目本身的特有因素或估计误差所产生的风险。它不考虑公司和股东的投资组合的影响,只考虑项目本身未来的不确定性和估计误差。这种风险表现为项目的现金流量高于或低于预期,这可能是项目本身的经营因素引起的,也可能是分析人员的错误估计造成的。这些风险只是针对某个项目时成立,当公司投资于多个项目时,大部分项目的特有风险是可以分散掉的。如某公司打算进入宾馆饭店行业,那么,地点的选择就成为项目的重要风险来源。但如果公司在全国范围内同时开设若干分店,那么地点这一特有风险从公司的角度来说也就并不重要了。

(二) 竞争性风险

项目的现金流量将由于竞争的影响而不稳定,虽然在编制长期投资决策时已经考虑到了竞争对现金流量的影响,但是,竞争者的行动结果通常很难预期,从而加剧了项目风险。通常这种风险在任何存在竞争的行业中都会有,因而很难通过正常经营过程予以分散。但是,公司通过收购竞争对手,可以降低公司**竞争性风险**。另外,从股东的角度讲,如果公司的股东同时持有其竞争对手的股权,那么这些股东就可以分散掉这部分竞争性风险。

(三) 行业特有风险

行业特有风险是由影响某一特定行业的收益和风险的因素所引起的风险。例如,技术进步会引起整个行业成本或产品质量的变化,从而会影响项目未来的现金流量;政府对行业加强管制,如提高产品质量标准,也会对该行业的所有项目造成影响。这种风险会对行业内的所有公司造成影响,公司可以通过在行业间的分散投资将这部分风险分散掉。

(四) 国际风险

对于跨国经营的项目,会面临**国际风险**,它是指由于汇率的非预期波动和国外市场的政治风险而产生的项目现金流量的不确定性。对于这种风险,公司可以通过投资不同国家的项目来把这部分风险分散掉。

(五) 市场风险

市场风险是指因宏观经济因素如利率、通货膨胀率和经济周期等而引起的项目现金流量的非预期变动。例如,通货膨胀率的变化,在长期投资决策的编制过程中虽然有所考虑,但其实际的变化会与预期有所不同,会影响这些投资的价值。市场风险会影响所有项目的投资价值,公司和投资者都不能通过风险投资组合分散掉这部分市场风险。

从以上的风险分析中我们可以看到,投资项目所承受的各项风险中只有市场风险无法分散掉,根据投资组合理论,投资者对投资项目要求的收益率只是对投资组合不能分散的风险部分要求进行补偿,即投资者只应对市场风险的部分要求补偿。

五、项目风险的度量

既然投资者只要求对市场风险进行补偿,那么项目的风险度量自然主要关心项目市场风险的度量方法。

资本资产定价模型(CAPM)描述了市场风险(系统风险)的度量方法以及市场风险(系统风险)和收益之间的定量关系。在模型中,通过计算某一公司相对于市场组合的 β 系数来反映市场风险的高低。但这种 β 系数是对一个公司而言的,而不是针对某个具体项目。我们在分析某个项目的系统风险时,也可以借鉴这种思想,运用公司的 β 系数来帮助度量项目的市场风险的高低。具体分为两种情况进行度量。

(一) 公司的经营项目种类单一

有些公司只经营同种类的项目,如机车厂只生产机车头,造船厂只制造轮船。当这类企业又投资建设同种类的新项目时,公司就可以用公司的权益成本(利用 CAPM 中的 β 系数估计)代替项目的权益成本。因为在这种情况下,我们可以认为项目所面临的市场风险和公司面临的市场风险相似。

例 8-17:某造船厂只经营造船业务,现准备扩建一项目,该造船厂的 β 值为 1.2,市场无风险收益率为 5%,市场的平均风险收益率为 9%。则公司的权益成本按照 CAPM 计算为

公司权益成本 $= 5\% + 1.2 \times (9\% - 5\%) = 9.8\%$

用公司的权益成本代替扩建项目的权益成本,则该扩建项目的权益资本成本也为 9.8%。

（二）公司的经营项目多元化

当公司经营多种投资项目时,公司整体的市场风险就不能完全反映某一项目市场风险的大小。因此,不能简单地用公司的权益 β 系数作为项目的权益 β 系数,必须分别单独评估该项目类型的市场风险。而公司内部的某个项目并不单独公开交易,很难直接衡量其 β 系数,这时有两种方法可以使用。

1. 参考同行业的类似上市公司

首先确定项目的行业性质,寻找同行业的主要上市公司,计算这些上市公司的平均 β 系数和平均资本结构,得到该行业的平均资产 β 系数,根据项目的资本结构确定该项目的 β 值。

如果公司只有一项资产,并且资金只来源于普通股权益,那么普通股权益的 β 值就应该是公司该项资产的 β 值,称为资产 β 系数,或称为无负债 β 系数,通常用 β_U 表示。当公司举债筹资时,权益 β 系数受到公司资产的经营风险 β_U 和资本结构的影响发生变化,此时的权益 β 系数用 β_L 表示,又称为负债的 β 系数,即有负债公司的权益 β 系数。所以,相同的项目,如果资本结构不同,尽管资产 β 系数相同,但是权益 β 系数是不同的。

权益 β 系数、资产 β 系数和资本结构之间的关系可以用哈马达公式表示:

$$\beta_L = \beta_U \left[1 + (1-T)\frac{D}{S} \right]$$

或

$$\beta_U = \frac{\beta_L}{1 + (1-T)\frac{D}{S}}$$

其中: β_L 为有负债企业(项目)的权益 β 系数, β_U 为无负债企业(项目)的 β 系数,即资产 β 系数, T 为所得税税率, D 为公司(或项目)的债务总额, S 为公司(或项目)的股权价值总额。

例 8-18: 某房地产企业打算进行多元化投资进入制药行业,以分散公司的经营风险,现正准备投资兴建一家制药厂。为评估该项投资的市场风险和权益成本,首先应找出制药企业中与拟投资新厂相似的上市公司,假定公司所得税税率为 30%,这些上市公司的 β 值和资本结构如表 8-14 所示。

表 8-14　类似公司数据表

类似公司	β_L 系数	负债/股东权益
A公司	1.3	0.25
B公司	1.1	0.4
C公司	1.5	0.25
D公司	0.8	0.3
平均值	1.175	0.3

使用哈马达公式,将平均权益 β_L 系数转换为资产 β_U 系数:

$$\beta_U = \frac{1.175}{1 + (1-30\%) \times 0.3} = 0.97$$

以该平均的资产 β_u 系数作为项目的资产 β_u 系数,并根据项目的资本结构,再次使用哈马达公式求得项目的权益 β 系数,假定该新项目的负债/股东权益比值为 0.25。则

新项目的权益 β 系数 $=0.971+0.25\times(1-30\%)=1.14$

假定无风险收益率为 5%,市场平均风险收益率为 9%,则

新项目的权益资本成本 $=5\%+1.14\times(9\%-5\%)=9.56\%$

2. 估计会计 β 系数

所谓**会计 β 系数**,是指通过某项资产的会计收益对市场收益进行回归而得到的 β 值。这种方法运用会计收益率替代了市场收益率,使用起来比较简单,只要有历史的会计数据就能得到某一项目类型的 β 值。但缺点很明显,会计收益受到公司采用的会计政策的影响,如折旧政策、存货的收发计价方法等。另外,会计收益运用权责发生制原则使各期的收益趋于均衡,从而容易使风险高的公司 β 值偏低,风险低的公司 β 值偏高。

例 8-19:某企业经营多种行业,包括房地产、机械制造和造纸等部门。现该企业准备对造纸项目进一步扩张,为评价扩张项目的权益成本,公司收集了造纸部门的历年会计收益增长率数据和同期的市场指数收益率,如表 8-15 所示。

表 8-15 市场收益率与会计收益率

年　度	市场指数收益率(%)	造纸部门会计收益增长率(%)
1990	3.1	2.5
1991	2.2	1.6
1992	−1.2	−3.1
1993	−3.5	−3.6
1994	5.6	7
1995	7.9	10
1996	−4.6	−5.5
1997	−8.6	−8.7
1998	−10	−9.1
1999	4.4	5.2
2000	11.2	8.9

造纸部门的会计收益增长率对市场指数的收益率作回归,回归结果为

会计收益增长率 $=-0.91+1.20\times$ 市场指数收益率

根据回归结果,造纸部门的 β 值应为 1.20。假定无风险收益率为 5%,市场平均风险收益率为 9%,根据 CAPM,我们就可以估计造纸的扩张项目的权益资本成本为

权益成本 $=5\%+1.2\times(9\%-5\%)=9.8\%$

六、风险调整投资分析

项目层面上的系统风险被确定并度量以后,就可以用以下方法将其融入项目分析的过程

中。第一种是按风险调整资本成本,使资本成本中包含风险因素,即调整评价指标的分母部分;第二种是按风险调整现金流量,把包含风险因素的现金流量调整为不包含风险因素的现金流量,即调整评价指标的分子。下面分别介绍这两种方法。

(一)按风险调整资本成本

即按照项目风险的高低,调整其资本成本,从而加大投资贴现率,降低项目的投资价值。风险越高,资本成本越高,项目价值也就越低。具体来说,主要有以下几种调整方法。

1. 根据资本资产定价模型(CAPM)

按照投资组合理论,投资风险可分为系统风险和非系统风险两部分,其中非系统风险可以通过多元化投资分散,而系统风险则无法分散,每一投资项目只需根据其承受的系统风险的大小得到相应的风险补偿。

根据上一小节的结论,项目的系统风险用 β 表示,则根据资本资产定价模型有

$$E(R_i) = R_f + \beta_i(E(R_m) - R_f)$$

一个项目的权益资本成本由无风险收益率、β 系数和市场的平均风险报酬率决定。

若已知某新产品项目的 β 系数为 1.1,市场上无风险收益率为 6%,市场的平均风险报酬率为 12%,则该项目的权益资本成本为

$$R = 6\% + 1.1 \times (12\% - 6\%) = 12.6\%$$

项目 β 系数的取得方法我们已经讨论过了,在明确项目的权益资本成本以后,我们需要进一步估计项目的加权平均资本成本。公式为

$$K = K_S \frac{S}{B+S} + K_B(1-T)\frac{B}{B+S}$$

其中:K 为加权平均资本成本,K_S 为权益资本成本,K_B 为税前债务资本成本,T 为所得税税率,B 为债务价值,S 为股东权益价值。

将此加权平均资本成本作为项目的按风险调整的折现率,对项目的现金流量进行折现。仍以上述新产品项目为例,假定该项目的税前债务资本成本为 8%,所得税税率为 30%,债务比例为 40%。则该项目的按风险调整的折现率为

$$K = 12.6\% \times 60\% + 8\% \times (1-30\%) \times 40\% = 9.8\%$$

2. 根据项目的变异系数调整资本成本

前面曾经提到,项目的变异系数可以反映项目的风险高低,因此,我们可以根据该项目变异系数的高低来调整资本成本,即对变异系数高的项目,取更高的资本成本,以增加折现率,降低项目的价值,而对变异系数较低的项目,使用较低的资本成本进行折现,以提高项目价值。具体调整方法可以根据公式确定,也可以根据历史经验所确定的变异系数区间来确定。

变异系数和按风险调整的资本成本的关系可用如下公式表示:

$$K = R_f + R_k = R_f + b \cdot Q$$

其中:K 为按风险调整的资本成本,R_f 为无风险收益率,R_k 为风险收益率,b 为风险报酬斜率,Q 为风险程度(用变异系数表示)。

风险报酬斜率 b 反映了风险程度变化对风险调整的资本成本的影响大小,同时也体现了企业的风险回避态度。它往往是一个经验性的数值,对于惧怕风险的风险回避型的企业,风险报酬斜率应取得高一些,以使风险对企业的资本成本以及项目的价值产生更高的影响。而对于风险承受能力较高的风险偏好型企业,风险报酬斜率应取得低一些,使风险的增加不会对企业的资本成本和项目价值产生太大的影响。

例 8-20:某企业确定的风险报酬斜率为 0.1,假定项目的变异系数为 0.6,无风险收益率为 8%,则

$$K = 8\% + 0.1 \times 0.6 = 14\%$$

即该项目应以风险调整的资本成本 14% 进行折现计算其价值。

除了用这种公式法以外,有些企业还使用更直观的变异系数区间列表的方法对资本成本进行调整,如表 8-16 所示。

表 8-16 按风险调整资本成本

变异系数	风险程度	风险调整后的资本成本
0	无	8%
0.01—0.60	低	10%
0.61—1.20	中等	13%
1.21—2.20	高	16%
2.20 以上	最高	20%

这种方法更加简单,但企业应根据不断变化的市场状况和风险态度对这种标准进行调整,以适应新的竞争状况。

(二)按风险调整现金流量

项目投资风险的直接表现就是未来现金流的不确定性,按风险调整现金流量法的思路就是把这种不确定的现金流量调整为无风险的确定的现金流量,然后用无风险的资本成本进行折现。把不确定的现金流量调整为无风险的现金流量是通过肯定当量系数确定的。**肯定当量系数**,是指把不确定的 1 元现金流量等价于使投资者满意的确定金额的系数,它等于无风险的现金流量与有风险的现金流量的比值。例如,投资项目某一年的预期现金流量的分布为:3 000 元的概率为 40%,5 000 元的概率为 50%,7 000 元的概率为 10%,则当年的期望现金流量为 4 400 元。这 4 400 元中是包含了风险因素的。如果投资者此时认为无风险的现金流 3 500 元和这个有风险的 4 400 元是没有差异的,那么,3 500 元就是有风险的现金流量 4 400 元的无风险值,肯定当量系数为 3 500 除以 4 400 等于 0.795。显然,无风险的现金流量应当小于有风险的现金流量,因此,肯定当量系数应当在 0 到 1 的范围内取值,具体取值的高低具有一定的主观性,它取决于投资者的风险偏好程度。如果投资者对风险的承受力较高,则可以选取较大的肯定当量系数;如果投资者的风险回避程度较高,则需要选取较低的肯定当量系数。另外,不同年度的现金流也可使用不同的肯定当量系数,变化大的年度取值更低一些,变化小的取值则可高一些。有些公司为了避免这种取值的主观性,通过项目现金流的变异系数来确定肯定当量系数,如表 8-17 所示。

表 8-17　变异系数与肯定当量系数

变异系数	肯定当量系数
0—0.07	1
0.08—0.12	0.9
0.13—0.20	0.8
0.21—0.30	0.7
0.31—0.40	0.6
0.41—0.50	0.5
0.51—0.60	0.4
0.61—0.70	0.3

这种方法虽然规范,但变异系数区间与肯定当量系数的关系仍是按照经验判断的,没有一致公认的客观标准,因而不能完全避免其主观性。

按风险调整现金流量的具体方法为:决策者首先根据各年现金流量的概率分布求得各年现金流量的期望值,用肯定当量系数将期望的现金流量调整为无风险的现金流量,然后用无风险折现率来折现无风险现金流量以得出项目的净现值。

$$NPV = \sum_{t=1}^{n} \frac{a_t NCF_t}{(1+i)^t} - NII$$

其中:a_t 表示第 t 年现金流量的肯定当量系数,它在 0—1 之间取值;i 表示无风险折现率;NCF_t 表示第 t 年的期望现金流量;NII 表示净增量投资额。

例 8-21:奇兴公司现准备投资一新项目,通过对现金流量的分析,确定对各年的肯定当量系数如表 8-18 所示。

表 8-18　肯定当量系数的确定

年　度	0	1	2	3	4
肯定当量系数 a	1	0.9	0.8	0.7	0.7

公司的无风险收益率为 5%。则奇兴公司对该项目用调整现金流量的方法分析过程如表 8-19 所示。

表 8-19　调整现金流量法的应用　　　　　　　　　　　　　　　　　　单位:元

年　度	期望现金流量	肯定当量系数	无风险现金流量	贴现系数(5%)	现值
0	−50 000	1	−50 000	1	−50 000
1	30 000	0.9	27 000	0.952 4	25 714.8
2	20 000	0.8	16 000	0.907 0	14 512
3	20 000	0.7	14 000	0.863 8	12 093.2
4	10 000	0.7	7 000	0.822 7	5 758.9
NPV			8 078.9		

净现值 NPV 大于零,所以该项目可行。按风险调整现金流量的方法简单易懂,但缺点是

主观性较大,因而这种方法在实际的投资项目决策中并不常用,但是在理论上是一种必要的概念性方法。

本 章 小 结

长期投资决策是对企业的长期投资项目的资金流进行全面的预测、分析和评价的财务工作,是企业财务管理人员所面临的重要决策过程之一。

所谓资金的时间价值,是指资金在投资和再投资过程中所增加的价值。它是货币使用的数量和时间的函数,通常以利率或利息的形式来表示。按其增值方式的不同,可分为单利和复利。

投资项目的现金流量一般由初始现金流量、营业现金流量、终结现金流量三个部分构成。

营业现金流量有三种估算方法:

$$营业现金流量=销售收入-付现成本-所得税$$
$$=净利润+折旧$$
$$=销售收入\times(1-税率)-付现成本\times(1-税率)+折旧\times税率$$

加权平均资本成本是企业为该项目进行融资的平均成本,因此通常被用来作为长期投资决策评价过程中的折现率。

长期投资决策的评价指标可以分为贴现指标和非贴现指标。贴现指标包括净现值、内含报酬率、获利指数、外部报酬率、动态投资回收期等。非贴现指标包括回收期和会计收益率。贴现指标中考虑了资金的时间价值,因此更为科学。

对项目进行风险分析和评价,存在两种基本方法:第一种方法是通过改变项目评估的假设条件来分析这一改变对项目评价结果的影响程度,根据评价结果的变动程度来评价项目的风险高低;另外一种方法是将风险因素考虑到项目评价指标的计算过程中,通过调整评价指标中的分子和分母即现金流量和折现率来重新评价项目的价值。第一种方法中包括敏感性分析、场景分析、盈亏平衡分析方法。第二种方法中包括按风险调整资本成本和按风险调整现金流量法。

思 考 与 练 习

思考题

1. 长期投资决策包括哪几种类型?

2. 长期投资决策的主要评价指标包括哪些?

3. 长期投资中的通货膨胀如何进行处理?

4. 什么是资金的时间价值?

5. 项目的风险评价主要有哪些方法?

6. 什么是敏感性分析,它有哪些优缺点?

7. 什么是场景分析,它有哪些优缺点?

选择题

1. 某公司向银行借款 600 万元,期限 3 年,年利率为 8%,若每半年复利一次,则实际年利率会高于名义利率(　　)。

　　A. 3% 　　　　　　B. 1.4% 　　　　　　C. 0.8% 　　　　　　D. 0.16%

2. 企业在分析投资方案的所得税影响时,所得税税率应根据(　　)来确定。

　　A. 历史的平均税率 　　　　　　B. 现在的税率

　　C. 未来可能的税率 　　　　　　D. 历史上的最高税率

3. 某设备原值 160 000 元,累计折旧 127 000 元,如现在变现,则变现价值 30 000 元,该公司适用的所得税率为 40%,那么,继续使用该设备引起的现金流出量为(　　)元。

　　A. 20 000 　　　　　　B. 31 200 　　　　　　C. 33 000 　　　　　　D. 29 000

4. 下列对敏感性分析方法的说法,正确的是(　　)。

　　A. 敏感性分析就是研究项目的评价结果对项目的各种假定条件变动的敏感性的一种分析方法

　　B. 通过敏感性分析,可以指出哪些变量更需要细致精确的预测

　　C. 对敏感性分析的结果,有统一的评价标准

　　D. 可以反映项目风险的高低

业务分析题

1. 某人在 1999 年 1 月 1 日存入银行 1 000 元,年利率 8%,要求计算:

(1) 每年复利一次,2002 年 1 月 1 日存款账户余额是多少?

(2) 每季复利一次,2002 年 1 月 1 日存货账户余额是多少?

(3) 若 1000 元,分别在 1999 年、2000 年、2001 年和 2002 年 1 月 1 日存入 250 元,仍按 8% 利率,每年复利一次,则 2002 年 1 月 1 日的余额?

(4) 若分 4 年每年年末存入相等金额,为达到(1)所得到的账户余额,每期应存入多少金额。

2. 某企业为了扩大生产能力,考虑用一台新设备代替旧设备。新旧设备的性能相同,年生产能力相同,有关资料如下表所示。

新、旧设备相关资料 单位:元

	旧设备	新设备
原值	22 000	20 000
预计使用年限	10	8
已经使用年限	6	0
最终残值	1 000	2 000
变现价值	7 000	20 000

　　若继续使用旧设备,第一年付现成本 3 000 元,以后随设备的使用每年增加 500 元;若购入新设备,每年的付现成本 2 000 元。假设公司要求的必要报酬率为 10%。

　　要求:根据以上资料,判断公司是否应更换新设备?

3. 白欧打印社面临为其打字室购买何种速印机的决策,他可以购买 10 台邦氏速印机,每台购买价格为 8 000 元,且预计每台设备年末平均修理费为 2 000 元。邦氏速印机将于第四年年末时替换,并且那时无残值。或者,白欧可以购买 11 台 IOU 速印机,来完成相同的工作,IOU 速印机需于三年后更换,每台价格仅为 5 000 元,但年末平均修理费用为 2 500 元,一个合理的预测是每台 IOU 速印机在第三年末时将有 500 元的售出价值。

　　该打印社的资本成本为 14%,由于去年亏损严重,因此可以不考虑所得税,你认为应购买邦氏速印机还是 IOU 速印机?

案例题

民丰公司的塑钢窗项目

2002 年 1 月,某市著名的装饰材料制造厂商——民丰公司打算建立一条生产线,以生产一种用于更美观、耐用、防火性能好的塑钢门窗。如果该公司作出"干"的决策,必须花费 1 000 万元为生产线购进新设备。另外,再花费 50 万元作为新设备的安装费用,安装费计入设备购置费,转化为资本后计提折旧。

去年,民丰公司花费 5 万元请咨询公司作了一次论证。咨询公司认为:民丰公司腾出来的设备已经陈旧,且折旧已完全提净的零件储存仓库很适合安放这条新生产线,此外,高级企业管理研究人员研究结果表明:如果不建生产线,那么这间库房连同其地皮在缴纳佣金、杂项费用和各项税金后,能净卖 20 万元。由于民丰公司不能发挥该库房其他方面的作用,因此如果该公司决定不上这项生产线的话,该库房将被卖掉。

新设备要按照加速折旧法计提折旧,年限 5 年,该设备的预计经济寿命也是 5 年。各年的折旧率分别为 0.20、0.32、0.20、0.14、0.14。该项目要求公司增加营运资本,增加部分主要是用于原材料及备用零件储存。但是,预计的原材料采购额的增加也将增大该公司的应付款额,最终结果是要求净营运资本额增加 5 万元。

虽然投资是在 2002 年全年间支出的,民丰公司原则上假定所有现金流量都发生在当年 12 月 31 日。同时,每年的经营现金流量假定发生在当年年末。所以,2003—2007 年的经营现金流量假定发生在各年的 12 月 31 日。民丰公司的工程师们估计新生产线能于 2003 年 1 月 1 日安装完毕并投入生产。不包括折旧在内的固定成本是每年 100 万元。可变成本为销售额的 60%,所得税税率 40%,投入具有平均风险项目的资本的成本率是 10%(含通货膨胀率)。

项目 5 年经营寿命完结后,公司计划拆除生产线,拆毁厂房,将这块地皮捐给政府作为一处公园园址。因公司所作出的公益贡献,可免缴一部分税款。免税额与清理厂址费用大致相等。如果不捐献的话,该生产设备能按其估计残值卖掉。卖价则要取决于经济状况。工程部所作的最乐观估计是:最低 50 万元,最高 200 万元。如果经济不景气,对二手设备需求很小,那么,残值只有 50 万元;如果经济状况一般,税前残值估计为 100 万元;假如经济状况高涨,对二手设备需求量大,设备将在转卖市场上卖到 200 万元。

工程技术人员和成本分析专家在彻底考察投资支出情况后,一致认为:事实上以上数据准确无误,固定成本、可变成本数据也是可靠的。但是销售量(即销售额)取决于房地产行业的总体经营水平,而后者又取决于经济状况。如果经济保持其目前的增长水平,2003 年的销售额可达 1 000 万元(销售量 1 000 套,单价 1 万元,按 2003 年价格计算)。在项目 5 年寿命期内,预计销售量是稳定不变的。但相应的销售收入预计随着通货膨胀而增长。预计 5 年寿命期内通货膨胀率为 5%。如果 2003 年经济不景气,销售量只有 900 套;相反,经济高涨,则可达 1 100 套。

为了方便处理数据,5 年内各年销售量只依据在经济状况一般、萧条和高涨三种情形下的第一年销售量水平进行估计,与销售单价相应的销售额按通货膨胀率同步增长。民丰公司经济管理专家们预计经济发展势头是:保持一般的可能性为 50%,不景气的可能性是 25%,经济高涨的可能性也是 25%。

请分析民丰公司该投资项目的基本状况,然后回答下列问题:

1. 假设该项目风险度与公司一般项目风险度相同,基本案例的净现值和内部收益是依据销售量和残值的期望值计算出来的。请计算其 NPV 和 IRR,注意:该项目在 2004 年度发生会计亏损,请说明负所得税的意思。另外,所花费的咨询费 5 万元是否应包括在这个分析中?请说明。

2. 运用在经济形势高涨和萧条下估计的销售额和残值,做一个方案分析。以找出与基本状况相对应的项目最佳净现值、内部收益率及最差净现值、内部收益率。并说明分析结果。

3. 运用最可能的销售额和残值决定净现值和内部收益率。并利用这个结果连同问题 2 已求出的最佳净现值和内部收益率,计算三种状态下的净现值和内部收益的期望值以及三种状态各自发生的概率,请问计算结果会与问题 1 的答案一样吗?

4. 假定该公司的具有平均风险的项目的净现值变异系数为 0.5~1.0。对于项目的资本成本,公司的处理原则是:高于平均风险项目的资本成本在"平均风险"项目资本成本的基础上增加 2 个百分点,而低于平均风险则降低 1 个百分点,试根据基本案例输入值对项目评估,公司资本预算负责人如何根据已有信息进一步估计项目的风险度？按此风险度估计，公司是接受还是排斥项目？为什么？

5. 请作出净现值对销售量和残值的敏感性分析。假设销售量和残值在基本状况的销售量 1 000 套、残值 112.5 万元的基础上变动±10%、±20%和±30%。当销售额变化时，残值不变；而残值变化时，销售额不变。关于净现值对于销售量及残值的敏感性分析会给我们提供什么样的启示？

6. 现假定：若经济不景气，项目可于 2004 年年末下马（不能在第一年年末下马。因为项目一旦上马，公司必须履行合同规定的责任和义务）。因设备的磨损程度还不很严重，可卖 800 万元，且建筑物（包括厂房）及其地皮不捐献给市政府而卖掉，则此笔交易又可赚 15 万元（税后）。此外，5 万元的净营运资本投资也将回收。在假定项目 2004 年下马的情况下，试求其净现值和内部收益率。这个假定将对项目预计收益及风险产生什么样的影响？

附录：利用 Excel 进行长期投资决策分析

利用 Excel 程序中的函数调用可以方便地进行各种长期投资决策评价指标的计算。下面以正文中表 8-20 中的数据为例说明 Excel 软件中评价指标的计算方法。

表 8-20　预期现金流量的分布　　单位：万元

	0	1	2	3	4	5
初始现金流量	−6 180					
营业现金流量		3 165.61	3 165.61	3 165.61	3 165.61	3 165.61
终结现金流量						2 405.7
总现金净流量	−6 180	3 165.61	3 165.61	3 165.61	3 165.61	5 571.31

首先将现金流量的分布情况输入 Excel 表中，如图 8-9 所示。

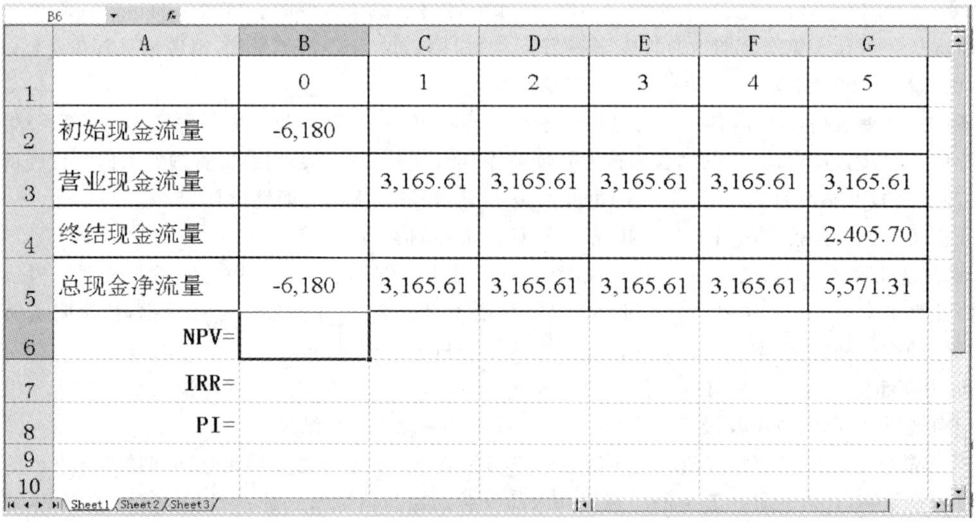

	A	B	C	D	E	F	G
1		0	1	2	3	4	5
2	初始现金流量	-6,180					
3	营业现金流量		3,165.61	3,165.61	3,165.61	3,165.61	3,165.61
4	终结现金流量						2,405.70
5	总现金净流量	-6,180	3,165.61	3,165.61	3,165.61	3,165.61	5,571.31
6	NPV=						
7	IRR=						
8	PI=						
9							
10							

图 8-9

下面我们计算 *NPV* 指标，选中要计算 *NPV* 值的单元格 *B*6，点击“插入函数”，在函数类别中选择“财务”，然后选择 *NPV* 函数，出现函数参数对话框，在 Rate 框中输入贴现率 8%，在

Value1 中输入各期现金流所在的单元格，见图 8-10。这里要注意的是：这里应该输入除了初始投资额以外各期的现金流数额，因为 NPV 函数是按照每期后付现金流进行计算的，而初始投资额往往假定期初支付。然后点击"确定"，由于此时没有减掉初始投资的现金流量，因此，单击 B6 单元格，在公式中加入 B5 单元格，得到 NPV 值 8 097 万元。计算获利指数的方法与 NPV 指标类似，只是在公式中除以（-B5）即可。

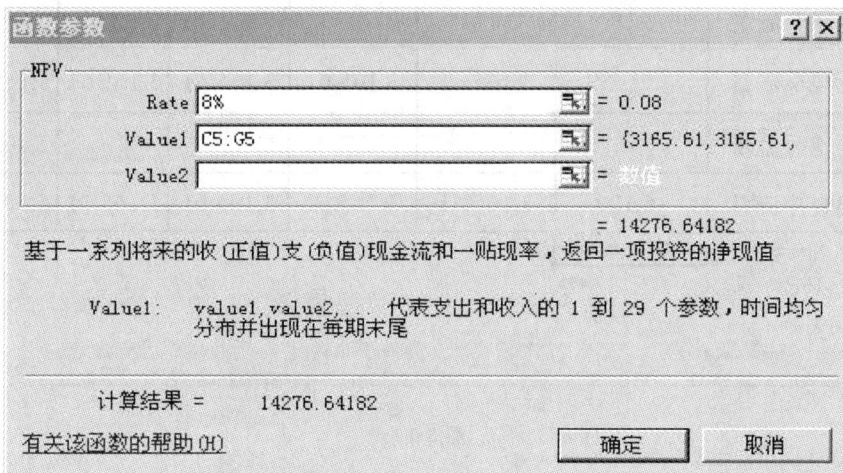

图 8-10

对于 IRR 的计算，相对比较容易，选中要计算 IRR 的单元格 B7，插入函数后选择财务类中的 IRR 函数，在函数参数对话框中，Values 中输入各期现金流所在的单元格，这里是"B5：G5"，然后确定，在 B7 单元格中就得到项目的内含报酬率为 46%，如图 8-11、图 8-12 所示。

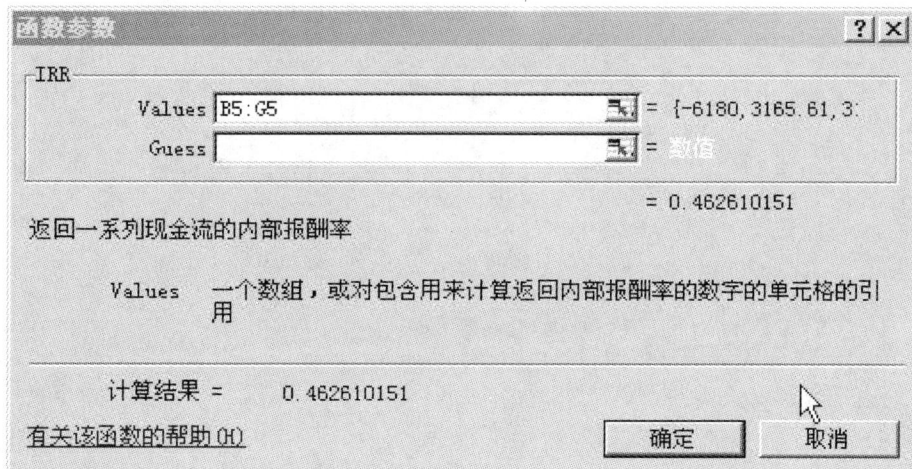

图 8-11

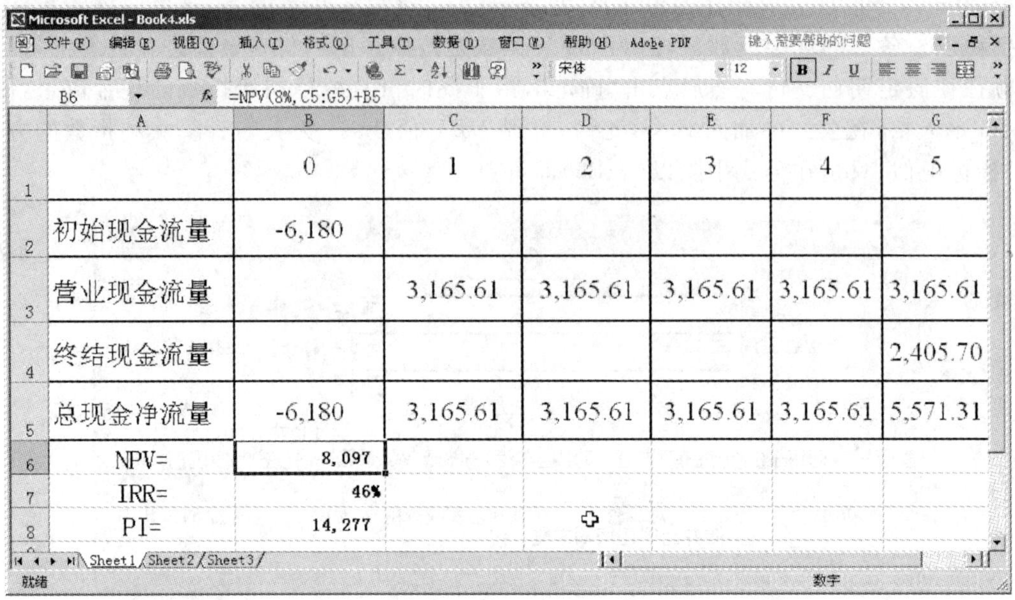

Microsoft Excel - Book4.xls

文件(F) 编辑(E) 视图(V) 插入(I) 格式(O) 工具(T) 数据(D) 窗口(W) 帮助(H) Adobe PDF   键入需要帮助的问题

宋体   ▼ 12 ▼ **B** *I* U

B6   fx =NPV(8%, C5:G5)+B5

	A	B	C	D	E	F	G
1		0	1	2	3	4	5
2	初始现金流量	-6,180					
3	营业现金流量		3,165.61	3,165.61	3,165.61	3,165.61	3,165.61
4	终结现金流量						2,405.70
5	总现金净流量	-6,180	3,165.61	3,165.61	3,165.61	3,165.61	5,571.31
6	NPV=	8,097					
7	IRR=	46%					
8	PI=	14,277					

Sheet1 / Sheet2 / Sheet3

就绪   数字

图 8-12

第九章

计划与控制管理:全面预算

/学习目标/

- ◆ 了解全面预算的含义、特点、作用以及全面预算的构成
- ◆ 熟练掌握经营预算编制和财务预算的编制原理和方法
- ◆ 理解非制造业企业预算的编制方法
- ◆ 熟练掌握弹性预算和零基预算的编制原理和方法

案例引导

西部某铜业集团属于我国有色金属领域的重要大型企业集团,该集团是1996年应当时中国有色金属工业总公司组建大型企业集团的要求而组建的,其主体企业主要是大型矿山和冶炼厂,其中冶炼厂是集团核心企业。

1998年初,经中国有色金属工业总公司和当地省政府同意、中国证监会批准、由集团公司独家发起,以冶炼厂的主要经营性资产评估折为国有法人股28 600万股,以社会募集方式设立股份公司,并公开发行A股12 000万股,发行价6.26元/股,于1998年6月在深圳证券交易所上市。该上市公司以生产和销售电解铜及其加工品为主,工业硫酸、黄金、白银等为其附加产品,它是目前中国铜冶炼和铜加工规模最大的企业之一。

集团公司成立初期,国际铜市场价格开始大幅度下滑,铜价从32 000元/吨的高价一直下滑,其中虽然有过短暂的小幅度反弹,但大市和总体趋势并无根本改变。至1998年底、1999年初时,交易所电铜现货价已降至15 000元/吨左右。铜价的持续下跌给铜生产企业以极大的挑战,集团作为一家集铜矿开采、冶炼为一体的企业集团,其生产经营形势面临严峻的挑战。为了让企业在严峻的市场形势下保住竞争优势,在残酷的市场竞争中立于不败之地,集团公司从长远出发,于1999年开始在集团内部全面推行全面预算管理。

通过实施全面预算管理,集团公司在内部挖潜,发挥集团公司的整体调控能力,帮助公司顺利渡过难关,同时保证了上市公司年平均净资产收益率10%的配股资格。特别是1999年,是铜价较为低迷的一年,公司不仅顶住了残酷的市场压力,而且超额完成了预算目标,股份公司净利润增长17%,应该说全面预算管理功不可没。

全面预算管理最早始于20世纪20年代的美国,美国通用电气、杜邦公司、通用汽车公司率先采用这一方法,并取得惊人的绩效。近年来,这种现代管理模式的理论方法和成功经验日

益被我国企业所重视和接受,全面预算管理已深入到企业的销售、生产、供应、财务、技术创新等各个环节,是一种有效的综合管理手段,它能合理配置企业内部的各种资源,提高企业的盈利能力和创新能力。本章将对全面预算的基本知识进行系统的阐述。

第一节　全面预算的基本概念

现代企业为了达到并完成预定的目标和任务,通常采用预算制度,使用全面预算的方法来规划和控制企业未来的经济活动,实施全面预算管理。这样有利于企业从其战略的角度,统筹安排各种资源,进而保证企业最优决策方案的贯彻与实施,对于企业整体目标的实现具有重要意义。全面预算是企业对预算期内的经营决策所定目标的全面综合的财务描述,又称为总预算,是企业整体的综合性计划,它与企业的经营决策和投资决策既相互联系,又相互作用,通过编制全面预算以保证企业整体目标的实现,已成为现代企业管理的大势所趋。

一、全面预算的含义

预算是用货币金额和数量单位反映企业未来某一特定时期的现金收支、资金需求、资金融通、营业收入、成本以及经营成果和财务状况的一整套财务计划。

全面预算是企业对预算期内的经营决策所定目标的全面综合的财务描述,又称为总预算,完整的全面预算包括经营预算、专门决策预算和财务预算三个组成部分。它以销售预测为起点,按照企业既定的经营目标,对企业未来特定期间的销售、生产、成本、现金收支等各方面的活动进行预测,并在此基础上,编制出一套预测的利润表、预测的资产负债表等预计的财务报表及其附表,以反映企业在此特定期间的经营成果和财务状况。

二、全面预算的作用

全面预算作为企业管理当局对未来生产经营活动的总体规划,其作用主要表现在以下四个方面。

(一) 明确各职能部门的具体工作目标

企业通过各种决策活动,制定了自身的总体经营目标。企业的总体目标需要各职能部门共同努力才能够实现,这就需要制定一系列能够指导企业内部各职能部门正常展开生产经营活动的具体工作目标。全面预算的过程就是将企业的总体经营目标分解、落实到各个职能部门的过程,从而使各个职能部门有了各自具体的工作目标和任务,促使各部门努力从各自的角度设法完成企业的总体经营目标,最终保证企业未来一定期间的生产经营活动不至于脱离决策、计划所确立的正常轨道。

（二）协调各职能部门的经济活动

现代化企业本身就是一个整体，但其中各个职能部门都是相对独立的，这势必存在着整体和局部的矛盾。从系统论的观点来看，企业必须从总体优化的角度来考虑，进而组织工作。全面预算把企业各方面的工作纳入统一计划之中，促使企业内部各个职能部门的经济活动密切配合，相互协调，环环相扣，统筹兼顾，最终达到平衡。这样就在保证企业总体目标最优的前提下，各部门合理地组织自己的生产经营活动。除此之外，全面预算还有助于发现生产经营过程中的薄弱环节，划分各职能部门的经济责任，从而为实现总体目标，取得尽可能大的经济效益奠定良好的基础。

（三）控制各职能部门的经济活动

全面预算编制完毕，应当及时传达给企业各职能部门付诸实施，使各部门了解应当完成的目标，明确其行为动机。同时，在预算的执行过程中，各部门应当对实际指标和预算指标进行比较分析，及时提供实际偏离预算的差异数额。并且应当找出产生差异的具体原因，及时采取有效的措施，确保自身预定目标的实现。实践证明，企业认真编制切实可行的预算，并用其控制经济活动，可以避免不必要的支出，降低成本费用，从而增加企业的利润。

（四）考核各职能部门的工作业绩

在执行全面预算的过程中，实际指标偏离预算指标的差异，不仅是控制企业日常经济活动的主要依据，也是考核各职能部门工作业绩的重要标准。在考核各部门的工作业绩时，要根据预算的完成情况，分析实际偏离预算的程度和原因，划清责任，赏罚分明，促使各部门为完成预算规定的目标而努力工作。这里需要注意一点，对于个别部门而言，不能完成预算会影响企业总体目标的实现；同样，超额完成预算指定的任务，也可能造成总体的不协调，如积压、浪费，从而影响企业的整体利益。

三、全面预算的内容

全面预算是由一系列预算按其经济内容及相互关系有序排列组成的有机体。预算的编制方法随企业的性质和规模的不同而不尽相同，但一个完整的全面预算组成内容在各个不同的企业基本上是一致的。通常完整的全面预算包括经营预算、专门决策预算和财务预算三个组成部分。

（一）经营预算

经营预算（Operating Budgets），是指与企业日常经营业务直接相关的、具有实质性的基本活动的一系列预算的统称，有时也称之为业务预算，一般为短期预算。它主要包括销售预算，生产预算，直接材料预算，应交增值税、销售税金及附加预算，直接人工预算，制造费用预算，产品成本预算，期末存货成本预算，销售费用及管理费用预算。

（二）专门决策预算

专门决策预算（Special Budgets），是指企业为那些在预算期内不经常发生的、一次性经济活动所编制的预算。与在日常经营业务基础上编制的经营预算和财务预算不同，专门决策预算所涉及的不是经常预测和决策事项，因是一般为长期或不定期编制的预算，其针对性较强。专门决策预算又可以分为经营决策预算和投资决策预算。

（三）财务预算

财务预算（Financial Budgets），是指反映预算期内现金收支、经营成果和财务状况的预算。财务预算主要包括现金预算、财务费用预算、预计利润表、预计资产负债表。

在以上三种预算类别中，财务预算的综合性最强，各种经营预算和专门决策预算最终反映在财务预算中，它是全面预算体系的最后环节，能够从价值方面总括地反映经营预算和专门决策预算的结果。显然，财务预算在全面预算体系中占有举足轻重的地位；但是，财务预算中的各项指标又有赖于经营预算和专门决策预算。由此可见，经营预算和专门决策预算是财务预算的基础。

由于篇幅有限，本章将着重介绍经营预算和财务预算。

四、全面预算的编制

（一）全面预算的编制期

企业实务中，编制经营预算与财务预算的期间，通常以 1 年为期限，这样预算期间与会计年度便统一起来，有利于预算执行情况的分析、评价和考核。年度预算要有分季的数字，而其中第一季度还要有分月的数字。当第二季度来临时，又要将第二季度的预算数按月分解，提出第二季度的分月预算数，以此类推。为了明确执行各自的特定职责以达到预定目标，每个部门或车间的经理可以制定每天或每周的任务预算。至于资本支出的预算期应当根据长期投资决策的要求，具体制定。

在预算编制的具体时间上，生产经营全面预算一般在下年度到来之前的 3 个月着手编制，按规定的进程由各级人员组织编、报、审等各项工作，至年底要形成完整的全面预算并发布至各个职能部门。

（二）全面预算的编制程序

全面预算的编制，涉及企业内部的各个职能部门，只有预算执行人参与预算的编制，才能使预算成为他们自愿努力完成的目标。因此，预算的编制工作，一般应从企业的基层职能部门开始，由各基层部门自行编制本身的预算，然后由下而上逐级审查综合，最后交由最高管理当局审批，并以书面形式向各个基层职能部门传达，作为正式的预算落实到各个部门付诸实施。

全面预算的编制程序可概括为以下几步：

（1）预算委员会在预测与决策的基础上，拟定预算期内的经营方针以及利润、成本和销售等方面的总体目标和分项目标，并以书面的形式下发到各有关职能部门。

（2）组织各个职能部门按具体目标编制本部门的预算分项。分项预算既是各个职能部门在未来一定期间内从事生产经营应该达到的预期水平的最初反映，也是进一步汇总编制企业全面预算的基础。

（3）各职能部门将草拟的分项预算上报给预算委员会，由预算委员会分析、汇总、审查和调整各部门的分项预算，并在此基础上编制反映企业在预算期内所应达到的总体经营目标的全面预算。

（4）第三步中，预算委员会编制的全面预算仍然属于草案性质，还需上报企业最高管理当局审核批准。已获批准的全面预算由预算委员会向各个职能部门传达。

五、预算管理中的行为问题

管理会计学与心理学、组织行为学是密不可分的。Anthony 认为："财务会计来自经济学这一门学科，管理会计则来自经济学和社会心理学两门学科。"[①]

预算控制能否成功，一个重要因素是管理人员如何认识和把握预算管理中的行为问题。下面着重讨论三个问题：参与预算，预算松弛，不良行为。

（一）参与预算

预算可以分为自上而下式和自下而上式。**自上而下式预算**（Top-down Budgets）是由企业最高管理当局制定，然后传达给企业基层部门管理者执行的预算，这种方式的预算属于非员工参与预算；**自下而上式预算**（Bottom-up Budgets）是由基层部门管理者提出预算建议，然后与高层管理者协商，制定出总预算，而该预算可用于评价该基层部门业绩，这种预算编制方式为员工参与预算。本书提倡自下而上参与式预算，上文全面预算的编制程序实质上符合自下而上参与式预算模式。

参与预算的理论依据源自现代管理理论，即人不仅仅是追逐利益的经济人，同时会追求"自我实现"。与非参与预算相比，参与预算有其明显优势：首先，参与预算的过程意味着有关部门及其人员在预算编制中可以充分地表达自己的意见，这样可以调动企业内部所有员工，使他们在实现预算目标时会表现出更高的积极性和自觉性；其次，参与的过程必然增加企业内部沟通和讨论的机会，从而可以集思广益，改进经营。

（二）预算松弛

提倡自下而上参与式预算会产生预算松弛（Budgetary Slack）的问题。所谓的**预算松弛**，是指基层部门管理者利用参与预算的机会将自己负责的那部分预算目标制定"低于"自己实际可以达到的目标。比如销售经理会将预算销售量定得低于其估计的最优值，而生产部门经理为预算提供该部门预算成本信息时，会高估成本。

研究表明，当管理者面对的预算目标的困难程度中等却又能够达到时，管理者的工作表现

① Anthony，R. and Reece，J. (1989). Accounting：*Text and Cases*. 8th Ed. Homewood，III，Irwin，p. 523.

最好①。影响部门业绩的因素并非都在部门管理者的控制之下,比如宏观经济趋势等外部因素,由于这些外部因素,即使部门管理者经营良好,部门业绩也可能无法实现,因此,在预算编制过程中应当考虑这些外部因素,适度的预算松弛可以减少由于外部因素导致部门经理无法完成预算目标的风险。但是,如果这些预算过度松弛,会导致基层部门预算业绩很容易完成,降低企业经营效率。

(三) 不良行为

预算作为绩效评价标准,会对预算执行者的行为产生影响,使部门管理者工作结果轻意不会超出预算。这种预算约束有时会导致部门管理者的**不良行为**,他们会放弃超出预算但是能够为企业创造价值的投资机会,这样会损害到企业整体利益。有人设计了一个实验,让一组MBA 学生充当企业部门管理者来对一个项目是否继续投资做出决策。实验表明,在预算约束条件下,大部分(78%)部门管理者会放弃有净收益但超出预算的投资项目②。

预算管理中的行为问题具有极为重要的意义,因为预算会涉及企业中的每一个成员:有人编制预算,有人使用预算进行决策,还有一些人需要依据预算来得到评价,这些问题均会涉及人们的行为倾向。在预算的编制过程中,应当对这些问题予以充分考虑。

第二节　经营预算的编制

经营预算(Operating Budgets),是指与企业日常发生的各项具有实质性的基本活动的预算,有时也称之为业务预算,一般为短期预算。它主要包括销售预算、生产预算、直接材料预算、直接人工预算、制造费用预算、产品成本预算、期末存货成本预算、销售费用预算及管理费用预算。

一、经营预算的编制

下面将分别介绍这一系列的经营预算。

(一) 销售预算

销售预算(Sale Budgets),是规划预算期内由于企业销售活动而产生的预计销售收入而编报的一种经营预算,其主要目的是计算预算期的预计销售量。

由于商品经济的存在,任何企业都应当遵循"以销定产"的原则,因此,销售预算是编制全面预算的起点,它是生产预算、直接材料预算、直接人工预算、制造费用预算等其他各项经营预算的基础,同时又是编制财务预算的依据。如果销售预算编制不合理,据此而编制的全面预算就会变得毫无意义。

---

① 〔美〕英格拉姆、奥尔布赖特、希尔著:《管理会计决策信息》,中信出版社,2004 年第 1 版,第 250 页。
② 刘志远主编:《管理会计学》,立信会计出版社,2004 年第 1 版,第 314 页。

企业应当对历史的销售资料进行系统的分析,结合销售预测,针对企业自身不同类别的产品编制销售预算。根据预计销售量和预计销售单价计算出预算期的销售收入。预计销售收入的计算公式为

$$预计销售收入＝预计销售量×预计销售单价$$

在销售预算中,通常还应包括预计的现金收入计算表,以便为以后编制财务预算做准备。预计的现金收入等于前期销售在本期收到的现金和本期销售在本期收到的现金之和,即前期赊销货款的收回和本期现销的货款之和。

(二) 生产预算

生产预算(Production Budgets),是规划预算期内企业的预计产量水平而编报的一种经营预算,其主要目的是计算预算期的预计生产量。

销售预算编制完成后,可以据此编制生产预算,确定预算期的生产量,只有确定了生产水平,才能进而预算产品成本及相关费用。但是,预算期的生产量并不一定等于预算期的销售量。生产预算的编制应当以预计销售量和预计产成品存货为基础,不仅要考虑企业的销售能力,同时还要考虑预算期期初和期末的产品存货量。预计生产量的计算公式为

$$预计生产量＝(预计销售量＋预计期末产品存货量)－预计期初产品存货量$$

生产预算一般以实物量表示,按照产品的类别分别编制。

(三) 直接材料预算

直接材料预算(Direct Material Budgets),是规划预算期内由于企业生产活动和材料采购活动预计发生的直接材料需用量、采购数量和采购成本等内容而编报的一种经营预算,其主要目的是计算预算期的预计直接材料采购量。

预算期的生产规模确定之后,可以据以编制直接材料预算。编制直接材料预算的主要依据是预算期的预计生产量、直接材料单位标准耗用量及标准价格。由于企业必须保持一定的原材料存货,以备临时性产量变化之需,所以在编制直接材料预算时,除了依据预计生产量、直接材料的标准耗用量及标准价格外,还应当考虑预算期期初和期末的原材料存货数量。预计直接材料采购量的计算公式为

$$预计直接材料采购量＝预计生产量×直接材料单位标准耗用量$$
$$＋预计期末原材料存货量－预计期初原材料存货量$$

直接材料的采购过程必然伴随现金支出,所以在直接材料预算中通常包括现金支出计算表,用以计算预算期为采购直接材料而支付的现金数额,以便为以后编制财务预算做准备。

(四) 直接人工预算

直接人工预算(Direct Labor Budgets),是规划预算期内企业预计人工工时消耗量和人工成本数额而编报的一种经营预算,其主要目的是计算预算期的预计直接人工成本。

直接人工预算依然是依据生产预算编制的,直接人工预算编制的主要依据是预算期内的

预计生产量、直接人工标准耗用量和标准工资率。由于直接生产工人的级别不同,其标准工资率也有所差别。因此,在实际编制直接人工预算时,直接人工成本应按不同级别生产工人的总工时和工资率分别进行计算,然后加总出预算期预计的直接人工成本。预计直接人工成本的计算公式为

$$预计直接人工成本 = 预计生产量 \times \sum (单位工时工资率 \times 单位产品工时定额)$$

(五)制造费用预算

制造费用预算(Manufacturing Overhead Budgets),是规划预算期内企业预计发生的制造费用而编报的一种经营预算,其主要目的是计算预算期的预计制造费用。

制造费用可以按照其与业务量之间的关系,即按照成本性态划分为变动性制造费用和固定性制造费用。这两种不同性态的制造费用,其预算的编制方法也完全不同。对于变动性制造费用而言,可以根据预计生产量和预计变动制造费用分配率确定预计的变动性制造费用;对于固定性制造费用而言,可以采用零基预算的方法确定预计的固定性制造费用。

预计变动性制造费用的计算公式为

$$预计变动性制造费用 = 预计生产量 \times 变动制造费用预算分配率$$

在制造费用中,有一部分是需要直接用现金支付的,但仍有一部分可能是以前年度已经支付的要由本年度负担的,如固定资产折旧等。因此,在制造费用预算中通常包括现金支出计算表,以便为以后编制财务预算做准备。

(六)产品成本预算

产品成本预算(Product Cost Budgets),是为规划预算期内企业各种产品的单位成本、生产成本和销售成本等各项内容而编报的一种经营预算。

产品成本预算需要在生产预算、直接材料预算、直接人工预算和制造费用预算的基础上编制;同时,也为编制预计利润表和预计资产负债表提供数据。该预算必须按照各种产品进行编制,其程序与存货的计价方法密切相关;不同的存货计价方法,需要采用不同的预算编制方法。此外,不同的成本核算模式也会产生不同的影响。

(七)期末存货成本预算

期末存货成本预算(Final Inventory Budgets),是规划预算期期末企业原材料、产成品和在产品的预计成本水平而编报的一种经营预算。

期末存货成本预算与产品成本预算密切相关,因此它也受到存货计价方法的影响。

(八)销售费用预算

销售费用预算(Selling Expense Budgets),是规划预算期内企业预计发生的销售费用而编报的一种经营预算。

销售费用是指在生产领域以外,为销售产品而发生的费用。销售费用按其性态可以划分

为变动性销售费用和固定性销售费用,该预算的编制方法与制造费用预算的编制方法相同。

预计变动性销售费用的计算公式为

$$预计变动性销售费用=预计销售量×变动销售费用预算分配率$$

在销售预算中还应当包括现金支出计算表,以便为以后编制财务预算做准备。

(九)管理费用预算

管理费用预算(Administrative Expense Budgets),是规划预算期内企业预计发生的管理费用而编报的一种经营预算。

管理费用是指企业为组织其行政管理工作而发生的费用。该预算的编制可以采取以下两种方法:第一种方法是按照项目反映全年的预算水平,这是因为管理费用大多为固定性费用;第二种方法将管理费用按其性态划分为变动性管理费用和固定性管理费用,采用与制造费用预算相同的方法即可。

在管理费用预算中还应当包括现金支出计算表,以便为以后编制财务预算做准备。

二、经营预算编制案例

为了更清晰地展示经营预算的编制,下面将以一个案例为背景,具体地展开经营预算的编制过程。与该案例有关的资料如下。

资料1:莲花公司只生产与销售一种已通过ISO9000认证的装饰装修涂料(硝基透明底漆)。20×4年年末资产负债表,如表9-1所示。

表 9-1 资产负债表(变动成本法)

20×4 年 12 月 31 日 单位:元

现金	25 000	应付账款	12 328
应收账款	25 000		
原材料	5 800		
产成品	8 604	流动负债合计	12 328
流动资产合计	64 404	实收资本	250 000
机器设备	280 000	留存收益	62 576
减:累计折旧	19 500		
固定资产合计	260 500	所有者权益合计	312 576
资产合计	324 904	负债及所有者权益合计	324 904

资料2:以往销售的历史记录表明,每一季度销售的产品,当季收到的货款占当季总销售收入的55%,下一季度收到的货款占当季总销售收入的45%。同时根据销售的历史记录,预计20×5年各个季度的销售量和销售单价数据如表9-2所示。

表 9-2 20×5 年各季度预计销售量和销售单价

	第一季度	第二季度	第三季度	第四季度	全年
预计销售量(桶)	1 300	2 000	2 000	1 300	6 600
单价(元/桶)	90	90	90	90	90

资料3：莲花公司产品的预计销售量如表9-2所示，各个季度期末存货量相当于下一季度销售量的11%，预计20×6年第一季度的涂料销售量为1 300桶，20×5年年初涂料存货量为180桶。

资料4：莲花公司生产这种装饰装修涂料，每桶需要耗用某种材料3千克，这种材料每千克价格为8元，购买该材料所需的款项于当季支付70%，下一季度支付30%；20×5年，预计这种材料每一季度末的存货量为下一季度生产需用量的20%；20×5年年初、年末的库存量分别为725千克和800千克；20×5年年初应付未付的材料采购款为12 328元。

资料5：莲花公司生产单位产品的工时定额为4小时，直接人工小时工资率为5元。该公司应支付的工资均于当季度发放。

资料6：莲花公司变动性制造费用人工小时分配率为0.95元，预计当年固定性制造费用为72 000元，其中折旧费用为18 000元。该公司需用现金支付的制造费用均于发生的当季支付。

资料7：预计20×5年的变动性销售及管理费用包括销售人员工资、运输费用、广告费用、佣金等共计46 200元；预计20×5年固定性的销售及管理费用总计为53 600元，其中管理人员工资为24 000元，广告费为14 000元，保险费为8 000元，租赁费为7 600元。该公司需用现金支付的销售及管理费用均于发生的当季支付。

资料8：与现金预算有关的其他资料如下：

(1) 莲花公司规定其最低现金限额为17 000元；

(2) 预计于20×5年购入价值50 000元的机器设备，其中第一季度和第四季度均购入价值15 000元的机器设备，第三季度购入机器设备的价值为20 000元；

(3) 预计缴纳所得税的总额为26 000元，平均每个季度为6 500元；

(4) 预计20×5年全年支付股利13 585元；

(5) 莲花公司的银行借款利率为10%。

注：本节未使用资料8，资料8将在第三节编制现金预算时涉及。

根据上述资料，编制经营预算。

(一) 销售预算

根据资料2编制销售预算，见表9-3a。为了今后编制财务预算，此时还应编制预算现金收入计算表，见表9-3b。

表9-3a 销售预算
20×5年度

	第一季度	第二季度	第三季度	第四季度	全年
预计销售量(桶)	1 300	2 000	2 000	1 300	6 600
单价(元/桶)	90	90	90	90	90
预计销售额(元)	117 000	180 000	180 000	117 000	594 000

表 9-3b　预计现金收入

20×5 年度　　　　　　　　　　　　　　　　　　　　　　　　　　单位:元

	应收账款数额	实收现金数额				
		第一季度	第二季度	第三季度	第四季度	全年
期初余额	25 000	25 000				25 000
20×5 第一季度	117 000	64 350	52 650			117 000
20×5 第二季度	180 000		99 000	81 000		180 000
20×5 第三季度	180 000			99 000	81 000	180 000
20×5 第四季度	117 000				64 350	64 350
合计	619 000	89 350	151 650	180 000	145 350	566 350
期末余额	52 650					

(二)生产预算

编制生产预算,关键是确定预计产品生产量。如前所述,预计生产量的计算公式为

预计生产量＝(预计销售量＋预计期末产品存货量)－预计期初产品存货量

其中,各个季度的期初产品存货量为上个季度的期末产品存货量,根据资料 3 和销售预算可计算各季度的预计生产量,并据此编制的莲花公司的生产预算见表 9-4。

表 9-4　生产预算

20×5 年度　　　　　　　　　　　　　　　　　　　　　　　　　　单位:桶

	第一季度	第二季度	第三季度	第四季度	全年
预计销售量	1 300	2 000	2 000	1 300	6 600
加:预计期末存货	220	220	143	143	143
预计需用量	1 520	2 220	2 143	1 443	7 326
减:预计期初存货	180	220	220	143	180
预计生产量	1 340	2 000	1 923	1 300	6 563

(三)直接材料预算

根据资料 4 和生产预算可以编制莲花公司的直接材料预算,此时,关键是确定预计直接材料采购量。如前所述,预计直接材料采购量的计算公式为

预计直接材料采购量＝预计生产量×直接材料单位标准耗用量
＋预计期末原材料存货量－预计期初原材料存货量

其中,各个季度的期初原材料存货量为上个季度的期末原材料存货量。编制的直接材料预算见表 9-5a。

直接材料的采购过程必然伴随现金支出,为了今后编制财务预算,此时还应根据资料 4 的相关信息,编制预算现金支出计算表,见表 9-5b。

表 9-5a　直接材料预算

20×5 年度

	第一季度	第二季度	第三季度	第四季度	全年
预计生产量(桶)	1 340	2 000	1 923	1 300	6 563
单位产品直接材料需用量(桶)	3	3	3	3	3
预计材料需用量(桶)	4 020	6 000	5 769	3 900	19 689
加:预计材料期末存货量	1 200	1 154	780	800	800
减:预计材料期初存货量	725	1 200	1 154	780	725
预计材料采购量	4 495	5 954	5 395	3 920	19 764
材料价格(元/桶)	8	8	8	8	8
预计直接材料采购金额(元)	35 960	47 630	43 162	31 360	158 112

表 9-5b　预计直接材料现金支出

20×5 年度

单位:元

	应付账款数额	实际现金支付数				
		第一季度	第二季度	第三季度	第四季度	全年
期初余额	12 328	12 328				12 328
20×5 第一季度	35 960	25 172	10 788			35 960
20×5 第二季度	47 630		33 341	14 289		47 630
20×5 第三季度	43 162			30 213	12 949	43 162
20×5 第四季度	31 360				21 952	21 952
合计	170 440	37 500	44 129	44 502	34 901	161 032
期末余额	9 408					

（四）直接人工预算

根据资料 5 和生产预算可以编制直接人工预算,见表 9-6。

表 9-6　直接人工预算

20×5 年度

	第一季度	第二季度	第三季度	第四季度	全年
预计生产量(桶)	1 340	2 000	1 923	1 300	6 563
单位产品直接人工工时(小时)	4	4	4	4	4
直接人工小时总数	5 360	8 000	7 692	5 200	26 252
标准工资率(元/小时)	5	5	5	5	5
预计的直接人工成本(元)	26 800	40 000	38 460	26 000	131 260

（五）制造费用预算

根据资料 6 和直接人工预算可以编制制造费用预算,见表 9-7。

表 9-7　制造费用预算

20×5 年度　　　　　　　　　　　　　　　　　　　　　　　单位:元

	第一季度	第二季度	第三季度	第四季度	全年
预计直接人工工时(小时)	5 360	8 000	7 692	5 200	26 252
变动制造费用分配率(元/小时)	0.95	0.95	0.95	0.95	0.95
预计变动制造费用	5 092	7 600	7 307	4 940	24 939
预计固定制造费用	18 000	18 000	18 000	18 000	72 000
预计制造费用合计	23 092	25 600	25 307	22 940	96 939
减:折旧	4 500	4 500	4 500	4 500	18 000
预计现金支付的制造费用	18 592	21 100	20 807	18 440	78 939

(六)产品成本、期末存货成本预算

根据生产预算、直接材料预算、直接人工预算和制造费用预算,可以编制产品成本以及期末存货成本预算,见表 9-8。

表 9-8　产品成本及期末产成品存货成本预算

20×5 年 12 月 31 日　　　　　　　　　　　　　　　　　　　单位:元

单位产品成本	
直接材料(3 千克×8 元/千克)	24
直接人工(4 小时×5 元/小时)	20
变动制造费用(4 小时×0.95 元/小时)	3.8
单位成本合计	47.8
期末产成品存货成本(143 桶×47.80 元/桶)	6 835.4

(七)销售费用、管理费用预算

根据资料 7 和销售预算可以编制销售费用及管理费用预算,见表 9-9。

表 9-9　销售及管理费用预算

20×5 年度　　　　　　　　　　　　　　　　　　　　　　　单位:元

	第一季度	第二季度	第三季度	第四季度	全年
预计销售量(桶)	1 300	2 000	2 000	1 300	6 600
单位变动销售及管理费用	7	7	7	7	7
预计变动销售及管理费用	9 100	14 000	14 000	9 100	46 200
固定销售及管理费用					
管理人员工资	6 000	6 000	6 000	6 000	24 000
广告费	3 500	3 500	3 500	3 500	14 000
保险费	2 000	2 000	2 000	2 000	8 000
租赁费	1 900	1 900	1 900	1 900	7 600
预计销售及管理费用合计	13 400	13 400	13 400	13 400	53 600
减:折旧	0	0	0	0	0
销售及管理费用现金支出	22 500	27 400	27 400	22 500	99 800

第三节 财务预算的编制

财务预算（Financial Budgets），是指反映预算期内现金收支、经营成果和财务状况的预算。财务预算主要包括现金预算、财务费用预算、预计利润表、预计资产负债表。

一、财务预算的编制

下面将分别介绍这一系列的财务预算。

（一）现金预算

现金预算（Cash Budgets），是为了反映预算期内企业由于各种生产经营活动预计产生的现金收入、余缺、现金筹集和运用情况以及期末现金余额水平等内容而编报的一种财务预算。

现金预算是企业现金管理的重要工具，它是全面预算中的一个重要环节。现金预算有助于企业合理安排和调动资金，降低资金的使用成本，同样，对于多余的现金可以进行投资筹划，尽可能地获取收益。编制现金预算主要依据涉及现金收入和支出的销售预算、直接材料预算、直接人工预算、制造费用预算、销售费用预算、管理费用预算与专门决策预算（本教材不涉及专门决策预算）。由此可见，现金预算是所有有关现金收支预算的汇总。它通常包括现金收入、现金支出、现金多余或不足、资金筹措及运用四个部分组成。

现金收入的来源主要包括期初的现金余额以及产品现金销售、应收账款收回、应收票据兑现、票据贴现、固定资产出售、收回投资等产生现金的业务。其中，产品销售收入是取得现金收入的最主要的来源。

现金支出主要包括预算期内的各项现金支出，如原材料采购支付货款、应交税金以及一些资本性支出等。应当说明的是，短期借款的利息支付不在该项中列示，而是放在资金的筹集和运用中。

现金多余或不足是指预算期内预计现金收入合计数与预计现金支出合计数的差额，差额为正，则现金多余；差额为负，则现金不足。

资金的筹集和运用是根据预算期内现金收支的差额和企业有关资金管理的各项政策，确定筹集或使用资金的数额。若资金不足，可向银行借款或通过其他方式筹集资金，并预计还本付息的期限和数额；如果现金多余，除了可用于偿还借款外，还可以进行一些短期投资，尽可能地充分利用现金。

（二）财务费用预算

财务费用预算（Financial Expense Budgets），是为了反映预算期内企业因筹集资金预计发生的财务费用而编报的一种财务预算。

就财务费用预算的本质而言，该预算应属于经营预算的内容，但由于该预算必须根据现金预算中的资金筹措及运用的相关数据来编制，因此我们将其纳入财务预算的范畴。

（三）预计利润表

预计利润表是为了反映预算期内企业预计的经营成果而编报的一种财务预算。

预计利润表在销售预算、产品成本预算、销售费用预算、管理费用预算和财务费用预算等经营预算的基础上，根据权责发生制而编制。它反映了预算期内预计销售收入、销售成本和预计可实现的利润或可能发生的亏损，通过编制预计利润表可以揭示企业预期内的经营成果，有助于企业管理当局及时调整经营策略。

（四）预计资产负债表

预计资产负债表是为了反映预算期期末企业预计的财务状况而编报的一种财务预算。

预计资产负债表是依据上一个预算期的实际资产负债表和全面预算中的各项经营预算以及专门决策预算所提供的资料编制而成的，它可以为企业管理当局提供预算期期末企业预期财务状况的信息，有助于管理当局预测未来期间的经营状况，并采取适当的改进措施。

二、财务预算案例

为了清楚地展示财务预算的编制，下面将继续以第三节的案例为背景，具体地展开财务预算的编制过程。

（一）现金预算

首先，根据期初现金余额和销售预算中的预算现金收入确定各个季度可以使用现金的总金额，其中各个季度期初现金余额为上季度期末现金余额。

其次，根据直接材料预算、直接人工预算、制造费用预算和销售及管理费用预算中的预算现金支出金额，同时考虑资料8中的所得税支出、设备购置支出和股利支出确定各个季度支付现金的总金额。

最后，根据可使用现金总金额和支付现金总金额确定现金余（缺），考虑资料8中莲花公司规定的最低现金限额，决定是借款还是还款，并计算各季度的利息支出数额。

最终编制的现金预算见表9-10。

表 9-10　现金预算

20×5 年度　　　　　　　　　　　　　　　　　　　　　　　　　　　单位：元

项　目	第一季度	第二季度	第三季度	第四季度	全年
期初现金余额	25 000	17 458	17 379	20 359	25 000
加：现金收入	89 350	151 650	180 000	145 350	566 350
合计	114 350	169 108	197 379	165 709	591 350
减：现金支出					
直接材料	37 500	44 129	44 502	34 901	161 032
直接人工	26 800	40 000	38 460	26 000	131 260
制造费用	18 592	21 100	20 807	18 440	78 939
销售及管理费用	22 500	27 400	27 400	22 500	99 800

续表

项目	第一季度	第二季度	第三季度	第四季度	全年
所得税	6 500	6 500	6 500	6 500	26 000
设备购置	15 000		20 000	15 000	50 000
支付股利				13 585	13 585
合计	126 892	139 129	157 670	136 926	560 616
现金余(缺)	(12 542)	29 979	39 709	28 784	30 734
资金筹集与运用					
银行借款(期初)	30 000				30 000
偿还借款(期末)		(12 000)	(18 000)		(30 000)
利息支出		(600)①	(1 350)②		(1 950)
合计	30 000	(12 600)	(19 350)	0	(1 950)
期末现金余额	17 458	17 379	20 359	28 784	28 784

注:因银行借款发生于期初,偿还借款发生于期末,故第一笔借款于 6 个月后偿还,第二笔借款于 9 个月后偿还。

① 第一笔偿还的借款利率=12 000×10%×6/12=600

② 第二笔偿还的借款利率=18 000×10%×9/12=1 350

(二)财务费用预算

依据现金预算的"资金筹集与运用"部分中利息支出编制财务预算,见表9-11。

表 9-11 财务费用预算

20×5 年度

单位:元

.	第一季度	第二季度	第三季度	第四季度	全年
应计并支付短期借款利息	0	600	1 350	0	1 950
应计并支付长期借款利息	0	0	0	0	0
应计并支付公司债券利息	0	0	0	0	0
支付利息合计	0	600	1 350	0	1 950
减:资本化利息	0	0	0	0	0
预计财务费用	0	600	1 350	0	1 950

(三)预计利润表

根据销售预算、产品成本预算、期末存货成本预算、制造费用预算、销售及管理费用预算和财务费用预算可编制预计利润表,见表9-12。

表 9-12 预计利润表(变动成本法)

20×5 年度

单位:元

项　　　目	金　　　额
销售收入	594 000
变动成本	
产品销售成本	315 480
销售及管理费用	46 200
变动成本合计	361 680
贡献边际	232 320
固定成本	

续表

项　　　目	金　　额
制造费用	72 000
销售及管理费用	53 600
财务费用	1 950
固定成本合计	127 550
营业利润	104 770
减：所得税	26 000
净利润	78 770

（四）预计资产负债表

根据 20×4 年 12 月 31 日的资产负债表,结合前述各预算表中的有关业务,可以编制 20×5年 12 月 31 日的预计资产负债表,见表 9-13。

表 9-13　预计资产负债表（变动成本法）

20×5 年 12 月 31 日　　　　　　　　　　　　　　　　　　单位：元

现金	28 784①	应付账款	9 408⑦
应收账款	52 650②		
原材料	6 400③		
产成品	6 835④	流动负债合计	9 408
流动资产合计	94 669	实收资本	250 000⑧
机器设备	330 000⑤	留存收益	127 761⑨
减：累计折旧	37 500⑥		0
固定资产合计	292 500	所有者权益合计	377 761
资产合计	387 169	负债及所有者权益合计	387 169

注：① 来自现金预算（表 9-10）中的现金余额。
　② 来自销售预算（表 9-3b）中的应收账款的期末余额（55％×117 000）。
　③ 来自直接材料预算（表 9-5a）中的相关数据（800×8）。
　④ 来自产品成本、期末存货成本预算（表 9-8）中的相关数据。
　⑤ 来自 20×4 年 12 月 31 日的资产负债表和现金预算（表 9-10）中"设备购置"支出,即 280 000＋50 000。
　⑥ 来自 20×4 年 12 月 31 日的资产负债表和制造费用预算（表 9-7）的"折旧"数据,即 19 500＋18 000。
　⑦ 来自直接材料预算（表 9-5b）中的应付账款的期末余额（30％×31 360）。
　⑧ 来自 20×4 年 12 月 31 日的资产负债表。
　⑨ 来自 20×4 年 12 月 31 日的资产负债表、20×5 年预计利润表、现金预算中的相关数据,即 62 576＋78 770＋13 585。

第四节　非制造业企业预算的编制

预算作为一套财务计划,并不仅仅适用于制造业企业,商业企业、服务性企业以及一些非营利性组织均可以编制预算,合理规划自身的相关业务活动,实现自身的既定目标。

一、商业企业的预算编制

商业企业与制造业企业的预算编制程序大体上是相同的,销售预算也是商业企业预算编制工作的起点和关键。当然,商业企业的全面预算与制造业企业的全面预算也存在一些不同之处:第一,制造业企业使用生产预算,而商业企业则是采用商品采购预算,这个预算揭示了为销售而实际需要购买的每类商品的数量、该类商品的单位成本和总采购成本,这种预算与制造业企业的直接材料预算形式相同;第二,商业企业不会用到直接材料预算、直接人工预算和制造费用预算,当然也不会涉及到在这个基础上编制的产品成本预算。

通过商业企业的商品采购预算可以揭示预计需要购买的产品的成本。其计算公式为

$$预计采购的产品成本=预计销售的产品成本+预计期末产品存货成本$$
$$-期初产品存货成本$$

当商业企业拥有一些分支部门时,这些分支部门可以独立编制各自的预算,这些独立完成的预算最终需要合并在一起,进而编制整个企业的全面预算。

二、服务性企业的预算编制

服务性企业与制造业和商业企业的预算编制程序基本上相同的,销售预算也是服务性企业预算编制的起点。只不过服务性企业不需要编制生产预算或商品采购预算,它的销售预算其实就是生产预算。尽管服务性企业不用编制生产或商品采购预算,但是服务性企业预算的编制却又可能面临更大的困难,原因在于把成本追溯到特定的服务往往比追溯到产品更加困难。在制造企业中,一定的时间工人通常只生产一种产品,而服务性企业中一个员工往往同时提供几项服务或一项服务往往又由几个员工同时提供,因此在服务性企业中,确定员工到底有多少时间(以及由此决定的人工成本)是用于某一项特定服务,成为非常困难的任务,从而使预算编制变得更加复杂。为了解决这一困难,可以将作业成本法引入服务性企业的预算编制体系,以作业为基础来确定责任中心并编制预算,加强间接费用预算的同时提高预算的准确性,以便进行更有意义的差异分析。

对于服务性企业而言,产品是无形的,投入的主要是人力资源,比如财务服务与咨询公司、法律服务与咨询公司,编制预算应当着重注意的问题是如何协调预期服务需求量与专业员工数量之间的比例关系,使两者相匹配。如果在职员工数量过量,可能会导致以下若干问题:人工成本大量增加;由于支付额外的工资致使企业利润下降;由于缺乏具有挑战性的工作,员工更迭速度增加,不利于企业的稳定。相反,如果企业在职员工数量不足,也可能会产生一些问题:由于无法完全满足顾客服务需求,导致企业收入减少;相对过度的工作负担会给企业员工造成较大的压力。总之,服务性企业的预算应当揭示其提供的每一种服务的单价和数量,在此基础上确定并获取相当的资源;对于服务性企业来说,人力资源是其重要的资产,这些企业应当保证员工数量及其技能能够完成客户所需的服务,并获取预计收益。

三、非营利性组织的预算编制

非营利组织是国家重要的公共部门,承担着全社会的文化教育、科学研究、技术进步、医疗保健、文化娱乐等多方面任务,非营利组织运行的目的通常不是为了赚取利润,而是为了满足社会及其成员各种社会性的需要。一般的非营利性组织主要包括政府、公立学校、博物馆、图

书馆、慈善机构等等。

对于非营利性组织而言,预算的编制非常重要。不过,非营利性组织预算的编制过程不同于制造业企业预算的编制过程。非营利性组织预算的编制是以收付实现制为基础编制的,而且其预算的编制是以"支出"为起点的,而不是以"收入"为起点。不同的非营利性组织,编制预算时所使用的业务量也大不相同,比如对于高校而言,可能使用学生的数量或者预计的课时总量作为业务量计算某个系或学院的预算支出金额。

政府财政拨款并非非营利性组织资金的唯一来源,部分非营利组织除财政拨款外还有自己的事业收入,但是财政拨款在非营利组织收入中还占据着重要地位,其他资金来源仍处于辅助地位。因此,可以看出非营利组织的财务活动同政府财政资金之间存在着密不可分的关系,那么其资金使用、财务管理、会计核算等等活动都应当受到相关财政管理部门的指导和约束。非营利性组织的服务活动应当按照其服务宗旨,并且在相关管理部门规定的允许的支出范围内更为有效地提供服务。对于非营利性组织,没有明确的标准衡量其所提供服务的绩效,一般的做法是要求其不超过预算支出来对所提供的服务进行限制。在非营利性组织编制的预算中,应当揭示下一年度将要提供的各项服务的服务量水平或者其他业务量标准,并且列示与服务量水平相对应的预算支出水平。

第五节 弹性预算和零基预算

一、弹性预算

(一) 弹性预算方法的含义

编制预算的方法按其业务量基础的数量特征不同,可分为固定预算方法和弹性预算方法两大类。

固定预算方法简称固定预算,也被称之为**静态预算**,是根据预算期内固定不变的业务量水平(如生产量、销售量),不考虑预算期内生产经营活动可能发生的变动而编制预算的方法。第三节与第四节分别讲述的经营预算和财务预算均是以固定预算的方法编制的。

企业实际的业务量水平与预期的业务量水平一致时,采用固定预算法编制预算对企业进行考核是合理的。但是,当实际业务量与编制预算时所根据的业务量存在较大差异时,有关预算指标的实际数与预算数之间就会因业务量基础不同而失去可比性。

为了弥补固定预算的缺陷,就产生了弹性预算方法。所谓弹性预算,又称**变动预算**或**滑动预算**,是指以业务量、成本和利润之间的依存关系为依据,按照预先估计到的预算期内可能发生的各种业务量水平为基础,编制能够适应多种情况预算的一种方法。由于这种预算随业务量的变动而作机动调整,本身具有弹性,因而被称之为弹性预算。

(二) 固定预算法和弹性预算法的比较

固定预算法存在以下两个缺点:第一,过于机械呆板。在这种方法下,不论未来预算期内实际业务量水平是否发生变动,只按事先预计的某一个确定的业务量水平作为编制预算的基础。第二,可比性差。这也是固定预算方法的致命弱点。当实际业务量与编制预算所依据的预计业务量发生较大差异时,有关预算指标的实际数与预算数之间就会因业务量基础不同而失去可比性。因此,按照固定预算方法编制的预算不利于正确地控制、考核和评价企业预算的执行情况。

弹性预算方法与固定预算方法相比,具有以下两个显著的优点:第一,能够适应企业预算期内业务量水平的任何变化。弹性预算方法能够反映预算期内与一定相关范围内的可预见的多种业务量水平相对应的不同预算额,从而扩大了预算的适用范围,便于预算指标的调整。第二,可比性强。在弹性预算方法下,待实际业务量发生后,将实际指标与实际业务量对应的预算额进行对比,能够使预算执行情况的评价与考核建立在更加客观和可比的基础上,从而可以更好地发挥预算的控制作用。

(三)弹性预算方法的适用范围

一般来说,固定预算只适用于业务量水平较为稳定的企业或非营利组织编制预算时采用。对于弹性预算方法来说,由于未来业务量的变动会影响到成本、费用、利润等各个方面,因此,弹性预算方法从理论上来说适用于编制全面预算中所有与业务量有关的各种预算。但从企业实用角度看,主要用于编制弹性成本费用预算和弹性利润预算。

(四)弹性预算的编制程序

1. 选择业务量
选择业务量包括选择业务量计量单位和确定业务量相关范围两部分内容。
业务量计量单位的选择应视企业的具体情况而定。一般可以选择产品生产量、直接人工工时或机器工时等。
业务量相关范围是指弹性预算所适用的业务量变动区间,预期在预算期间内业务量水平将在这个"相关范围"内变动。业务量相关范围的选择也应视企业的具体情况而定。一般来说,可以定在企业正常生产能力的70%—120%,或以历史上最高业务量和最低业务量作为其上下限。

2. 对混合成本进行成本性态分析
依据成本与业务量之间的依存关系,将企业的成本划分为固定成本、变动成本和混合成本。对混合成本进行成本性态分析,将其分解为变动成本和固定成本。最终,企业的全部成本被划分为变动成本和固定成本两大类。那么,成本的预算公式为

$$成本的弹性预算 = 固定成本预算数 + \sum(单位变动成本预算数 \times 预计业务量)$$

对于固定成本而言,它不随业务量的增减而变动,因此,无须改变原定预算数额。对于变动成本,则应按照不同的业务量水平加以确定。即固定成本按总额控制,变动成本按单位业务量控制。由此可以看出,编制弹性预算的关键是进行成本性态分析。

3. 编制弹性成本预算
编制弹性成本预算的方法包括公式法和列表法两种。
(1)公式法。公式法是指通过确定成本公式 $y_i = a_i + b_i x_i$ 中的 a_i 和 b_i 来编制弹性预算的

方法。在公式法下,如果事先确定了有关业务量的变动范围,只要根据有关成本项目的 a 和 b 的参数值,就可以很方便地推算出业务量在允许范围内任何水平上的各项预算成本。关于参数 a 和 b 的确定方法已在前面相关章节论及,本章不再赘述。

例 9-1:枫叶公司发生的制造费用项目包括管理人员工资、折旧费、保险费、间接材料、动力费、运输费、修理费、间接人工工资和设备租金九项。枫叶公司进行成本性态分析,将这九项制造费用项目划分为变动成本和固定成本。在此基础上,枫叶公司按公式法编制制造费用弹性预算,见表 9-14。

表 9-14 枫叶公司预算期制造费用弹性预算(公式法)

项　　目	固定费用(元)	业务量范围(6 800—8 400 小时)
	a	b
管理人员工资	800	
折旧费	720	
保险费	80	
间接材料		0.1
动力费		0.06
运输费		0.08
修理费	200	0.08
间接人工工资	420	0.06
设备租金	90	0.01
合计	2 310	0.39

根据表 9-14,利用 $y = 2\,310 + 0.39x$,可以计算人工小时在 6 800—8 400 小时的范围内任一业务量基础上的制造费用预算总额;也可以计算出在 6 800—8 400 小时的范围内任一业务量的某一制造费用项目的预算额,如设备租金 $y = 90 + 0.01x$。

这种方法的优点是在一定范围内不受业务量波动影响,编制预算的工作量较小;缺点是在进行预算控制和考核时,不能直接查出特定业务量下的总成本预算额,而且按照细目分解成本比较麻烦,同时也会存在一定误差。

(2)列表法。列表法是指通过列表的方式,在相关范围内每隔一定业务量范围计算相关指标预算,来编制弹性预算的方法。

例 9-2:枫叶公司发生的制造费用项目包括管理人员工资、折旧费、保险费、间接材料、动力费、运输费、修理费、间接人工工资和设备租金九项。业务量范围为 6 800—8 400 人工小时。枫叶公司按列表法编制的制造费用弹性预算,见表 9-15。

表 9-15 枫叶公司预算期制造费用弹性预算(列表法)　　　　单位:元

业务量(直接人工小时)	6 800	7 200	7 600	8 000	8 400
生产能力利用程度(%)	85	90	95	100	105
固定成本项目					
管理人员工资	800	800	800	800	800
保险费	80	80	80	80	80
折旧费	720	720	720	720	720
变动成本项目					
间接材料	680	720	760	800	840

动力费	408	432	456	480	504
运输费	544	576	608	640	672
混合成本项目					
修理费	744	776	808	840	872
间接人工工资	828	852	876	900	924
设备租金	158	162	166	170	174
制造费用合计	4 962	5 118	5 274	5 430	5 586

列表法的主要优点是可以直接从表中直接查得各种业务量下的成本预算,便于预算的控制和考核,但这种方法工作量较大,且不能包括所有业务量条件下的费用预算,故适用面较窄。

4. 编制弹性利润预算

编制弹性利润预算的方法有因素法和销售额百分比法。

(1) 因素法。该方法是指根据受业务量变动影响的有关收入、成本等因素与利润的关系,列表反映在不同业务量条件下利润水平的预算方法。

例 9-3:预计华山公司在预算年度所生产产品的销售量在 6 000—10 000 千克之间变动,销售单价位 200 元,单位变动成本为 146 元,固定成本总额为 300 000 元。根据上述资料以 1 000 千克为销售量的间隔单位编制弹性利润预算,见表 9-16。

表 9-16 华山弹性利润预算   单位:元

销售量(千克)	6 000	7 000	8 000	9 000	10 000
单价	200	200	200	200	200
单位变动成本	146	146	146	146	146
销售收入	1 200 000	1 400 000	1 600 000	1 800 000	2 000 000
减:变动成本	876 000	1 022 000	1 168 000	1 314 000	1 460 000
贡献边际	324 000	378 000	432 000	486 000	540 000
减:固定成本	300 000	300 000	300 000	300 000	300 000
营业利润	24 000	78 000	132 000	186 000	240 000

因素法通过在表中列出产品的利润因素,来预测企业利润的方法。这种方法适用于单一品种经营或采用分算法处理固定成本的多品种经营的企业。在生产单一产品的企业里,它的单价、变动成本、固定成本都是与这种产品相关的,所以,可采用这种因素来进行预算编制。如果要采用多种产品,固定成本不能有效地分解到每一种产品的时候,就不能用这种方法来编制预算。

(2) 百分比法。又称销售额百分比法,是指按不同销售额的百分比来编制弹性利润预算的方法。

例 9-4:华山公司预算年度的销售业务量达到 100% 时的销售收入为 1 600 000 元,变动成本为 1 168 000 元,固定成本为 300 000 元。根据上述资料以 10% 的间隔按照百分比法编制弹性利润预算,见表 9-17。

表 9-17　华山公司弹性利润预算　　　　　　　　　　　　单位:元

销售收入百分比	80%	90%	100%	110%	120%
销售收入	1 280 000	1 440 000	1 600 000	1 760 000	1 920 000
减:变动成本	934 400	1 051 200	1 168 000	1 284 800	1 401 600
贡献边际	345 600	388 800	432 000	475 200	518 400
减:固定成本	300 000	300 000	300 000	300 000	300 000
营业利润	45 600	88 800	132 000	175 200	218 400

这种方法适用于多品种企业。在实际工作中,分别按品种逐一编制弹性利润预算是不现实的,这就要用销售额百分比法对全部经营商品或按商品大类编制弹性利润预算。

应用百分比法的前提条件是销售收入必须在相关范围内变动,即销售收入的变化不会影响企业的成本水平(单位变动成本和固定成本总额)。

二、零基预算

(一)零基预算方法的含义

编制成本费用预算的方法按其出发点的特征不同,可分为增量预算方法和零基预算方法两大类。

增量预算方法,简称增量预算,又称调整预算方法,是指以基期成本费用水平为基础,结合预算期业务量水平及有关影响成本因素的未来变动情况,通过调整有关原有费用项目而编制预算的一种方法。传统的预算编制方法基本上采用的是增量预算方法,这种方法比较简单。

零基预算的全称为"以零为基础编制计划和预算的方法",简称零基预算,又称零底预算,是指在编制成本费用预算时,不考虑以往会计期间所发生的费用项目或费用数额,而是将所有的预算支出均以零为出发点,从根本上考虑各项开支项目的必要性、合理性和实际需要量,在综合平衡的基础上来编制费用预算的一种方法。

(二)增量预算法和零基预算法的比较

增量预算方法以过去的经验为基础,实际上是承认过去所发生的一切都是合理的,主张不需在预算内容上做较大改进,而是沿袭以前的预算项目。这种方法有以下三个缺点:第一,受原有费用项目限制,可能导致保护落后,可能使原来不合理的费用开支继续存在下去,形成不必要开支的合理化。第二,滋长预算中的"平均主义"和"简单化"。采用此法,容易鼓励预算编制人员凭主观臆断按成本项目平均削减预算或只增不减。第三,不利于企业未来的发展。按照这种方法编制的费用预算,只对目前已存在的费用项目编制预算,而那些对企业未来发展有利确实需要开支的费用项目却未予考虑,必将对企业一些有价值的改革创新思想的运用产生不利影响,阻碍企业的长远发展。

零基预算打破了传统预算框架的限制,不再以历史资料为基础进行调整,而是一切以零为基础。编制预算时,首先要确定各个费用项目是否应该存在,然后按项目的轻重缓急,安排企业的费用预算。与增量预算相比较,零基预算有以下显著优点:第一,不受现有费用项目和开支水平的限制,可以促使企业合理有效地进行资源分配,将有限的资金用在刀刃上;第二,有助于企业内部的沟通、协调,能够调动企业各基层单位降低费用的积极性;第三,目标明确,可区别各个支出项目的轻重缓急;第四,有助于企业未来发展。这种方法以零为出发点,对一切费用一视同仁,有利于企业面向未来发展考虑预算问题。

(三)零基预算的实施步骤

(1)企业各有关部门根据企业在预算期内的总体目标和该部门的具体任务,详细讨论预算期内的每一业务的性质、目的,并以零为基础,提出各项业务所需要的费用或开支。

(2)对各部门提出的每一项费用或开支项目(一般为酌量性固定成本)进行成本—效益分析,权衡轻重缓急,划分成不同等级并排出先后顺序。

(3)按照已排出的等级和顺序,并根据企业预算期内可以使用的财力资源分配资金,落实预算。

(四)零基预算应用案例

例 9-5:长城公司拟采用零基预算法编制下年度管理费用预算。管理部门的全体职工根据本公司下年度的目标利润和本部门的具体任务,多次反复讨论和研究,一致认为在预算期内需发生如下费用,见表 9-18。

表 9-18 预计管理费用项目及金额 单位:元

费用项目	费用金额
房屋租赁费	12 800
培训费	5 600
劳动保护费	6 000
业务招待费	6 200
办公费	14 400

经过充分论证,得出以下结论:房屋租赁费、劳动保护费和办公费是不可避免的费用支出,属于约束性固定成本;而其余两项费用可以增减其费用额,这两项属于酌量性固定成本。

根据历史资料对培训费和业务招待费进行成本—效益分析,得到以下数据,见表 9-19。

表 9-19 成本—效益分析 单位:元

费用项目	成本	收益	成本收益率
培训费	100	140	140%
业务招待费	100	60	60%

根据上述分析,可对上述的费用项目排出如下的顺序:

(1)房屋租赁费、劳动保护费和办公费属于不可避免的约束性固定成本,因其在预算期内必不可少,需全额得到保证,应首先予以满足,这三项费用均排在第一位。

(2)培训费属于可以避免的酌量性固定成本,可根据预算期内企业财力情况酌情增减;因为其成本—收益率大于业务招待费,故排在第二位。

(3)业务招待费也属于可以避免的酌量性固定成本,可同培训费一样考虑;因其成本—收益率小于培训费,故排在第三位。

假定长城公司在预算期内可用于管理费用的财力资源只有 42 000 元,根据以上排列的层次和顺序,分配资源,最终落实的预算金额如下。

（1）不可避免的约束性固定成本的预算金额：

12 800＋6 000＋14 400＝33 200(元)

（2）尚可分配的资金：42 000－33 200＝8 800(元)

（3）将尚可分配的资金按成本效益率的相应比例在培训费和业务招待费之间分配：

培训费预算数＝8 800×1.4/(1.4＋0.6)＝6 160(元)

业务招待费预算数＝8 800×0.6/(1.4＋0.6)＝2 640(元)

本 章 小 结

全面预算是企业对预算期内的经营决策所定目标的全面综合的财务描述，又称为总预算。由于篇幅有限，本章通过案例的形式着重讲解了全面预算中的经营预算和财务预算的编制过程。

预算作为一套财务计划，并不仅仅适用于制造业企业。商业企业与制造业企业的预算编制程序大体上是相同的，而且销售预算也是商业企业预算编制工作的起点和关键。两者不同之处在于商业企业采用商品采购预算而不使用生产预算，而且商业企业不使用到直接材料预算、直接人工预算、制造费用预算以及产品成本预算；服务性企业与制造业和商业企业的预算编制程序基本上是相同的，销售预算也是服务性企业预算编制的起点。只不过服务性企业不需要编制生产预算或商品采购预算，它的销售预算其实就是生产预算；非营利性组织预算的编制过程不同于制造业企业预算的编制过程，它是以收付实现制为基础编制的，而且其预算的编制是以"支出"为起点的，而不是以"收入"为起点。

本章最后介绍了两种其他的预算方法——弹性预算和零基预算。弹性预算与传统的固定预算相比，能够适应企业预算期内业务量水平的任何变化，扩大了预算的适用范围，便于预算指标的调整，而且能够使预算执行情况的评价与考核建立在更加客观和可比的基础上，从而可以更好地发挥预算的控制作用；零基预算打破了传统预算框架的限制，不再以历史资料为基础进行调整，而是一切以零为基础。编制预算时，首先要确定各个费用项目是否应该存在，然后按项目的轻重缓急，安排企业的费用预算。零基预算可以促使企业合理有效地进行资源分配，有助于企业内部的沟通、协调，能够调动企业各基层单位降低费用的积极性。

思 考 与 练 习

思考题

1. 什么是全面预算，它有哪些作用？

2. 全面预算包括哪些主要构成内容，它们之间的关系如何？

3. 什么是现金预算，现金预算包括哪些内容？

4. 简述现金预算的编制原理。

5. 对比商业企业、服务性企业、非营利性组织与制造业企业在预算编制中的差异。

6. 什么是弹性预算，与固定预算比较，弹性预算的优点是什么？

7. 什么是零基预算，与增量预算比较，零基预算的优点是什么？

选择题

1. 编制全面预算的起点是( )。

    A. 生产预算　　　　B. 销售预算　　　　C. 直接材料预算　　　　D. 现金预算

2. 下列编制预算的方法中,基于一系列可预见的业务量水平编制的,能适应多种情况的预算方法是( )。

    A. 零基预算　　　　B. 固定预算　　　　C. 增量预算　　　　D. 弹性预算

3. 以预算期正常的、可实现的某一业务量水平为唯一基础来编制预算的方法称为( )。

    A. 零基预算　　　　B. 静态预算　　　　C. 定期预算　　　　D. 流动预算

4. 下列各项中,能够同时以实物量指标和价值量指标分别反映企业经营收入和相关现金收支的预算是( )。

    A. 销售预算　　　　B. 现金预算　　　　C. 生产预算　　　　D. 产品成本预算

5. 相对固定预算而言,弹性预算的优点有( )。

    A. 预算成本低　　　B. 预算工作量小　　C. 预算适用范围小　　D. 预算可比性强

6. 在编制现金预算的过程中,可作为其编制依据的有( )。

    A. 日常业务预算　　B. 预计利润表　　　C. 预计资产负债表　　D. 特种决策预算

7. 全面预算的作用有( )。

    A. 明确各职能部门的具体工作目标

    B. 控制各职能部门的经济活动

    C. 考核各职能部门的工作业绩

    D. 协调各职能部门的经济活动

8. 通常完整的全面预算包括( )。

    A. 经营预算　　　　B. 专门决策预算　　C. 弹性预算　　　　D. 财务预算

9. 现金预算一般包括( )。

    A. 现金收入　　　　B. 现金支出　　　　C. 现金多余或不足　　D. 资金筹措及运用

10. 编制生产预算时,应当考虑( )的预计水平。

    A. 原材料采购量　　　　　　　　　　　　B. 产成品预计销售量

    C. 产成品期末存货量　　　　　　　　　　D. 产成品期初存货量

业务分析题

1. 荣盛公司生产并销售一种护肤产品,预计 20×5 年第一季度至第四季度的销售量分别为 2 000 瓶、3 000 瓶、4 500 瓶和 3 000 瓶,化工产品每瓶售价 80 元。荣盛公司的销售收款政策规定,销售当季收款 50%,其余的 50% 于下季度收回。假定 20×4 年年末应收账款的余额为 25 000 元。

    要求:编制荣盛公司 20×5 年的销售预算,并编制预计现金收入计算表。

2. 华龙公司计划生产和销售某型号装修用高光瓷砖,预计每箱瓷砖的原材料消耗定额为 15 千克,计划单价为 30 元。华龙公司的存货政策要求每季度末的原材料存货量应约等于下季度生产需用量的 25%。该公司 20×5 年 1 月 1 日的原材料库存能够满足这个政策的要求,预计 20×5 年各个季度高光瓷砖的销售量分别为 40 000 箱、20 000 箱、30 000 箱和 30 000 箱。华龙公司产成品存货的各季度期末存货量为下季度销售量的 20%,该公司年初产成品存货 6 000 箱,年末预计的产成品存货的数量为 4 000 箱,年末预计库存原材料 20 000 千克。

    要求:

    (1) 编制华龙公司 20×5 年高光瓷砖的生产预算。

    (2) 编制华龙公司 20×5 年的直接材料预算。

3. 龙腾公司的正常生产能力全部利用时(100%)为 20 000 人工小时,预计 20×5 年第一季度有关制造费用的资料见下表。

项 目	固定成本(元)	变动成本(元/小时)
管理人员工资	6 000	
保险费	500	
折旧费	10 000	
间接材料		1.50
运输费		0.50
间接人工	8 000	1.10
维修费	400	0.15
水电费	600	0.25
其他	1 200	0.04

要求:采用列表法编制龙腾公司 20×5 年第一季度生产能力在 80%—120% 范围内的弹性制造费用预算。

4. 金科公司拟于 20×5 年采用零基预算的方法编制销售及管理费用预算。经销售部分与管理部门全体职工的反复讨论,确定以下费用项目及费用额度(单位:元)。

广告费   60 000

租赁费   90 000

人工工资   120 000

培训费   50 000

业务招待费   100 000

在上述费用项目中,租赁费、人工工资和培训费被一致认为是不可避免的费用支出,其余两项费用可以酌情增减。金科公司 20×5 年度可用于销售及管理费用的财力资源只有 400 000 元。

广告费和业务招待费的成本—效益分析结果见下表。

单位:元

	成 本	收 益	成本收益率
广告费	100	50	50%
业务招待费	100	150	150%

要求:根据上述资料,编制金科公司 20×5 年度的销售及管理费用预算。

5. 海兴公司规定各季度末最低的现金余额为 20 000 元。若季末最低的现金余额不能够满足时,可以向银行借款,借款数额一般为 1 000 元的倍数,银行借款利率为 8%,借款发生于季初,偿还借款均在季末,且利息在借款时一起偿付。下面是海兴公司 20×5 年度未完成的现金预算表。

海兴公司现金预算

20×5 年度

单位:元

项 目	第一季度	第二季度	第三季度	第四季度	全年
期初现金余额	26 000				
加:现金收入			300 000		1 033 000
合 计	256 000				
减:现金支出					
直接材料	60 000	80 000		50 000	
直接人工		115 000	90 000		339 500

续表

项　目	第一季度	第二季度	第三季度	第四季度	全年
制造费用	50 000	70 000	60 000	30 000	
销售及管理费用	20 000	22 000	20 000	18 000	
设备购置	60 000	23 000	15 000		118 000
支付股利	0	0	0	20 000	
合　计		310 000			
现金余(缺)	(8 500)		65 500		
资金筹集与运用					
银行借款(期初)		7 000			
偿还借款(期末)					
利息支出				(2 020)	
合　计					
期末现金余额					

要求:根据上述资料,编制海兴公司20×5年度的现金预算表。

案例题

万家公司是一家食品加工企业,该公司财务部门准备编制20×5年度的全面预算,有关资料如下:

(1)万家公司只加工生产一种袋装食品,20×4年度第四季度的销售量为60 000袋,销售单价为150元。

(2)20×5年的预计年销售量为250 000袋,其中:第一季度60 000袋,第二季度55 000袋,第三季度70 000袋,第四季度65 000袋。预计销售单价为150元,所有销售均为赊销。在销售当季可以收回60%的赊销款,其余40%于下季度收讫,不存在坏账。20×5年年初应收账款的金额为360 000元。

(3)万家公司各季度末的预计产成品存货量为下季度销售量的20%,20×6年第一季度的销售量预计为65 000袋,20×5年度期初产成品存货量为5 000袋。

(4)万家公司生产袋装食品的直接材料消耗定额为4千克/袋,每千克原材料的标准价格为20元/千克。各季度末的预计原材料存货等于下季度生产需用量的15%,20×5年年初直接材料的存货量为40 000千克,20×6年第一季度的预计原材料需用量为300 000千克。

(5)万家公司通过赊购方式购买原材料。购买原材料的当季支付50%购料款,剩余50%于下季度付讫。20×4年年末的应付原材料采购款为400 000元。

(6)万家公司生产一袋产品需使用直接人工5小时,直接人工小时工资率为4元/小时,所有人工工资于当季付现。

(7)该公司预计20×5年度的变动制造费用分配率为2元/小时,所有的变动制造费用均在当季付现。

(8)每季度的固定制造费用总计为1 000 000元,其中200 000元是折旧费用。

(9)该公司预计20×5年度的变动销售及管理费用为10元/千克,所有的变动销售及管理费用均在当季付现。

(10)固定销售及管理费用每季度总计为450 000元,其中50 000元为折旧费用。

(11)万家公司预计每季度预付所得税40 000元。

(12)预计每季度支付股利40 000元。

(13)分别于20×5年第一季度和第四季度拟购入价值3 000 000元和150 000元的机器设备。

(14)万家公司财务部规定预算期间现金的最低库存限额为300 000元,若不足可向银行借款,借款的数额一般应为万元的倍数,借款发生于季初,银行借款利率为6%,偿还借款发生于季末,利息在还款时一并支付。

(15)万家公司20×4年度的资产负债表如下:

资产负债表

20×4 年度

单位:元

现金	150 000	应付账款	400 000
应收账款	3 600 000		
原材料	800 000		
产成品	550 000		
流动资产合计	5 100 000	负债合计	400 000
机器设备	60 000 000	股本	50 000 000
减:累计折旧	5 000 000	留存收益	9 700 000
固定资产合计	55 000 000	所有者权益合计	59 700 000
资产合计	60 100 000	负债及所有者权益合计	60 100 000

要求:根据上述资料编制万家公司 20×5 年度的全面预算。

附录:利用 Excel 编制全面预算

Excel 的功能可以帮助我们非常便捷完成全面预算的编制过程。这里仍以本章第二节及第三节所使用的案例为例展示这一预算编制过程。

一、销售预算及预计现金收入计算表的编制

见图 9-1、图 9-2、图 9-3。

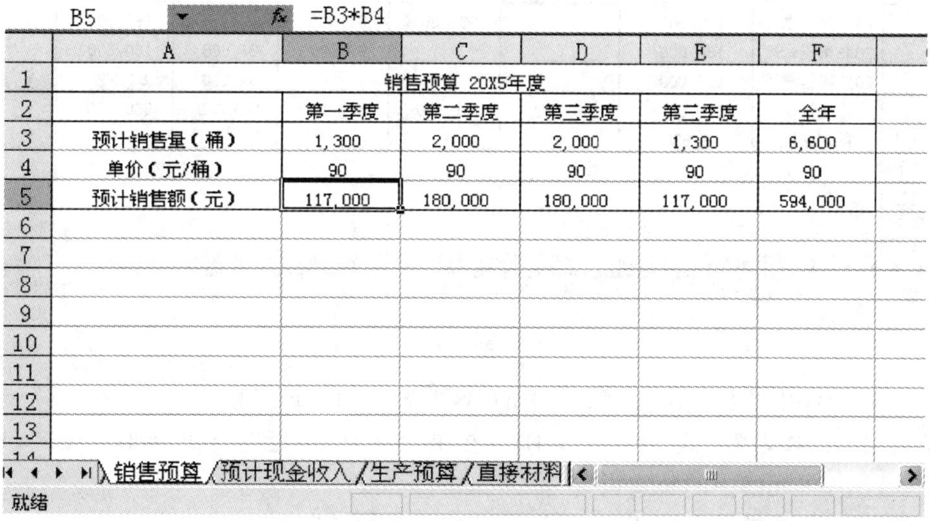
B5 =B3*B4

	A	B	C	D	E	F
1	销售预算 20X5年度					
2		第一季度	第二季度	第三季度	第三季度	全年
3	预计销售量(桶)	1,300	2,000	2,000	1,300	6,600
4	单价(元/桶)	90	90	90	90	90
5	预计销售额(元)	117,000	180,000	180,000	117,000	594,000

图 9-1

图 9-1 中,单元格 B3、C3、D3、E3 中的数值源自表 9-2 中的各季度预计销售量。

单元格 B4、C4、D4、E4 同样来自表 9-2 中的数据。

单元格 B5 中设置公式"=B3 * B4",C5、D5、E5 中的公式设置与此类似。

单元格 F3 中调用求和函数,见图 9-2。

图 9-3 中,单元格 B4 中的数值来自表 9-1。

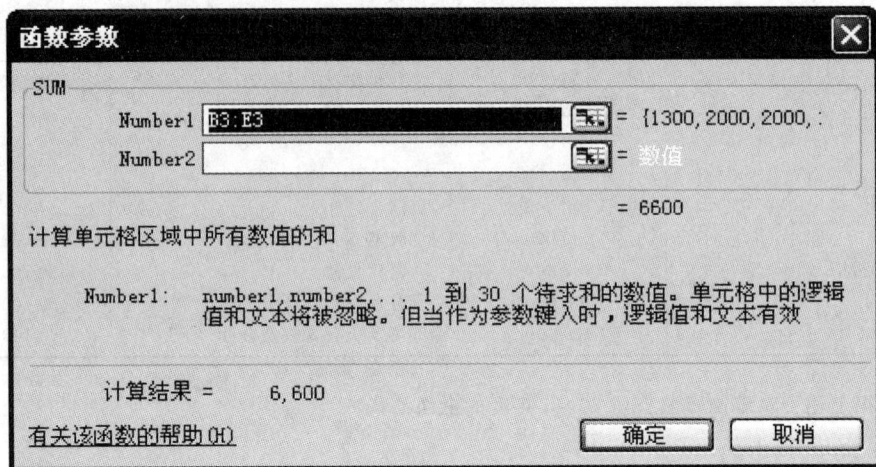

图 9-2

图 9-3

B5、B6、B7、B8 中的数值源自图 9-1 中的 B5、C5、D5、E5 单元格。

在单元格 C5 中设置公式"＝0.55＊B5",在单元格 D5 中设置公式"＝B5－C5",其后 D6、E6、E7、F7、F8 各单元格中的公式设置与之类似。

单元格 B10 中设置公式"＝B8－F8",表示应收账款的期末余额。

二、生产预算的编制

见图 9-4。

图 9-4 中 B3、C3、D3、E3 各单元格的数值与图 9-1 中 B3、C3、D3、E3 各单元格的数值相等。

单元格 B4 中设置公式"＝0.11＊C3",C4、D4 中公式的设置与之类似。

单元格 E4 中设置公式"＝0.11＊1 300",这里 1 300 桶源自资料 3"预计 20×6 年第一季

B4 ▾ fx =0.11*C3

	A	B	C	D	E	F	G	H
1				生产预算 20X5年度				
2		第一季度	第二季度	第三季度	第四季度	全年		
3	预计销售量	1,300	2,000	2,000	1,300	6,600		
4	加：预计期末存货	220	220	143	143	143		
5	预计需用量	1,520	2,220	2,143	1,443	7,326		
6	减：预计期初存货	180	220	220	143	180		
7	预计生产量	1,340	2,000	1,923	1,300	6,563		
8								
9								
10								
11								
12								
13								

◄ ► ►│ 生产预算 / 直接材料预算 / 直接人工预算 / 制造

就绪

图 9-4

度的涂料销售量为 1 300 桶"。

单元格 B6 中的数值源自资料 3"20×5 年年初涂料存货量为 180 桶"。

单元格 C6、D6、E6 中的数值分别等于单元格 B4、C4、D4 中的数值。

三、直接材料预算以及预计直接材料现金支出计算表的编制

见图 9-5 和图 9-6。

B6 ▾ fx =0.2*C5

	A	B	C	D	E	F	G
1			直接材料预算 20X5年度				
2		第一季度	第二季度	第三季度	第四季度	全年	
3	预计生产量	1,340	2,000	1,923	1,300	6,563	
4	单位产品直接材料需用量	3	3	3	3	3	
5	预计材料需用量	4,020	6,000	5,769	3,900	19,689	
6	加：预计材料期末存货量	1,200	1,154	780	800	800	
7	减：预计材料期初存货量	725	1,200	1,154	780	725	
8	预计材料采购量	4,495	5,954	5,395	3,920	19,764	
9	材料价格	8	8	8	8	8	
10	预计直接材料采购金额	35,960	47,630	43,162	31,360	158,112	
11							
12							

◄ ► ►│ 直接材料预算 / 预计直接材料现金支出 / 直接人工

就绪

图 9-5

图 9-5 中 B3、C3、D3、E3 各单元格的数值与图 9-4 中 B7、C7、D7、E7 各单元格的数值相等。

单元格 B6 中设置公式"＝0.2＊C5"，C6、D6 单元格中的公式设置与之类似。

单元格 E6、B7 的数值源自资料 4 中"20×5 年年初、年末的库存量分别为 725 千克和 800 千克"。

单元格 C7、D7、E7 的数值分别与单元格 B6、C6、D6 中的数值相等。

图 9-6 中单元格 B4 的数值源自表 9-1。

	C5	▼	fx =0.7*B5				
	A	B	C	D	E	F	G	H

	A	B	C	D	E	F	G
1			预计直接材料现金支出 20X5年度				
2			实际现金支付数				
3		应付账款数额	第一季度	第二季度	第三季度	第四季度	全年
4	期初余额	12,328	12,328				12,328
5	20X5第一季度	35,960	25,172	10,788			35,960
6	20X5第二季度	47,630		33,341	14,289		47,630
7	20X5第三季度	43,162			30,213	12,949	43,162
8	20X5第四季度	31,360				21,952	21,952
9	合计	170,440	37,500	44,129	44,502	34,901	161,032
10	期末余额	9,408					
11							
12							

预计直接材料现金支出 / 直接人工预算 / 制造费用

就绪

图 9-6

B5、B6、B7、B8 中的数值源自图 9-5 中的 B10、C10、D10、E10 单元格。

在单元格 C5 中设置公式"＝0.7＊B5",在单元格 D5 中设置公式"＝B5－C5",其后 D6、E6、E7、F7、F8 各单元格中的公式设置与之类似。

单元格 B10 中设置公式"＝B8－F8",表示应付账款的期末余额。

四、直接人工预算的编制

见图 9-7。

	B5	▼	fx =B3*B4				
	A	B	C	D	E	F	G

	A	B	C	D	E	F
1		直接人工预算 20X5年度				
2		第一季度	第二季度	第三季度	第四季度	全年
3	预计生产量	1,340	2,000	1,923	1,300	6,563
4	单位产品直接人工工时	4	4	4	4	4
5	直接人工小时总数	5,360	8,000	7,692	5,200	26,252
6	标准工资率	5	5	5	5	5
7	预计的直接人工成本	26,800	40,000	38,460	26,000	131,260
8						
9						
10						
11						
12						

直接人工预算 / 制造费用预算 / 期末产成品 / 销售

就绪

图 9-7

图 9-7 中 B3、C3、D3、E3 各单元格的数值与图 9-4 中 B7、C7、D7、E7 各单元格的数值相等。

单元格 B5 中设置公式"＝B3＊B4",C5、D5、E5 单元格中公式的设置与之类似。

单元格 B7 中设置公式"＝B5＊B6",C7、D7、E7 单元格中公式的设置与之类似。

五、制造费用预算的编制

见图 9-8。

B9 =B7-B8

	A	B	C	D	E	F	G
1	制造费用预算 20X5年度						
2		第一季度	第二季度	第三季度	第四季度	全年	
3	预计直接人工工时	5,360	8,000	7,692	5,200	26,252	
4	变动制造费用分配率	0.95	0.95	0.95	0.95	0.95	
5	预计变动制造费用	5,092	7,600	7,307	4,940	24,939	
6	预计固定制造费用	18,000	18,000	18,000	18,000	72,000	
7	预计制造费用合计	23,092	25,600	25,307	22,940	96,939	
8	减：折旧	4,500	4,500	4,500	4,500	18,000	
9	预计现金支付的制造费用	18,592	21,100	20,807	18,440	78,939	
10							
11							
12							

制造费用预算 / 期末产成品 / 销售费用及管理费用

就绪

图 9-8

图 9-8 中 B3、C3、D3、E3 各单元格的数值与图 9-7 中 B5、C5、D5、E5 各单元格的数值相等。变动制造费用分配率、预计的固定制造费用以及折旧费用数值源自资料 6。

单元格 B9 中设置公式"＝B7－B8"，C9、D9、E9 单元格中公式的设置与之类似。

六、产品成本、期末存货成本预算的编制

见图 9-9。

B6 =SUM(B3:B5)

	A	B	C	D	E
1	期末产成品存货成本预算　20X5年12月31日				
2	单位产品成本				
3	直接材料（3公斤×8元/公斤）	24.00			
4	直接人工（4小时×5元/小时）	20.00			
5	变动制造费用（4小时×0.95元/小时）	3.80			
6	单位成本合计	47.80			
7	期末产成品存货成本（143桶×47.80元/桶）	6,835.40			
8					
9					
10					
11					
12					

期末产成品 / 销售费用及管理费用 / 现金预算 / 财

就绪

图 9-9

图 9-9 中，单元格 B3 中数值的计算源自资料 4"莲花公司生产这种装饰装修涂料，每桶需要耗用某种材料 3 千克，这种材料每千克价格为 8 元"。

单元格 B4 中数值的计算源自资料 5"莲花公司生产单位产品的工时定额为 4 小时，直接人工小时工资率为 5 元"。

单元格 B6 中调用求和函数，见图 9-10。

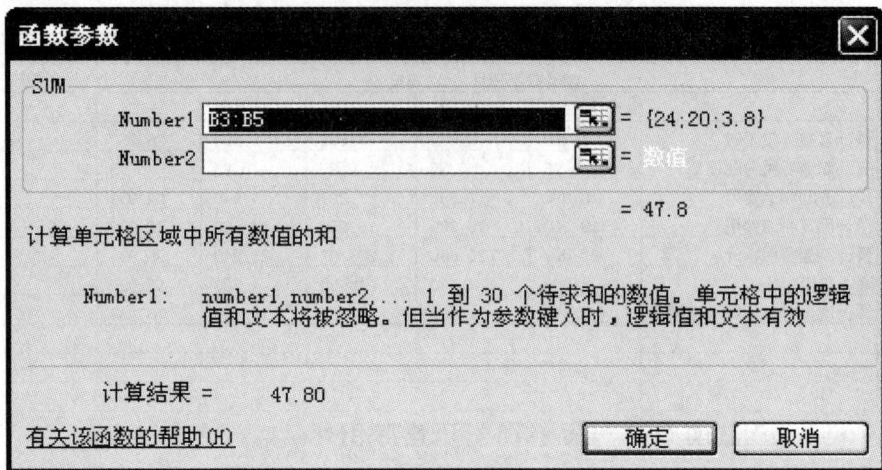

图 9-10

七、销售费用及管理费用预算

见图 9-11。

图 9-11

图 9-11 中，单元格 B3、C3、D3、E3 中的数值源自表 9-2 中的各季度预计销售量。

单元格 F5 中的数值源自资料 7"预计 20×5 年的变动性销售及管理费用……共计 46 200 元"，单元格 F7 中设置公式"＝F5/F3"求得单位变动销售及管理费用。

单元格 B5 中设置公式"＝B3＊B4"，C5、D5、E5 单元格中公式设置与之类似。

单元格 B11 中调用求和函数，见图 9-12。

单元格 C11、D11、E11 中同样需调用求和函数，与单元格 B11 中的函数调用相同。

单元格 B13 中设置公式"＝B5＋B11－B12"，C13、D13、E13 单元格中函数设置与之类似。

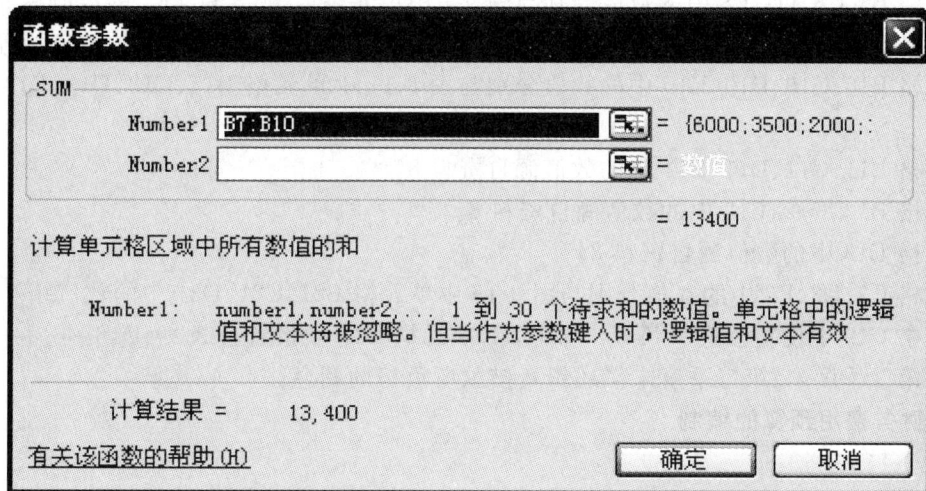

图 9-12

八、现金预算的编制

见图 9-13。

C19 =C18*0.1/2

	A	B	C	D	E	F	G
1		现金预算 20X5年度					
2	项目	第一季度	第二季度	第三季度	第四季度	全年	
3	期初现金余额	25,000	17,458	17,379	20,359	25,000	
4	加：现金收入	89,350	151,650	180,000	145,350	566,350	
5	合计	114,350	169,108	197,379	165,709	591,350	
6	减：现金支出						
7	直接材料	37,500	44,129	44,502	34,901	161,032	
8	直接人工	26,800	40,000	38,460	26,000	131,260	
9	制造费用	18,592	21,100	20,807	18,440	78,939	
10	销售及管理费用	22,500	27,400	27,400	22,500	99,800	
11	所得税	6,500	6,500	6,500	6,500	26,000	
12	设备购置	15,000		20,000	15,000	50,000	
13	支付股利				13,585	13,585	
14	合计	126,892	139,129	157,670	136,926	560,616	
15	现金余（缺）	(12,542)	29,979	39,709	28,784	30,734	
16	资金筹集与运用						
17	银行借款（期初）	30,000				30,000	
18	偿还借款（期末）		(12,000)	(18,000)		(30,000)	
19	利息支出		(600)	(1,350)		(1,950)	
20	合计	30,000	(12,600)	(19,350)	0	(1,950)	
21	期末现金余额	17,458	17,379	20,359	28,784	28,784	
22							
23							

现金预算 / 财务费用预算 / 20X5利润表 / 20X5资产负1

就绪

图 9-13

图 9-13 中,单元格 B3 的数值源自表 9-1 中的数据。

单元格 B4、C4、D4、E4 中的数值分别与图 9-3 中单元格 C9、D9、E9、F9 的数值相等。

单元格 B7、C7、D7、E7 中的数值分别与图 9-6 中单元格 C9、D9、E9、F9 的数值相等。

单元格 B8、C8、D8、E8 中的数值分别与图 9-7 中单元格 B7、C7、D7、E7 的数值相等。

单元格 B9、C9、D9、E9 中的数值分别与图 9-8 中单元格 B9、C9、D9、E9 的数值相等。

单元格 B10、C10、D10、E10 中的数值分别与图 9-11 中单元格 B13、C13、D13、E13 的数值相等。

单元格 B11、C11、D11、E11 中的数值源自资料 8。

单元格 B12、D12、E12 中的数值源自资料 8。

单元格 E13 中的数值源自资料 8。

单元格 C3、D3、E3 中的数值分别与图 9-13 中单元格 B21、C21、D21 中的数值相等。

单元格 C19 中设置公式"=C18 * 0.1/2",单元格 D19 中设置公式"=D18 * 0.1 * 0.75",分别计算第二季度末、第三季度末偿还银行借款所负担的利息。

九、财务费用预算的编制

见图 9-14。

C6		$=SUM(C3:C5)$				
	A	B	C	D	E	F	G
1	财务费用预算 20X5年度						
2		第一季度	第二季度	第三季度	第四季度	全年	
3	应计并支付短期借款利息	0	600	1,350	0	1,950	
4	应计并支付长期借款利息	0	0	0	0	0	
5	应计并支付公司债券利息	0	0	0	0	0	
6	支付利息合计	0	600	1,350	0	1,950	
7	减：资本化利息	0	0	0	0	0	
8	预计财务费用	0	600	1,350	0	1,950	
9							
10							
11							

财务费用预算 / 20X5利润表 / 20X5资产负债表 / S

图 9-14

图 9-14 中,单元格 C3、D3 中的数值分别与图 9-13 中的单元格 C19、D19 中的数值相等。

十、预计利润表的编制

见图 9-15。

图 9-15 中,单元格 B3 的数值与图 9-1 单元格 F5 的数值相等;单元格 B5 中设置公式"=47.8 * 6 600",其中 47.8 源自图 9-9 单元格 B6 中的数值,6 600 源自图 9-1 单元格 F3;单元格 B6 中的数值与图 9-11 单元格 F5 中数值相等;单元格 B10 中的数值与图 9-8 单元格 F6 中的数值一致;单元格 B11 中的数值与图 9-11 单元格 F11 中的数值一致;单元格 B12 中的数值与图 9-14 单元格 F8 中的数值一致;单元格 B15 中的数值与图 9-13 单元格 F11 的数值一致。

B5 | fx | =47.8*6600

	A	B	C
1	预计利润表 20X5年度		
2	项目	金额	
3	销售收入	594,000	
4	变动成本		
5	产品销售成本	315,480	
6	销售及管理费用	46,200	
7	变动成本合计	361,680	
8	贡献边际	232,320	
9	固定成本		
10	制造费用	72,000	
11	销售及管理费用	53,600	
12	财务费用	1,950	
13	固定成本合计	127,550	
14	营业利润	104,770	
15	减：所得税	26,000	
16	净利润	78,770	
17			

◄ ◄ ► ►◄ \20X5利润表 / 20X5资产负债表 /

图 9-15

十一、预计资产负债表的编制

见图 9-16。

D7 | fx | =62576+78770-13585

	A	B	C	D	E
1	预计资产负债表 20X5年12月31日				
2	现金	28,784	应付账款	9,408	
3	应收账款	52,650			
4	原材料	6,400		0	
5	产成品	6,835	流动负债合计	9,408	
6	流动资产合计	94,669	实收资本	250,000	
7	机器设备	330,000	留存收益	127,761	
8	减：累计折旧	37,500		0	
9	固定资产合计	292,500	所有者权益合计	377,761	
10	资产合计	387,169	负债及所有者权益合计	387,169	
11					

◄ ◄ ► ►◄ \20X5资产负债表 / Sheet1 / Sheet2 / Shee ◄

就绪

图 9-16

图 9-16 中，单元格 B2 的数值与图 9-13 单元格 F21 中的数值一致。

单元格 B3 的数值与图 9-3 单元格 B10 中的数值一致。

单元格 B4 设置公式"＝800＊8"。

单元格 B5 设置公式"＝143＊47.8"，其中 143（桶）为期末产成品存货量。

单元格 B7 设置公式"＝280 000＋50 000",其中 280 000 源自表 9-1,50 000 源自图 9-13 单元格 F12 的数值。

单元格 B8 设置公式"＝19 500＋18 000",其中 19 500 源自表 9-1,18 000 源自图 9-8 单元格 F8 中的数值。

单元格 D2 的数值与图 9-6 单元格 B10 的数值一致。

单元格 D6 的数值源自表 9-1。

单元格 D7 设置公式"＝62 576＋78 770－13 585",其中 62 576 源自表 9-1,78 770 源自图 9-15单元格 F16 中的数值,13 585 源自图 9-13 单元格 F13 中的数值。

第十章

计划与控制管理：
标准成本与全面质量管理

/学习目标/

◆ 了解标准成本的内容、作用、类型及其实施的前提条件
◆ 掌握直接材料、直接人工、变动制造费用和固定制造费用标准成本的制定过程
◆ 掌握直接材料、直接人工、变动制造费用和固定制造费用的成本差异计算分析与控制
◆ 掌握标准成本的账务处理
◆ 了解标准成本系统应用中的一些特殊问题
◆ 了解质量成本概念及质量成本控制模型

案例引导

　　实安公司是一家生产建筑材料的企业。去年,公司研制的新型建筑材料为企业赢得了一个业绩优异的会计年度。事实上,实安公司在全国建材市场一直居于主导地位,占据较大的市场份额。十多年前,当中国房地产热刚刚兴起之时,实安公司就以其技术领先的建材成为市场的主导。但是,当专利期满后,其他建材企业也能够掌握并使用同样技术生产同等水平的建材,市场竞争变得尤为激烈,产品价格被迫下降,公司盈利水平也越来越低。

　　这一次,公司经理层清醒地意识到,随着公司新型建筑材料的问世,历史可能还会重演。过去,由于一直居于行业的主导地位,公司不是很注意对产品成本的控制管理。然而,当价格战役再次打响时,成本控制将变得至关重要,很可能决定公司的成败。为此,公司经理层认为,通过对成本项目实施控制管理,几年之后当价格竞争重演时,公司产品在价格上将更具竞争力。

　　下面是公司内部会议上相关人员的发言。

　　财务总监说:"过去,公司的盈利一直很好,资源也比较充足。也许正是因为我们一直比较成功,所以才忽视了对成本的控制管理。我们从未认真地确定过成本应该是多少,也没有要求部门经理对成本控制负责。"

总经理说："如果我们现在不采取行动对成本项目实施控制管理,那么未来我们的资源就会发生短缺。我希望各部门经理能够意识到你们对成本控制的责任,对成本控制的结果将决定你们的年终奖金。"

财务总监说："为了实现对成本实施控制管理的目的,我们需要首先明确成本应当是多少,而不是一直是多少。各部门经理要参与确定有效的成本水平,公司将在此基础上编制预算。经理人员的奖金和晋级将与对成本实施控制管理的结果相关联,以使经理人员树立成本控制意识。"

假如你是实安公司的管理顾问,那么针对上述情形,你将如何从标准成本系统和质量成本控制两方面为公司提供建议?

第一节　标准成本系统概述

一、标准成本系统与例外管理原则

标准成本系统(Standard Cost System)是企业进行控制管理的主要工具。为了实现企业内部资源的有效配置,实施控制管理的经理人员不仅要了解产品的实际成本信息,更希望了解这种实际的成本水平是否能够代表或者接近一种有效的生产经营方式,以便及时对相关成本项目进行控制管理,实现企业长远发展的目标。标准成本系统就是在这样的管理需求下产生并发展起来的。作为管理会计中最早出现的理论之一,标准成本系统是 20 世纪 20 年代为了配合泰勒科学管理理论的实施,在英、美等国被首先提出。已有近百年历史的标准成本系统在经济和技术高度发达的今天,在新的制造环境下,仍然在企业的管理和控制决策中发挥着重要作用。

标准成本系统,也称标准成本计算法,是为了克服实际成本计算系统的缺陷,尤其是不能够提供有助于对成本进行控制管理的确切信息而发展起来的一种会计信息系统和成本控制系统。标准成本系统不是一个单纯的成本计算方法,它把成本的事前计划、日常控制和最终产品成本的确定有机地结合起来,成为加强日常成本管理,全面提高经济效益的重要工具。

作为与实际成本计算法相对应的概念,标准成本系统的应用是例外管理原则的一个反映。**例外管理**(Management by Exception,缩写为 MBE)是指要求企业在经营管理上将注意力放到异常的、关键性的问题上的一种管理方法,它在成本指标的日常控制方面应用较多。在实际工作中,企业的成本差异总是普遍存在、纷繁复杂的。为了提高对成本进行控制管理的效率,例外管理原则要求管理人员不要把时间和精力平均分配到所有的成本差异上,而应该突出重点,把注意力集中在那些不正常的、不合常规的关键性差异上。对于这类差异,一定要查明其产生的原因,并及时反馈给有关责任中心,以便迅速采取有效措施消除不利因素的影响。使用例外管理原则,企业可以更好地分配和使用人力资源,以最大的精力解决最关键的问题。在衡量成本差异是否重大、关键时需要一个事先确定的标准,标准成本系统在成本控制和管理中扮演重要的角色。

运用例外管理原则对成本差异进行控制管理应该注意以下四点。

(一) 重要性

重要性主要是根据成本差异金额的大小来决定的。一般来说,只有在金额上具有重要意义的差异才属于"例外",需要管理人员给予足够的重视。对差异金额大小的衡量,通常的做法是规定一个差异占标准的百分率;同时也可以在百分率之外,再用一个最低数额加以限制。例如,若成本差异超过标准成本5%以上,或绝对金额超过500元的均视为"例外"。

(二) 一贯性

一贯性主要是指有些成本差异虽未超过重要性规定的百分率或最低金额,但却在一段期间内持续地在控制线附近徘徊也应视为"例外",需要引起管理人员的重视。这种"例外"一方面可能反映原先制定的标准成本已经不具有时效性,应及时加以调整,另一方面也可能由于对成本进行控制管理不严格而产生的,必须迅速纠正。例如,规定任何一项成本差异若持续三周超过100元,或持续一个月超过80元即为"例外"。

(三) 可控性

有些成本项目是企业管理人员无法控制的,因此即使它们发生符合重要性标准的成本差异也不应被视为"例外"。比如由于税率变化而产生的成本差异,企业管理人员对此无能为力,故不应视为"例外",也无须采取任何追查措施。

(四) 特殊性

凡对企业的长期获利能力有重要影响的成本项目,如纺织企业的原棉,即使其差异没有达到"重要性"的标准,也应受到管理人员的密切关注,甚至任何差异均应视为"例外"并追根溯源,迅速采取补救措施。

二、标准成本系统的内容

从控制管理行为发生的相对时间上来看,标准成本系统包括事前控制、事中控制和事后控制三个阶段。事前阶段主要是制定标准成本,作为成本控制的依据。事中成本控制是对标准定额现场的控制,对各种差异进行记录和分析。对于那些不正常的差异,即超过控制范围的差异,要深入分析其产生的原因并实施控制管理。事后控制是会计部门对所记录的差异分析表进行汇总,根据可控或不可控的性质明确差异的责任,并计算产品的实际成本。

从控制管理行为的具体内容来看,标准成本系统的主要内容包括制定标准成本、计算成本差异、分析与控制成本差异及成本差异的账务处理四个部分。

(一) 标准成本的制定

单位产品的直接材料、直接人工和制造费用项目都需要分别制定标准成本,其中制造费用又分为变动制造费用和固定制造费用两个部分。单位产品的直接材料、直接人工和变动制造费用的标准成本之和,即为按变动成本法计算的单位产品标准成本,再加上固定制造费用的标准成本即可得到按完全成本法计算的单位产品标准成本。

(二)成本差异的计算

根据各成本项目的实际业务量与单位产品标准成本可以计算得到当期产品的标准成本,将实际成本与标准成本进行比较可以分别确定直接材料差异、直接人工差异、变动制造费用差异和固定制造费用差异,进而寻找产生成本差异的真正原因。

(三)成本差异的分析与控制

实施标准成本系统的主要目的是对成本进行控制管理。对于发生的成本差异,企业可以依据"例外管理原则"进行调查分析,在明确差异产生的原因之后实施控制管理,以消除不利因素的影响。

(四)成本差异的账务处理

企业实施标准成本系统时,原材料、生产成本、半成品、产成品及主营业务成本等账户的借方、贷方均按标准成本入账。对于实际成本偏离标准成本的各项差异分别建立专门账户进行归集,不利差异记录于借方,有利差异记录于贷方。会计期末,企业可根据实际情况选择结转本期损益法或调整销货成本与存货法对成本差异进行相应的处理。

三、标准成本系统的作用

标准成本系统主要有以下四方面作用。

(一)简化会计处理程序

在标准成本系统下,由于同一产品的成本完全相同,都等于标准成本,所以,不论采用先进先出法、后进先出法还是加权平均法,在实际成本计算法下因成本不同而引起的确认各项产品成本的困扰也就不存在了。因此在标准成本系统下,对产成品存货和销售成本科目的会计处理都可以大大简化。

(二)实现日常的成本控制管理

标准成本系统设定的标准成本是"应该发生的成本",它是企业进行日常成本控制管理的标杆。通过制定标准成本,企业可以随时发现成本偏差,并针对偏差产生的原因进行及时的日常控制管理,有效地控制成本支出。

(三)提供决策所依据的信息

标准成本作为一种预计成本或者目标成本,可以作为长期和短期决策(如定价决策、自制和外购决策)的依据。

（四）作为业绩考核与评价的指标

通过计算和分析各部门发生的实际成本与标准成本之间的差异，企业可以完成对各部门经理在成本控制管理方面业绩的考核与评价。因此，标准成本系统也是控制和激励企业内部个体行为的一种有效手段。

四、实施标准成本系统的前提条件

标准成本系统是在一定的生产条件下产生和发展起来的。因此，企业实施标准成本系统对成本进行控制管理必须满足一定的前提条件，否则标准成本系统将不能发挥其应有的作用。这些前提条件主要包括以下三个方面。

（一）标准化的生产工艺和操作流程

企业实施标准成本系统对成本进行控制管理时，首先需要分别制定单位产品的直接材料、直接人工和制造费用三大项目的标准成本，然后汇总得出单位产品的标准成本。因此，只有在企业确立了标准化的生产工艺和操作流程之后，才能进一步确定材料价格、材料耗用量、生产工时与成本项目间的数量关系，从而制定出直接材料、直接人工和制造费用的标准成本。

（二）完善的成本管理系统

为了配合标准成本系统的实施，企业应健全成本核算体系，正确核算直接材料、直接人工和制造费用的实际成本，为分析和控制成本差异提供信息资料。同时，企业还应建立、健全成本管理的相应责任体系。根据生产经营的特点，企业可以划分成本责任中心，实施成本的责任归属管理，并设立职能部门负责各责任中心标准成本的制定、成本差异分析与控制、经营业绩的评价与考核以及标准成本的修订等工作，从而实现全方位的成本控制管理。

（三）全员的成本降低意识

使用标准成本系统对成本项目进行控制管理，需要企业全体员工的积极参与和支持。因此，培养全体员工的成本降低意识，取得他们对标准成本系统的支持，使之参与标准成本制定和成本差异控制管理工作，并充分激发他们的工作积极性，也是实施标准成本系统的重要前提条件之一。

第二节　标准成本的制定

一、标准成本的概念

标准成本（Standard Cost），是指在生产经营效率良好的条件下，使用科学方法估计的、应当发生的目标成本,它可以作为评价实际业绩的尺度。从上述定义可以看出,标准成本是通过精确的调查、分析和技术测定制定出来的,是用来评价实际成本、衡量工作效率的一种预定成本。它反映的是企业的目标和要求,基本上排除了不应该发生的浪费,因此是一种"应该成本"。

与实际成本相比,标准成本具有如下三个特点。

(1)目标性。作为企业在特定的生产经营环境下应该实现的成本目标,标准成本是衡量成本开支的尺度。

(2)科学性。作为衡量成本开支的尺度,标准成本并不是随意制定的,而是以详细的调查和分析为基础,运用科学的方法、考虑各种相关因素的实际情况制定的,具有科学性。

(3)稳定性。如果制约标准成本的相关因素没有发生本质变化,则标准成本一经确定就不能随意改变,即标准成本应维持其相对的稳定性。

需要注意的是,标准成本不是历史成本的简单平均数,而是衡量实际成本的尺度。由于标准成本制定的准确性对于标准成本系统的有效实施有根本性影响,因此在确定标准成本时,应当组织技术人员、生产人员、销售人员、管理人员、财务人员等各职能环节共同调查研究,认真分析生产经营的具体条件和市场外部环境,做好经济技术分析和测量,按产品、按工序制定正常生产经营条件下的数量和价格。这样才能为标准成本系统的有效实施奠定坚实的基础。

在实际工作中,"标准成本"一词通常有两种含义。

一是指单位产品的标准成本,它是由单位产品的标准用量和标准单价计算得到的。准确地说,应称其为"成本标准",即

$$成本标准＝单位产品标准成本＝单位产品标准用量×标准单价$$

二是指实际产量的标准成本,它是根据产品的实际产量和单位产品的标准成本计算得到的,反映的是总量的概念,即

$$标准成本＝实际产量×单位产品标准成本$$

二、标准成本的类型

(一)根据其制定所依据的生产技术和经营管理水平,可将标准成本分为理想标准成本和正常标准成本

理想标准成本(Ideal Standard Cost),是指在最好的经营管理条件下,即原材料、劳动力等生产要素处于理想价格,生产能力处于最佳利用水平,以现有的技术设备所能达到的一种标准成本,其主要用途是给出一个完美无缺的目标,显示实际成本下降的潜力。制定理想标准成本的依据是"工厂的极乐世界",即理论上的业绩标准、生产要素的理想价格和可能实现的最高生产经营能力利用水平。其中,理论业绩标准是指在生产过程中没有技术浪费时的生产要素消耗量、最熟练的工人全力以赴、不存在废品损失和停工事件等条件下的最优业绩;理想价格是指原材料、劳动力等生产要素在计划期间最低的价格水平;最高生产经营能力利用水平是指理论上可能达到的设备利用程度,只扣除不可避免的机器修理、设备调整等时间,而不考虑产品销路不佳、生产技术故障等造成的影响。由于理想标准成本提出的要求太高且难以实现,因而在实际工作中很难达到,企业一般不应将其作为业绩考核与评价的依据,以免挫伤员工的积极性。

正常标准成本(Normal Standard Cost),也被称为可达到的标准成本,是指在生产经营效率良好的条件下,根据未来应该发生的生产要素消耗量、预计价格和预计生产能力利用程度制定的标准成本。正常标准成本可以根据企业过去较长时期内实际成本数据的平均值以及估计的未来变化趋势予以确定。在制定正常标准成本时,生产经营活动中一般难以避免的损耗和低效率等情况也被考虑在内,使之与下期的实际情况相符。因此,正常标准成本比较接近实际成本,它通常介于理想标准成本和历史平均水平之间,是对理想标准成本的一种改进。正常标准成本是先进性与现实性的统一,实施以后实际成本更大的可能性是逆差而不是顺差,即正常标准成本既不能轻易达到,但又不是高不可攀,而是需要经过一定的努力才能达到,从而可以调动员工的积极性,达到"跳起来摘苹果"的激励效果。因此,与理想标准成本相比,企业选择正常标准成本进行成本控制管理更为合适。

(二)根据其适用期,可将标准成本分为基本标准成本和现行标准成本

基本标准成本(Basic Standard Cost),是指在经营环境较为稳定的情况下,依据正常的价格、生产效率和生产能力利用程度所能达到的成本水平。基本标准成本一经制定,除非生产的基本条件发生重大变化,否则不予变动。生产基本条件的重大变化是指产品的物理结构、重要原材料和劳动力价格、生产技术和工艺方面发生的较大变化。只有这些条件发生了变化,基本标准成本才需要修订。由于市场供求变化导致的价格变化和生产经营能力利用程度的变化,以及由于工作方法改变而引起的效率变化等,不属于生产的基本条件变化,对此不需要修订基本标准成本。基本标准成本与各期实际成本对比,可以反映成本变动的趋势。基本标准成本的制定过程决定了它不具有灵活性,因此在实际中很少采用,不宜用来直接评价工作效率和成本控制的有效性。

现行标准成本(Current Standard Cost),是根据其适用期间应该发生的价格、生产效率和生产能力利用程度等预计的标准成本。现行标准成本既严格又实际,一般是按适用期间的实际情况对基本标准成本加以修正后得到的,既可以作为评价实际成本的依据,也可以用来对存货和销货成本进行计价。企业在实际使用标准成本系统评价工作效率和进行成本控制管理时,使用的就是具有灵活性和现实性特点的现行标准成本。

三、标准成本的制定原则

企业在制定标准成本时,应遵循如下五条原则。

(一)标准化原则

标准成本系统的有效实施需要企业内各个部门的默契配合,因此在企业内必须营造出一个标准化的管理氛围。生产经营各项活动都要建立科学合理的工作标准和完备的规章制度,在标准化管理的基础上相应开展标准成本系统,两者是相辅相成的。

(二)适应性原则

推行标准成本制度的最终效果在很大程度上取决于制定的标准与实际情况的适应程度。如果两者存在相当大的差距,那么标准成本就失去了标准本身应有的作用,无法实现加强成本

控制和提高工作效率的目的。

（三）以历史资料为依据，结合未来目标制定

历史资料反映了企业过去的生产水平，标准成本作为一种预定的未来成本，虽然需要以历史资料为基础，但它不是"曾经发生的成本"，而是"应该的成本"。因此，在制定标准成本时，需要考虑产品生产要素市场的状况、技术改进、设备更新和工人熟练程度提高等因素，在历史成本水平上加以适当调整，一般应比历史成本有所降低。

（四）高于平均水平，但经过努力可以达到

标准成本应是先进的、经过努力可以达到的成本。制定标准成本时所选择的标准偏高或偏低都不能发挥标准成本系统应有的激励作用。如果标准成本制定得过高，超出了员工努力的极限，则会因很难达到而挫伤员工降低成本的信心。如果标准制定得过低，则又不能调动员工努力提高效率、节约开支的积极性。当员工无须努力就能轻易达到某一标准时，这项标准成本就应该重新制定，以使标准成本始终保持先进性。

（五）鼓励员工参与标准成本的制定

鼓励基层员工参与标准成本的制定主要有两方面原因：一是只有基层员工才最了解产品生产或服务的过程，也最清楚成本降低的潜力，他们的参与能使制定出的标准成本更具科学性和可行性；二是如果基层员工亲身参与了标准成本的制定过程，就会在心理上感觉自己介入了该项工作，从而愿意承担责任。

四、标准成本制定的基本模式

产品的标准成本是由直接材料、直接人工和制造费用三个成本项目的标准成本汇总得到的。因此，制定单位产品的标准成本应分别根据直接材料、直接人工的数量标准，材料的价格标准，人工工资率标准和制造费用分配率标准进行计算，按成本构成要素逐项确定。

在制定时，对于每一个成本项目，都需要分别确定其数量标准和价格标准，然后将两者相乘得到标准成本，即

$$标准成本＝数量标准×价格标准$$

数量标准包括单位产品材料消耗量、单位产品直接人工工时等，主要由生产技术部门主持制定，吸收执行标准的部门和员工参与。价格标准包括原材料单价、小时工资率、小时制造费用分配率等，由会计部门和其他有关部门共同研究制定。采购部门是材料价格的责任部门，劳资部门和有关生产部门对小时工资率负有责任，各生产车间对小时制造费用分配率承担责任，在制定有关价格标准时要与他们协商。

无论是价格标准还是数量标准，都可以是理想状态或者正常状态的，据此分别制定理想标准成本和正常标准成本。下面主要介绍正常标准成本的制定。

五、直接材料标准成本的制定

直接材料的标准成本是由其数量标准和价格标准决定的。

直接材料的数量标准是指在现有的生产技术条件下,单位产品应当耗用的材料数量,一般应由生产部门和技术部门根据技术分析制定。制定直接材料数量标准时需要考虑的主要因素有单位产品应耗用的直接材料数量、生产中的必要损耗以及不可避免的废品损失所耗用的直接材料数量等。

直接材料的价格标准是预计在下一个会计期间企业需要实际支付的进料单位成本,它包括材料的发票价格、运输和装卸费用、检验费用和正常损耗等项目,是取得材料的完全成本。

对于需要耗用多种材料的产品,在确定了各种材料的数量标准和价格标准之后,可以根据下述公式计算得到直接材料的标准成本:

$$直接材料标准成本 = \sum_{i=1}^{n} 单位产品第 i 种材料的用量标准 \times 第 i 种材料的价格标准$$

例 10-1:某企业生产单一产品甲需要使用 A、B 两种直接材料,其相关会计信息资料及直接材料标准成本的计算过程表 10-1 所示。

表 10-1 甲产品的直接材料标准成本

标　准	材料 A	材料 B
数量标准:		
图纸用量(千克/件)	2.70	1.85
必要损耗量(千克/件)	0.30	0.15
合　计	3.00	2.00
价格标准:		
发票价格(元/千克)	1.90	3.80
装卸检验费(元/千克)	0.10	0.20
合　计	2.00	4.00
标准成本:		
材料 A(元)	6.00	
材料 B(元)		8.00
合　计	14.00	

六、直接人工标准成本的制定

直接人工标准成本由直接人工的工时标准和工资率标准决定。

直接人工的工时标准是指在当前技术条件下,生产单位产品所耗用的直接人工工时。它相当于直接人工的数量标准,一般是由生产部门和技术部门结合相关历史资料,在分析生产工艺和工人素质等因素的基础上制定的。制定直接人工工时标准时,通常应考虑直接加工工时、必要的休息和停工工时以及不可避免的废料、废品损耗工时等因素。

直接人工工资率标准相当于直接人工的价格标准,它是由人力资源部门、生产部门和技术部门共同制定的。制定直接人工工资率标准时应考虑的因素主要有企业采取的工资制度(计时工资或计件工资)、操作人员的技能水平等。

在确定了直接人工的工时标准和工资率标准之后,可以按照下述公式计算得到直接人工的标准成本:

$$直接人工标准成本 = 单位产品的工时标准 \times 工资率标准$$

如果产品的生产过程中涉及多道工序,而且不同工序的工资率不同,可以采用与计算直接材料标准成本类似的方法计算确定:

直接人工标准成本

$$= \sum_{i=1}^{n} 单位产品第\,i\,道工序的直接人工工时标准 \times 第\,i\,道工序的工资率标准$$

例 10-2: 承接上例,假设甲产品涉及两道生产工序,先后在两个车间完成,相关会计信息资料及直接人工标准成本的计算如表 10-2 所示。

表 10-2　甲产品的直接人工标准成本

小时工资率	第一车间	第二车间
基本生产工人人数	25	50
每人每月工时	204	204
出勤率	98%	98%
每人平均可用工时	200	200
每月总工时	5 000	10 000
每月工资总额(元)	5 000	15 000
每小时工资(元/小时)	1.00	1.50
单位产品工时:		
理想作业时间	1.60	1.70
设备调整时间	0.20	0.10
工间休息时间	0.10	0.10
其他	0.10	0.10
合　计	2.00	2.00
直接人工标准成本(元)	2.00	3.00
合　计	5.00	

七、制造费用标准成本的制定

制造费用的标准成本是按部门分别编制的,然后再将同一产品涉及的各部门单位制造费用汇总,得出整个产品的制造费用标准成本。制造费用属于间接费用,其标准成本的制定比直接费用项目要复杂一些,原因在于:(1)间接费用的控制责任分散于企业的各个部门;(2)构成间接费用的项目具有大量不同的特征,有的是固定性质的,有的是变动性质的,还有混合性质的;(3)间接费用的具体内容差别很大,有生产方面的、有管理方面的、有修理方面的,还有设备方面的,使得情况复杂化了。

尽管如此,制造费用标准成本制定的核心仍然是制造费用的数量标准和价格标准两个方面。具体来说,各部门的制造费用标准成本可以分为变动制造费用标准成本和固定制造费用标准成本两个部分。

(一)变动制造费用标准成本的制定

变动制造费用的标准成本一般由生产部门和技术部门共同制定。其数量标准通常采用单位产品的直接人工工时标准,它在制定直接人工标准成本时已经确定,有的企业也根据实际情况采用机器工时作为变动制造费用标准成本的数量标准。变动制造费用的价格标准是每一工时变动制造费用的标准分配率,是以变动制造费用预算总额除以直接人工标准总工时计算得出的,即

$$变动制造费用标准分配率 = \frac{变动制造费用预算总额}{直接人工标准总工时}$$

在确定了变动制造费用的数量标准和价格标准之后,可以使用下述公式计算得到变动制造费用的标准成本。

$$变动制造费用的标准成本 = 单位产品的工时标准 \times 变动制造费用标准分配率$$

确定了各车间的变动制造费用标准成本之后,就可以汇总得到单位产品变动制造费用的标准成本。

例 10-3:承接上例,甲产品在第一车间和第二车间的相关会计信息资料及变动制造费用标准成本的计算过程如表 10-3 所示。

表 10-3　甲产品的变动制造费用标准成本

部　门	第一车间	第二车间
变动制造费用预算:		
运输	900	1 800
电力	800	2 000
消耗材料	1 800	1 200
间接人工	2 700	3 500
燃料	700	1 200
其他	600	300
合　计(元)	7 500	10 000
生产量标准(人工工时)	5 000	10 000
变动制造费用标准分配率	1.50	1.00
直接人工数量标准(人工工时)	2.00	2.00
变动制造费用标准成本(元)	3.00	2.00
单位产品标准变动制造费用	5.00	

（二）固定制造费用标准成本的制定

变动成本法下,由于固定制造费用不计入产品成本,所以此时单位产品的标准成本中不包括固定制造费用的标准成本。在这种情况下,不需要制定固定制造费用的标准成本,固定制造费用的控制是通过预算管理来进行的。如果企业采用完全成本计算,则固定制造费用要计入产品成本,需要确定其标准成本。

固定制造费用的标准成本也是由生产部门和技术部门共同制定的。固定制造费用的数量标准与变动制造费用的数量标准相同,可以采用单位产品直接人工工时标准或单位产品机器工时标准,但是两者要保持一致,以便进行差异分析。固定制造费用的价格标准就是固定制造费用的每小时标准分配率,它是根据固定制造费用预算总额和直接人工标准总工时计算得出的,即

$$固定制造费用标准分配率 = \frac{固定制造费用预算总额}{直接人工标准总工时}$$

在确定了固定制造费用的数量标准和价格标准之后,两者相乘即可得到固定制造费用的标准成本:

固定制造费用标准成本
　　＝单位产品直接人工标准成本×每小时固定制造费用的标准分配率

确定了各车间固定制造费用的标准成本之后,就可以汇总得到单位产品的固定制造费用标准成本。

例 10-4:甲产品在第一车间和第二车间的相关会计信息资料及固定制造费用标准成本的计算过程如表 10-4 所示。

表 10-4　甲产品的固定制造费用标准成本

部　门	第一车间	第二车间
固定制造费用:		
折旧费	1 650	2 050
管理人员工资	950	1 400
间接人工	1 200	1 050
保险费	700	300
其他	500	200
合　计(元)	5 000	5 000
生产量标准(人工工时)	5 000	10 000
固定制造费用分配率	1.00	0.50
直接人工数量标准(人工工时)	2.00	2.00
部门固定制造费用标准成本(元)	2.00	1.00
单位产品固定制造费用标准成本	3.00	

八、单位产品标准成本的制定

将以上分别确定的直接材料、直接人工和制造费用的标准成本按产品加以汇总,就可以确定有关产品完整的标准成本。通常,企业编制"标准成本卡"来反映产品标准成本的具体构成。在每种产品生产之前,它的标准成本卡要送达有关人员,包括各级生产部门的负责人、会计部门、仓库等,作为领料、派工和支出其他费用的依据。

例 10-5:综合以上例题的计算结果,可以确定甲产品的单位产品标准成本,如表 10-5 所示。

表 10-5　甲产品的标准成本卡

成本项目	数量标准	价格标准	标准成本
直接材料:			
A 材料	3.00 千克	2.00 元/千克	6.00 元
B 材料	2.00 千克	4.00 元/千克	8.00 元
合　计			14.00 元
直接人工:			
第一车间	2.00 小时	1.00 元/小时	2.00 元
第二车间	2.00 小时	1.50 元/小时	3.00 元
合　计			5.00 元
制造费用:			
变动费用(第一车间)	2.00 小时	1.50 元/小时	3.00 元
变动费用(第二车间)	2.00 小时	1.00 元/小时	2.00 元
合　计			5.00 元
固定费用(第一车间)	2.00 小时	1.00 元/小时	2.00 元
固定费用(第二车间)	2.00 小时	0.50 元/小时	1.00 元
合　计			3.00 元
单位产品标准成本	27.00 元		

需要明确的是,通过上述程序制定得到的标准成本在具体应用过程中并不是一成不变的,企业需要根据自身经营环境的变化对标准成本进行检查与修订,以使标准成本系统更好地实现对成本进行控制管理。

第三节　成本差异分析

标准成本的制定过程初步完成了成本的事前控制。然而,由于标准成本是一种目标成本,诸多因素会导致实际成本与目标成本不符,对成本差异的分析和控制是联系事前控制与事中、事后控制的纽带,也是日常成本控制管理的主要信息来源。

一、成本差异的概念和分类

成本差异(Cost Variance)是指在生产经营过程中发生的实际成本偏离预定的标准成本而形成的差额,反映实际成本脱离预定目标的程度。对成本差异的分类主要包括以下几个方面。

(一)根据成本差异产生的原因可分为数量差异和价格差异

数量差异是由于直接材料、直接人工和变动制造费用等要素实际消耗量与标准消耗量不一致而产生的成本差异。**价格差异**是由于直接材料、直接人工和变动制造费用等要素实际价格水平与标准价格不一致而产生的成本差异。

(二)根据成本差异的结果可分为不利差异和有利差异

如果实际成本超过标准成本,所形成的差异为**不利差异**(Unfavorable Variance)。不利差异意味着成本的超支,所以也被称为超支差异,通常用字母 U 来表示。如果实际成本小于标准成本,所形成的差异为**有利差异**(Favorable Variance)。有利差异表示成本的节约,因此也被称为节约差异,通常用字母 F 表示。

(三)根据企业对成本差异的能动性可分为可控差异和不可控差异

可控差异又称主观差异,是指企业主观努力能够影响的差异,即通过企业的努力可以使这种差异消失,它是成本控制管理的重点。**不可控差异**又称客观差异,是指与企业主观努力程度关系不大,主要受客观原因影响而形成的差异。对于不可控差异,企业无法通过努力使其消失,往往要调整成本标准,以适应环境的影响。

(四)根据成本差异的具体性质可分为执行偏差、预测偏差、计量偏差、模型偏差和随机偏差

不同性质的差异需要企业管理层给予不同程度的重视。比如,管理层应注意执行差异和预测差异。前者会直接影响企业的实际利润,是成本差异控制管理的重点所在;而后者可能导致企业成本控制混乱。

执行偏差(Executive Variation),是指在执行标准的过程中,由于执行者采取了某种错误的行动,或者机器接受了错误指令等原因产生的成本差异。例如,在化工生产过程中,由于生产工人没有按照规定要求投放原料而使产品回收率下降,造成实际成本超过标准成本的不利差异就属于执行偏差。这类偏差与特定行动有关,一经确定便应立即加以制止。

预测偏差(Forecast Variation),是指在事前制定标准时,由于实施了不正确的参数预测而产生的成本差异。例如,在制定标准成本时,由于没有考虑原材料价格会受国家宏观调控政策的影响而大幅上涨,致使原来的材料价格标准定得太低而造成的不利差异就属于预测偏差。这类偏差一经发现,便应及时调整相关参数,使标准成本与实际情况保持一致。

计量偏差(Measurement Variation),是指在实际执行标准的过程中,由于计量错误而产生的成本差异。例如,对期末在产品数量和车间已领未用原材料的盘点错误而形成的成本差

异就属于计量偏差。当发生这类偏差时,企业管理层应当及时对计量错误加以纠正,以确保计量工作的准确性。

模型偏差(Model Variation),是指在事先制定标准设定模型时,由于错误地确定影响成本各因素之间的关系而产生的成本差异。例如,错误地确定了约束条件、变量或函数使标准成本脱离实际情况而产生的成本差异。这类偏差一经发现,就应当重新修订模型,及时制定正确的标准。

需要强调的是,尽管模型偏差和预测偏差都是在事前制定标准成本时产生的,但两者之间还是有区别的:模型偏差是由于不正确的函数关系形成的,而预测偏差则是由于不正确的参数预测造成的。

随机偏差(Random Variation),是指在执行标准的过程中,各种随机因素变化而产生的成本差异。因为标准成本只是衡量实际成本完成情况的标杆,尽管标准的制定正确无误,但实际发生额往往只能围绕这一标杆上下波动,不能长期与之吻合。对于随机偏差,企业管理层应当从统计角度科学地规定其偏差范围。对于正常发生的随机偏差,一般不要求纠正;但对于那些不正常的偏差,应果断采取措施进行控制。

二、成本差异分析的基本模式

与标准成本的制定类似,对标准成本的差异分析也要分别计算直接材料差异、直接人工差异、变动制造费用差异和固定制造费用差异,以期找到产生成本差异的真正原因。

成本差异的计算与分析可以使用两差异分析法或三差异分析法。选择哪种方法不影响实际成本与标准成本差异的总体数额,只是以不同的方式对这种差异进行分析和解释。

设 AP、AQ 分别表示实际价格和实际数量,SP、SQ 分别表示标准价格和标准数量,则在两差异法下:

总　差　异 $= AP \times AQ - SP \times SQ$

价格差异 $= (AP - SP) \times AQ$

数量差异 $= (AQ - SQ) \times SP$

在三差异分析法下:

总　差　异 $= AP \times AQ - SP \times SQ$

价格差异 $= (AP - SP) \times SQ$

数量差异 $= (AQ - SQ) \times SP$

联合差异 $= (AP - SP) \times (AQ - SQ)$

两差异法和三差异法的图示分别如图 10-1 和图 10-2 所示。

由于联合差异是由数量差异和价格差异共同作用的结果,因此当两个因素中一个为有利差异而另一个为不利差异时,会计人员就很难对联合差异做出常识性的解释。同时,采购部门经理应当对实际购买量上的价格变动做出合理的解释和说明,而生产部门经理应当对数量差异负责,他无法控制也不需要考虑价格上的波动。基于上述原因,两差异分析法在实践中被普遍采用。下面将主要介绍两差异分析法下的成本差异计算与分析。

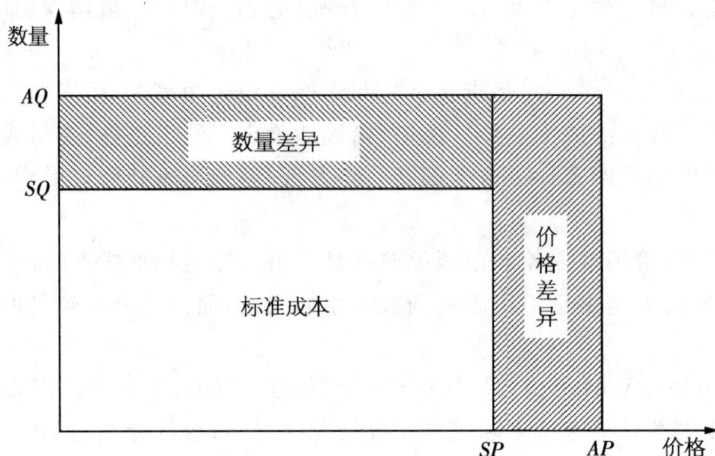

图 10-1　成本差异计算分析图(两差异法)

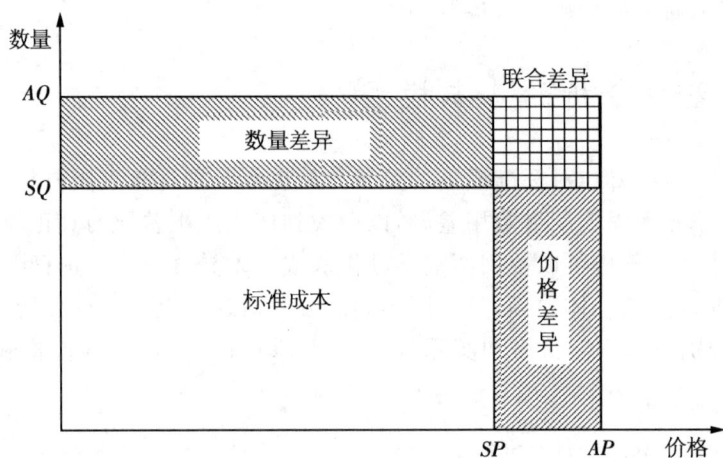

图 10-2　成本差异计算分析图(三差异法)

实际成本与标准成本之间的差异可以分解为两个因素,即价格差异和效率差异。

价格差异(Price Variance),是由实际价格和标准价格之间的差异引起的,其计算是建立在实际投入数量的基础上的,具体公式为

价格差异=(实际投入数量×实际价格)-(实际投入数量×标准价格)
　　　　=实际投入数量×(实际价格-标准价格)

当用于直接人工差异时,价格差异通常被称为工资率差异。

效率差异(Efficiency Variance),是由于实际产出的实际投入数量和实际产出的标准投入数量间的差异引起的,其计算是建立在标准价格的基础上的,具体公式为

效率差异=(实际投入数量×标准价格)-(标准投入数量×标准价格)
　　　　=(实际投入数量-标准投入数量)×标准价格

当效率差异用于直接材料时,往往被称为用量差异或数量差异。

　　直接材料、直接人工和变动制造费用都属于变动成本,其成本差异分析的基本方法相同。由于它们的实际成本高低取决于实际用量和实际价格,标准成本的高低取决于标准用量和标准价格,所以其成本差异可以归结为价格脱离标准引起的价格差异和用量脱离标准造成的数量差异两个部分。

$$成本差异 = 实际成本 - 标准成本 = 实际数量 \times 实际价格 - 标准数量 \times 标准价格$$
$$= 实际数量 \times 实际价格 - 实际数量 \times 标准价格 + 实际数量 \times 标准价格$$
$$- 标准数量 \times 标准价格$$
$$= 实际数量 \times (实际价格 - 标准价格) + (实际数量 - 标准数量) \times 标准价格$$
$$= 价格差异 + 数量差异$$

　　有关数据之间的关系如下。

```
① 实际数量×实际价格 ┐
                    │ 价格差异
                    │  ①-②  ┐
② 实际数量×标准价格 ┤        ├ 成本差异
                    │ 数量差异 │  ①-③
                    │  ②-③  ┘
③ 标准数量×标准价格 ┘
```

　　直接材料、直接人工、变动制造费用和固定制造费用的成本差异项目如表 10-6 所示。

表 10-6　成本差异项目汇总表

总差异	价格差异	数量差异	
直接材料差异	直接材料价格差异	直接材料数量差异	
直接人工差异	直接人工工资率差异	直接人工效率差异	
变动制造费用差异	变动制造费用耗费差异	变动制造费用效率差异	
固定制造费用差异	固定制造费用耗费差异	固定制造费用能量差异	闲置能量差异
			效率差异

三、直接材料成本差异的分析与控制

　　直接材料差异(Direct-material Variance),是指直接材料实际成本与标准成本之间的差额,包括价格差异和数量差异两部分。**直接材料价格差异**(Direct-material Price Variance),是指按实际用量确定的由于实际价格脱离标准价格而形成的差额;**直接材料数量差异**(Direct-material Quantity Variance),是指按标准价格确定的由于实际用量脱离标准用量而形成的差额。根据成本差异计算的基本模式,直接材料差异的计算如下:

$$直接材料价格差异 = 实际数量 \times (实际价格 - 标准价格)$$
$$直接材料数量差异 = 标准价格 \times (实际数量 - 标准数量)$$

　　需要注意的是,上式中的标准数量应为实际产量与单位产品材料用量标准的乘积。上述两式的计算结果为正,则表示实际数较标准数超支,为不利差异;计算结果为负,则表示实际数较标准数节约，为有利差异。

例 10-6：某企业本月实际生产甲产品 500 件，耗用 A 材料 3 200 千克，材料单价为 0.95 元/千克。已知 A 材料的单位产品标准成本为 6 元，即每件产品耗用 6 千克 A 材料，每千克材料的标准价格为 1 元。根据上述公式，可以得到

直接材料价格差异 $= 3\,200 \times (0.95 - 1) = -160(元)(F)$

直接材料数量差异 $= (3\,200 - 500 \times 6) \times 1 = 200(元)(U)$

直接材料成本的总差异等于直接材料价格差异与数量差异之和。

接材料成本差异 $=$ 实际成本 $-$ 标准成本

$$= 3\,200 \times 0.95 - 500 \times 6 \times 1 = 3\,040 - 3\,000 = 40(元)(U)$$

直接材料成本差异 $=$ 价格差异 $+$ 数量差异 $= -160 + 200 = 40(元)(U)$

对成本差异的计算只是成本差异分析与控制的最初环节，在计算出差异之后还需要分析差异产生的原因。一般情况下，直接材料价格差异是在采购过程中形成的，不应由耗用材料的生产部门负责，而应由采购部门对其做出说明，因为影响材料价格的大多数因素都会受到采购部门的影响。采购部门未能按标准价格进货的原因有许多，如供应厂商的价格变动、未按经济采购批量进货、采购时舍近求远使运费增加、不必要的快速运输方式等等。对于由此造成的不利差异，必须彻底清查，及时纠正。由于企业外部的客观因素造成的材料价格差异虽然非企业所能控制，但企业也应采取措施积极应对，以防止不利差异的出现或力争降低不利差异的影响。

直接材料数量差异是在材料耗用过程中形成的，反映了生产部门的成本控制业绩，一般应由生产部门负责。形成不利的材料差异的原因有许多，如操作疏忽导致废品增加、新工人熟练程度不够而造成的材料浪费、机器工具不适用造成用料增加等等。为防止这些现象发生，企业应加强对工人的技能培训，依据直接材料的标准用量采用限额领料制度等。

四、直接人工成本差异的分析与控制

直接人工差异（Direct-labor Variance），是指直接人工实际成本与标准成本之间的差额，包括价格差异和数量差异两个部分。**直接人工工资率差异**（Direct-labor Rate Variance），相当于价格差异，即按实际工时确定的由于实际工资率脱离标准工资率而形成的差额；**直接人工效率差异**（Direct-labor Efficiency Variance），相当于数量差异，即按标准工资率确定的由于实际工时脱离标准工时而形成的差额。根据成本差异计算的基本模式，直接人工差异的计算如下：

直接人工工资率差异 $=$ 实际工时 $\times$（实际工资率 $-$ 标准工资率）

直接人工效率差异 $=$ 标准工资率 $\times$（实际工时 $-$ 标准工时）

需要注意的是，上式中的标准工时应为实际产量与单位产品标准工时的乘积。上述两式的计算结果为正，则为不利差异；计算结果为负，则为有利差异。

例 10-7：本月生产产品 500 件，实际使用工时 1 200 小时，支付工资 5 040 元；直接人工标准成本为 10 元/件，即每件产品标准工时为 2.5 小时，标准工资率为 4 元/小时。根据上述公式，可以得到

直接人工工资率差异 $= 1\,200 \times \left(\dfrac{5\,040}{1\,200} - 4 \right) = 1\,200 \times (4.2 - 4) = 240(元)(U)$

直接人工效率差异 $= (1\,200 - 500 \times 2.5) \times 4 = (1\,200 - 1\,250) \times 4 = -200(元)(F)$

直接人工成本总差异等于工资率差异和人工效率差异之和。

直接人工成本差异 $=$ 实际人工成本 $-$ 标准人工成本 $= 5\,040 - 500 \times 10 = 40(元)(U)$

直接人工成本差异 $=$ 工资率差异 $+$ 人工效率差异 $= 240 - 200 = 40(元)(U)$

　　形成工资率差异的原因有很多,比如直接生产工人升级或降级使用、奖励制度未产生实际效果、工资率调整、加班或使用临时工、出勤率变化等。直接人工工资率差异原则上应由企业的人力资源部门负责,因为主要由该部门与劳动者签订用工合同,并且决定薪酬的具体金额。

　　形成直接人工效率差异的原因主要有工作环境不良、工人经验不足、劳工情绪不佳、新工人上岗太多、机器或工具选用不当、设备故障较多、产量太少无法发挥批量节约优势等等。因此,直接材料人工效率差异主要由生产部门和人力资源部门负责,但这也不是绝对的。例如材料质量的优劣、资源供应的及时程度等因素也会影响生产效率。因此当出现差异时,管理人员要针对具体情况具体分析,以便采取相应的控制措施。

五、制造费用成本差异的分析与控制

　　考虑到制造费用的成本性态,对于制造费用的差异分析需要分为变动制造费用和固定制造费用两部分进行。

(一) 变动制造费用成本差异的分析与控制

　　变动制造费用差异(Variable-overhead Variance),是指实际变动制造费用与标准变动制造费用之间的差额,包括耗费差异和效率差异两个部分。**变动制造费用耗费差异**(Variable-overhead Spending Variance)相当于价格差异,即按实际工时确定的由于变动制造费用实际分配率脱离标准分配率而形成的差额;**变动制造费用效率差异**(Variable-overhead Efficiency Variance)相当于数量差异,即按变动制造费用标准分配率确定的由于实际工时脱离标准工时而形成的差额。根据成本差异计算的基本模式,变动制造费用差异的计算如下:

变动制造费用耗费差异
$=$ 实际工时 $\times$ (变动制造费用实际分配率 $-$ 变动制造费用标准分配率)

变动制造费用效率差异 $=$ 变动制造费用标准分配率 $\times$ (实际工时 $-$ 标准工时)

　　例 10-8：本月生产产品 500 件,使用工时 1 200 小时,实际发生变动制造费用 2 640 元;变动制造费用的标准成本为 5 元/件,即每件产品标准工时为 2.5 小时,标准的变动制造费用分配率为 2 元/小时。根据上述公式,可以得到

变动制造费用耗费差异 $= 1\,200 \times \left(\dfrac{2\,640}{1\,200} - 2 \right) = 1\,200 \times (2.2 - 2) = 240(元)(U)$

变动制造费用效率差异 $= (1\,200 - 500 \times 2.5) \times 2 = (1\,200 - 1\,250) \times 2 = -100(元)(F)$

验算：

变动制造费用成本差异 $=$ 实际变动制造费用 $-$ 标准变动制造费用

$$=2\,640-500\times5=140(\text{元})(U)$$

变动制造费用成本差异＝变动制造费用耗费差异＋变动制造费用效率差异

$$=240-100=140(\text{元})(U)$$

由于变动制造费用由多个明细项目(间接人工、间接材料、水电费、动力费等)组成,并且与一定的生产水平相联系,因此变动制造费用耗费差异反映出来的差异并不能明确其责任归属。在实际工作中,还需要依据各明细项目的预算金额与实际发生数的差异值来确定各部门应承担的责任。耗费差异是制造费用部门经理的责任,他有责任将变动制造费用控制在弹性预算限额之内。

变动制造费用效率差异是由于实际工时脱离了标准,多用工时导致的费用增加,其形成原因与人工效率差异相同。

(二) 固定制造费用成本差异的分析与控制

固定制造费用不随业务量的变化而变化,因此固定制造费用的差异分析与各项变动成本的差异分析有所不同。对固定制造费用进行差异分析可以使用二因素分析法或三因素分析法。

1. 二因素分析法

二因素分析法将固定制造费用差异分为耗费差异和能量差异两个部分。

固定制造费用耗费差异(Fixed-overhead Spending Variance),又称为固定制造费用预算差异,是指固定制造费用的实际成本与预算成本之间的差异。耗费差异不考虑业务量的变化,以原来的预算数为标准,实际数超过预算数即为超支。**固定制造费用能量差异**(Fixed-overhead Capacity Variance),是指固定制造费用预算成本与标准成本之间的差额,它是按预算的生产能量确定的预算固定制造费用与按实际业务量的标准工时确定的标准固定制造费用之间的差异。两类差异的具体计算公式如下:

固定制造费用耗费差异＝固定制造费用实际成本－固定制造费用预算成本

固定制造费用能量差异＝固定制造费用预算成本－固定制造费用标准成本

$\qquad$＝固定制造费用标准分配率×生产能量－固定制造费用标准分配率

$\qquad$×实际产量标准工时

$\qquad$＝固定制造费用标准分配率×(生产能量－实际产量标准工时)

例 10-9：本月实际产量 500 件,发生固定制造费用 1 280 元,实际工时 1 200 小时;企业的生产能量为 600 件即 1 300 小时;每件产品固定制造费用标准成本为 2.5 元,即每件产品标准工时为 2.5 小时,固定制造费用标准分配率为 1 元/小时。根据上述公式,可以得到:

固定制造费用耗费差异＝$1\,280-1\,300\times1=-20(\text{元})(F)$

固定制造费用能量差异＝$1\,300\times1-500\times2.5\times1=1\,300-1\,250=50(\text{元})(U)$

验算：

固定制造费用成本差异＝实际固定制造费用－标准固定制造费用

$$=1\,280-500\times2.5=30(\text{元})(U)$$

固定制造费用成本差异＝耗费差异＋能量差异＝$-20+50=30(\text{元})(U)$

与变动制造费用类似,固定制造费用也由许多明细项目组成。固定制造费用耗费差异反映的是一个总数,不便于对各明细项目进行考核与评价。因此,应将各明细项目的实际数与预算数进行对比才能确定其责任归属。具体来说,导致固定制造费用耗费差异产生的原因可能有生产要素价格的变动、酌量性固定成本的变动、生产要素数量的变动等等。

固定制造费用能量差异反映了生产能力的利用程度。若实际产量标准工时小于生产能量,说明生产能量未被完全利用,企业应查明原因,如产品销路不畅导致生产量下降、资源供应不及时、生产安排不当等,并明确差异的责任归属,及时采取措施加以控制调整;若实际产量标准工时大于生产能量,即说明生产能力利用得较为充分,企业应总结经验,巩固业绩。

2. 三因素分析法

三因素分析法将固定制造费用差异分为耗费差异、效率差异和闲置能量差异三个部分。该方法是在二因素分析法的基础上对固定制造费用成本差异的进一步分析,其耗费差异的计算与二因素分析法相同,所不同的是在三因素分析法中,又将能量差异细分为闲置能量差异和效率差异。**固定制造费用闲置能量差异**(Fixed-overhead Capacity Utilization Variance),是指按固定制造费用标准分配率确定的实际工时未达到预计的生产能量而形成的差异;**固定制造费用效率差异**(Fixed-overhead Efficiency Variance),是指按固定制造费用标准分配率确定的实际工时脱离标准工时而形成的差异。具体计算公式为

$$固定制造费用闲置能量差异=固定制造费用预算成本-实际工时×固定制造费用标准分配率$$
$$=(生产能量-实际工时)×固定制造费用标准分配率$$

$$固定制造费用效率差异=(实际工时-实际产量标准工时)×固定制造费用标准分配率$$

根据上述公式,我们可以对上例进行三因素分析法的固定制造费用差异分析。

$$固定制造费用闲置能量差异=(1\ 300-1\ 200)×1=100×1=100(元)(U)$$
$$固定制造费用效率差异=(1\ 200-500×2.5)×1=(1\ 200-1\ 250)×1=-50(元)(F)$$

三因素分析法的闲置能量差异与效率差异之和为50元,与二因素分析法中的"能量差异"数额相等。

六、标准成本的账务处理

有的企业将标准成本作为统计资料处理,并不记入账簿,只提供成本控制的有关信息。但是,把标准成本纳入账簿体系不仅能够提高成本计算的质量和效率,使标准成本系统发挥更大的功效,而且也可以简化记账手续。

(一)标准成本系统账务处理的特点

为了能够有效地对企业进行成本控制,达到降低成本的目的,标准成本系统必须同时提供标准成本、实际成本和成本差异三项资料。与实际成本系统相比,标准成本系统的账务处理主要具有以下三个特点。

1. "原材料"、"生产成本"和"产成品"账户登记标准成本

通常的实际成本系统,从原材料到产成品的流转过程使用实际成本记账。在标准成本系

统中,这些账户改用标准成本,无论是借方和贷方均登记实际数量的标准成本,其余额反映这些资产的标准成本。

2. 设置成本差异账户分别记录各种成本差异

在标准成本系统中,对于实际成本脱离标准成本的各种差异应分别设立专门账户进行归集,借方记录不利差异,贷方记录有利差异。在直接材料差异方面,设置"直接材料价格差异"和"直接材料数量差异"账户;在直接人工差异方面,设置"直接人工工资率差异"和"直接人工效率差异"账户;在变动制造费用差异方面,设置"变动制造费用耗费差异"和"变动制造费用效率差异"账户;在固定制造费用差异方面,设置"固定制造费用耗费差异"、"固定制造费用效率差异"和"固定制造费用闲置能量差异"账户。差异账户的设置要同采用的成本差异分析方法相适应,为每一种成本差异设置一个对应的账户。

在需要登记"原材料"、"生产成本"和"产成品"账户时,应将实际成本分离为标准成本和有关的成本差异,标准成本数据记入"原材料"、"生产成本"和"产成品"账户,而有关差异则分别记入各差异账户。

为了便于考核,各成本差异账户还可以按责任部门设置明细账,分别记录各部门的各项成本差异。

3. 成本差异的处理

成本差异账户的累计发生额反映了各部门成本控制的情况,在会计期末必须对这些成本差异进行相应的处理,将它们分别调整至有关账户。在月末(或年末)对成本差异的处理方法主要有两种。

一是**结转本期损益法**,又称**当期转销法**。按照这种方法,在会计期末将所有差异转入"本年利润"账户,或者先将差异转入"主营业务成本"账户,再随同已销产品的标准成本一起转至"本年利润"账户。

采用这种方法的依据是确信标准成本是真正的正常成本,成本差异是不正常的、低效率和浪费造成的,应当直接体现在本期损益之中,使利润能体现本期工作成绩的好坏。此外,这种方法的账务处理比较简便。但是,如果差异数额较大或者制定的标准成本不符合实际的正常水平,则这种方法不仅使存货成本严重脱离实际成本,而且会歪曲本期经营成果。因此,在成本差异数额不大时采用此种方法较好。

二是**调整销货成本与存货法**,又称为**分配递延法**。按照这种方法,在会计期末将成本差异按比例分配至已销产品成本和存货成本。

采用这种方法的依据是税法和会计制度均要求以实际成本反映存货成本和销货成本。本期发生的成本差异应由存货和销货成本共同负担。当然,这种方法会增加一些计算分配的工作量。此外,有些费用计入存货不一定合理,例如闲置能量差异是一种损失,并不能在未来换取收益,作为资产计入存货成本明显不合理,它更应该作为期间费用在当期参与损益汇总。所以,企业只有在成本差异数额较大的情况下,才采用此种方法来处理成本差异。

一般来说,企业在选择成本差异的处理方法时要考虑许多因素,如差异的类型、差异的大小、差异的原因、差异的时间等等。因此,企业也可以对各种成本差异采用不同的处理方法,如对材料价格差异采用调整销货成本与存货法,对闲置能量差异采用结转本期损益法。需要强调的是,成本差异的处理方法一经确定就应该保持相对的稳定性,以使各种成本数据具有可比性,便于企业进行成本控制。

(二）标准成本系统的账务处理程序

下面通过举例说明标准成本系统的账务处理程序。

（1）承接例 10-6，购进原材料的会计分录：

借：原材料	3 200	
贷：直接材料价格差异		160
应付账款		3 040

领用原材料的会计分录：

借：生产成本	3 000	
直接材料数量差异	200	
贷：原材料		3 200

（2）承接例 10-7，直接人工差异的会计分录：

借：生产成本	5 000	
直接人工工资率差异	240	
贷：应付工资		5 040
直接人工效率差异		200

（3）承接例 10-8，变动制造费用差异的会计分录：

借：生产成本	2 500	
变动制造费用耗费差异	240	
贷：变动制造费用		2 640
变动制造费用效率差异		100

（4）承接例 10-9，三因素分析法下固定制造费用差异的会计分录：

借：生产成本	1 250	
固定制造费用闲置能量差异	100	
贷：固定制造费用		1 280
固定制造费用耗费差异		20
固定制造费用效率差异		50

（5）另外，假设上述企业本月生产的 500 件甲产品全部完工入库，月末没有在产品，则编制会计分录：

借：产成品	11 750	
贷：生产成本		11 750

如上述完工产品全部售出，售价为每件 30 元，则销售业务的会计分录如下：

借：应收账款（或银行存款）	15 000	
贷：产品销售收入		15 000
借：产品销售成本	11 750	
贷：产成品		11 750

（6）该企业在月末使用结转本期损益法对成本差异进行处理，则相应的会计分录如下：

借：产品销售成本	250	
直接材料价格差异	160	

直接人工效率差异	200
变动制造费用效率差异	100
固定制造费用耗费差异	20
固定制造费用效率差异	50
贷:直接材料数量差异	200
直接人工工资率差异	240
变动制造费用耗费差异	240
固定制造费用闲置能量差异	100

七、标准成本系统的实施问题

作为业绩评价系统的一部分,标准成本及其差异能够激励管理人员加强对成本项目的控制管理。但是,如果标准成本系统自身设计不当,或者没有有效地与业绩评价系统的其他部分及决策系统结合在一起,它也可能产生一些消极影响。企业在实施标准成本系统的过程中,需要考虑并解决以下六方面问题。

(一)标准成本系统的成本

一方面,实施和维持标准成本系统都是有成本的。在标准成本系统的实施、维持过程中,企业不仅需要制定直接材料、直接人工等成本项目的价格标准和数量标准,而且需要随时间和市场状况变化进行修订。在科技高速发展的时期,标准更新的周期也变得越来越短,从而增加了标准成本系统自身的成本。另一方面,对成本差异项目实施调查分析也是有成本的。成本差异的调查成本通常包括负责调查的经理和相关员工花费的时间、实施调查时生产过程的中断以及消除差异原因的纠正行动的成本。

考虑到上述成本因素,企业在决定是否实施标准成本系统以及是否对成本差异进行调查时一般应遵循"成本—效益原则",即当实施标准成本系统获得的收益大于实施标准成本系统的成本时,才将标准成本系统纳入企业会计活动之中;当调查成本差异获得的收益大于调查成本差异发生的成本时,才对一项成本差异实施调查程序。

(二)次优决策

在以标准成本作为部门经理业绩评价依据的情况下,奖惩结果通常与达标状况紧密相关。但这种激励机制的问题在于它会导致部门经理的自我满足,即他们会努力达到标准,但却不会在达标之后更上一层楼。同时,由于企业通常根据前一年度的业绩制定下一年的标准,如果标准因为本期异常优秀的业绩而被提升,那么部门经理在以后的会计期间将很难达到标准。所以,部门经理有"达到标准而不优于标准"的次优选择行为。而从企业整体的角度来讲,部门经理持续不断的努力才是最优的。

另外,激烈的市场竞争要求企业能够迅速地对竞争对手做出反应。如果各部门经理只致力于达到标准而忽视市场竞争,企业将不能够根据市场需求的变化转换经营方针。此时,单纯以达到标准与否作为部门经理业绩评价的依据将使他们认为达到既定标准才是关键,而没有动力积极开展创新活动。所以,当企业处于竞争激烈、新产品层出不穷的行业中时,仅以完成标准成本指标的情况来评价部门经理的业绩是不恰当的。这种情况下的业绩评价体系应当能够激励部门经理在完成标准成本指标之后继续不断地努力,并且企业对于这种加倍的努力要给予更高的报酬。

(三)大量储存存货

如果企业以直接材料价格差异作为评价采购部门经理业绩的指标,则他们会有很强烈的动机增加存货,因为大批量的采购往往会得到价格折扣的优惠。这种情况下,为了得到一个良好的业绩评价结果,采购部门经理将一次购入远大于现时生产需求量的材料存货,然后储存这些存货,直至其被领用。

上述方法确实可以产生有利的材料价格差异,但是存货的储存、保管、废旧过时及占用资金使得存货的成本是很高的。大量购货相关的低成本被纳入到会计收益的计算之中,采购部门经理也因有利的材料价格差异而得到了奖励,但是存货占用资金的机会成本却没有被包括在会计收益之中。这就使得标准成本系统的激励效果大打折扣。

制止大量持有存货的方法之一是让采购部门对存货持有成本负责。例如,如果企业资金的机会成本是 10%,存货保管成本是 12%,那么要求采购部门承担存货平均成本的 22% 就能够制止大批量的采购行为了。换句话说,采购部门经理的业绩评价中应当包括当期所有的有利差异和不利差异,其中包括存货持有成本。

如果企业实行实时采购政策,即采购部门只能购入生产需要的原材料,则也能够制止大量储存存货现象的发生。

(四)外部效应

在企业里,外部效应是指一个部门通过非结算手段给另一个部门带来的成本或收益。采购部门经理就可以通过提高采购原材料的质量给其他部门带来外部效应。比如,低质量的原材料可以在采购过程中形成有利的价格差异,但是在生产过程中往往需要更多的直接人工工时和更高技术水平的工人来加工(他们的工资也更高),这就增加了生产部门经理的成本支出。为了避免低质量原材料的购入,必须对购入的原材料进行验收,不符合标准的原材料绝不允许入库。另外,将产品返工数和原材料数量差异部分地纳入到采购部门经理的业绩评价中也可以制止低质量原材料的购入。此时,如果采购部门经理需要对原材料的数量差异负责,则他们的业绩将部分地由生产过程决定,也将被迫承担生产部门的成本。所以,这里要遵循的原则是:只有当购入的不符合标准的原材料给生产部门带来较大的成本支出时,采购部门经理才应对生产过程的材料数量差异负责。

事实上,生产部门也会给采购部门带来外部效应,比如要求后者在短期内购入小批量原材料以降低原材料的储存数量。这些紧急采购往往会导致不利的价格差异,但采购部门不应对此负责。

(五)相互监督

如果包括标准成本系统的业绩评价体系包括鼓励相互监督的内容,部门经理就有动力获取并应用其专业知识帮助其他部门经理提升业绩。

主管监督下属是企业内部常见的监督形式。此外,另一种重要的监督形式是不存在上下级关系的部门经理、员工间的相互监督。比如,不同分部的经理人员可以互相监督,同一分部的经理人员之间、员工之间也可以互相监督。这种互相监督能够更有效地保证标准成本系统发挥其激励作用。

一方面,生产部门经理有动力监督采购部门原材料的质量,因为低质量的原材料将导致不利的原材料数量差异;另一方面,如果以原材料数量差异作为采购部门经理业绩评价依据的一部分,则采购部门经理就有监督生产车间原材料耗用情况的动力。这种相互监督机制能够激励采购部门经理帮助生产部门寻找节约原材料的途径,生产部门经理也会尝试寻找降低采购成本的方案。

(六) 阻碍合作

一些企业根据员工的人工效率差异实施个人水平的业绩评价。这种仅以个人的生产状况为依据的评价系统,常常会导致员工之间不愿意进行相互合作。当协作可能导致不利的个人水平人工效率差异时,这种消极作用更为明显。

为了克服这种不利影响,企业可以考虑以部门整体的差异为业绩评价依据。部门整体业绩评价在鼓励相互合作的同时,也使得一些成员产生了逃避劳动、"搭便车"的心理。例如,以小组为单位给学生打分,就会导致个别学生逃避责任,因为他们知道小组中的其他同学会完成作业。因此,为了达到既鼓励合作又防止逃避责任的激励目的,企业可以分多个层次计量差异,继而根据差异评价业绩。在这种情况下,员工个人的业绩评价依据包括个人人工效率差异和部门效率差异两部分,个人和团体的良好业绩都会得到相应的奖励。

当然,上述问题不在于标准成本系统本身,而在于它在企业中的具体应用。只要标准成本系统自身设计得当,并且能够与其他激励措施有机地结合起来,其积极作用将远大于前述消极影响。

第四节 全面质量管理与质量成本

一、全面质量管理概述

虽然全面质量管理思想的诞生比标准成本系统晚了大约 50 年,但在竞争日趋激烈、产品质量至上的今天,它已经成为企业进行控制管理的核心理念。

全面质量管理(Total Quality Management,简称 TQM)的概念最早是由时任美国通用电气公司质量管理部经理的费根堡姆(A. V. Feigenbaum)博士于 20 世纪 60 年代提出来的。具体来说,全面质量管理是将企业的所有职能均纳入到质量管理的范畴,它强调一个企业应当以质量为中心,以全员参与为基础,同时强调全员的培训和教育。

全面质量管理的核心思想是在企业内部各职能部门中做出持续的质量发展、质量保持和质量改进计划,以最为经济的水平进行生产和服务,使客户获得最大程度的满意。作为全面质量管理的关键词,"全面"主要包含以下三方面含义,简称"三全"。

(一) 全员的质量管理

产品质量是企业各职能部门、各工作环节具体工作的综合反映,任何一个环节或个人的工作质量都会不同程度地直接或间接影响最终产品或服务的质量。因此,只有全员参与才能确保生产出客户满意的产品。

（二）全过程的质量管理

质量管理的全过程包括产品质量的产生、形成和实现。因此,要保证产品的质量,在管理好生产过程的基础上,还要对设计和使用过程进行控制管理。

（三）全范围的质量管理

全员和全过程的质量管理都要求企业范围内的组织协调,否则将无法形成一个有机的整体和系统,全面质量管理也将无从发挥作用。

作为质量管理的最新阶段,全面质量管理与传统的质量管理的先进之处体现在:将过去以事后检验为主的质量管理转变为以事前预防为主的质量管理,即从关注产品质量的结果转变为关注产品质量的影响因素;从过去的分散管理、就事论事转变为在系统的观点指导下的全面且综合的控制管理;突出了质量的中心地位,并围绕质量展开企业的管理工作;强调持续低质量改进过程,由单纯地符合标准转变为满足客户的需要。

二、质量成本

质量成本是全面质量管理过程的一个重要方面,它将产品的质量与成本有机地结合起来,是将技术与经济融为一体的现代成本概念。

质量成本是指为了防止低质量的发生或矫正低质量产品而发生的成本,这些成本强调一致质量,并发生在价值链的所有阶段。也就是说,质量成本是为了保证产品符合一定的质量要求所发生的相关费用和损失。虽然国内外学者对质量成本具体内容的概括不尽相同,但一般都包括以下两大部分。

（一）因产品质量未达到规定标准而发生的一切损失

（1）内部缺陷成本是指在交付客户之前,因检查出产品或劳务不符合规格或客户的要求而发生的成本。例如,废品损失、返修损失、复检费用、停工损失等成本项目都属于内部缺陷成本。

（2）外部缺陷成本是指将不符合规格或客户要求的产品或劳务交付给客户之后所发生的成本。例如,索赔费用、退货损失、保修费用、折价损失等成本项目都属于外部缺陷成本。产品未达到应有的质量水平而失去的销售机会是一种机会成本,也属于外部缺陷成本。

（二）为保证和提高产品质量而发生的一切费用

（1）预防成本是指为了防止产生不合格产品或劳务而采取行动所发生的成本,其目的是期望减少甚至杜绝故障、次品和废品等质量问题。例如,质量培训费、质量审核费、质量改进措施费等成本项目都属于预防成本。

（2）检验成本是为了确定产品或劳务是否符合特定质量要求而发生的成本。在实际工作中,检验成本具体包括进货检验费、工序检验费、产成品检验费、检验设备维修费等成本项目。

此外,按是否实际支付,我们还可以将质量成本分为显性成本和隐性成本。显性成本是指企业在生产经营过程中实际发生的有形损失,此类成本需要得到补偿。内部缺陷成本、外部缺陷成本、预防成本和检验成本的大部分都属于显性成本。隐性成本是指实际发生但并未支付的无形损失,此类成本只须计算而不必得到补偿,比如停工损失、折价损失。按是否可以避免,质量成本又可以分为可避免成本和不可避免成本。内部缺陷成本和外部缺陷成本属于可避免成本,而预防成本和检验成本属于不可避免成本。很明显,这两类成本之间存在着此消彼长的关系。当不可避免成本增加时,可避免成本就会降低;当不可避免成本降低时,可避免成本则会增加。正是这种关系使得企业对质量成本的控制管理成为可能。

三、质量成本的控制管理

质量成本管理是现代成本核算管理工作发展的必然趋势。根据不可避免成本与可避免成本之间的关系及成本—效益原则,企业对质量成本进行控制管理的基本策略是:只要预防成本和检验成本小于在不进行预防和检验控制情况下的产品检修成本,企业就应当致力于预防和检验控制,防止质量事故的发生。

从质量成本的分类构成中可以看出,虽然产品质量的提高会引起成本的变化,但不能因此将质量和成本对立起来,武断地认为提高产品质量必然增加产品成本。因为在质量成本的构成中,内部缺陷成本和外部缺陷成本作为质量损失成本是可避免的,而预防成本和检验成本作为质量保证成本则不可避免,两者之间是此消彼长的关系。起初,预防成本和检验成本一般较低,而内部缺陷成本和外部缺陷成本较高;随着企业对产品质量要求的提高,预防成本和检验成本逐渐增加,产品合格率得到改善,从而降低了内部缺陷成本和外部缺陷成本。但是,当质量达到一定水平之后,纵然大幅度增加预防成本和检验成本,内部缺陷成本和外部缺陷成本的降低速度也将逐渐放慢。在这种相互联系中,存在着一个最佳质量水平,它使得企业产品的质量总成本最小。图 10-1 描述了各质量成本项目间的基本关系及最佳质量水平的存在。

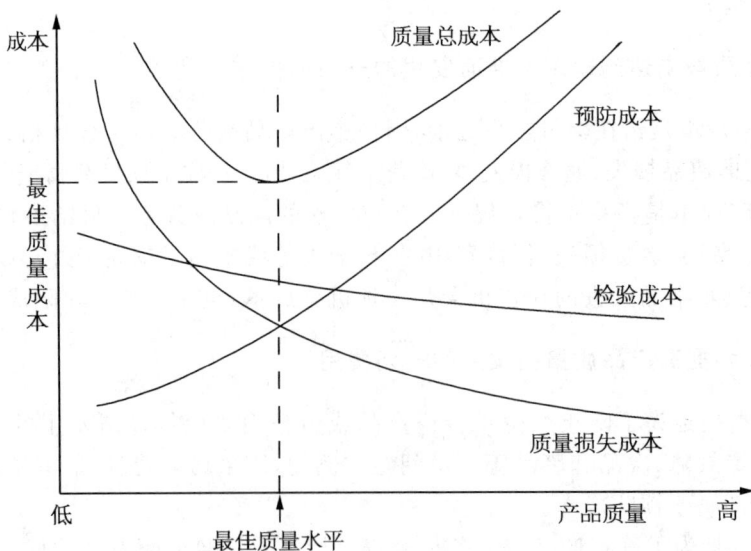

图 10-3　质量成本项目间的关系

如何根据会计信息系统提供的资料计算确定产品质量水平的理想点就是"最佳质量成本的决策"的问题。美国的两位著名质量管理专家费根堡姆和朱兰分别提出了两个不同的最佳质量成本模型。

（一）费根堡姆的最佳质量成本模型

费根堡姆模型的分析过程是：当产品质量低下时，内部和外部缺陷成本就上升；反之则下降。至于预防成本，只要提高产品质量，一般就会逐渐上升。而检验成本则不论在什么情况下，一般都趋于稳定状态。将上述四项成本之和绘成质量总成本的曲线，其最低点即为最佳质量成本。

上述原理的数学模型表示如下：

$$Q(x) = F(x) + G(x) + K(x)$$

其中：x 代表产品质量水平（如产品合格率），$F(x)$ 代表质量损失成本，$G(x)$ 代表检验成本，$K(x)$ 代表预防成本，$Q(x)$ 代表质量总成本。

对函数 $Q(x)$ 求一阶导数，并令 $Q'(x) = 0$，则有

$$Q'(x) = F'(x) + G'(x) + K'(x) = 0$$

求得上述方程中的 x 值，则此 x 值就是达到最佳质量成本点的产品质量水平。

上述质量损失成本、预防成本和检验成本的函数模型可以根据企业的历史数据，用数理统计方法予以确立。但在实际工作中，最常用的方法还是根据统计资料和经验估计进行质量成本决策分析。其一般步骤是：首先根据历史统计资料和科学的经验估计，找出在一定生产量下，各种合格率的质量损失、预防成本和检验成本；然后根据各种合格率的质量总成本，找出其中最低的一点（或在单位产品应负担的质量成本中选择最低点），该点即为最佳质量成本点，所确定的成本即为最佳质量成本，与其对应的产品合格率即为最佳质量水平。

（二）朱兰的最佳质量成本模型

朱兰模型的分析过程是：内部和外部缺陷成本的曲线一般随着质量的提高呈现出由高到低的下降趋势。而预防成本与检验成本之和的曲线则随着质量的提高呈现出由低到高的上升趋势。上述两条线的交点，与质量总成本曲线的最低点处于同一条垂直线的位置上，即为最佳质量成本。

根据上述分析可建立如下的数学模型：

设 F 代表每件废品造成的损失，q 代表产品合格率，$1-q$ 代表产品的不合格率，Y_1 代表每件合格产品应负担的废品损失。则

$$Y_1 = F \times \frac{1-q}{q}$$

当 $q = 100\%$ 时，$Y_1 = 0$；当 $q = 0$ 时，Y_1 无限大。

再令每件产品的检验成本与预防成本之和为 Y_2，则

$$Y_2 = K \times \frac{q}{1-q}$$

K 代表 Y_2 随合格率与不合格率之比而变化的系数。上述公式表示检验成本与预防成本之和与产品合格率成正比,同不合格率成反比。显然,若能确定 K 值,就可以求出不同合格品率的相应支付每件产品的检验成本和预防成本之和,而 K 可根据企业的历史资料确定。根据上述计算,单位产品的质量成本可以表示为

$$Y_1 + Y_2 = F \times \frac{1-q}{q} + K \times \frac{q}{1-q}$$

当 $F \times \frac{1-q}{q} = K \times \frac{q}{1-q}$,即 $\frac{q}{1-q} = \sqrt{\frac{F}{K}}$ 时单位产品的质量成本可以取得最小值。

将 F 及 K 的值代入上式,即可得到最佳质量水平。

例 10-10: 假设某公司生产甲产品,目前甲产品的合格率为 60%。会计信息系统提供的质量成本信息如下:每件产品所负担的预防成本和检验成本之和为 0.75 元,每件废品的质量损失为 8 元。根据上述信息,负责对质量成本进行控制管理的相关人员就可以确定甲产品的最佳质量水平以及单位产品的最佳质量成本。计算过程如下。

根据朱兰模型,首先求得每件产品所负担的预防成本和检验成本之和随合格率与不合格率之比而变化的系数。

$$K = \frac{Y_2 \times (1-q)}{q} = \frac{0.75 \times (1-60\%)}{60\%} = 0.5$$

则在 $\frac{q}{1-q} = \sqrt{\frac{F}{K}} = \sqrt{\frac{8}{0.5}} = 4$ 时,单位产品的质量成本最小,此时对应的产品合格率 $q = 80\%$。

由此可知,在当前条件下,甲产品的最佳质量水平应是产品合格率达到 80%,而不是目前的 60%。

相应地,单位产品的最佳质量成本为

$$Y_1 + Y_2 = F \times \frac{1-q}{q} + K \times \frac{q}{1-q} = 8 \times \frac{1-80\%}{80\%} + 0.5 \times \frac{80\%}{1-80\%} = 4(元)$$

需要注意的是,质量成本控制管理的关键是如何通过产品质量与成本的恰当匹配,实现企业收益的最大化。前面我们只是依据产品质量成本各项目与质量水平间的关系来进行最佳质量成本决策。事实上,产品质量与产品售价、企业收入间也存在着密切关系。比如,当产品质量提高时,产品的售价、销量和质量成本往往会同时增加;但当质量水平达到一定程度之后,继续提高产品质量只会导致质量成本的迅速上升,而产品售价和销量却很难再有提升,这就会引发企业经济效益的下降。因此,要进一步分析提高产品质量水平的边际收益,从而确定经济效益最佳时的质量水平。

例 10-11: 承接上例,若该企业单位产品的变动成本为 8 元,生产能力为 200 件,产品售价为 20 元/件,则其产品合格率从 80% 往上提高后的最佳质量成本水平分析如表 10-7 所示。

从表 10-7 中我们可以看出,当产品合格率从 81% 提高到 82% 时,合格品增加 2 件,销售收入增加 40 元,变动成本增加 16 元,产品质量成本增加 12.24 元,增加的边际收益为 11.76 元。因为此时的边际收益大于 0,所以企业还可以继续提高产品合格率。根据这种分析方法,我们可以看出当产品合格率为 84% 时,企业的经济效益较大(以表 10-7 中列示的数据为基础)。

表 10-7　最佳质量水平的边际收益分析　　　　　　　　　　　　　　　　单位:元

生产数量（件）	产品合格率	合格产品数量（件）	预防检验成本	内部和外部缺陷成本	质量成本合计	单位产品质量成本	质量成本增加	变动成本增加	边际成本	边际收入	增加的贡献毛益
200	80%	160	320.00	320	640.00	4.00	—	—	—	—	—
200	81%	162	345.32	304	649.32	4.01	9.32	16	25.32	40	14.68
200	82%	164	373.56	288	661.56	4.03	12.24	16	28.24	40	11.76
200	83%	166	405.23	272	677.23	4.08	15.67	16	31.67	40	8.33
200	84%	168	441.00	256	697.00	4.15	19.77	16	35.77	40	4.23
200	85%	170	481.67	240	721.67	4.25	24.67	16	40.67	40	−0.67
200	86%	172	528.29	224	752.29	4.37	30.62	16	46.62	40	−6.62
200	87%	174	579.68	208	787.68	4.53	35.39	16	51.39	40	−11.39

当然,此时的边际收益为 4.23,仍然大于 0,企业进一步提高产品合格率仍有获利空间。使用插补法,我们可以进一步确定边际收益为 0 时的产品合格率水平:

$$\frac{x-84\%}{85\%-84\%}=\frac{0-4.23}{-0.67-4.23}$$

求解可得,企业的最佳产品合格率水平 $x=84.86\%$。

本 章 小 结

标准成本系统是指将实际成本与标准成本进行比较,寻找差异并进行分析和控制,以此来衡量生产效率高低的一种成本制度。它克服了实际成本计算系统的缺陷,能够提供有助于对成本进行控制管理的相关信息。标准成本系统的应用是例外管理原则的一个反映。

作为标准成本系统的核心概念,标准成本反映了企业的目标和要求,基本上排除了不应该发生的浪费,是一种"应该成本"。产品的标准成本是数量标准和价格标准的乘积。企业在实际使用标准成本系统评价工作效率和进行成本控制管理时,采用的是具有灵活性和现实性特点的现行标准成本。

成本差异是指在生产经营过程中发生的实际成本偏离预定的标准成本而形成的差额。价格差异是由实际价格和标准价格之间的差异引起的,其计算以实际投入数量为基础;效率差异是由于实际产出的实际投入数量和实际产出的标准投入数量间的差异引起的,其计算以标准价格为基础。

标准成本系统下的会计处理可以同时提供标准成本、实际成本和成本差异的信息。会计期末,企业可以使用结转本期损益法或调整销货成本与存货法对当期的成本差异进行处理。

作为全面质量管理的重要方面,企业对质量成本进行控制管理的基本策略是:只要预防成本和检验成本小于在不进行预防和检验控制情况下的产品检修成本,就应当致力于预防和检验控制,防止发生质量事故。

思考与练习

思考题

1. 与实际成本系统相比,标准成本系统有哪些优点?
2. 标准成本有哪些分类,彼此间有何区别?
3. 标准成本系统的实施需要哪些前提条件?
4. 成本差异分析的三差异法和两差异法有何区别?哪一个更具有可操作性?
5. 结转本期损益法和调整销货成本与存货法有何区别?
6. 与传统的质量管理相比,全面质量管理有何特点?
7. 费根堡姆和朱兰的最佳质量成本模型有何不同?

选择题

1. 在对成本实施控制管理过程中,经济原则要求对正常成本费用从简控制,而格外关注各种特殊情况,称为( )。
   A. 重要性原则　　　　B. 实用性原则　　　　C. 例外管理原则　　　　D. 灵活性原则
2. ( )可以成为评价实际成本的依据,也可以用来对存货和销货成本计价。
   A. 理想标准成本　　B. 正常标准成本　　C. 现行标准成本　　D. 基本标准成本
3. 在标准成本系统中,最重要的环节是( )。
   A. 制定标准成本　　　　　　　　　　B. 成本差异分析
   C. 成本差异处理　　　　　　　　　　D. 区分可控和不可控成本
4. 下列成本差异中,无法从生产过程的分析中找到发生原因的是( )。
   A. 变动制造费用效率差异　　　　　　B. 变动制造费用耗费差异
   C. 直接人工效率差异　　　　　　　　D. 材料价格差异
5. 固定制造费用闲置能量差异是( )。
   A. 实际工时未达到标准生产能量而形成的差异
   B. 实际工时脱离标准工时而形成的差异
   C. 未能充分利用现有生产能量而形成的差异
   D. 固定制造费用的实际金额脱离预算金额而形成的差异
6. "标准成本"在实际工作中的含义包括( )。
   A. 单位产品的标准成本　　　　　　　B. 计划产品的标准成本
   C. 基本产品的标准成本　　　　　　　D. 实际产量的标准成本
7. 在成本差异计算中,变动制造费用耗费差异类似于( )。
   A. 直接材料数量差异　　　　　　　　B. 直接材料价格差异
   C. 直接人工工资率差异　　　　　　　D. 直接人工效率差异
8. 下列项目中,属于固定制造费用成本差异的是( )。
   A. 耗费差异　　B. 能量差异　　C. 效率差异　　D. 闲置能量差异
9. 各成本差异科目的贷方登记( )。
   A. 成本超支差异　　B. 成本节约差异　　C. 超支差异转出额　　D. 节约差异转出额
10. 质量成本具体包括( )。
    A. 内部缺陷成本　　　　　　　　　　B. 外部缺陷成本
    C. 预防成本　　　　　　　　　　　　D. 检验成本

业务分析题

1. 银光公司只生产一种产品,本会计年度9月份其单位产品的标准成本和实际成本的相关资料如下:

成本项目	标准成本	实际成本
直接材料	10千克×0.15元/千克	11千克×0.16元/千克
直接人工	0.5小时×4元/小时	0.45小时×4.2元/小时
单位变动制造费用	1元/件	1.2元/件
固定制造费用(总额)	5 000元	5 000元

另外,已知银光公司预计正常生产能量为10 000件,9月份实际生产8 000件。

要求:根据上述资料计算

(1) 直接材料的数量差异和价格差异;

(2) 直接人工的效率差异和工资率差异;

(3) 变动制造费用耗费差异和效率差异;

(4) 固定制造费用差异(分别使用二因素分析法和三因素分析法)。

2. 大华公司只生产一种产品,采用标准成本制度进行会计处理。上一季度的各项成本差异(均为不利差异)如下(单位:元):

变动制造费用效率差异	8 000
直接人工效率差异	20 000
直接人工工资率差异	6 000

另外,已知该公司标准变动费用分配率为2元/小时。每单位产品消耗的直接人工为4小时,该季度公司实际工时总额比标准工时总额多出20%。

要求:

(1) 通过计算确定该公司上季度实际耗用了多少直接人工工时?上季度的标准直接人工工时总额是多少?

(2) 该公司上季度的直接人工标准小时工资率是多少? 实际小时工资率是多少?

3. 永固公司是一家生产某种机械配件的专业公司,使用标准成本系统对产品成本进行账务处理,在每月末以"结转本期损益法"将各项成本差异结转到"主营业务成本"账户。该公司产品的标准成本如下:

成本项目	标准成本(元)
直接材料(10千克×3元/千克)	30
直接人工(4小时×4元/小时)	16
变动制造费用(4小时×1.5元/小时)	6
固定制造费用(4小时×1元/小时)	4
单位产品的标准成本	56

直接材料在生产开始时一次投入,在产品的直接材料成本约当产成品的系数为1;直接材料以外的其他费用在生产过程中陆续发生,其在产品约当产成品的系数为0.5。

另外,永固公司本月份的生产及销售情况如下:月初在产品数量为600件,本月投产数量2 500件,本月完工入库数量2 400件。当月永固公司的生产能量为11 000小时。

有关成本计算的会计资料如下:本月购入原材料30 000千克,实际成本88 500元;本月生产领用原材料25 500千克;生产实际耗用工时9 750小时,应付生产工人工资40 000元;实际发生变动制造费用15 000元,固定制造费用10 000元。

要求:根据上述资料,计算编制以下业务的会计分录。

(1) 购进直接材料和领用直接材料。

(2) 将生产工人工资计入相关成本账户。

(3) 结转本期变动制造费用。

(4) 结转本期固定制造费用。

(5) 完工产品入库。

(6) 月末结转本期成本差异。

4. 华天公司生产单一产品 A,目前的产品合格率为 95%。企业会计信息系统提供的资料显示,每件废品的质量损失为 10 元,每件产品负担的预防成本和检验成本分别为 0.011 元和 0.008 元。

要求:根据上述相关资料,试确定华天公司 A 产品的最佳质量水平以及单位产品的最佳质量成本。

案例题

南海公司是一家生产汽车配件模具的制造类企业。虽然公司在规模上称不上大型企业,但是由于业务范围日益扩大并且市场竞争日益激烈,公司决定以标准成本系统取代原有的实际成本计算法,从而为公司的控制管理决策提供更多的相关信息,在各会计期末使用结转本期损益法处理各项成本差异。

王强是某大学的应届毕业生,刚刚到南海公司从事成本会计工作。在经历了一个月的培训期之后,成本会计部主管要求他对公司上一个季度的成本差异进行分析。为此,王强从其他相关部门获得的信息资料如下。

(1) 单位产品标准成本:

成本项目	标准成本(元)
直接材料(6 千克×1.5 元/千克)	9
直接人工(4 小时×4 元/小时)	16
变动制造费用(4 小时×3 元/小时)	12
固定制造费用(4 小时×2 元/小时)	8
单位产品的标准成本	45

(2) 原材料:公司期初没有原材料存货,本期以 1.6 元/千克的价格购入 3 500 千克,生产过程中实际使用 3 250 千克。原材料在生产过程中一次投入。

(3) 在产品:期初在产品存货 40 件,完工程度为 50%;本月投产 450 件,期末完工入库 430 件;期末在产品 60 件,完工程度为 50%。

(4) 产成品:期初公司仓库中有产成品存货 30 件,本月对外销售 440 件。

(5) 其他:本月生产过程中消耗直接人工 2 100 小时,支付直接人工工资总额为 8 820 元,支付变动制造费用 6 480 元,支付固定制造费用 3 900 元;公司当月的生产能量为 2 000 小时。

要求:

(1) 计算确定南海公司产品的标准成本差异(以采购量计算直接材料价格差异,以三因素分析法计算固定制造费用成本差异),并分析产生差异的可能原因。

(2) 计算确定南海公司期末"存货"会计科目的成本数额。

附录:利用 Excel 进行标准成本的制定和差异计算

使用 Excel,我们可以非常便捷地实现标准成本的制定及相关成本项目的差异计算。这里,我们以本章的例 10-1 和例 10-6 为基础,介绍直接材料标准成本的制定及其差异计算在

Excel中的实现过程。

一、直接材料标准成本的制定

（一）材料A的数量标准

如图10-4,在单元格D4中设置公式"＝B4＋C4",即可求出材料A的数量标准。

D4		fx	=B4+C4						
	A	B	C	D	E	F	G	H	I
1				直接材料标准成本的制定					
2		数量标准（单位：千克/件）			价格标准（单位：元/千克）			标准成本（单位：元）		
3		图纸用量	必要损耗	合计	发票价格	装卸检验费	合计	材料标准成本	标准成本
4	材料A	2.70	0.30	3.00	1.90	0.10	2.00	6.00	
5	材料B	1.85	0.15	2.00	3.80	0.20	4.00	8.00	14.00
6									
7									

图 10-4

（二）材料A的价格标准

如图10-5,在单元格G4中设置公式"＝E4＋F4",即可求出材料A的价格标准。

G4		fx	=E4+F4						
	A	B	C	D	E	F	G	H	I
1				直接材料标准成本的制定					
2		数量标准（单位：千克/件）			价格标准（单位：元/千克）			标准成本（单位：元）		
3		图纸用量	必要损耗	合计	发票价格	装卸检验费	合计	材料标准成本	标准成本
4	材料A	2.70	0.30	3.00	1.90	0.10	2.00	6.00	
5	材料B	1.85	0.15	2.00	3.80	0.20	4.00	8.00	14.00
6									

图 10-5

（三）材料A的标准成本

如图10-6,在单元格H4中设置公式"＝D4＊G4",即可求出材料A的标准成本。

H4		fx	=D4*G4						
	A	B	C	D	E	F	G	H	I
1				直接材料标准成本的制定					
2		数量标准（单位：千克/件）			价格标准（单位：元/千克）			标准成本（单位：元）		
3		图纸用量	必要损耗	合计	发票价格	装卸检验费	合计	材料标准成本	标准成本
4	材料A	2.70	0.30	3.00	1.90	0.10	2.00	6.00	
5	材料B	1.85	0.15	2.00	3.80	0.20	4.00	8.00	14.00
6									

图 10-6

（四）单位产品的标准成本

如图10-7,使用类似方法求出材料B的标准成本之后,在单元格I5中设置公式"＝H4＋H5",即可求出单位产品的直接材料标准成本。

I5		▼	fx	=H4+H5				
	A	B	C	D	E	F	G	H	I
1		直接材料标准成本的制定							
2		数量标准（单位：千克/件）			价格标准（单位：元/千克）			标准成本（单位：元）	
3		图纸用量	必要损耗	合计	发票价格	装卸检验费	合计	材料标准成本	标准成本
4	材料A	2.70	0.30	3.00	1.90	0.10	2.00	6.00	
5	材料B	1.85	0.15	2.00	3.80	0.20	4.00	8.00	14.00
6									

图 10-7

二、直接材料的成本差异计算

（一）价格差异

如图 10-8，在单元格 F3 中设置公式"＝B3＊（C3－E3）"，即可求出材料 A 的价格差异。

F3		▼	fx	=B3*(C3-E3)			
	A	B	C	D	E	F	G	H
1		直接材料成本差异的计算						
2		实际用量	实际价格	标准用量	标准价格	价格差异	数量差异	总差异
3	材料A	3,200	0.95	3,000	1.00	−160	200	40
4								

图 10-8

（二）数量差异

如图 10-9，在单元格 G3 中设置公式"＝E3＊（B3－D3）"，即可求出材料 A 的数量差异。

G3		▼	fx	=E3*(B3-D3)			
	A	B	C	D	E	F	G	H
1		直接材料成本差异的计算						
2		实际用量	实际价格	标准用量	标准价格	价格差异	数量差异	总差异
3	材料A	3,200	0.95	3,000	1.00	−160	200	40
4								
5								

图 10-9

（三）总差异

如图 10-10，在单元格 H3 中设置公式"＝F3＋G3"，即可求出材料 A 的总差异。

H3		▼	fx	=F3+G3			
	A	B	C	D	E	F	G	H
1		直接材料成本差异的计算						
2		实际用量	实际价格	标准用量	标准价格	价格差异	数量差异	总差异
3	材料A	3,200	0.95	3,000	1.00	−160	200	40
4								
5								

图 10-10

此外，如果不关注价格差异和数量差异，只关注总差异，也可以直接在单元格 H3 中设置公式"＝B3＊C3－D3＊E3"，即可求得材料 A 的总差异。

第十一章

组织与激励管理:责任会计

◆ 了解组织结构的分散化与分权管理,同时理解分权管理与责任会计间的联系以及建立责任会计的原则

◆ 熟练掌握责任中心的设置以及各自职能,重点掌握责任中心的业绩考核指标及其利弊

◆ 理解责任中心业绩报告的内容及格式

◆ 重点掌握内部转移价格的制定方法及其各自利弊

■ 案例引导

洪森有限责任公司由林洪森经营成立,成立之初林洪森是该公司的唯一股东,该公司主要从事木材的生产与销售业务。随着年龄的增长,林洪森将部分股份交给他的两个儿子——林志远和林志高,他们分别持有洪森有限责任公司 25% 的股份,同时林志远出任销售部经理,林志高出任生产部经理。林洪森持有 50% 的股份,并且出任洪森公司董事长。

随着企业业务的不断扩展,其规模也在逐渐扩大,目前员工人数已超过 1 000 人,不过洪森公司却面临着一些比较棘手的情况,这些情况困扰着洪森公司董事长林洪森。

(1) 最近,很多原有供应商及客户已经终止了与洪森公司的合同,而与其竞争对手们签订合同;另外,与前几年相比,公司员工更新速率明显增加,甚至一些老员工也相继离开,洪森公司不得不花费较大的员工培训费用。

(2) 4 年前,生产部生产的木材全部提供给销售部供其销售,而目前生产部生产的木材开始供应给其他的零售商及批发商。生产部经理林志高开始迷惑,生产部生产木材的目的是向销售部提供木材,还是作为一个相对独立的可盈利部门;同样,销售部经理林志远也不能够确定销售部的主要目的是为生产部生产的木材提供销售渠道,还是作为一个相对独立的可盈利部门最大化其经营利润。如果两者均作为相对独立的可盈利部门,当生产部向销售部转移产品时,该产品的内部核算价格如何确定。

为了帮助自己解决目前的这些问题,林洪森聘任了一个财务总监吴洗。吴洗上任之后,深入该企业进行调研,向各职能部门的员工了解情况,发现了一些问题,总结如下:

(1) 超过 200 元的采购或销售合同,均需董事长林洪森亲自审批;所有员工的聘任均由董事长亲自招聘或批准。公司存货量大量增加,经营灵活性明显降低。

(2) 洪森公司每年均会编制当年的预算,用以控制各项成本费用。但是无论员工是否

完成预算,都不会受到奖励或惩罚。而且,董事长有时会不顾预算,亲自批复某些费用的支出,而这些预算却是由部门或车间经理们负责的。许多部门或车间经理认为,有许多决策应当由他们自己决定,但是却由董事长负责,他们已经开始不满自己所拥有的有限的经营决策权。

(3) 生产部门与销售部门就木材的质量与数量经常不能够达成共识,生产部门向销售部门的供货时间也不能完全预期,致使销售部门不得不向其他厂商求购木材。

(4) 生产部门与销售部门之间木材的内部结算价格为"生产成本×(1+25%)",此价格远远高于木材产品的市场价格。

如何从根本上解决洪森公司目前存在的问题,本章提供了很好的线索和方法。

责任会计是 20 世纪 60 年代以后在西方企业中发展起来的,为评价与考核企业各责任中心的经营业绩而实行的一种会计制度。第二次世界大战之后,许多公司的产销规模日益庞大,管理层次逐渐增多,组织机构非常复杂,分支机构遍布世界各地。企业最高管理当局为了有效地管理这种庞大的经济组织,必须将自己拥有的一部分权限下放,以便刺激各级管理人员的积极性和主动性,于是纷纷实行分权管理。在分权管理体制下,企业最高管理当局必须及时了解、评价和考核各部门的工作执行及完成情况。责任会计正是为了解决这个问题而产生的,并且成为实行分权管理的必要条件。

第一节　组织分散化与分权管理

一、组织分散化

20 世纪 60 年代以来,企业的组织结构不断地变化着,原有金字塔式的组织结构模式正在被分散化组织结构模式所替代,企业的组织结构正在向分散化和扁平化方向发展。

从企业组织结构发展的历程来看,其大致经历了以下三个阶段。

(一) 第一阶段:由简单结构向 U 型结构和 H 型结构转变

U 型结构(Unitary Structure),也称一元结构。在这种结构下,企业内部按不同的职能(如生产、销售、开发等)划分成若干部门,各部门独立性较小,企业实行集中控制和统一指挥。U 型结构可以使企业达到必要的规模和效率,适用于市场稳定、产品品种少、需求价格弹性较大的环境。简单结构向 U 型结构的转变和工业革命带动的机器大生产密切相关,其主要途径是通过专业化分工提高生产效率,通过职能化管理引入各类专业人员的"智力资源",以及通过层级结构的建设实现有效控制,其典型特征是在管理分工下,实行中央集权控制。U 型结构便于统一力量和资本,但过度集权也会带来管理上的低效率,同时造成企业内部管理成本的增加。

H型结构(Holding Company),就是控股公司结构,H型结构较多地出现于横向合并而形成的企业中。众多中小型企业为了避免过度竞争的危害,需要在各企业之上建立组织以协调相互之间的产量和价格,通过横向一体化建立母子公司体制就成了一种合适的选择。简单结构向H型结构的转变是由于同行业企业之间横向一体化的结果,从交易费用理论角度来看,这实际上是通过以企业的"内部契约"替代外部市场,减少了不确定性,避免了过度竞争,从而提高了整体利益。

(二)第二阶段:由U型和H型结构向M型组织结构转变

M型组织结构(Multidivisional Structure),又被称为事业部制或分权制结构,它是一种集权与分权相结合的组织形式,它将日常经营决策权下放到掌握相关信息的下属部门,总部只负责制定和执行战略决策、计划、协调、监督等职能,从而可以解决大规模企业内部诸如产品多样化、产品设计、信息传递和各部门决策协调的问题,使企业的高层管理者既能摆脱日常经营的繁琐事务,又能和下属企业保持广泛的接触,同时也降低了企业内部的交易成本,因而成为现代企业广泛采取的一种企业组织形式。

(三)第三阶段:分权制结构向网络型结构转变

随着现代信息科学技术的快速发展,与网络经济时代相适应,企业的组织形态也在发生变化,出现了网络型组织结构。这一转变目前还在进行之中,目标是使企业适应知识经济和信息时代的要求,获得足够的灵活性和创新能力。**网络型组织结构**的重要特征之一,就是组织结构发展的扁平化及信息传递和交流方式的多样化趋势,同时重视智力资本的作用、重视组织学习、重视组织资本积累和核心能力提高的趋势。

从以上企业组织结构的发展阶段可以看出,企业的组织结构日益分散化、扁平化。那么,传统的集中管理模式已经无法满足迅速变化的企业组织结构形式,现代分权管理思想已为越来越多的企业所接受。

二、分权管理与责任会计

分权管理(Decentralization Management),就是现代企业组织为发挥低层组织的主动性和创造性,将生产经营决策权以及相对应的经济责任一同划分给不同层次的管理人员,使其对日常经营活动做出及时、有效决策的一种组织管理形式。

与分权管理相对应的概念是**集权管理**,在集权管理的组织中,决策由最高管理层制定,下属单位负责执行;分权的组织则赋予下属单位管理人员一定程度的决策权力。

社会组织中每一位成员获取知识的能力是有限的,同时知识的获取也需要耗费成本。任何一个企业的最高管理者都不可能获得与企业生产经营活动相关的所有知识和信息。分权管理赋予下一级管理者更多的决策权,使得拥有相关知识的人获取了相应的决策权,有利于调动各级管理人员的积极性和创造性,这样大大提高了企业经营的效率和质量,使得企业能够在瞬息万变的市场中迅速做出正确的决策。

管理会计

（一）分权管理的优点

具体来讲，企业采用分权化的经营管理方式，能够产生如下效益。

1. 信息专业化

管理者获得的信息的内容以及信息的专业化程度，均会影响决策的质量。当公司扩大规模与多元化经营后，企业高层管理者对于区域性信息、专业信息的取得，需要通过行政体系与决策系统，而企业基层部门管理者对区域性的专业信息最为清楚，且容易获得。

分权化管理赋予下一级管理者更多的决策权，使得基层部门管理者可以根据区域性的专业信息制定相应的决策，提高了决策质量；对于无权制定的决策，需要基层部门管理者将自己所获取的专业信息传递给上层管理者，帮助他们制定高质量的决策。

2. 决策及时

与分权管理的企业相比，在集权化管理的组织中，凡事均要由企业高层管理者决定，因此会产生决策滞后的现象。其主要原因为：第一，由基层部门管理者传递信息需花费时间；第二，将企业高层管理者的最终决策传递给基层部门管理者需要花费时间。在多变的市场环境下，这样大大降低了企业的经营灵活性。而在分权化的组织下，基层部门管理者可以同时依据自己获取的信息自主制定并执行决策，可以避免上述决策滞后的现象。

3. 节省企业高层管理者的时间

企业高层管理者的时间是公司有限的资源之一，必须妥善地规划。分权管理将企业高层管理者从日常经营事务中解放出来，使其能够将有限的时间和精力集中于企业的长远规划和重大决策，使企业内部各部门在科学的战略目标指引下健康发展。

4. 提高基层管理者的管理水平

如果所有重大决策均由企业高层管理者制定，而企业基层部门管理者只是执行既定的决策，基层部门管理者无法领会制定决策的全部过程。在分权化的企业中，基层部门管理者可以依据自己获取的信息自主制定并执行决策，这样可以提升其管理才能；同时高层管理者也可借此评估基层部门管理者，以决定其是否有晋升的机会。

5. 激励基层部门管理者

任何人都会以自己的工作成果为荣，如果只是接受高层管理者的命令行事，而无权自主决策，会使基层部门管理者逐渐对工作失去兴趣。在分权化的企业组织中，基层部门管理者被赋予较大的决策权，有机会实现自我，从而得到较大的工作满足感和成就感，进而可以激励其发挥更大的创造力。

（二）分权管理的不足

当分配决策权给下级管理者时，会给企业的生产经营带来一些负面影响，这些负面影响其实就是分权化的成本。具体而言，分权化的经营管理方式的负面影响有如下三方面。

1. 产生大量代理问题

代理问题是分权管理产生的最主要的负面效果。在分权化的企业组织中，会产生许多值得关注的问题，例如，获得决策权的管理者可能以牺牲企业整体利益或长远利益为代价，而使得自身利益最大化；各分权单位之间为了各自的利益造成相互冲突、摩擦等等。这些也就是通常所说的代理问题，代理问题产生了代理成本，从而导致企业价值下降。

2. 作业重复

在分权化的企业组织中,容易产生作业或服务的重复。例如每个销售部门可能拥有各自的销售人员及广告人才,如果由企业最高管理当局统一配备销售人员及广告人员,可降低大量人工成本。

3. 增加行政费用开支

在分权化的企业组织内部,各分支机构的设置、各项管理信息的收集,会相应地增加各种行政费用开支,造成浪费。

为了发挥分权管理的优点,抑制其缺点,就必须加强企业内部控制,有效控制代理问题。而**责任会计**正是顺应这种管理要求而不断发展和完善起来的一种有效的控制制度。在分权制企业中,要求利用会计信息对各分权单位进行业绩的计量、评价和考核,建立以责任中心为主体,责、权、利相统一的严密的企业内部控制系统,即责任会计系统。

在责任会计系统中,根据为下属单位所分配决策权力的不同,我们可以在企业内部划分三种不同的责任中心,即成本中心、利润中心和投资中心。每一种不同类别的责任中心,均对应分配了不同的决策权力,同时对应着不同业绩评价指标。因此,可以把责任会计系统中的责任中心看作是分权管理的基本单位。

三、建立责任会计制度的原则

(一) 责、权、利相结合原则

在责任会计系统中,应当赋予各个责任中心一定的管理权利,同时明确各个责任中心应当承担的与管理权利相对应的责任,还要根据责任的完成情况予以适当的赏罚。承担与权利相当的责任,同时获得对应的经济利益,这三者的平衡是成功实施责任会计系统的关键。在责、权、利三者的关系中,责任中心承担的责任是实现企业总体目标的重要保证,赋予各责任中心相应的权利是履行并完成责任的前提条件,在责与权的基础上对责任中心予以适当的赏罚是一种激励因素。

(二) 目标一致性原则

责任中心是企业内部的各个局部,局部利益应当服从企业整体利益,各责任中心目标的实现要有助于企业总体目标的实现,两者的目标应当保持一致。责任会计应该是一个有助于保证总体目标实现的体系,在制定责任预算和评价标准时,必须防止局部利益损害企业总体利益的情况发生,有效地促使各责任中心的工作,为实现企业总体目标而努力。

(三) 可控性原则

可控性原则是指各责任中心仅对其可以控制的经济活动所产生的结果负责,对于其无法控制的经济活动所产生的结果不承担经济责任。贯彻可控性原则,是为了在企业内部分清各责任中心之间的责任界限,明确区分其职责范围,使其在自己能够真正实施控制的条件下承担一定的经济责任。在责任中心职责范围的划分、责任预算及业绩报告的编制,以及责任中心的业绩评价等各个环节上,都应当体现可控性原则。

管理会计
guan li kuai ji

（四）及时反馈原则

责任中心在行使权力、执行责任预算的过程中,必须能够迅速及时地计量、记录、传递和反馈信息,以便发现问题,及时有效地采取措施加以控制,达到强化管理的目的。其中信息的主要载体是业绩报告,或称之为责任报告。通过比较责任预算和业绩报告,可以促使责任中心的管理者对发生的脱离责任预算的差异寻找其原因并做出及时的调整,加强对各责任中心的控制,以最终保证企业整体目标的实现。

（五）例外管理原则

例外管理原则,是一种重点管理原则。要求责任中心抓住主要矛盾和突出问题,对其生产经营过程中发生的重点差异进行分析和控制。对于一般合乎预算或者差异很小的问题,可以忽略不计,而把主要精力放在超乎常规、差异较大的问题上,这样可以集中精力和节省时间解决重大的问题,达到事半功倍的效果。

建立责任会计体系,除了应当遵循以上原则外,还应当遵循一般会计原则,如历史成本原则、配比原则、客观性原则、稳健性原则、一贯性原则等。

第二节　责任中心概述

根据为下属单位所分配决策权力的不同,我们可以在企业内部划分三种不同的责任中心,即成本中心、利润中心和投资中心。每一种不同类别的责任中心,均对应分配了不同的决策权力,同时对应着不同业绩评价指标。在每种情况下,决策权都与执行这些权力所必需的专门技能、专业知识联系在一起。

一、成本中心

当获取或传递有关生产要素投入组合的知识或专业技能的成本比较昂贵时,可以分配这部分权力给拥有这种知识的人。

若企业中某一下属单位的管理者被赋予了生产要素(原材料、人工以及其他物料消耗等)投入组合的决策权,而产品产量大小的决策权则由更高一层的责任单位所控制,那么对于这样的下属单位,我们可以确定为**成本中心**。简而言之,对于成本中心而言,它的职能是决定生产要素的投入组合,而不能决定产品产量的大小。

成本中心的工作成果不会形成可以用货币计量的收入,它只需对所发生的成本负责。成本中心的应用范围也最为广泛,从一般意义上讲,企业内部凡是有成本发生,需要对成本负责,并能实施成本控制的单位,都可以成为成本中心。工业企业上至工厂一级,下至车间、工段、班组,甚至个人都有可能成为成本中心。

成本中心分为技术性成本中心和酌量性成本中心。对于**技术性成本中心**而言,其特点是这种成本中心所发生的成本可以为企业提供一定的物质成果,并且技术上投入量与产出量之间存在着密切的关系,如产品生产过程中发生的直接材料、直接人工和间接制造费用等等。通常,我们把制造业的基本生产单位视为技术性成本中心;同样,技术性成本中心的概念也适用于非生产组织单位,比如商品批发的发货业务、银行的支票处理业务。因此,只要能够明确成本与产出之间的关系,这个成本中心就可以被确定为技术性成本中心。对于**酌量性成本中心**而言,其特点是技术上投入量与产出量之间的关系不明确,如各种管理费用、研究开发费用、广告宣传费用、职工培训费用等。通常,我们可以把企业中的会计部门、产品研发部门和一些管理部门视为酌量性成本中心。

二、利润中心

当获取或传递有关生产要素投入组合、产品组合、产品产量和产品价格的知识或专业技能的成本比较昂贵时,可以分配这部分权力给拥有这种知识的人。

若企业中某一下属单位的管理者被赋予了生产要素投入组合的决策权,同时被赋予了产品组合、产品产量权利和产品定价的决策权,而投资的决策权则由更高一层的责任单位所控制,那么对于这样的下属单位,我们可以确定为**利润中心**。简而言之,对于利润中心而言,它的职能包括决定生产要素的投入组合、决定产品组合、决定产品产量和产品价格。

利润中心不但有成本发生,而且还有收入发生,因此,它不但要对成本、收入负责,而且也要对利润负责,即对收入与成本的差额负责。利润中心往往处于企业内部的较高层次,如分店、分公司或分厂等,具有独立的收入来源或能够被视同为一个有独立收入的部门,一般还具有独立的经营权。利润中心与成本中心相比,其权力和责任都相对较大,它不仅要绝对地降低成本,而且更要寻求收入的增长,并使之超过成本的增长。换言之,利润中心对成本的控制是联系着收入进行的,它强调相对成本的节约。

利润中心可以划分为两种类型。一种是自然形成的利润中心,它类似一个独立的企业可以直接在外部市场销售产品或提供劳务并取得相应的收入,这类中心被称之**自然利润中心**或**实际利润中心**;另外一种是人为设定的利润中心,通常不能直接在外部市场进行销售业务,而是使用内部结算价格,即内部转移价格(相关内容见第五节)在企业内部有关责任中心之间进行"销售",这类中心被称之为**人为利润中心**或**假设利润中心**。事实上,工业企业的大多数成本中心都可以根据管理的需要划定人为利润中心。

三、投资中心

若企业中某一下属单位的管理者被赋予利润中心所有的决策权力,同时被赋予了资本投资的决策权,那么对于这样的下属单位,我们可以确定为**投资中心**。简而言之,投资中心的管理者既能够控制成本和收入,也能够对资金投入进行控制的责任单位。

投资中心的适用范围限于规模和经营权力较大的部门,如事业部、分公司或子公司等。这种类型责任中心在生产销售方面拥有较大的自主权,而且能够相对独立地运用其所掌控的资金,有权购建或处置固定资产,扩大或缩小生产能力,因而它既要对成本和利润负责,又要对资金的合理运用负责。由于投资中心具有较高的独立性,它一般应向公司的总经理或董事会直接负责。对投资中心不应干预过多,应使其享有投资权和充分的经营权,同时投资中心在资产和权益方面应与其他责任中心划分清楚。

第三节 责任中心的评价指标

责任会计系统应当为每一个责任单位都确定一个目标,即指通常所说的责任预算,然后再计量能够反映这些目标实现状况的业绩指标。上节内容已经提到,根据为下属单位所分配决策权力的不同,我们可以在企业内部划分三种不同的责任中心,即成本中心、利润中心和投资中心。划分类别的不同,意味着决策权分配的不同,以及相应业绩评价指标体系的不同。

业绩指标可以采用财务指标,亦可以采用非财务指标。我们主张在对责任中心进行业绩评价时应当引入非财务指标,但长期以来财务指标的应用最为广泛,这是因为财务指标直接和企业的长期经营目标相联系,而企业的长期经营目标大都属于财务性的;同时,财务指标能够较为综合地反映企业的经营业绩。因此,本节将重点探讨各个责任中心财务评价指标。

一、成本中心的评价指标

通常情况下,成本中心不具备经营权和销售权,它的经济成果一般不会形成可以用货币计量的收入。因此,成本中心只以货币形式计量投入,不以货币形式计量产出。

为了明确成本中心的业绩考核指标,必须理解可控成本和非可控成本的概念。对于责任中心而言,成本费用可以划分为可控成本和不可控成本。责任中心能够控制其发生及其发生数量的成本称为**可控成本**,责任中心不能够控制其发生及其发生数量的成本称为**不可控成本**。具体而言,可控成本应当同时具备以下四个条件:

(1)可以预计,即成本中心可以预知成本的发生额和发生的时间;

(2)可以计量,即成本中心可以对所发生的成本进行准确的计量;

(3)可以实施影响,即成本中心能够通过自身的行为来调节成本;

(4)可以落实责任,即成本中心能够将有关成本的控制责任分解落实,并进行考核评价。

凡是不能同时具备上述四个条件的成本通常为不可控成本。属于某成本中心的各项可控成本之和,被称为该成本中心的**责任成本**。成本中心的业绩考核指标通常为该成本中心的所有可控成本,即责任成本。

责任成本可以分为**预算责任成本**和**实际责任成本**。前者是指由预算分解确定的各责任中心应承担的责任成本,后者是指各责任中心从事经营活动所实际发生的责任成本。对成本中心进行控制时,应以成本中心的预算责任成本为依据,确保实际责任成本不会超过预算责任成本;对成本中心进行业绩考核时,应比较成本中心的实际责任成本与预算责任成本,确定其成本控制的绩效,并采取相应的奖惩措施。据此,通常成本中心的考核指标可以采用绝对指标和相对指标,即成本(费用)变动额和成本(费用)变动率。

$$成本(费用)变动额 = 实际责任成本(费用) - 预算责任成本(费用)$$

$$成本(费用)变动率 = \frac{成本(费用)变动额}{预算责任成本(费用)}$$

当然,我们在用责任成本对成本中心进行评价时,必须关注产品计划产量是否已经完成。同时,我们应当注意的是,成本中心必须设立质量和时间标准,并要求管理者严格执行。虽然成本中心只需对其可控成本负责,但如果某成本中心产出的产品不符合质量标准,或者未能按计划组织生产,该责任中心就会对企业内其他责任单位的经营活动产生不利影响。

二、利润中心的评价指标

对于利润中心来说,利润是使用最广泛的业绩评价指标。但是在计量利润时将会遇到两个比较棘手的问题:第一,利润的合理计量,需要解决共同收入与共同成本在各个责任中心之间的分配问题;第二,为责任中心间的产品转移制定内部转移价格。第二个问题将在第五节讨论。

(一)共同收入与共同成本

有些收入的形成涉及多个利润中心,故不能清楚地划归某一中心所有,这就是**共同收入**。由于不同利润中心所产生的收入之间可能会存在着一定的依存关系,在评价和考核利润中心的业绩时应当分配共同收入,否则会对利润中心的激励产生影响。比如当一个利润中心 A 的销售活动促进了另外一个利润中心 B 的产品销售时,而该利润中心 A 又不能从另外一个利润中心 B 的产品销售中得到利益,它就会失去这样做的动力。例如,企业的维修部门在其工作过程中,往往可以同时销售某个零部件生产部门的产品(即零部件)。企业在评价这两个部门的业绩时,如果把收入全部归给零部件生产部门,而内部转移成本都由维修部门承担,那么,这种分配明显存在问题,在此基础上建立起来的业绩评价也有损公平。因此,在评价和考核利润中心的业绩时应当合理地分配共同收入,但是分配过程中,往往会造成一些矛盾冲突。解决矛盾冲突的办法是建立一种补偿权制度,以补偿利润中心 A。建立这种补偿权制度,实际操作可能会非常复杂,但却是分权管理所必须面对和解决的问题①。

共同成本,主要指的是辅助生产部门(如动力部门、维修部门)等服务部门为各生产部门提供服务所发生的成本,这些服务使各生产部门,包括企业的管理部门共同受益。由于这些服务成本收益对象较多,故称之为共同成本。

对于多个生产部门分配辅助生产部门发生的共同成本时,一般应以共同成本与成本对象的因果关系为基础;如果共同成本与成本对象之间的关系不只一种,可采用双重或多重基础分配;在一般分配基础无法反映其间的因果关系时,也可采取某些复杂性指标。这里将介绍单一比率分配实际成本法、双重比率分配预算成本法。

下面以某公司供热车间发生共同成本的分配为例具体阐述这两种分配方法。

例:某公司 20×4 年供热车间实际发生供热成本 36 000 元,实际供热时间共 6 000 小时,其中,为第一生产车间供热 3 000 小时,为第二生产车间供热亦为 3 000 小时;20×5 年实际发生供热成本 32 000 元,实际供热时间共 5 000 小时,其中,为第一生产车间供热 3 000 小时,为第二生产车间供热亦为 2 000 小时。

1. 单一比率分配实际成本法

单一比率分配实际成本法是以实际使用服务量为基础对实际发生的共同成本进行分配的方

①　余绪缨主编:《管理会计》,首都经济贸易大学出版社,2004 年第 1 版,第 403—404 页。

法。采用这种分配方法存在以下两点不足:(1)由于分配的共同成本是服务部门实际发生的成本,而不是预算成本,在分配过程中,便将辅助生产部门的低效率转嫁给相关生产部门,这样对服务部门的管理者缺乏激励作用;(2)共同成本中有一部分为固定成本,按照实际服务使用量分配这部分固定成本,会导致某一服务使用部门分担的成本受其他服务使用部门实际服务使用量的影响,这便会产生一些代理问题——服务使用部门的管理者采取不利于企业整体利益的行为。

实际成本法将供热车间的共同成本分配给各有第一和第二生产车间,计算过程如表11-1所示。

表 11-1 两车间采用单一比率分配供热成本计算表

项 目	20×4 年	20×5 年
实际供热成本(元)	36 000	32 000
实际供热时间(小时)	6 000	5 000
供热小时分配率	6.0	6.4
第一车间耗用供热时间(小时)	3 000	3 000
第一车间分配供热成本(元)	18 000	19 200
第二车间耗用供热时间(小时)	3 000	2 000
第二车间分配供热成本(元)	18 000	12 800

第一生产车间每年分配的供热成本取决于自身实际使用的供热时间,但是与供热车间的工作效果也是相关的,如上述计算中,供热车间实际发生的供热成本和供热时间会影响分配比率的大小。供热车间将各年实际发生的成本金额分配给各生产车间,这样对服务部门的管理者缺乏激励作用。

更为严重的,第一生产车间每年分配的供热成本和第二生产车间实际使用的供热时间也有很大关系,这样计算的第一生产车间所负担的供热成本的可控性变得模糊了。如上述计算中,第一生产车间20×4年、20×5年所使用的供热时间都是3 000小时,但20×5年分配的供热成本却比20×4年增加了1 200元,这与第二生产车间20×5年所用供热时间的减少有很大的关系。因为供热车间的供热成本中,有一部分属于固定成本,20×5年的供热总时间减少,就会使20×5年供热成本的小时分配率相应地提高,从而使第一生产车间20×5年分配的供热成本也相应地提高。因此,这两个生产车间的管理者都有倾向减少供热服务的使用量,可能会产生供热服务使用量的不足,从而影响企业未来发展。

2. 双重比率分配预算成本法

双重比率分配预算成本法分配的成本对象是预算成本,而不是实际成本。这种方法采用弹性预算的原理,首先将预算的共同成本按成本性态分解为预算固定成本和预算变动成本。对于预算固定成本以"预定的服务用量"为基础进行分配,这是因为辅助生产部门的固定成本主要是同它的生产能力的形成及其正常维护直接相联系的,而辅助生产部门的生产能力又必须同它的服务对象在生产经营中对这种服务的正常需用量相衔接;对于预算的变动成本以"预定分配率"作为分配基础根据各个服务使用部门的服务使用量进行分配,这是因为变动成本是在生产能力利用过程中产生的,同所提供的服务量成正比。这种方法解决了单一比率分配实际成本法的不足之处。

续前例。供热车间编弹性用预算,供热成本划分为固定成本和变动成本两部分。供热车间的弹性预算为:全年固定成本18 000元,全年正常供热时间6 000小时,变动成本18 000元,小时分配率 3 元/小时;这两个生产车间对供热服务的正常需用量都是 3 000 小时(预算数额);20×4、20×5 年实际发生的固定成本分别为 19 000 元和 17 500 元,20×4、20×5 年实际发生的变动成本分别为 17 000 元和 14 500 元。采用双重比率分配预算成本法分配共同成本的过程如表 11-2 所示。

表 11-2　两车间采用双重比率分配供热成本计算表　　　　单位:元

| | | 固定成本 | 变动成本 | | | 合　计 |
			实际耗用供热时间	预定分配率	供热成本	
20×4 年	第一车间	9 000①	3 000		9 000	18 000
	第二车间	9 000②	3 000		9 000	18 000
	合　计	18 000	6 000	3	18 000	36 000
20×5 年	第一车间	9 000	3 000		9 000	18 000
	第二车间	9 000	2 000		6 000	15 000
	合　计	18 000	5 000	3	15 000	33 000

注:①、②应为各自应分配供热车间 50% 的固定成本,即每年各自应分配 9 000 元。

生产车间所负担的固定成本,是由其对供热服务的正常需用量所决定;而分配的变动成本,则由其各年实际耗用的供热时间所决定,不受供热车间的费用节约、超支或其他部门耗用的供热时间多少的影响,因而解决了单一比率分配实际成本法的第二个不足之处。供热车间20×4、20×5 年预算成本与实际发生的成本对照如表 11-3 所示。

表 11-3　两年度两车间成本差异表　　　　单位:元

| | 固定成本 | | | 变动成本 | | | 合　计 | | |
	预算	实际	差异	预算	实际	差异	预算	实际	差异
20×4 年	18 000	19 000	(1 000)	18 000	17 000	1 000	36 000	36 000	0
20×5 年	18 000	17 500	500	15 000	14 500	500	33 000	32 000	1 000

如前所述,采用双重比率分配预算成本法,供热车间是将预算成本分配给各生产车间,而不是分配的实际发生的成本,其各年实际发生的成本额脱离成本预算的差异,就作为评价和考核供热车间工作成果的依据,这样就解决了单一比率分配实际成本法的第一个不足之处。

(二) 评价指标

利润是利润中心使用最为广泛的业绩指标,具体可以划分为以下四个利润指标:贡献边际、可控贡献、中心毛利和税前利润。

贡献边际,它是销售收入扣除变动成本后的余额,反映了该利润中心生产产品的盈利能力,但它对业绩评价没太大的作用。利润中心管理者还可以控制其他没有体现在这个业绩指标中的成本,因此这一指标无法反映利润中心管理者或该利润中心所做贡献的大小。

可控贡献,它是从贡献边际中扣除了诸如间接材料、间接人工等利润中心管理者可以控制的间接成本后的余额,反映了利润中心管理者对其控制的资源的有效利用程度,且不受其他利润中心所控制的成本的影响。从某种程度上讲,可控贡献可能是评价利润中心管理者业绩比较理想的指标。但这个指标存在的问题是:如何区分可控的与不可控的生产能力成本? 比如,如果该中心管理者有权处置固定资产，那么相关的折旧费是可控成本；反之，相关的折旧费用就成了不可控成本。而可控贡献这个指标忽略了应追溯但又不可控的（短期看是如此）生产能力成本，因而不能全面反映特定利润中心对整个公司所作的经济贡献。

中心毛利，它是从可控贡献中扣除了利润中心管理者不可控的间接成本后的余额，它反映了利润中心为实现企业利润和补偿固定成本所作的贡献。中心毛利很显然是衡量部门获利水平的指标，它更多的是用于评价部门业绩而不是利润中心管理者的管理业绩。

税前利润，使用这个指标评价和考核利润中心业绩也有一定道理，但是它会受到共同成本分配问题的影响。这个评价指标的意义在于提示利润中心管理者关注那些共同成本的发生，能够使他们清醒地认识到只有当所有能盈利的责任中心都能提供足够的贡献边际以补偿全部的共同成本时，整个公司才能盈利。

三、投资中心的评价指标

实质上，投资中心本身也是利润中心，它不仅需要对成本、收入和利润负责，而且还要对所占的全部资产（包括固定资产和营运资金）承担责任。因此，对投资中心进行业绩评价时，除了使用成本、收入和利润评价指标外，还必须将其所实现的利润与资产占用水平相联系。投资中心的业绩评价指标主要有投资利润率、剩余收益和经济附加值等。

（一）投资利润率

投资利润率（Return on Investment），亦称投资报酬率，是全面反映企业资金的使用效率和获利能力、考核评价投资中心业绩的一项重要的综合指标。它是指投资中心产生的经营净利润与该投资中心所占用经营资产之比，其公式为

$$投资利润率=\frac{经营净利润}{经营资产}$$

这一指标主要说明投资中心运用公司的每一元资产对企业整体利润贡献的大小，或投资中心对所有者权益的贡献程度。其计算公式中的经营资产是投资中心在生产经营中所占用的全部资产，经营净利润是指扣除利息费用和所得税前的利润（即息税前利润）。之所以采用息税前利润，这是因为投资利润率的计算是为了反映投资中心使用资金的效率，而投资中心一般不具备筹集资金的权利，资金的取得是不可控的，因此应当将利息费用纳入经营净利润中；至于所得税，很多因素都会影响到它的支付数额，比如折旧的计提方法、税率的变动等，而这些影响企业所得税的因素是投资中心的管理者无法控制的，因此在计算投资中心经营利润时应当包括所得税。值得说明的是，由于息税前利润是期间性指标，故经营资产应按经营资产年初、年末的平均数计算。采用平均数计算，可以更为客观地反映经营资产的占用水平。无论是单独采用年初数额或年末数额计算该指标，都会刺激投资中心的管理者做出不适当资产购置或处置决策，产生代理问题。比如，如果采用期初数额，有可能会刺激投资中心管理者在当年早些时候购置固定资产以提高当年经营及利润，并刺激其在年末处置资产以降低下一年的年初的经营资产，这样便可相对增加下年投资利润率。

为了进一步说明影响这个指标的基本因素，投资利润率有可按下列展开式计算：

$$投资利润率 = \frac{销售收入}{经营资产} \times \frac{经营净利润}{销售收入} = 经营资产周转率 \times 销售利润率$$

由上式可以看出,为了提高投资中心的投资利润率,不仅要尽可能地降低成本、增加销售额以提高销售利润率,同时也应当经济有效地利用现有的经营资产,进而提高投资中心的经营资产周转率。

投资利润率是评价投资中心经营业绩广泛被采用的指标,优点如下:

(1) 投资利润率能够反映投资中心的综合获利能力。从投资利润率的展开公式可以看出,投资利润率的高低与收入、成本、经营资产数额及其周转能力有关,提高投资利润率可以通过增收节支、加速资产周转、减少投入来实现。

(2) 投资利润率具有横向可比性。由于投资利润率是一个相对指标,它将投入与产出进行比较,剔出了因投资额不同而导致的利润差异的不可比因素。

(3) 投资利润率可以作为选择投资机会的依据,有利于调整资产的存量,优化资源配置。

虽然利用投资利润率进行业绩评价在企业中得到了广泛的应用,但是该指标也存在自身的缺陷:

(1) 投资利润率并不能够反映投资中心经济上真实的报酬率。原因有三点:①经营净利润(分子)不是投资中心所获得的经济利润,而是依据会计准则计算的会计利润。比如,会计准则要求采取谨慎性原则,使得当期经营净利润计算略显保守。②经营资产(分母)并不能够反映投资中心所占用资产的真实市场价值。比如,从当期会计利润中扣减的折旧费用并不能真实体现企业固定资产价值的变化数额。③由于世界性的通货膨胀会使企业资产账面价值失真、失实,导致相应的折旧少计、利润多计,使计算的投资利润率无法揭示投资中心的实际获利能力。

(2) 投资利润率是一个当期财务指标,仅反映当期业绩。单纯使用投资利润率往往会使投资中心只顾本身利益而放弃对整个企业有利的投资项目,造成投资中心的近期目标与企业整体的长远目标相背离。从本质上讲,这是一种代理问题。比如,投资中心的管理者可能放弃一些投资利润率高于企业资本成本而低于目前投资中心投资利润率的项目;经营资产一般采用账面净值计算,由于计提折旧,每年经营资产有逐年降低的趋势,投资中心管理者即使不进行新项目投资的投资,投资利润率也会逐年提高,这样会产生投资不足的问题,势必影响企业长远利益;若单纯以该指标评价投资中心,投资中心的管理者为了提升投资利润率,有可能会投资一些高风险项目来获取更大投资利润率,而这些高风险项目可能对企业整体造成损失。

(3) 投资利润率存在被操纵的可能性。经营净利润和经营资产都是在权责发生制的基础上计算出来的财务指标,它们必然或多或少地受到某种程度的会计操纵。

为了克服投资利润率的某些缺陷,可以采用剩余收益作为评价指标。

(二) 剩余收益

剩余收益(Residual Income),亦称**剩余利润**,是指投资中心的经营净利润扣减其经营资产按规定的最低投资报酬率计算的经营资产收益额之后的余额。通常是根据资本成本来规定最低投资报酬率,它一般等于或大于资本成本。剩余收益的计算公式为

$$剩余利润＝经营净利润－（经营资产×规定的最低投资报酬率）$$

公式中的"规定的最低投资报酬率",通常可以采用整个企业总体的最低期望投资报酬率,也可以是企业为该投资中心单独所规定的最低投资报酬率。

如前所述,单纯采用投资利润率作为业绩评价指标,投资中心的管理者可能放弃一些投资利润率高于企业资本成本而低于目前投资中心投资利润率的项目,而造成投资中心的局部目标与企业整体目标相背离。剩余收益指标弥补了这一缺陷,促使投资中心既考虑中心的利益,同时可以兼顾企业整体利益。

当然,剩余收益指标自身也存在着缺陷:

(1) 剩余收益是一个绝对指标,从而使其难以在不同投资规模的投资中心之间进行业绩比较。

(2)"规定的最低报酬率"的选择往往会引发一些企业内部的矛盾。任何投资中心的管理者都希望自己中心的"规定的最低报酬率"分配较低以提高剩余利润,这样企业管理当局在讨论设定"规定的最低报酬率"时容易引发"影响成本"(Influence Cost)①,所谓**影响成本**,是指一种为了影响组织内部利益分配的活动成本。

(3) 与投资报酬率相同,剩余利润同样是依据权责发生制基础而计算的财务指标,它必然或多或少地受到某种程度的会计操纵。

(4) 剩余利润同样是一个当期财务指标,仅反映当期业绩。单纯使用剩余利润指标,会导致投资中心管理者的短视行为,损害到企业整体的长远利益。

(三) 经济附加值

1. 经济附加值概念

经济附加值(Economic Value Added,简称 EVA),是指调整后税后净营业利润与资本(包括股权资本与债务资本)成本之间的差额,其计算公式为

$$EVA＝调整后税后净利润－（经营资产×加权平均资本成本）$$

对比剩余收益的计算公式:

$$剩余利润＝经营净利润－（经营资产×规定的最低投资报酬率）$$

通过比较,我们可以发现经济附加值的计算公式与剩余利润的计算公式非常相似,但是两者存在很多不同之处。经济附加值中的"调整后税后净利润"是对公认会计准则的会计利润进行调整后所得到的数值;同样,在对会计准则的调整过程中,许多调整项都会涉及经营资产的项目,比如研发费用的调整。所以经济附加值中的经营资产亦是调整后的经营资产,它与剩余利润中的经营资产在数值上是不同的。最后,"加权平均资本成本"的确定也与"规定的最低投资报酬率"的确定不同,前者是由权益资本成本和债务资本成本加权平均

---

① 保罗·米尔格罗姆(P. Milgrom)和约翰·罗伯特(J. Roberts)提出"影响成本"(Influence Cost)的概念。影响成本不仅包括影响活动的直接成本(比如,为了推翻一个不利于他所负责责任中心的决策,责任中心管理者向核心管理层游说所花费的时间),它们还包括由于影响活动所造成的错误决策的成本(比如,由于一个无效率的责任中心管理者擅长游说活动而获得稀缺资源,而使得资源配置不当)。影响成本本质上是一种代理成本。

所得到的数值。

本质上看,经济增加值扩展了传统的剩余收益评价方法,其核心理念是资本效率,即资本回报与资本成本的差额。这一理念强调对资本成本包括股权成本的扣除,是以股东价值为核心且符合经济现实的理念。这里的资本成本是经济学家中所谈的机会成本,因此 EVA 也是一个经济利润或经济租金概念。

计算经济附加值时,我们需要以传统的会计方法作为基础,在此基础上对一些项目进行调整。这些调整有的是为了避免把经营决策和融资决策混同起来,有的是为了避免把存量和流量相混,有的则是将公认会计准则的权责发生制项目转换为以收付实现制为基础的项目。其中,常见的调整项目包括重组费用、研究与开发支出、商誉、存货估值、坏账识别、无形资产、税收以及销售费用等,由于篇幅有限,这里着重介绍研发费用和商誉的调整。

(1)研究与开发支出的调整。世界各国会计准则对于研发支出的会计处理,要么将当期的研发支出全部作为费用,计入当期损益,要么将符合一定条件的研发支出资本化,而不合条件的部分费用化,计入当期损益。比如:美国财务会计准则公告第 2 号中规定:当期发生的研究与开发费用全部作费用处理,计入当期损益,研究开发活动结束后不论成功与否,均不确认为无形资产;英国在标准会计惯例公告第 13 号中规定:研究费用应在其发生的当期确认为费用,开发费用如满足特定的标准,即表明这些费用很可能产生未来经济利益,应确认为资产,即资本化。

在计算经济附加值时,对研发支出的调整如下:将那些在公认会计准则下费用化的研发支出,加回当期会计利润,对会计利润进行调整;同时,将这些费用化的研发支出调整至经营资产中去,将其资本化,并在一定的期限内摊销,摊销期限一般为 5 年。

若采用传统会计准则规定下的研发支出的会计处理方法,同时采用利润指标或剩余利润指标评价投资中心的管理者,会导致管理者不愿意在研究与开发方面的投入过多,这是因为研发支出作为当期费用,会影响到中心管理者的经营业绩,研发支出的投入过少势必影响企业未来的发展。而在计算经济附加值时,对研发支出的处理做了如上调整,这样便可以缓解中心管理者的这种资金使用倾向。

(2)商誉的调整。资产负债表中的商誉是指在企业并购过程中,收购企业的购买价格超过被收购企业的净资产公允价值的部分。按照公认会计准则的要求,公司应当在规定的年限(例如 10 年)内将商誉摊销完。若采用利润指标或剩余利润指标评价投资中心的管理者,这种做法会导致中心管理者不愿意实施收购行为,因为这种会计处理方法会影响到中心管理者的经营业绩,而其中一些有价值的收购行为对企业未来的发展会产生深远的影响。

在计算经济附加值时,对商誉的调整如下:将当期摊销的商誉调整至当期会计利润,同时,将累计摊销的商誉调整至经营资产当中。很明显,这种调整会缓解中心管理者不愿意实施有价值收购行为的倾向。

2. 经济附加值的优缺点

经济附加值作为新兴的业绩评价指标,具有如下优点:

(1)经济附加值能将公司整体利益与分部业绩紧密联系在一起,避免决策次优化。采用经济附加值,由于考虑了权益资本成本,可以避免高估分部利润,真实反映公司财富的增加。同时,由于经济增加值是一个绝对值,可以避免采用相对值指标带来的决策次优化问题。

（2）经济附加值能够减少传统会计指标对经济效率的扭曲。经济附加值传统的业绩指标的最大区别在于它将权益资本成本（机会成本）也计入资本成本，从而能够更准确地评价企业或部门的经营业绩，反映企业或部门的资产运作效率。

当然，经济附加值也存在自身的缺陷：

（1）作为一种绝对数指标，不易于反映规模差异。经济附加值不能充分反映企业整体或部门之间规模差异。相比较而言，规模较大的企业或部门易于创造更高的经济附加值。由于资产基数不同，形成的规模差异会造成不同企业或部门经济附加值的差距，因此，该指标不能有效地控制不同企业或部门之间的规模差异因素。

（2）经济附加值也会在不同程度上受到操纵。经济附加值的数额依赖于收入实现和费用确认的会计处理方法。为了提高该指标的数额，部门管理者可能通过设计精巧的决策顺序进行操纵。如部门管理者可以选择"满足"或"延迟"客户的订单，操纵本期的营业收入。在本期间，提前履行收入相对较高的订单，而推迟履行获利较少的订单。这样做的结果，虽提高了本期的经济附加值，却降低了客户的满意度和忠诚度。

四、条件可控原则

我们在前面讨论不同类型责任中心的业绩评价时，一直都在体现着可控性原则。**可控性原则**是指责任中心的管理者仅对自己有权所作决策的后果负责，如成本中心管理者对责任成本负责。责任中心的管理者认为在对他们进行业绩评价时，若融入了一些自己不可控的因素是不公平的。在责任会计体系下，似乎建立了责任中心后，可控原则就成为水到渠成的事情。

然而在企业责任会计制度的实践中，在对责任中心管理者进行业绩评价时并不是绝对地施行可控原则。国外学者研究发现，当对利润中心人为收取企业所得税后，或者说将某一利润中心应交纳的所得税也作为评价其业绩的一个指标时，企业整体的平均税率由 48% 下降至 40.5% [1]。这说明虽然企业所得税是利润中心管理者不可控的因素，但是若在业绩评价时考虑这种不可控的因素，利润中心管理者还是会通过各种手段降低所得税费用。

这一具体实践体现了条件可控原则的概念，如果 $P(v \mid a)$ 与管理者的行为 a 相关，我们就认为变量 v 对于管理者而言是条件可控的 [2]。在上述例子中，v 代表利润中心交纳的所得税，a 代表利润中心管理者所采取的一系列节税行为。

第四节　责任中心的业绩报告

责任中心的业绩评价和考核应通过编制业绩报告来完成，**业绩报告**亦称**责任报告**、**绩效报**

---

① J. Zimmerman, *Accounting for Decision-Making and Control*, Second Edition (Toronto：McGraw-Hill，1977). CGA，Reading textbook of *Management Accounting* 2，Reading 8-1，p.15.

② Joel Demski, *Managerial Uses of Accounting* (Boston：Kluwer Academic Publishers，1996)，p.500. CGA，Lesson notes of *Management Accounting* 2，Lesson 8，p.8.

告,它是反映责任预算实际执行情况,揭示责任预算与实际结果之间差异的内部会计报告。它着重于对责任中心管理者的业绩评价,其本质是要得到一个结论:与预期的某种标准相比较,责任中心管理者干得怎么样。

业绩报告的主要目的在于将责任中心的实际业绩与其在特定环境下本应取得的业绩进行比较,因此实际业绩与预期业绩之差异的原因应予澄清,并且应尽可能予以数量化。这样,业绩报告中应当传递出三种信息:(1)关于实际业绩的信息;(2)关于预期业绩的信息;(3)关于实际业绩与预期业绩之差异的信息。这也意味着合格业绩报告的三个主要特征:报告应当与个人责任相联系,实际业绩应当与最佳标准相比较,重要信息应当予以突出显示。

一、成本中心的业绩报告

由于成本中心的职能是决定生产要素的投入组合,不会产生收入和利润,它的业绩考核指标为可控成本之和,即责任成本。因此,对于成本中心而言,它的业绩报告中应当包含大量的关于可控成本的数据。成本中心业绩报告的通常格式如表 11-4 所示。

表 11-4　成本中心业绩报告(20×5 年度)　　　　　　　　　　单位:元

项　目	实　际	预　算	差　异
X 分公司第一车间可控成本			
变动成本			
直接材料	2 100	2 000	100
直接人工	800	860	(60)
变动制造费用	300	280	20
小计	3 200	3 140	60
固定成本			
固定制造费用	400	450	(50)
小计	400	450	(50)
X 分公司第一车间可控成本合计	3 600	3 590	10
X 分公司制造部可控成本			
第一车间			
变动成本	3 200	3 140	60
固定成本	400	450	(50)
小计	3 600	3 590	10
第二车间			
变动成本	2 200	2 150	50
固定成本	300	360	(60)
小计	2 500	2 510	(10)
制造部其他费用	400	360	40
X 分公司制造部可控成本合计	6 500	6 460	40
X 分公司可控成本			
制造部	6 500	6 460	40
行政部	1 120	1 200	(80)
销售部	1 560	1 600	(40)
总计	9 180	9 260	(80)

二、利润中心的业绩报告

利润中心不但有成本发生,而且还有收入发生,因此,其不但要对成本、收入负责,而且也要对利润负责,即对收入与成本的差额负责。利润中心最为核心的评价指标是利润,具体可以划分为以下四个利润指标:贡献边际,可控贡献,中心毛利和税前利润。因此,对于利润中心而言,它的业绩报告通常包含以上四个利润指标。

利润中心业绩报告的通常格式如表 11-5 所示。

表 11-5　利润中心业绩报告(20×5 年度)　　　　　　　　　　单位:元

项　目	实　际	预　算	差　异
X 分公司销售收入			
地区 1	4 800	5 000	(200)
地区 2	5 200	5 500	(300)
地区 3	6 400	6 200	200
小计	16 400	16 700	(300)
X 分公司变动成本			
第一车间	3 200	3 140	60
第二车间	2 200	2 150	50
小计	5 400	5 290	110
X 分公司贡献边际	11 000	11 410	(410)
X 分公司固定成本			
制造部			
第一车间	400	450	(50)
第二车间	300	360	(60)
制造部其他费用	400	360	40
小计	1 100	1 170	(70)
行政部	1 120	1 200	(80)
销售部	1 560	1 600	(40)
小计	2 680	2 800	(120)
X 分公司利润	7 220	7 440	(220)
总公司利润			
X 分公司利润	7 220	7 440	(220)
Y 分公司利润	6 400	6 000	400
合计	13 620	13 440	180

三、投资中心的业绩报告

投资中心不仅需要对成本、收入和利润负责,而且还要对所占的全部资产(包括固定资产和营运资金)承担责任。投资中心的业绩评价指标除了成本、收入和利润指标外,主要还有投资利润率、剩余收益和经济附加值等指标。因此,对于投资中心而言,它的业绩报告通常包含上述评价指标。

投资中心业绩报告的通常格式如表 11-6 所示。

表 11-6 投资中心业绩报告(20×5 年度)　　　　　　　　　　　单位:元

项　目	实　际	预　算	差　异
Y 分公司销售收入	17 800	18 000	(200)
Y 分公司变动成本			
第一车间	3 600	3 800	(200)
第二车间	4 400	4 800	(400)
小计	8 000	8 600	(600)
Y 分公司贡献边际	9 800	9 400	400
Y 分公司固定成本			
制造部			
第一车间	430	450	(20)
第二车间	370	400	(30)
行政部	1 400	1 450	(50)
销售部	1 200	1 100	100
小计	3 400	3 400	0
经营净利润	6 400	6 000	400
经营资产平均占用额	62 000	62 000	0
经营资产周转率	28.71%	29.03%	−0.32%
销售利润率	35.96%	33.33%	2.62%
投资利润率	10.32%	9.68%	0.65%
剩余收益(规定最低投资报酬率为 10%)	200	(200)	400

　　业绩报告是对各个责任中心执行责任预算情况的系统概括和总结,通过定期编制业绩报告,可以评价企业内部各责任中心的经营业绩;进一步,根据业绩报告,可以对差异形成的原因和责任进行具体分析,发挥信息的反馈功能,有助于企业最高管理层对企业的经营活动进行细致有效的控制和调节。

　　为了编制各个责任中心的责任报告,必须进行责任会计核算,即要以责任中心作为会计主体组织会计核算工作,具体做法有两种:一是由各责任中心设置专人专岗把日常发生的成本、收入以及各责任中心间的结算和转账业务记入单独设置的责任会计编号账户内,然后根据管理需要,定期计算盈亏。二是在传统的财务会计的各明细账户内,为各责任中心分别设立账户进行登记、核算。前者称为"双轨制",后者称为"单轨制"。

第五节　内部转移价格的制定

　　企业内部各个责任单位在生产经营活动中既相互联系,又相互独立地开展各自的活动,各责任中心之间经常相互提供中间产品或劳务。为了正确客观地评价各个责任中心的经营业绩,明确经营责任,使各个责任中心的业绩评价与考核建立在客观可比的基础上,从而调动各责任中心的积极性,企业应当为各个责任中心之间交换的中间产品或劳务制定具有经济依据的内部转移价格。

一、内部转移价格的含义

所谓**内部转移价格**,是指企业内部各责任中心之间相互转让中间产品或劳务时,进行结算的计价标准或结算价格。

为什么要制定内部转移价格?企业的一些高层管理者认为,从企业整体的角度来看,内部转移价格的制定并不是一个重要的问题,因为内部转移价制定的高低只是企业整体利润在企业内部不同责任中心的重新划分,它只是会影响不同责任中心的利润,而不会影响企业整体的利润。但是,内部转移价格制定的高低、内部转移价格制定方法的选择不仅会影响各责任中心的利润,同样也会对企业的总体利润、整体价值产生很大的影响。原因有三点:一是内部转移价格本身就是一种价格信息,各责任中心的管理者会使用该价格信息进行生产经营决策,若内部转移价不能反映中间产品或劳务的真实价值,据此制定的经营决策也就不会产生良好的经济效果,从而导致企业价值下降。二是从代理理论的角度来看,不正确的内部转移价格会导致对责任中心管理者不恰当的激励补偿,产生代理问题,从而导致企业价值下降。比如,若中间产品的内部转移价格制定得过高,对于卖方而言不用花费太多的努力就可以实现自己的责任预算,卖方会产生偷懒的行为;对于买方而言可能花费再多的努力也不会实现责任预算,这样买方的积极性会受到较大的影响,从而降低了企业价值。三是内部转移价格会影响公司整体的所得税税赋,对跨国公司尤其如此。通常情况下,公司会制定合适的转移价格,将收入尽可能多地转移到低税率国家,而将成本尽可能多地转移到高税率国家。

二、内部转移价格的类型及其利弊

理论上,内部转移价格的制定应当满足以下激励标准:一是能够为经营业绩的评价提供合理的标准,二是能够充分调动各个责任中心的积极性,三是能够实现责任中心的目标与企业整体目标的一致性。

内部转移价格应当以转移中间产品或劳务的机会成本为基础,同时参考上述三个激励标准进行制定。原因有两点:一是转移中间产品或劳务的机会成本能够体现其真实的价值,据此各个责任中心可以制定较为合理的经营决策;二是如果绝对依据转移中间产品的机会成本作为内部转移价格,有可能伤害上述三个激励标准。

(一) 以市场价格为基础的转移价格

几乎所有的管理会计教科书都提到,当中间产品或劳务存在竞争的外部市场时,以其市场价格作为内部转移价格是比较合理的选择。理由很简单,如果以市场价格作为转移价格,而中间产品或劳务的"卖方"不能够长期获利的话,那么该公司就应当停止中间产品或劳务的内部生产,改为从外部市场直接购入中间产品或劳务;同样,如果以市场价格作为转移价格,而中间产品或劳务的"买方"不能够长期获利的话,那么该公司就应当停止中间产品或劳务的深加工,而将其全部在外部市场中销售。

以市场价格作为产品或劳务的内部转移价格比较公允和客观,可以避免主观随意性。当"卖方"的成本水平高于其他竞争对手时,可以促使"卖方"加强成本管理,促使企业降低成本。

而且,当存在竞争的外部市场时,中间产品或劳务的市场价格可以代表它的机会成本。但是以这种机会成本为基础的内部转移价格也有自身的弊端:第一,根据科斯的企业理论,当交易在企业内部发生时,比发生于市场上的相同交易节省很多交易成本,如获取市场信息的成本、签订合同的成本和监督合同执行的成本等;第二,当中间产品或劳务在企业内部生产时,与从外部购入相比较,企业内部各责任中心之间协作性较强,而且更易于中间产品或劳务的质量控制,节约供货时间、运输费、包装费,更易于保护企业的商业秘密。由于以上两点原因,使用市场价格作为内部转移价格时,对于"卖方"比较有利,节约的交易成本和一些费用全部体现为"卖方"的经营业绩,而"买方"得不到任何好处,造成他们的不满。总之,在这里,这种纯粹以机会成本为基础的内部转移价格有可能损害了上述三个激励标准。

(二)以变动成本为基础的转移价格

当中间产品或劳务不存在竞争的外部市场,或者企业内部生产较强的协作性致使市场价格不能作为内部转移价格的明智选择时,我们可以考虑采用中间产品或劳务的变动成本作为其内部转移价格。

这种转移价格有助于"买方"迅速而准确地确定本中心有关产品的全部变动成本,会使"买方"尽可能地从企业内部购买中间产品或劳务,避免企业生产能力闲置。而且当中间产品或劳务不存在外部竞争市场时,且"卖方"存在剩余生产能力时,变动成本可以比较真实地代表其机会成本。

这种内部转移价格存在如下缺陷:

(1)这种转移价格对于中间产品或劳务的"买方"过于有利,而"卖方"得不到任何利益,如果以这种转移价格计算利润中心的利润指标,或计算投资中心的投资利润率、剩余收益和经济附加值,都会使得这些责任中心得到糟糕的业绩评价,因为以变动成本作为内部转移价,他们不可能收回固定成本。不过,可以采用变动成本加成的办法解决这个问题。但是加成的比例如何确定?这又容易产生代理问题,引发影响成本。

(2)中间产品或劳务的变动成本并不是固定不变的。假设企业内部存在若干"买方",某一时期中间产品需求量增加,需要生产工人加班完成产量,此时中间产品的变动成本会增加。那么是将增加后的变动成本作为转移价格呢,还是将增加后的变动成本作为转移价格分配给导致变动成本增加的"买方",而其他"买方"保持原有变动成本作为转移价格呢?此时也会引发影响成本。

(3)有时变动成本和固定成本的划分比较困难,如混合成本。由于信息不对称,"卖方"的管理者有动机将一些固定成本划为变动成本,容易引发"卖方"和"买方"之间的矛盾冲突,而产生影响成本。

(4)"卖方"的管理者有动机将"一元的固定成本转化为大于一元的变动成本"。比如,若中间产品需要某种零部件,"卖方"的管理者更倾向于从外部市场购入该零部件而不是自己生产这种零部件,尽管外购零部件可能会比自制更加昂贵。

总之,以变动成本为依据的转移价格也会损害上述激励标准,从而导致代理问题,产生了一些代理成本。

（三）以完全成本为基础的转移价格

上述两种内部转移价均存在一些信息和激励问题。国外学者研究发现，在建立责任会计制度的企业中，采用完全成本作为转移价格的企业所占比例较大[①]。这一事实说明了这种转移价格制定方法的优势：第一，获取完全成本信息的成本极低，可以直接从企业的会计记录中获取；第二，完全成本具有比较简单、客观、不易改变的特性，可以在很大程度上缓解影响成本。

但是这种内部转移价也存在一些自身的缺陷：

（1）这种转移价格对于中间产品或劳务的"买方"过于有利，而"卖方"得不到任何利润。不过，依然可以采用完全成本加成的办法解决这个问题。但是加成的比例如何确定？这又容易产生代理问题，引发影响成本。

（2）在这种方法下，"卖方"的成本全部转嫁给"买方"，同时也转嫁了"卖方"的低效率，这样对"卖方"缺乏降低成本的激励作用，也会打击"买方"降低成本的积极性。

（四）以协商价格为基础的转移价格

当中间产品或劳务不存在完全竞争的外部市场，或者采用以成本为基础的内部转移价格存在较大的弊端时，我们可以使用以协商价格为基础的转移价格。协商价格是指企业内部各责任中心以正常的市场价格为基础，通过定期共同协商所确定的为双方所接受的价格。协商价格的上限是市价，下限是单位变动成本，具体价格应由各相关责任中心在这一范围内协商议定。采用这种方法确定内部转移价格时，应当赋予双方同时对中间产品的转移价格和转移数量进行谈判的权利。如果双方仅协商确定转移价格，该价格不能保证"卖方"提供的中间产品的数量产生最大化的企业整体利润，这是因为"卖方"会根据自身的成本函数以及依据转移价格确定的收入函数来最终决定中间产品的供应量，此供应量可能会使"卖方"利润最大化，但是企业整体利润不一定同时最大化。这种转移价格不仅要为"卖方"和"买方"同时接受，而且要对企业总体有利，如果双方通过协商不能够达成一致意见时，企业高一级的管理层要进行必要干预，这种干预应以有限、得体为原则，不能使整个谈判变成由上层领导决定一切。

以协商价格为基础的转移价格同样也存在自身的缺陷：

（1）协商定价的过程耗时耗力，浪费双方责任中心管理者的大量精力和时间。

（2）协商定价双方往往会相持不下，此时需企业高层领导裁定，这样便弱化了分权管理的作用。

（3）协商过程中容易造成双方责任中心的矛盾和摩擦。

（五）双重内部转移价格

当中间产品或劳务存在外部市场，"卖方"有剩余生产能力，且单位变动成本低于市价时；或者当采用单一转移价格不能够激励各责任中心有效经营而保证责任中心与整个企业利益一致时，可以采用双重内部转移价格。

所谓**双重内部转移价格**，是指中间产品或劳务的"卖方"和"买方"分别采用不同的转移价

---

① J. Zimmerman, *Accounting for Decision-Making and Control*, Second Edition (Toronto: McGraw-Hill, 1977). CGA, Reading textbook of *Management Accounting 2*, Reading 8-1, pp. 30-31.

格。比如,对中间产品或劳务的"买方",可按协商的市场价格计价,对"卖方"按中间产品或劳务的单位变动成本计价,其差额最终由会计负责调整。再如,当中间产品或劳务出现不同价格时,"卖方"以最高价格计价,而"买方"则以最低价格计价,其差额也最终由会计负责调整。

双重内部转移价格优势如下:

(1) 可以较好地满足"卖方"和"买方"不同的需求。它既能使"卖方"获利,又能够使"买方"承担一定的成本。从而,"买方"就不会放弃从内部购入中间产品或劳务,造成"卖方"生产能力无法充分利用。

(2) 能够激励双方在经营上发挥其各自的主动性和积极性,较好地满足了上述三种激励标准。

当然,双重内部转移价格也存在自身的缺陷,由于对于同一笔业务,不同的责任中心分别采取不同的计价方法,其差额最终由会计负责调整,从而加大了实施这种方法的成本。

三、责任中心重组

在责任中心间设定内部转移价格,能够更为客观、合理地评价各个责任中心的经营业绩。但是,与此同时,转移价格的设定也会给企业带来许多负面的影响。比如,在设定内部转移价格时,会造成责任中心管理者之间的矛盾和冲突,进而产生不同形式的代理问题,产生代理成本。

因此,当设定内部转移价格时,我们应当分析由此带来的"收益"和"成本(损失)",如果所有内部转移价格的设定方案都给企业造成了大量的"成本(损失)"时,那么可以考虑责任中心重组。比如,当两个利润中心间的内部转移价格的设定出现问题时,可以将两个经常发生产品购销业务的利润中心合并为一个利润中心;或者将其中一个利润中心重设为成本中心,使用成本中心的评价指标进行业绩评价;或者将两个利润中心均重设为成本中心。

本 章 小 结

传统的集中管理模式已无法满足迅速变化的企业组织结构形式,现代分权管理思想已为越来越多的企业所接受。为了发挥分权管理的优点,抑制其缺点,就必须加强企业内部控制,有效控制代理问题。责任会计正是顺应这种管理要求而不断发展和完善起来的一种有效的控制制度。

责任会计系统中,根据为下属单位所分配决策权力的不同,可以划分三种不同的责任中心,即成本中心、利润中心和投资中心。每一种不同类别的责任中心,均对应分配了不同的决策权力,同时对应着不同业绩评价指标。成本中心的业绩考核指标通常为该成本中心的所有可控成本,即责任成本;利润是利润中心使用最广泛的业绩评价指标,但是利润的合理计量,需要解决共同收入与共同成本在各个责任中心之间的分配问题,而且应当为责任中心间转移的产品制定内部转移价格;投资中心的业绩评价指标主要有投资利润率、剩余收益和经济附加值。

内部转移价格是指企业内部各责任中心之间相互转让中间产品或劳务时,进行结算的计价标准或结算价格。内部转移价格不仅会影响各责任中心的利润,同样也会影响企业的总体利润。内部转移价格的制定应当以转移中间产品或劳务的机会成本为基础,同时应当考虑激励因素。

思考与练习

思考题

1. 什么是责任会计? 它和企业分权管理制度的关系如何?

2. 建立责任会计制度的基本原则有哪些?

3. 列举三种不同的责任中心,并描述各责任中心的职能。

4. 如何对三种不同的责任中心进行业绩评价? 其评价指标有何不同?

5. 什么是成本的可控性? 如何划分可控成本和不可控成本?

6. 什么是剩余收益? 如何计算剩余收益? 为什么要以剩余收益指标评价投资中心的业绩?

7. 什么是经济附加值? 如何计算经济附加值? 为什么要以经济附加值指标评价投资中心?

8. 什么是业绩报告? 如何编制三种责任中心的业绩报告?

9. 什么是内部转移价格? 为什么要确定内部转移价格? 应怎样根据不同情况合理制定内部转移价格,以满足企业经营管理的不同需要?

选择题

1. 若企业中某一下属单位的管理者被赋予了生产要素投入组合的决策权,同时被赋予了产品组合、产品产量权利和产品定价的决策权,而投资的决策权则由更高一层的责任单位所控制,那么对于这样的下属单位,我们可以确定为( )。

    A. 成本中心   B. 投资中心   C. 收入中心   D. 利润中心

2. 对成本中心进行业绩评价时,主要采用的业绩评价指标是( )。

    A. 贡献边际   B. 投资利润率   C. 责任成本   D. 经济附加值

3. 当中间产品或劳务存在竞争的外部市场时,以其( )作为内部转移价格是比较合理的选择。

    A. 变动成本   B. 市场价格   C. 完全成本   D. 协商价格

4. 下列各类内部责任部门中,( )属于技术性成本中心。

    A. 基本生产车间   B. 广告策划部门   C. 行政管理部门   D. 研究开发部门

5. 投资利润率和剩余收益指标共有的缺陷是( )。

    A. 均是绝对数指标   B. 均可以进行横向比较

    C. 均易受到操纵   D. 均以收付实现制为基础计算

6. 分权管理的优点包括( )。

    A. 调动各级管理人员的积极性和创造性   B. 提高企业的应变能力

    C. 产生了代理问题   D. 提高企业的竞争力

7. 建立责任会计制度应当遵循的原则有( )。

    A. 责权利相结合原则性   B. 目标一致性原则

    C. 可控性原则   D. 及时反馈原则

    E. 例外管理原则

8. 对投资中心考核的重点是( )。

    A. 贡献边际   B. 销售收入   C. 投资利润率   D. 剩余收益

9. 制定内部转移价格应当依据的标准包括( )。

    A. 能够为经营业绩的评价提供合理的标准

　　B. 能够充分调动各个责任中心的积极性

　　C. 能够实现责任中心的目标与企业整体目标的一致性

　　D. 所转移中间产品或劳务的机会成本

10. 双重内部转移价格的优势包括( )。

　　A. 可以较好地满足"卖方"和"买方"不同的需求

　　B. 实施这种方法的工作量较小

　　C. 能够激励双方在经营上发挥其各自的主动性和积极性

　　D. 实施这种方法的成本较小

业务分析题

1. 康元公司有康益和康新两个分公司,这两个分公司(投资中心)的20×5年的营业利润和各自所占经营资产如下表所示(单位:元)。

	康益公司	康新公司
营业利润	6 720	12 480
营业资产	28 000	72 000

　　康元公司为投资中心规定的最低投资报酬率为12%。

　　要求:分别以投资利润率和剩余收益来评价康益和康新两个分公司的业绩,你认为哪个分公司的业绩较优? 结合两个分公司的投资情况,你认为哪个指标的评价结果比较客观? 为什么?

2. 海隆食品公司下属有一投资中心海盛公司,海盛公司规定的最低投资报酬率为8%,该公司20×5年的有关资料如下表所示(单位:元)。

项　目	实　际	预　算
海盛公司销售收入	26 800	26 000
海盛公司变动成本		
第一工段	5 600	6 800
第二工段	6 400	6 900
海盛公司固定成本		
制造部		
第一工段	800	650
第二工段	1 200	1 000
行政部	1 800	1 400
销售部	2 200	2 500
经营资产平均占用额	76 000	76 000

　　要求:根据以上资料,为海盛公司编制业绩报告,并做出恰当的评价。

3. 美佳公司共有美菱、美洁两个下属分公司,美菱、美洁公司为利润中心。

　　(1) 美菱公司所生产的甲产品可以直接对外销售,市场销售价格为35元/件,A公司甲产品的单位变动成本为13元/件,最大生产能力为3 000件。

　　(2) 美菱公司也可以将其所生产的甲产品提供给美洁公司,由美洁公司进一步加工,美洁公司需用量为2 000件,可以将这2 000件甲产品加工为2 000件乙产品,每件加工费用为7元,对外销售价格为45元/件。

　　(3) 美佳公司及下属美菱、美洁两个公司发生的固定费用总额为24 000元,若美菱公司将甲产品内部转让,可减少固定销售费用4 000元。

　　要求:按照下列假设条件计算美佳公司的营业利润。

(1) 甲产品存在完全竞争的外部市场,美菱公司将甲产品全部外销,美洁公司所需的甲产品全部外购。

(2) 甲产品存在完全竞争的外部市场,美洁公司所需的甲产品全部按 35 元/件的价格内部转让。

(3) 甲产品存在完全竞争的外部市场,美洁公司所需的甲产品全部按 30 元/件的价格内部转让。

(4) 美菱公司甲产品可实现的最大销售量为 2 500 件,美洁公司所需的甲产品按 17 元/件由内部转让所得,不足部分从外部市场上购入。

(5) 美菱公司甲产品可实现的最大销售量为 2 500 件,美洁公司所需的甲产品全部外购。

4. 永康药品公司有泰康和永和两个分公司,泰康和永和为投资中心。

(1) 泰康公司生产甲产品,年最大产量为 150 000 千克,甲产品既可以作为永和公司的原材料,也可以直接对外销售,市场销售价格为 55 元/千克,甲产品的单位变动成本为 35 元/千克,泰康公司发生的固定成本为 750 000 元。

(2) 永和公司生产乙产品,每年需要甲产品 50 000 千克作为原材料,乙产品的市场价格为 110 元/千克,将甲产品加工为乙产品需要额外的变动成本 45 元/千克,永和公司发生的固定成本为 250 000 元。

要求:

(1) 甲产品存在完全竞争的外部市场,试确定甲产品的内部转移价格。

(2) 甲产品存在完全竞争的外部市场,泰康公司的甲产品最大的销售量为 100 000 千克,其剩余生产能力无法转移,试确定甲产品的内部转移价格。

(3) 泰康公司对外销售甲产品,每千克需要支付 5 元的变动销售费用,而内部转让甲产品不需要支付销售费用,试确定甲产品的内部转移价格。

附录:利用 Excel 分配共同成本

一般可以采用单一比率分配实际成本法和双重比率分配预算成本法对共同成本进行分配。下面以第三节例题中的数据为依据,使用 Excel 工具分配共同成本。

一、单一比率分配实际成本法

采用这种方法的分配过程见图 11-1。

B5	f_x =B3/B4			
	A	B	C	D
1	单一比率分配实际成本法			
2	项目	20X4年	20X5年	
3	实际供热成本	36,000	32,000	
4	实际供热小时	6,000	5,000	
5	供热小时分配率	6.0	6.4	
6	第一车间耗用供热时间	3,000	3,000	
7	第一车间分配供热成本	18,000	19,200	
8	第二车间耗用供热时间	3,000	2,000	
9	第二车间分配供热成本	18,000	12,800	
10				

图 11-1

图 11-1 中,单元格 B5 中设置公式"=B3/B4",表示 20×4 年度每供热一小时实际消耗的供热成本,单元格 C5 中设置公式与之类似。

单元格 B7、B9 中分别设置公式"=B5 * B6"、"=B5 * B8",分别表示 20×4 年分配给第一车间和第二车间的供热成本,单元格 C7、C9 中的公式设置与之类似。

二、双重比率分配预算成本法

采用这种方法的分配过程见图 11-2。

	C4		▼	f_x =C6/2				
	A	B	C	D	E	F	G	H
1				双重比率分配预算成本法				
2				变动成本				
3			固定成本	实际耗用供热时间	预定分配率	供热成本	合计	
4		第一车间	9,000	3,000		9,000	18,000	
5		第二车间	9,000	3,000		9,000	18,000	
6	20X4年	合计	18,000	6,000	3	18,000	36,000	
7		第一车间	9,000	3,000		9,000	18,000	
8		第二车间	9,000	2,000		6,000	15,000	
9	20X5年	合计	18,000	5,000	3	15,000	33,000	
10								

图 11-2

图 11-2 中,单元格 C4、C5 中分别设置公式"=C6/2"、"=C6/2",表示第一车间和第二车间分别承担 50% 的预算固定成本,单元格 C7、C8 的设置与之类似。

单元格 F4、F5 中分别设置公式"=D4 * E6"、"=D5 * E6",表示 20×4 年第一车间和第二车间分别承担的预算变动成本。

单元格 F7、F8 中分别设置公式"=D7 * E9"、"=D8 * E9",表示 20×5 年第一车间和第二车间分别承担的预算变动成本。

第十二章

组织与激励管理：业绩评价

案例引导

张超是一家高科技企业的经理，该企业主要从事软件开发与设计。企业成立刚刚 2 年，已经开始有了一定的客户群，并形成了自己的开发团队。但是此时，张超与企业的投资人开始出现意见分歧。按照投资人的观念，张超的薪酬应该与企业的业绩相挂钩，并且由于投资人平时并不在企业中，常常担心张超会做出一些不利于投资人的行为，如增加公司的日常开销、挪用公司资金等。但是张超则认为企业过分看重当期业绩不利于自己在当前更好地开展业务。公司当前最主要的任务应该是培养好自己的研发队伍，并建立稳定的客户关系，争取能形成一定的声誉，从而今后能有机会争取到一些大公司的稳定订单。张超对业绩考核方法的不满更加重了投资人的忧虑。投资人当期所面临的主要问题是：如何有效地建立一种激励与约束机制，以降低这种经理人与股东之间的代理问题？

管理激励是企业管理的重要职能，它可以分为高级管理者激励、中层管理者激励和员工激励三个层次，不同层次的激励问题有着不同的特点，本章的管理激励指的是高层管理者的激励问题。

第一节 管理激励的目标和内容

一、管理激励的目标

现代企业制度的基本特征就是所有权与经营权"两权分离"。在"两权分离"的条件下，股东作为投资人，由于时间、精力和成本等因素往往无法直接参与企业的经营管理，监督企业的日常运行。企业的经营权通常掌握在代理人即管理者手中。按照经济学的基本假设,人是为实现自身利益的最大化行事的。管理者、股东也都为自身效用最大化行事,而两者的利益是存在冲突的,两者的利益冲突产生了股东与管理者之间的委托代理问题。

现代企业内部存在的这种委托代理关系,实际上体现在企业管理的各个层次,包括股东与董事会间的委托代理关系,董事会与经理之间、上层经理与中层经理及基层经理之间的委托代理关系。当委托人(如股东)与代理人(如经理)的利益出现冲突时,出于自身利益的考虑,代理人往往会做出有利于自身而不利于委托人的决策,从而损害委托人的利益,形成代理成本。管理激励的目标就是激励管理者按照委托人的利益进行决策,尽量降低委托代理关系中的代理成本。按照代理理论,管理者的代理成本是由于所有权与经营权的分离,管理者掌握了更多的不利于委托人的信息,出于自身利益会做出不利于委托人的行为,从而引起公司价值的损失,由此产生代理成本。

代理问题产生的根源在于经理人员与股东之间信息的不对称。经理人员对企业经营的相关信息掌握得很充分,而股东由于无法对企业的日常经营过程进行经常地监控,这种信息不对称会导致经理人的道德风险,如通过更多的在职消费,如占用更豪华的办公设备,乘坐更高档的轿车等,来增加自身利益而损害投资者的价值。股东可以通过对管理者的监督和设置合理的激励补偿计划来降低这种代理成本。管理者激励的主要目标就在于使管理者的目标与股东尽量一致,同时激励管理者作出最优的决策。具体来说,管理层激励的目标在于通过对管理层的激励约束机制,使管理层的利益与股东的利益趋向一致,促使管理者能够按照股东的利益,充分发挥自身的能力与创造性,充分提高企业价值。总之,管理层激励方案是企业管理制度的重要组成部分,它能够促使管理层追求公司和股东利益的最大化。因此,一个科学合理的管理层激励方案对提升公司的竞争能力具有重要的促进作用。

二、管理激励的主要类型

高级管理人员的激励补偿方案通常可以分为以下三种类型。

(一)短期激励和长期激励

激励方案如果是以当期业绩为基础的报酬形式,这种激励补偿就属于短期激励方式。短期激励主要注重企业的短期绩效,将管理层的报酬与公司的短期业绩(如利润额、经济增加值等)相联系。如果公司的激励方式是以长期业绩表现为基础,就属于长期激励,如以公司股票的长期市场表现或者公司的在5年后的利润额为基础进行评价。长期激励可以促使管理层从长远发展的角度考虑公司的各项经营决策,避免决策的短视化。

(二)现金激励与权益激励

按照补偿方案的支付形式,可以分为现金激励与权益激励。现金激励即向管理人员支付现金作为报酬。权益激励包括向管理人员支付股份、购股权、虚拟股份等形式。权益激励通过给予管理层一定的股权使管理层的报酬与股票的价格相衔接,这样可以有效地将股东与管理者的利益趋向一致,因此权益激励常常与长期激励相联系。实行权益激励方案的对象:通常只包括董事长和董事会成员以及高级经理人员,但是也有少数企业会将权益激励方案适用到全体员工。

（三）货币性和非货币性激励

管理人员的补偿方式可以是货币性的，包括现金或者权益形式；也可以是非货币性的，例如各种特权和社会地位。作为高级管理人员拥有的一些特权，有些情况下比货币收益更加重要，例如更高档的办公条件、更多的休闲度假机会、使用公司的小汽车、更高的社会待遇等。另外，高级管理人员还会获得更高的社会地位，更能受到人们的尊敬。这些非货币性的收益虽然很难定量刻画，但在企业的激励方案中起着重要的作用。

三、管理激励的内容

高级管理人员的激励约束体系是由相互联系的三个方面所组成的，包括市场竞争机制（产品市场的竞争、经理人市场的竞争、企业控制权市场的竞争等）、业绩考核方法、薪酬激励体系。

首先，管理激励制度受到外部市场环境的影响，包括产品市场、经理人市场、企业控制权市场竞争程度的影响。其中经理人市场的竞争程度对管理激励的作用最为直接，一个完善的、充分竞争的经理人市场可以促使管理者更加关注委托人的利益，提高其增加股东价值的动力和压力。另外，控制权市场的竞争程度也会对管理者激励产生重要影响，在一个控制权市场发达的市场中，如果管理者不努力工作，公司价值被低估，就会面临被并购的危险，一旦公司被并购，往往要对公司原有的管理层进行更换，这种压力会促使管理者更加努力地工作。因此，良好的控制权市场对提高管理层的激励效果也具有重要作用。

其次，业绩考核方法也是管理激励的重要内容，通常管理层业绩的考核可以根据财务指标，也可以根据市场指标，或者一个指标体系来进行评价。这些业绩评价方法我们将在第二节中详细介绍。

薪酬激励体系是管理层激励的核心内容，薪酬激励体系包括激励的主体、激励的对象和激励的形式三个方面。从激励的主体来看，企业高层管理人员的激励制度主要是由企业的权利机构如股东大会、董事会来决定的。按照市场经济的一般规律，应该是由投资人决定管理者的薪酬支付。但是，由于我国的国有企业中存在的投资主体缺位、"内部人控制"现象比较严重，企业中存在自己给自己加薪的情况。美国公司的通常做法是设立独立的"薪酬委员会"，薪酬委员会主要由独立董事组成，可以独立、公正地对管理者的业绩进行评价和考核，决定管理者的薪酬。激励的对象主要包括企业高层管理者。激励的形式是多样化的，通常是通过一个薪酬组合来给予管理者各种形式的报酬。这个薪酬组合一方面结合企业的战略需要，另一方面结合企业的短期业绩进行支付。

企业的薪酬组合通常由各种报酬形式组成，主要包括年薪收益、股权收益、职位消费收益和保障收益等方面。**年薪收益**是以年度为单位视经营业绩决定管理者报酬的风险激励形式。**股权收益**激励是长期激励的重要方式，为了使管理者的利益与股东保持一致，通常会向企业的管理人员支付一定的股权作为奖励。股权激励有许多表现形式，如常见的股票期权制度以及虚拟股票制度等。**职位消费收益**是对管理者的一种特殊津贴。它是指在一个组织内担任管理职务的人员凭借制度规定或者职务支配能力，自身享有并由机构负担的消费特权和额外福利。这种职位消费包括管理者的办公费用（如舒适的办公设施）、招待费用、交通和通讯费用、培训费用以及带薪度假和以公司名义进行的各种消费活动。通常管理职位越高,其职位消费的金额也就越大,这种职位消费也应该看作是管理者激励的重要组成部分之一。**保障收益**激励是指管理者通过公司的各种福利计划得到的利益激励,包括养老金、保险金,以及特殊的补偿金等。这部分报酬形式一般不会在薪酬组合中占重要比例,但是由于它对管理者来说具有一定的保险保障作用,因此管理者通常也很重视这部分收益。企业在考虑设计合理的薪酬组合时,要兼顾长期激励与短期激励、现金激励与非现金激励、货币激励与非货币性激励,结合企业的实际情况和未来的发展要求,通过合理的激励组合使管理者能够更好地为企业的投资人服务。

科学的补偿激励方案,可以为公司高级管理者提供重要的导向和激励。良好高级管理人员的激励补偿方案应该具有以下性质:

(1)一个合理的管理层激励方案应该将管理层的薪酬水平与公司的经营状况联系在一起,将管理层的利益与公司和股东的利益联系在一起。

(2)激励方案应该充分考虑管理人员的价值,给予其具有足够吸引力的奖励,以吸引并留住高素质的管理人才。

(3)通过奖励方案,能够在公司内部营造一种重视业绩的氛围,促使企业的管理层重视业绩、注重实效。

四、国外企业管理激励的发展趋势

从国外发达国家近年来管理激励的发展趋势来看,主要呈现以下特点。

(一)高管人员薪酬与普通员工薪酬水平差距逐步加大

从国外发达国家的管理人员薪酬水平来看,近几十年来,高层管理人员与一般员工的薪酬水平差距逐渐加大。据调查,在 20 世纪 70 年代左右,美国大公司的 CEO 平均收入水平大约为普通员工的 35 倍,到了 20 世纪 90 年代,由于经理层持股以及股票期权计划的普及,美国大公司 CEO 的平均收入已经达到普通员工的 190 倍。

(二)长期激励形式成为主要的激励方式

在激励的薪酬结构方面,随着近几十年来国外发达国家对股票期权制度的广泛采用。经理人的收入结构中有很大的一部分都是来自股票、期权等长期激励形式。据统计,美国高管基本薪酬占其薪酬总额的 32%,短期激励(红利)占 17%,长期激励(期权)占总额的 51%。全球最受赞誉的通用电气公司总裁杰克·韦尔奇 1998 年的总收入高达 2.7 亿美元以上,其中股票期权所获得的收益占 96% 以上。同时长期激励方式在形式上也在不断创新,例如股票期权、虚拟股票、股票增值权、业绩股票等。这种激励结构的变化一方面使高管人员与股东的利益趋向一致,另一方面,也增加了高管人员收入的风险,促使其更加努力地经营。

(三)薪酬决定逐步走向专业化

传统的薪酬制度往往由企业的老板或者人力资源部门进行考核,形式简单,主观性较强。随着薪酬决策的日益复杂,企业高层人员的薪酬决策越来越需要更多的专业知识。大多数的大型公司开始设立薪酬委员会,甚至聘请专业的外部咨询机构帮助其建立科学合理的激励机制。

（四）高管人员的薪酬信息公开化

随着企业高管人员薪酬水平的大幅度提高,高管人员薪酬成为社会公众所关心的问题,要求高管收入公开化的呼声也越来越高。特别是一些企业高管丑闻频发的情况下,更是加快了高管人员收入透明化的步伐。一些国家纷纷立法或出台有关规定,要求公司高管人员的薪酬收入要公开化,企业每年要出一个关于公司级高管人员薪酬的年终报告,详尽说明与每个公司高管人员薪酬项目有关的问题。企业高管人员薪酬信息的公开化,在一定程度上强化了政府和社会公众对企业高层人员薪酬水平的监管,有利于公司激励机制的良性运作。

第二节　管理激励的业绩评价方法与形式

一、管理激励的业绩评价方法

管理人员的业绩评价方法通常可以分为财务评价模式、价值评价模式和平衡评价模式①。

（一）财务评价模式

财务评价模式是根据财务信息来评价管理者业绩的方法,常见的财务评价指标包括投资报酬率、剩余收益、净资产收益率等。在责任会计中,我们曾介绍的各类责任中心的业绩评价指标所采用的就是财务评价方法。作为一种传统的评价方法,财务业绩一方面可以反映公司综合的经营成果,同时也容易从会计系统中获得相应数据,操作简便,易于理解,因此被广泛采用。但是,财务业绩评价也有其不足之处。首先,财务业绩体现的是企业当期的财务成果,反映的是短期业绩,无法反映管理者在企业的长期业绩改善方面所作的努力。其次,财务业绩是一种结果导向,即只注重最终的财务结果,而为达成该结果的改善过程则不予考虑。再次,财务业绩通过会计程序产生的会计数据进行考核,而会计数据是根据公认会计原则产生的,受到谨慎性原则有偏估计的影响,因此可能无法公允地反映管理层的真正业绩。

（二）价值评价模式

价值评价模式,价值模式以股东财富最大化为导向,采用能够体现股东财富的市场指标、经过调整的财务指标或者根据未来现金流量得到的贴现类指标。公司的财务业绩好,未必会直接提高股东财富。因此,对于上市公司而言,通常也将市场评价指标作为管理者业绩评价的重要标准。市场评价指标是根据企业在股票市场上的表现来评价管理者的业绩。常用的指标包括股票价格、股票的托宾 Q 或者股票的收益率等。现代公司的理财目标应该是股东财富最大化,股东财富的直接表现就是股票价格和收益率,以公司的股票市场表现作为业绩评价依

---

① 王化成、刘俊勇:"企业业绩评价模式研究",《管理世界》2004 年第 4 期。

据,可以促使管理者的目标与股东的利益相一致,适当降低代理成本。但是市场评价指标也有一定的局限性,例如股价容易被管理者的虚假信息所操纵,而且股价除了受公司本身的影响以外,还会受到宏观经济、政治环境的影响,这些因素都是管理者所无法控制的。因此,将股价变动的责任完全归咎于管理者往往会夸大管理者的责任。价值评价模式的另外一个重要应用就是经济增加值(Economic Value Added,缩写为 EVA)以及相应的市场增加值(Market Value Added,MVA)指标。市场增加值等于市场价值与总投入资本的差额,反映了股东投资的增值程度,理论上是一个较好的指标,但是它仅适于从外部评价公司的整体业绩,而无法对公司内各部门的业绩进行评价。相对而言,近年来更加受到广泛关注的财务评价指标是经济增加值(EVA)指标。我们曾在责任会计一章中对 EVA 指标作过介绍。在 1993 年 9 月 27 日,FORTUNE 杂志上的一篇文章称 EVA 为“创造价值的金钥匙”,此后,关于 EVA 管理的文章便经常出现在各类媒体上,成为人们所熟知的指标。EVA 本身并不是新颖的概念,其原理与剩余收益(Residual Income)是一致的,只是增加了对公认会计准则所得到的会计信息的调整事项。EVA 指标计量了在考虑到企业投入资本的资本成本以后,企业为股东所创造的价值增加额。EVA 指标计算过程中对相关事项的调整,有效避免了会计指标短期化和过分稳健的影响,更加准确地说明了经理人员所创造的真实业绩。斯腾·斯图尔特公司建立并推动了 EVA 评价指标的运用,而且通过大量事实证明了 EVA 是与 MVA 相关程度最高的内部业绩指标,即 EVA 作为业绩评价指标优于会计利润指标。尽管如此,价值评价模式仍然忽略了引起公司价值变动的非财务方面的业绩改善。

(三)平衡评价模式

平衡评价模式是指从多方面包括财务和非财务角度、短期与长期、领先与滞后指标等方面进行综合业绩考核的一种评价方法。平衡模式以战略目标为导向,通过指标间的各种平衡关系以及战略指标或关键指标的选取来体现出企业不同利益相关者的期望,从而实现企业价值最大化的目标。随着竞争的日益加剧,人们越来越认识到,各种非财务因素如技术水平的提高、顾客的满意度、组织或雇员的认同、员工素质的提高等对公司未来价值具有非常重要的作用。一些公司开始通过建立一个由财务指标、市场指标以及非财务指标共同构成的指标评价体系来综合评价管理层的业绩,平衡计分卡就是一种典型的综合业绩评价方法。平衡计分卡从财务、顾客、内部业务流程、学习与成长四个方面将管理者的业绩与企业的战略目标相连接,从各个方面对管理者的业绩进行综合评价。平衡计分卡的详细介绍见本章的第三节。

二、管理激励的主要形式

常见的管理激励包括以下五种形式。

(一)股票期权

股票期权制度萌芽于 20 世纪 70 年代的美国,在 90 年代西方发达国家得到广泛的推行和发展。据统计,全球 500 强的大型企业中,至少 85% 的企业实行了股票期权制度。根据这一制度,公司董事会给予公司经理人员和技术骨干在未来一段期限内以一种事先约定的价格购买公司普通股的选择权。持有这种选择权的人员可在规定的时间期满后自行决定何时以行权価购买股票,以获得行权日股票市场价格与行权价格之间的差额收益。如果在行权期股票价格高于行权价,则管理者会获得差额收益;如果股票价格低于行权价,则管理者必然不会行使期权,从而没有任何收益。股票期权是一种长期激励性报酬,其根本目的是将公司经理人员和技术骨干的报酬与公司的经营业绩和股票价格挂钩,有效地把关系公司前途命运的高级人才与广大股东的长远利益结合起来,形成利益共同体推动企业的共同发展。

(二)虚拟股票

虚拟股票是指公司授予激励对象一种"虚拟"的股票,激励对象可以据此享受一定数量的分红权和股价升值收益,此时的收入即未来股价与当前股价的差价,但没有所有权,没有表决权,不能转让和出售,在离开企业时自动失效。虚拟股票的发放不会影响公司的总资本和所有权结构,公司会因此发生现金支出。虚拟股票的激励效果受资本市场有效性程度的影响,资本市场的有效程度越高,其实施的效果越好。虚拟股票期权的行权需要一定的等待期,一般应为3—10年,这样才可以确保其长期激励作用,避免管理人员的短期行为。

(三)延期支付

延期支付是指公司将管理层的部分薪酬,特别是年度奖金、股权激励收入等按当日公司股票市场价格折算成股票数量,存入公司为管理层人员单独设立的延期支付账户。在既定的期限后或在该高级管理人员退休以后,再以公司的股票形式或根据期满时的股票市场价格以现金方式支付给激励对象。为了使既得的股权激励收入进一步增值,激励对象会努力使公司股价上升。由于延期支付收益与公司的业绩紧密相连,因而可以促使管理层更加关注公司的股市价值。只有股价上升,激励对象才能保证自己的利益不受损害。另一方面,延期支付方式可以激励管理层考虑公司长远利益的决策,以免经营者行为短期化。

(四)年薪制

年薪制是以年度作为企业管理者的考核周期,把管理者的薪酬收入与其经营业绩挂钩的一种薪酬分配方法。年薪收入通常包括基本收入和效益收入两部分。其中效益收入取决于管理者当年经营业绩的高低,属于风险收益。这是一种国际上较为通用的支付企业经营者薪金的方式。在我国,还没有统一的年薪制规定,有的地方制定了具体的实施方法。例如,有些地方规定经营者年薪原则上由基础年薪、效益年薪组成,经营者年薪原则上不得超过本企业职工平均工资的八倍。还规定,企业经营者实行年薪制,必须承担经营风险责任,须缴纳风险抵押金、年薪预留金,实行年薪制应先向企业职代会报告,并需报企业主管部门审批。

(五)持股计划

持股计划是指让激励对象持有一定数量的本公司股票,这些股票是公司无偿赠与激励对象的、或者是公司补贴激励对象购买的、或者是激励对象自行出资购买的。激励对象在股票升值时可以受益。在股票贬值时激励对象受到损失,如果是激励对象自行出资购买股票,则损失表现为自有资金损失,如果是公司无偿赠与或补贴购买股票,则损失表现为既得利益下降。持股计划的激励效果也受资本市场有效性的影响。

第三节 平衡计分卡

一、平衡计分卡的起源①

1990 年,由诺郎诺顿研究所(Nolan Norton Institute)资助了一项旨在研究未来的组织绩效衡量方法的研究计划,该计划的主要研究内容是探讨未来组织的绩效衡量方法。该研究计划邀请了 12 家来自制造、服务、重工业和高科技产业的企业,以及学术界的罗伯特·卡普兰(Robert Kaplan)教授参加。研究计划的成员在一年中每两个月聚会一次,共同研讨一个崭新的绩效衡量模式。

经过研究人员一年多的反复讨论,最终提出了一个多元的业绩衡量方法,这个方法包括四个方面:财务,顾客,内部业务流程,学习与创新。这个新的业绩衡量系统,称为平衡计分卡(The Balanced Scorecard)。该项计划的研究结果由 Kaplan 和 Norton 发表于 1992 年 1—2 月的《哈佛商业评论》上,文章标题为"平衡计分卡:驱动绩效的量度",文中正式提出了平衡计分卡的概念。该文发表以后引起了企业界的强烈反响,美国的许多企业开始纷纷对平衡计分卡进行研究和试用。在随后的几年里,两人又陆续发表了一系列的论文和书籍,丰富了平衡计分卡的相关理论与内容。在 10 年左右的时间里,平衡计分卡在理论上逐步发展完善,实践领域也得到了越来越多企业的认可。平衡计分卡被誉为 20 世纪管理会计中最重要的研究成果之一。

二、平衡计分卡的含义

传统的业绩评价系统往往侧重对财务业绩的评价,忽视了对非财务业绩方面的改善绩效。财务业绩仅仅是过去经营管理行为的结果,却无法揭示企业发展的驱动性因素。企业作为一个生产力系统,其绩效的改善依赖于作用于绩效的各个组成要素。随着企业间竞争的不断加剧,单纯追求财务目标已经不能满足竞争的需要。管理人员开始逐渐认识到,非财务业绩方面的改善对企业同样具有重要的意义。许多非财务方面的指标不仅解释了目前的销售水平,还可以用来预测未来的销售水平,如客户满意度、质量合格率等。管理层必须同时兼顾企业客户需求的变化、员工的需求,以及经营过程的技术创新和管理创新。**平衡计分卡**就是一种为满足企业的综合业绩评价行为所提出的一种管理工具。它将业绩评价基础分为相互联系的四个方面:财务,顾客,内部业务流程,学习与成长。其基本框架如图 12-1 所示。平衡计分卡站在系统的高度,指出企业追求的财务目标背后的"推动要素"何在,能够提醒企业管理层关注战略的关键成功因素,从利润的源头开始,通过夯实发展基础以追求利润,而非急功近利式地追求利润,从而促进企业长期发展。

---

① 余绪缨、王怡心著:《成本管理会计》,立信会计出版社,2004 年第 1 版,第 609—623 页。

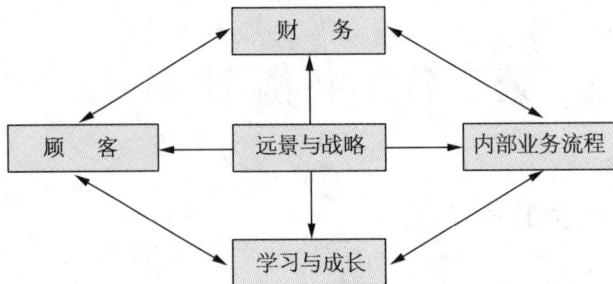

图 12-1　平衡计分卡的基本框架

平衡计分卡中的"平衡",是指短期与长期目标之间、财务与非财务度量之间、滞后与领先指标之间以及外部与内部绩效之间的平衡。平衡计分卡在提出之初还仅仅作为一种综合的业绩评价系统来看待,随着理论与实践的推动,现在已经将其作为一种新型的战略管理工具来运用。它从财务、顾客、内部业务流程、学习与成本相互联系的四个方面,确定实现企业战略目标的关键成功因素和关键业绩指标(Key Performance Index,简称 KPI),根据企业的实际情况,包括所处的生命周期、企业的竞争地位、战略目标的设定等因素,为每一方面设计适当的评价指标,对各个评价指标赋予不同的权重,形成一套完整的业绩评价体系,通过这套评价体系,来沟通企业的战略目标、将战略目标传递给各个管理层级。从这个角度讲,平衡计分卡不仅仅是一个控制系统,而且也是一个用来交流、信息传递和学习的系统。平衡计分卡为企业管理人员提供了一个全面的战略目标设定、管理沟通和业绩评价的框架体系。

三、平衡计分卡的业绩计量

平衡计分卡从四个方面——财务,顾客,内部业务流程,学习与成长进行业绩计量与考核。企业需要针对四个方面分别进行细致的指标分析,找出合理的评价指标,以建立一套指标评价体系。

(一)财务方面

财务方面的评价是传统业绩评价的主要方法,也是平衡计分卡的核心方面。它通过财务方面的业绩考核企业或者部门的获利能力、成长能力、偿债能力等。财务方面的评价主要是通过传统的比较成熟的财务评价指标体系进行评价。常见的指标包括利润率(总资产报酬率、资本报酬率、毛利率、净利率、员工平均利润、经济附加价值)、收入(净收入、员工平均收入、新产品收入)、周转率或天数(应收账款、存货)、现金流量、信用评级、市场价值等。

企业财务方面的评价指标的选择,需要结合企业所处的成长阶段和战略方向进行选择。处于创业期和成长期的企业,产品刚刚进入市场,往往需要大量的投资,此时企业的利润和投资现金流量通常为负值,企业在这个阶段更注重市场推广和顾客的争取,因此通常选择能体现企业成长性的指标如销售收入的增长率和营业现金流量等。对于处于成熟阶段的企业,更注重企业盈利能力的增强,通过提高运营效率,降低成本、改进质量以提高企业利润和现金流量。企业在这个阶段往往更注重利润额、投资报酬率以及现金净流量这些反映盈利能力高低的指标。

（二）顾客方面

顾客方面是考核企业或者部门对客户的保持和增长方面的贡献,主要关注产品的市场优势、顾客关系和顾客的满意程度等方面的业绩。常见的评价指标包括市场占有率、新客户所占百分比、顾客平均销售额、来客数、满意度、忠诚度、品牌形象或认知、客诉回复时间或解决次数、退货率、顾客流失率或延续率、营销费用占销货收入的比率、参展次数、广告件数、每位顾客的服务成本等。

虽然不同的企业在选择顾客方面的评价指标时会有所不同,但是一个共同的指导思想却是不变的:为客户提供高价值的产品,以提高客户的满意程度、新客户的获得和客户保持程度。为客户提高高价值的产品需要明确客户的价值观念。虽然这种客户价值观念在不同的行业有不同的表现形式,但是一般来说这种观念会受到三种属性的影响,即产品和服务的属性、客户关系和企业形象。产品和服务属性包括产品和服务的功能性、独特性、质量、价格等方面。客户关系包括获得产品的便利程度、市场反应时间和客户在购买商品时的感觉。企业形象主要受企业品牌市场形象的影响。

（三）内部业务流程方面

内部业务流程方面主要关注企业对内部作业活动的改善情况。包括作业流程的创新、营运效率的提高、售后服务过程的改善等。面对市场的不断变化,企业应该不断改善自己的业务流程,以提高运营效率和市场反应速度,保持自身的竞争优势。

在内部业务流程方面的评价方法根据企业的行业特点和经营方式的不同而有很大的区别。一些常见的评价指标包括准时送达、平均前置时间、安全与环境、生产周期、在途产品和服务、空间利用率、研发费用、专利年限、损益平衡时间、库存量、不良品率、停工期、新产品或服务引进时间、可靠度、计划准确度、媒体正面报道的数量等。具体来说,针对研究开发过程的创新能力评价指标通常包括新产品收入的比例、损益平衡的时间、企业业务流程改善的次数等指标。对经营过程改善能力的评价指标包括经营周期、制造周期效率（增值时间/制造周期时间）、准时交货率、质量合格率等。对售后服务过程的改善能力指标通常包括客户售后服务响应时间、一定时期内客户的访问次数、产品的返修率、客户抱怨次数等。

（四）学习与成长方面

学习与成长方面主要关注企业对员工的能力培养和技术培训方面所做出的努力。企业员工的素质决定了企业发展的潜力与市场竞争的能力,在员工素质方面的投入将为未来竞争力的提升奠定良好的基础。企业若想永久保持其竞争优势,就必须依靠对企业员工的培养,构建一个学习型的企业。因此,平衡计分卡中的学习与成长方面是其他三个方面得以顺利实现的基本保证,是企业实现持续增长的内在推动力。

这方面的评价指标通常包括平均训练时间、高学历的员工比例、员工满意度、分红入股计划、授权指数、建议件数、生产力、员工拥有电脑的比率、第二专长人数、专业证照数、领导发展、策略性资讯比例、跨功能任务指派、知识管理、违反道德行为、旷职率、流动率、工作环境的品质等。表 12-1 列示了某企业建立的平衡计分卡评价指标体系。

表 12-1　某企业建立的平衡计分卡评价指标体系

财务方面	顾客方面
投资报酬率	客户满意度
经济增加值	现有顾客保留率
收入增长率	准时交货率
每位员工利润率	投诉次数
内部业务流程	学习与成长
损益平衡时间	员工流动率
生产周期	员工满意度
次品率	培训次数
库存成本	工作环境指数

　　平衡计分卡的评价方法同时兼顾了组织中的内在与外在因素,并能够与组织的战略目标相配合,可以成为战略实施的重要工具;平衡计分卡同时运用财务指标与非财务指标,使业绩的评价更加完整和全面。平衡计分卡中的四个方面是相互联系,相互作用的。财务方面是表象和滞后指标,顾客、内部业务流程、学习与成长是内在原因和领先指标。如果按照它们之间的因果关系,可以分析出由学习与成长、内部业务流程、顾客、财务之间形成的因果关系链,如图 12-2 所示。

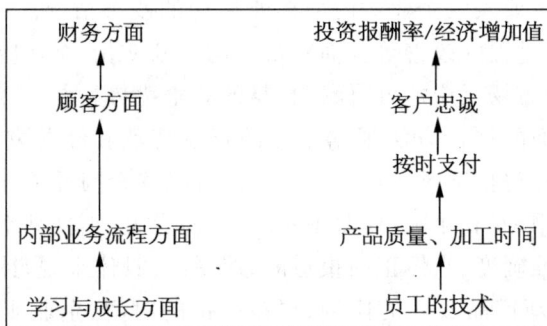

图 12-2　平衡计分卡四个方面的关系

四、平衡计分卡:一种战略管理工具

　　平衡计分卡不仅仅是一种综合业绩评价方法,更应该作为一种战略管理工具来理解。企业的发展战略确定以后,根据平衡计分卡的思想,可以将战略目标进行逐层逐级分解,通过系统的衡量指标将一个遥远的战略目标清晰化,从而引导企业朝着战略目标的方向发展。平衡计分卡是一个系统分析框架,它帮助管理者把公司的远景战略转变为一套前后连贯的绩效指标。平衡计分卡把战略转换为企业行动的目标和评价指标,通过四个方面(财务、顾客、企业内部业务流程、学习与成长)的指标相互联系共同构成了为实现战略目标而需要达成的具体目标框架。

　　平衡计分卡通过阐明远景、沟通与联系、业务规划、反馈与学习四个环节把企业的长期战略目标与短期行动联系起来发挥作用,如图 12-3 所示。

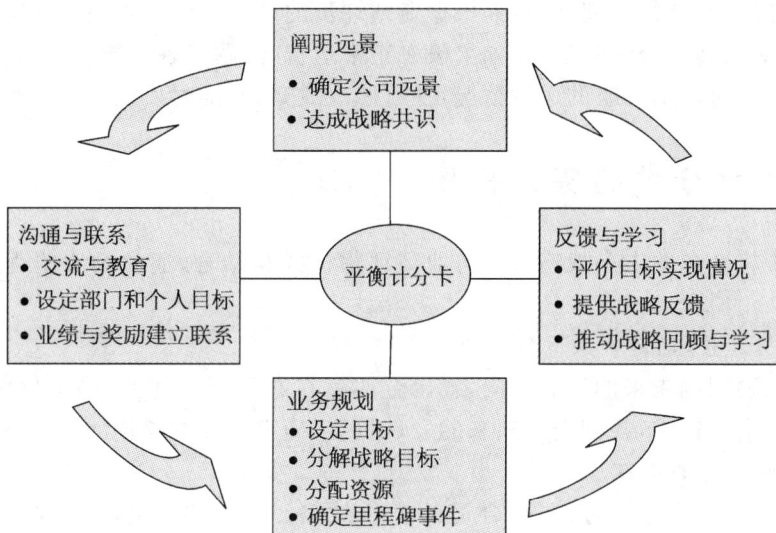

图 12-3 管理战略:四个环节

1. 阐明远景、描述战略

平衡计分卡要求将企业的远景、使命和发展战略与企业的业绩评价系统联系起来。企业首先需要阐明自身的未来远景和使命,即明确企业存在的意义是什么? 进而根据企业内外部竞争环境分析管理层需要确定未来的发展战略,根据企业的战略目标确定能够达成战略目标的关键成功因素,进一步根据这些关键成功因素确定关键业绩指标,在此基础上建立企业的平衡计分卡评价指标体系。在这个环节中,平衡计分卡能够将抽象的企业战略(如市场份额最大)按照不同的方面进行战略分解,将其解析到企业的部门和员工可以理解的关键业绩指标上。

2. 利用平衡计分卡进行战略沟通与联系

利用平衡计分卡所提供的框架,管理者将战略目标在各个管理层级之间进行上下沟通,使各个部门及个人都能理解企业的战略目标,并以此确定部门以及个人的奋斗目标。在这个过程中,将激励机制与业绩评价指标体系之间建立起联系,将业绩管理与个人和部门业绩评价、浮动薪酬计划、职业发展规划和晋升梯队计划等措施联系起来,保证平衡计分卡的目标能够真正成为员工的奋斗目标。

3. 利用平衡计分卡进行业务规划

企业战略确定以后,促使战略能够成功的关键因素也就随之确定,平衡计分卡可以通过各个方面的关键因素的分析影响管理的决策,使管理者能更加关注那些对战略成功产生重要影响的关键因素,从而实现将企业战略与管理者决策清晰连接。帮助实现企业资源的优化配置,例如停止一些对企业战略没有实际贡献的投资项目。另外,通过对平衡计分卡的四个方面设定相应的里程碑事件(或者称为短期目标),可以形象地展示管理者打算如何通过业务规划来影响关键成功因素,以不断检验自己的决策行为有效性,从而保证企业向着长期战略目标不断前进。

4. 加强战略反馈和学习

通过平衡计分卡的实施过程,企业可以随时掌握当前的业务进展情况。从财务和非财务角度来控制业务过程、监督短期绩效,并根据业绩评价的结果为管理者提供战略执行情况的相关信息,评价战略措施是否正常运行,如果没有正常运行,问题出现在哪个方面。因此,平衡计分卡能帮助公司及时了解战略的运行情况,及时修改战略,并随时反映学习心得。

五、平衡计分卡的实施程序

平衡计分卡将企业的未来战略目标与业绩评估模式相结合,通常的实施程序分为以下几个步骤。

1. 阐明公司远景,确定未来战略方向

企业首先需要明确未来的发展方向,找出企业存在的作用和任务,确定目标客户群,深入分析目标客户的潜在需求,找到企业未来的发展机会,确定企业的长期的战略方向。

2. 具体战略目标的拟订

根据企业未来的战略方向,选择合适的竞争战略。根据企业的具体情况,分析企业的优势、劣势、机会和潜在的威胁。选择企业合适的竞争战略,如差异化战略、低成本战略或者目标集中战略。为了落实相应的企业战略,接下来需要将战略目标明确化,制定企业中期和长期的战略规划和战略目标,根据平衡计分卡的思想将战略目标分解为各个方面的具体战略和目标。

3. 选取评价指标

根据企业平衡计分卡所确定的基本框架,将具体战略目标落实到平衡计分卡的各个方面以后,接下来就需要根据具体战略目标确定实现战略目标的关键成功因素,根据关键成功因素确定关键业绩指标,以此确定绩效评价指标。具体评价指标的选择,是针对平衡计分卡的四个方面分别进行详细的目标分析,然后结合企业实际情况,找到合适的、可操作的关键评价指标。平衡计分卡的实施过程中,找到一个合适的评价指标体系,是实施平衡计分卡的难点之一。

4. 具体战略的执行

根据平衡计分卡所确定的评价指标体系,使员工充分了解各项战略目标与计划。调动企业各级员工的积极性,执行企业的各项经营决策,将战略目标转化为行动,使拟订的长远战略得以实现。

5. 评估执行结果

通过对战略具体执行情况的记录和分析,以实际执行的具体数据作为业绩评价的依据。根据评价指标体系所确定的评价方法,将实际业绩指标与目标进行比较,以此评价管理者的业绩。建立独立的评估考核小组,对各层级的管理人员进行业绩评价,出具业绩评估报告。

6. 改善战略的反馈

根据业绩评价的整体结果,分析战略执行过程中可能存在的问题。并根据新的经营情况和信息,对原有的战略规划进行修正。从而将整个业绩评价体系转化为一个良性的互动循环系统。通过对四个方面的业绩评价,对业绩表现好的员工进行奖励,对表现不佳的员工给予相应的惩处。如此循环往复,促使企业形成更完善的管理模式。

公司的运营是在不断变化的竞争环境中进行的,随时平衡计分卡的实施,企业的内外部环境也在不断地发生变化,反馈与学习过程帮助企业重新修正原有的远景和战略,从而进行一个新的循环。平衡计分卡的实施过程应该是上述的四个环节间不断进行多次的循环往复,在阐明远景、沟通与联系、业务规划和反馈与学习中通过不断的交流与学习提高企业的战略管理能力。表 12-2 列示了某保险公司建立平衡计分卡的实施过程以及时间安排。

表 12-2　某保险公司建立平衡计分卡的实施步骤

步骤	行　动	时间(月)
1	阐明远景。公司成立专门的管理团队一起讨论如何建立平衡计分卡,明确公司的远景,并将其转化为可以理解和沟通的公司战略,建立公司的平衡计分卡,这个过程能够帮助管理层建立战略共识。	0—3
2a	与中高层管理者进行交流。管理团队与中高层管理者在一起学习和讨论新的公司战略,利用平衡计分卡作为一种沟通的工具。	4—5
2b	开发部门平衡计分卡。利用公司的平衡计分卡为模板,各部门(业务单元)将自身的战略转化为本部门的平衡计分卡。	6—9
3	分析现有的哪些投资项目对公司战略没有贡献,并立即停止,同时制定部门间的业务改善计划。	6
4	评价部门平衡计分卡。公司的 CEO 和管理团队对部门平衡计分卡进行评价,这个过程可以使 CEO 更好地理解部门战略的制定。	9—11
5	修订公司远景。通过部门平衡计分卡的讨论会发现一些公司战略最初没有考虑到的问题,因此需要修订公司最初的平衡计分卡。	12
6a	将平衡计分卡在全公司范围内进行交流、沟通。	12 个月至以后
6b	公司的高级管理层要将自身的目标和激励补偿计划与平衡计分卡相联系。	13—14
7	更新长期计划和预算。确定各项指标的五年目标,五年计划的第一年转化为年度预算。	15—17
8	进行月份和季度回顾。	18 个月至以后
9	进行年度战略回顾与更新。	25—26
10	将每个人的业绩都与平衡计分卡联系起来。要求每位员工都将个人目标与平衡计分卡联系起来,公司的激励补偿计划与平衡计分卡相衔接。	25—26

资料来源:参见 Kaplan 和 Norton:"Using the Balanced Scorcard as a Strategic Management System",《哈佛商业评论》1996 年 1—2 月期,第 75—85 页。

从表 12-2 中的保险公司实施平衡计分卡的过程来看,其中第 1、5、9 步骤属于阐明远景方面,2、6、10 步骤属于交流与连接方面,3、7 步骤属于业务规划方面,4、8 步骤属于反馈与学习。公司平衡计分卡的实施过程,是在阐明远景、沟通与联系、业务规划、反馈与学习四个方面往复循环的过程。在近 30 个月的实施过程中,公司通过四个方面的循环往复过程,使战略不断清晰化,并不断借助平衡计分卡将公司战略传递给各个部门和员工,将公司的战略目标与长期规划和短期预算相衔接,使部门和个人能够按照公司战略来确定自身的奋斗目标。

六、平衡计分卡应用举例

下面我们以宏河公司为例,说明平衡计分卡的数据处理方法。

宏河公司是一家经营汽车配件的制造商,根据企业对未来战略目标的分析,建立平衡计分卡的评价指标体系如表 12-3 所示。

表 12-3　宏河公司的战略目标分解与评价指标

第一层指标	具体战略目标	第二层指标
财　务	利润增长	投资报酬率
		经济增加值
		销售增长率
		销售利润率
顾　客	提高顾客满意度	市场份额
		新客户的比例
		客户的满意度
内部业务流程	降低库存成本 提高营运效率	平均库存成本
		作业改善率
		经营周期
学习与成长	提高员工的满意度和生产率	员工满意度
		员工保持率
		人均销售收入
		培训费用

　　根据建立的评价指标体系,首先需要对各项评价指标设定相应的权重。权重的设定通常要根据本层指标内的每项指标相对于其他方面指标的重要程度进行设定。这种相对的重要程度需要通过专家打分的方法来确定。专家的组成可以由企业内部的管理者以及技术专家组成,也可以找外部了解企业实际情况的行业专家或行业协会的成员。权重的选择必须结合企业的实际情况进行,例如处于成熟期的企业,往往更看重企业的财务业绩,财务方面的权重就应该设高一些。处于成长期的高科技企业,则更重视企业的技术创新能力,对学习与成长方面的权重则会设得更高一些。

　　收集定量数据,进行无量纲处理。各个定量指标之间由于量纲不同,无法直接进行比较,因此需要对这些指标进行无量纲处理,将定量指标原值转化为在指定变化范围内可以进行一致比较的评价值。

　　收集定性指标的数据,通常采用问卷调查法。例如客户的满意度和员工的满意度,要根据企业需要设计相应的调查问卷,通常采用五级评分法。对调查问卷的结果取平均值,并经过必要的无量纲处理后就得到了相应的评价值。

　　根据各项指标的评价值,按照层数从低到高的顺序逐级进行加权汇总。计算过程如表12-4 所示。

　　根据表 12-4 的计算结果,宏河公司当月的平衡计分卡值为 0.807 6,结合预先制定的预算值可以进行管理者综合业绩的考核。在进行业绩分析时,除了根据总分值进行分析考核以外,还可以对各层次的评价值进行单独分析,以了解各方面的变化趋势。例如我们可以单独分析客户方面的得分,结合历史数据,可以分析出企业在客户满意度方面所做出的成绩变化曲线,以此了解顾客方面的工作绩效。也可以针对一些重要的关键业绩指标,单独分析这些关键因素的变化趋势。

表 12-4　平衡计分卡的数据计算过程

（1）第一层指标	（2）第一层权重	（3）第二层指标	（4）第二层指标值	（5）第二层权重	（6）第一层指标值 (4)×(5)	（7）单项指标分 (2)×(6)	（8）平衡计分卡值
财　务	25%	投资报酬率	3.4	6%	0.832	0.208	
		经济增加值	4	7%			
		销售增长率	2.6	6%			
		销售利润率	3.2	6%			
顾　客	30%	市场份额	2.6	12%	0.972	0.2916	
		新客户的比例	3.5	8%			
		客户的满意度	3.8	10%			0.8076
内部业务流程	20%	平均库存成本	2.5	10%	0.645	0.129	
		作业改善率	4	5%			
		经营周期	3.9	5%			
学习与成长	25%	员工满意度	2	6%	0.716	0.179	
		员工保持率	4.2	6%			
		人均销售收入	3.8	7%			
		培训费用	1.3	6%			
合　计	100%			100%			0.8076

七、实施平衡计分卡过程中的问题

在平衡计分卡的实施过程中,需要注意以下四个问题。

1. 明确战略目标,不能无的放矢

将平衡计分卡与企业的战略目标相联系,成为企业竞争优势构建中的一部分,是成功实施平衡计分卡的关键。平衡计分卡的实施,要求企业强化战略管理能力,在经过战略分析明确企业的战略目标之后,通过计分卡将公司战略进行分解,并转化为部门战略以及相应的岗位甚至个人战略,并在各个层面都建立相应的平衡计分卡,从而达到战略分解工具的作用。有些企业在实施平衡计分卡以后,没有取得令人满意的效果,很重要的原因就在于缺乏明确的发展战略,盲目采用平衡计分卡,单纯为了考核业绩而考核业绩,导致较高的实施成本却不能提高企业竞争能力和长期业绩。

2. 认真选择评价指标,关键业绩指标(KPI)的选择要恰当

对计分卡的各个方面,应该根据公司、部门及岗位实际情况认真选择合适的评价指标。有些企业在实施过程中,对相关目标没有制订出明确的绩效考核指标,导致平衡计分卡实施流于形式,无法发挥其战略绩效考核工具功能。另外,在指标的设计过程中要避免计量上的冲突。在平衡计分卡的评价指标中,可能某些指标之间会存在冲突,例如研发投资额与成本降低程度可能会相互冲突,企业通常需要在这种冲突中通过权重的选择来确定一个最优的平衡关系。

3. 要得到管理层的支持,并注重公司内部的宣传和培训

在平衡计分卡的实施过程中,会涉及企业内部各部门的利益格局发生变化,难免遇到各种

阻碍,如果没有管理层的支持,没有员工的理解,就很难推行下去。平衡计分卡的实施应该注意时间安排,不能急于求成。通过战略沟通的循环过程,使平衡计分卡逐步成为各部门和员工的共同意愿,这对平衡计分卡的有效实施具有重要作用。

4. 注意平衡计分卡的适用性,不能生搬硬套

其他企业的平衡计分卡不能拿来就用,必须考虑到企业自身的实际条件。平衡计分卡并非万能良方,它还有很多不足之处,如平衡计分卡虽然建立四个方面之间的相互关系,但是各方面指标的整合仍然很难让人理解,各指标和各方面的权重设置并没有一种公认的合理解释。因此,各企业应该结合自身的战略要求,设计适合自身特点的平衡计分卡,使其成为企业自身管理文化与方法的有机组成部分。

本 章 小 结

管理层激励的目标在于通过对管理层的激励约束机制,使管理层利益与股东利益趋向一致,促使管理者能够按照股东利益,充分发挥自身的能力与创造性,充分提高企业价值。

高级管理人员的激励补偿方案通常可以分为以下类型:长期激励和即期激励,现金激励与权益激励,货币性和非货币性激励。

高级管理人员的激励约束体系是由相互联系的三个方面所组成的,包括市场竞争机制、业绩考核方法、薪酬激励体系。

管理人员的业绩评价方法通常可以分为财务评价模式、价值评价模式和平衡评价模式。

管理激励的主要形式包括股票期权、虚拟股票、延期支付、年薪制和持股计划等。

平衡计分卡就是一种为满足企业的综合业绩评价行为所提出的一种管理工具。它将业绩评价基础分为相互联系的四个方面:财务、顾客、内部业务流程、学习与成长。

平衡计分卡中的平衡,是指短期与长期目标之间、财务与非财务度量之间、滞后与领先指标之间以及外部与内部绩效之间各个层面的平衡。平衡计分卡不仅仅是一个评价系统,而且也是一种用来改进企业经营的战略管理工具。

平衡计分卡的绩效衡量实施程序包括未来战略方向的规划、具体战略目标的拟定、选取评价指标、具体战略的执行、评估执行结果和改善战略的反馈。公司平衡计分卡的实施过程,是在阐明远景、沟通与联系、业务规划、反馈与学习四个方面往复循环的过程。

思 考 与 练 习

思考题

1. 什么是管理者激励?它主要包括哪些类型?
2. 管理层的业绩评价主要有哪些方法?
3. 管理者激励有哪些形式?
4. 什么是平衡计分卡?
5. 平衡计分卡的实施程序包括哪些步骤?

选择题

1. 关于货币性激励与非货币性激励,下列说法正确的是( )。

A. 薪酬支付属于货币性激励

B. 声望、特权属于非货币性激励形式

C. 非货币性激励在企业中并不起重要作用

D. 货币性激励包括支付给管理人工的各种现金、股票或者其他薪酬形式

2. 管理激励的主要形式包括(　　)。

   A. 股票期权　　　　　B. 虚拟股票　　　　　C. 延期支付　　　　　D. 持股计划

3. 下列选项中,不属于平衡计分卡基本框架的是(　　)。

   A. 财务方面　　　　　B. 顾客方面　　　　　C. 内部控制方面　　　　　D. 学习与成长方面

4. 企业设计的薪酬组合通常包括(　　)。

   A. 年薪收益　　　　　B. 股权收益　　　　　C. 职位消费收益　　　　　D. 保障收益

5. 平衡计分卡作为一种战略管理工具,其实施过程包括(　　)。

A. 阐明远景、明确战略

B. 利用平衡计分卡进行战略沟通和业绩评价

C. 利用平衡计分卡进行业务规划

D. 加强战略反馈和学习

管 理 会 计

附：练习题参考答案

第二章练习题参考答案

选择题

1. ABC　　2. ACD　　3. BCD　　4. AC　　5. AB

业务题

1. 参考答案：

(1) 总的直接人工小时数＝1 000＋3 000＝4 000(小时)

(2) 间接成本分配系数＝500 000÷4 000＝125(元/小时)

(3) 间接成本的分配：

　　A产品分配的间接成本＝125×1 000＝125 000(元)

　　B产品分配的间接成本＝125×3 000＝375 000(元)

2. 参考答案：

(1) 加权平均法下：

　　约当产量＝200＋3 000＋400×30％＝3 320(件)

(2) 先进先出法下：

　　约当产量＝200×(1－60％)＋3 000＋400×30％＝3 200(件)

3. 参考答案：

(1) 动力部门成本分配：

① 生产部门消耗动力部门的总工时＝2 000＋3 000＋1 000＝6 000(小时)

② 动力部门的成本分配系数＝90 000÷6 000＝15(元/小时)

③ 各生产部门分配的动力部门的成本为

　　原材料处理部门＝15×2 000＝30 000(元)

　　零部件生产部门＝15×3 000＝45 000(元)

　　整车装配部门＝15×1 000＝15 000(元)

(2) 维修部门成本分配：

① 生产部门消耗维修部门的总工时＝350＋200＋250＝800(小时)

② 维修部门的成本分配系数＝54 000÷800＝67.50(元/小时)

③ 各生产部门分配的维修部门的成本为：

　　原材料处理部门＝67.50×350＝23 625(元)

　　零部件生产部门＝67.50×200＝13 500(元)

　　整车装配部门＝67.50×250＝16 875(元)

4. 参考答案：

(1) 动力部门成本分配：

① 生产部门和维修部门消耗动力部门的总工时＝2 000＋3 000＋1 000＋200＝6 200(小时)

② 动力部门的成本分配系数＝90 000÷6 200≈14.516 13(元/小时)

③ 各生产部门和维修部门分配的动力部门的成本为：

　　原材料处理部门＝14.516 13×2 000＝29 032.26(元)

338 附：练习题参考答案

零部件生产部门＝14.516 13×3 000＝43 548.39(元)

整车装配部门＝14.516 13×1 000＝14 516.13(元)

维修部门＝14.516 13×200≈2 903.22(元)

（2）维修部门成本分配：

① 生产部门消耗维修部门的总工时＝350＋200＋250＝800(小时)

② 维修部门的成本分配系数＝(54 000＋2 903.22)÷800≈71.129 03(元/小时)

③ 各生产部门分配的维修部门的成本为

原材料处理部门＝71.129 03×350≈24 895.16(元)

零部件生产部门＝71.129 03×200≈14 225.81(元)

整车装配部门＝71.129 03×250≈17 782.26(元)

案例题

1. 加权平均法：

（1）约当产量的计算：

	约当产量(套)	
	直接材料	转换成本
当期完工产品	4 000	4 000
期末在产品(完工率80%)	1 000	800*
约当产量之和	5 000	4 800

* 1 000×80%＝800(套)

（2）产品成本计算：

	直接材料(元)	转换成本(元)		总成本(元)
		直接人工	制造费用	
期初在产品成本	1 600 000	60 000	32 000	1 692 000
本期投入成本	8 400 000	1 380 000	736 000	10 516 000
总成本	10 000 000	1 440 000	768 000	

（3）单位产品成本计算：

	直接材料(元)	转换成本(元)		单位产品成本(元)
		直接人工	制造费用	
总成本	10 000 000	1 440 000	768 000	
约当产量之和	5 000	4 800	4 800	
单位约当产量成本	2 000	300	160	2 460

2. 先进先出法：

（1）约当产量的计算：

	约当产量（套）	
	直接材料	转换成本
期初在产品（完工率25%）	0	600*
当期投入当期完工产品**	3 200	3 200
期末在产品（完工率80%）	1 000	800***
约当产量之和	4 200	4 600
* 800×（1−25%）=600（套） ** 4 000−800=3 200（套） *** 1 000×80%=800（套）		

（2）单位产品成本计算：

	直接材料（元）	转换成本（元）		单位产品
		直接人工	制造费用	成本（元）
本期投入成本	8 400 000	1 380 000	736 000	
约当产量之和	4 200	4 600	4 600	
单位约当产量成本	2 000	300	160	2 460

第三章练习题参考答案

选择题

1. AB   2. BC   3. C   4. ABCD

业务题

1. 参考答案：

（1）利用低点的成本分解方程为 $C = 63.03 + 5.71X$。

（2）回归方法的成本分解方程为 $19.47 + 6.87X$。因为，高低点法仅考虑两个数据点的信息，而回归直线法能最大地反映所有数据的信息。

2. 参考答案：

（1）混合成本的分解方程为 $C = 1\,000 + 0.5X$，制造成本的分解方程为 $C = 61\,000 + 1.5X$。

（2）预计制造费用总额为 151 000 元。

第四章练习题参考答案

选择题

1. AC   2. ABCD   3. ABC   4. D

业务分析题

1. 参考答案：

（1）完全成本法下：第一年的单位成本为 35 元，第二年的单位成本为 32 元。

在变动成本法下，第一年和第二年的单位成本都为 20 元。

（2）完全成本法下的利润表为

完全成本法下的利润表　　　　　　　　　　　　　　　　单位:元

	第一年	第二年
销售收入	90 000	100 000
销售成本	63 000	64 600
变动销管费用	10 800	12 000
固定销管费用	10 000	10 000
营业利润	6 200	13 400

变动成本法下的利润表为

变动成本法下的利润表　　　　　　　　　　　　　　　　单位:元

	第一年	第二年
销售收入	90 000	100 000
变动制造成本	36 000	40 000
变动销管费用	10 800	12 000
固定制造费用	30 000	30 000
固定销管费用	10 000	10 000
营业利润	3 200	8 000

（3）两种成本计算方法的利润差异是由期末与期初存货吸收的固定制造费用差额所决定的。第一年完全成本法下期末存货吸收了固定制造费用 3 000 元,造成完全成本法的利润比变动成本法高 3 000 元。第二年期末存货吸收了固定制造费用 8 400 元,减去期初释放的固定制造费用 3 000 元,完全成本法下的营业利润比变动成本法高 5 400 元。

2. 参考答案:

（1）

变动成本法下的利润表　　　　　　　　　　　　　　　　单位:元

	第一年	第二年
销售收入	2 000 000	2 500 000
变动制造成本	1 200 000	1 500 000
变动销售费用	80 000	100 000
边际贡献	720 000	900 000
固定制造费用	180 000	210 000
固定销售费用	100 000	140 000
营业利润	440 000	550 000

（2）利润差异在于第一年期末存货吸收了固定制造费用 60 000 元,这部分固定制造费用在第二年释放,从而造成第一年完全成本法的营业利润比变动成本法高 60 000 元,第二年比变动成本法低 60 000 元。

（3）如果采用完全成本法进行业绩考核,那么由于利润下降,王良将无法获得奖金。如果王良仅应该对销售负责,而不应该对生产量负责,那么变动成本法应该更适合进行业绩评价。

3. 参考答案:

（1）首先计算两年的超额吸收制造费用:

	第一年	第二年
实际制造费用	30 000 000	30 000 000
吸收的制造费用	30 000 000	20 000 000
超额吸收制造费用	0	−10 000 000

完全成本法下利润表　　　　　　　　　　　　单位:元

	第一年	第二年
销售收入	66 000 000	84 000 000
销售成本		
变动成本	33 000 000	42 000 000
固定成本	22 000 000	28 000 000
减:超额吸收额	0	−10 000 000
销售成本	55 000 000	80 000 000
营业利润	11 000 000	4 000 000

（2）　　　　　　　　　　　　**变动成本法下的利润表**　　　　　　　　　　　　单位:元

	第一年	第二年
销售收入	66 000 000	84 000 000
变动成本	33 000 000	42 000 000
边际贡献	33 000 000	42 000 000
固定成本	30 000 000	30 000 000
营业利润	3 000 000	12 000 000

（3）两种成本计算方法下的利润差额是由于期末存货与期初存货吸收的固定制造费用差额决定的。完全成本法下第一年的期末期初存货差为 40 000 台,因此营业利润差额为 8 000 000 元,第二年的期末期初存货差为 −40 000 台,因此营业利润差额为 −8 000 000 元。变动成本法下的利润与销售量同向变动,更适合于业绩评价。

案例题分析思路:

分别按照完全成本法和变动成本法两个角度进行考虑,按照完全成本法进行行业绩成本的核算,会得出没有完成责任成本的结论,而按照变动成本法则相反。责任成本应该是负责人都能控制的成本,考虑到可控性的原则,按照变动成本法对生产部分责任成本进行考核更加适合。

第五章练习题参考答案

选择题

1. ABCD　　2. ACD　　3. B　　4. BD　　5. BCD

业务分析题

1. 参考答案:

（1）单位边际贡献＝2 500−2 000＝500(元/套)

　　单位边际贡献率＝500÷2 500＝20%

（2）当月边际贡献＝500×3 500＝1 750 000（元）

　　　当月利润＝1 750 000－1 500 000＝250 000（元）

（3）损益平衡点销售水平：

　　　损益平衡点的销售量＝1 500 000÷500＝3 000（套）

　　　或

　　　损益平衡点的销售额＝1 500 000÷20％＝7 500 000（元）

2．参考答案：

（1）不考虑所得税下：

① 高目标利润的销售量＝（500 000＋1 500 000）÷500＝4 000（套）

　　或

　　高目标利润的销售额＝（500 000＋1 500 000）÷20％＝10 000 000（元）

② 中目标利润的销售量＝（350 000＋1 500 000）÷500＝3 700（套）

　　或

　　中目标利润的销售额＝（350 000＋1 500 000）÷20％＝9 250 000（元）

③ 低目标利润的销售量＝（200 000＋1 500 000）÷500＝3 400（套）

　　或

　　低目标利润的销售额＝（200 000＋1 500 000）÷20％＝8 500 000（元）

（2）考虑所得税下：

① 高目标利润的销售量＝［500 000÷（1－20％）＋1 500 000］÷500＝4 250（套）

　　或

　　高目标利润的销售额＝［500 000÷（1－20％）＋1 500 000］÷20％＝10 625 000（元）

② 中目标利润的销售量＝［350 000÷（1－20％）＋1 500 000］÷500＝3 875（套）

　　或

　　中目标利润的销售额＝［350 000÷（1－20％）＋1 500 000］÷20％＝9 687 500（元）

③ 低目标利润的销售量＝［200 000÷（1－20％）＋1 500 000］÷500＝3 500（套）

　　或

　　低目标利润的销售额＝［200 000÷（1－20％）＋1 500 000］÷20％＝8 750 000（元）

3．参考答案：

（1）边际贡献＝500×4 000＝2 000 000（元）

　　　企业利润＝2 000 000－1 500 000＝500 000（元）

　　　经营杠杆系数＝2 000 000÷500 000＝4

（2）新的损益平衡点销售量＝1 500 000÷（2 400－2 000）＝3 750（套）

　　　或

　　　新的损益平衡点销售额＝1 500 000÷（2 400－2 000）×2 400＝9 000 000（元）

　　　新的利润＝（2 400－2 000）×4 000－1 500 000＝100 000（元）

　　　因为100 000元＜250 000元，所以企业不应该采用新的价格策略。

（3）新的损益平衡点销售额＝（1 500 000＋2 500 000）÷（2 500－1 500）＝4 000（元）

　　　两种成本结构的无差异点＝2 500 000÷（2 000－1 500）＝5 000（套）

　　　新的利润＝（2 500－1 500）×3 500－（1 500 000＋2 500 000）＝－500 000（元）

　　　因为－500 000元＜250 000元，所以企业不采用新的成本结构。

4．参考答案：

（1）企业的利润＝（12－9）×3 000＋（8－2）×5 000－29 250＝9 750（元）

（2）A产品销售量比例＝3 000÷（3 000＋5 000）＝0.375

B产品销售量比例＝5 000÷(3 000＋5 000)＝0.625

综合边际贡献＝(12－9)×0.375＋(8－2)×0.625＝4.875(元/套)

损益平衡点总的销售量＝29 250÷4.875＝6 000(套)

A产品损益平衡点销售量＝6 000×0.375＝2 250(套)

B产品损益平衡点销售量＝6 000×0.625＝3 750(套)

案例题

1．该学校每个学生给学校带来的收入和变动成本：

(1) 每个学生给学校带来的收入＝4 000＋1 000＋2 600＝7 600(元/人)

(2) 每个学生发生的变动成本＝800＋1 800＝2 600(元/人)

(3) 每个学生的边际贡献＝7 600－2 600＝5 000(元/人)

2．该学校的固定成本和半固定成本：

(1) 固定成本＝60 000＋200 000＋30 000＋30 000＝320 000(元)

(2) 半固定成本＝10 000＋50 000＝60 000(元/间)

3．200人给学校带来的利润：

(1) 200人需要的教室数＝2 000÷40＝5(间)

(2) 200人所带来的总的半固定成本＝60 000×5＝300 000(元)

(3) 200人所带来的利润＝5 000×200－320 000－300 000＝380 000(元)

4．该学校的损益平衡点的计算：

(1) 由于存在半固定成本，所以固定成本总额总是变化的，这里需要通过列表法计算损益平衡点的大致区间，这里以教室容纳学生整数为计算前提：

教室数(间)	1	2	3	4
学生数(人)	40	80	120	160
边际贡献(元)	200 000	400 000	600 000	800 000
固定成本(元)	320 000	320 000	320 000	320 000
产生的半固定成本(元)	60 000	120 000	180 000	240 000
净利润(元)	－180 000	－40 000	100 000	240 000

(2) 可知当招生人数在80－120人之间时，该学校能达到损益平衡点。

损益平衡点的招生人数＝(320 000＋180 000)÷5 000＝100(人)

即，当学校在校人数达到100人的时候，该学校达到了损益平衡。

第六章练习题参考答案

选择题

1．ABCD　　2．ABD　　3．AD　　4．ABCD　　5．ABC　　6．ABCD　　7．AD

业务分析题

1．参考答案：

成本项目	开户业务		存取款业务		其他客户交易业务		其他作业	
	比例	成本	比例	成本	比例	成本	比例	成本
前台人员工资(180 000 元)	10%	18 000	65%	117 000	15%	27 000	10%	18 000
经理助理工资(80 000 元)	20%	16 000	15%	12 000	25%	20 000	40%	32 000
经理工资(80 000 元)	0%	0	0%	0	30%	24 000	70%	56 000
合计(元)		34 000		129 000		71 000		106 000

2. 参考答案:

作业池	归集的成本	作业数量	作业率
开户业务	34 000 元	200 次	170(元/次)
存取款业务	129 000 元	50 000 次	2.58(元/次)
其他客户交易业务	71 000 元	1 000 次	71(元/次)

3. 参考答案:

作业池	A 客户		B 客户	
	次数	成本	次数	成本
开户业务(170 元/次)	4 次	680 元	6 次	1 020 元
存取款业务(2.58 元/次)	5 000 次	12 900 元	7 000 次	18 060 元
其他客户交易业务(71 元/次)	200 次	14 200 元	350 次	24 850 元
合计		27 780 元		43 930 元

4. 参考答案:

作业池	普通客户	
	次 数	成 本
开户业务(170 元/次)	190 次	32 300 元
存取款业务(2.58 元/次)	38 000 次	98 040 元
其他客户交易业务(71 元/次)	450 次	31 950 元
合计		162 290 元
普通客户人数		500 人
每个普通客户的平均工资成本		324.58 元/人

案例题

1. 参考答案:

(1) 直接人工小时分配率计算:

产 品	单位产品消耗直接融工小时数	产品数量	直接人工小时和分配率
标准型	0.8 小时/套	120 000 套	96 000 小时
豪华型	1.6 小时/套	15 000 套	24 000 小时
总的直接人工小时			120 000 小时
年制造费用			6 000 000 元
直接人工小时分配率			50 元/小时

（2）两种产品的单位成本为：

成本项目	标准型（0.8小时/套）	豪华型（1.6小时/套）
单位直接材料成本（元/套）	112	154
单位直接人工成本（元/套）	8	16
制造费用（分配率：50元/小时）	40	80
单位成本合计（元/套）	160	250

2. 参考答案：

（1）各作业池的作业率：

作业池	分配的制造费用	作业数	作业率
购货订单	252 000 元	1 200 次	210（元/次）
废品和返工	648 000 元	900 次	720（元/次）
产品检测	1 350 000 元	15 000 次	90（元/次）
机器加工	3 750 000 元	50 000 小时	75（元/小时）

（2）各产品分配的制造成本：

作业池	作业率	作业数	制造费用
标准型			
购货订单	210 元/次	800 次	168 000 元
废品和返工	720 元/次	400 次	288 000 元
产品检测	90 元/次	9 000 次	810 000 元
机器加工	75 元/小时	30 000 小时	2 250 000 元
制造成本合计			3 516 000 元
产品数量			120 000 套
单位产品制造成本			29.30 元/套
标准型			
购货订单	210 元/次	400 次	84 000 元
废品和返工	720 元/次	500 次	360 000 元
产品检测	90 元/次	6 000 次	540 000 元
机器加工	75 元/小时	20 000 小时	1 500 000 元
制造成本合计			2 484 000 元
产品数量			15 000 套
单位产品制造成本			165.60 元/套

（3）两种产品的单位成本为：

成本项目	标准型	豪华型
单位直接材料成本(元/套)	112	154
单位直接人工成本(元/套)	8	16
制造费用(元/套)	29.30	165.60
单位成本合计(元/套)	149.30	335.60

3. 通过比较两种方法计算的单位成本信息,可以发现使用直接人工小时作为制造费用的分配基础,计算出的标准型的单位成本提高一些,而豪华型的单位成本则降低了很大的比例。因此,如果企业仅仅使用直接人工小时作为制造费用的分配基础,则相应的标准型的定价就会高估而降低了市场竞争力;而豪华型的定价则偏低,甚至低于实际真实的成本,造成了市场竞争力强的假象,而实际企业却承受了高额的损失的局面。

使用了作业成本法,郑立明深刻的体会到选择科学有效的成本分配方法的重要性,对作业成本法有了更新的更深层次的认识。通过他的提议,企业重新对产品进行定价,使企业稳步有效获利。

第七章练习题参考答案

选择题

1. AD   2. ABD   3. D   4. ABC

业务分析题

1. 参考答案:

(1) 不应停止 C 产品生产,因为 C 提供正的边际贡献。

(2) 单位工时边际贡献 B>A>C,若销量无限制,应生产 B 产品 3 000 单位。

(3) 最低价格应为 73.34 元。

(4) A 生产 875 单位,B 生产 1 500 单位,C 生产 500 单位。

2. 参考答案:

(1) 外购成本为 30 元,自制成本为 29 元,因此应该自制。

(2) 外购成本为 288 800 元,自制成本为 290 000 元,因此应该外购。

3. 参考答案:

(1) 分离点之前的 300 000 元成本为无关成本,因此无论是否进行深加工,这部分成本都要发生。

(2) 应该进一步深加工产品 A 和 B,产品 C 应该立即销售。因为 A、B 两种产品的增量收入高于增量成本。

第八章练习题参考答案

选择题

1. D   2. C   3. B   4. ABD

业务分析题

1. 参考答案:

(1) 3 年后的账户余额为:$1\,000(F/S,10\%,3)=1\,000\times1.331=1\,331$(元)

(2) 3 年后的账户余额为:$1\,000(1+10\%/4)^{4\times3}=1\,000\times1.344\,89=1\,344.89$(元)

(3) 3 年普通年金的终值计算,$250\times(F/A,10\%,4)=250\times4.641=1\,160.25$(元)

(4) 已知终值,利率,期数,求年金。$1\,331=A(F/A,i,n)$,$A=1\,331/4.461=286.79$(元)

2. 参考答案:

继续使用旧设备的年均成本：

$[3\,000\times(P/S,10\%,1)+3\,500\times(P/S,10\%,2)+4\,000\times(P/S,10\%,3)+4\,500\times(P/S,10\%,4)-1\,000$
$\times(P/S,10\%,4)]/(P/A,10\%,4)$

$=(3\,000\times0.909+3\,500\times0.826+4\,000\times0.751+4\,500\times0.683-1\,000\times0.683)/3.170$

$=3\,474(元)$

新设备的年均成本$=[20\,000-7\,000-2\,000\times(P/S,10\%,8)]/(P/A,10\%,8)+2\,000$

$=[20\,000-7\,000-2\,000\times0.467]/5.335+2\,000$

$=4\,262(元)$

新设备的年均成本高于继续使用旧设备的年均成本,因此,应继续使用旧设备。

3. 参考答案：

邦氏速印机成本的现值为$=8\,000\times10+2\,000\times10\times(P/A,14\%,4)=138\,200(元)$

年均成本$=138\,200/(P/A,14\%,4)=47\,491(元)$

IOU速印机的成本现值为$=5\,000\times11+2\,500\times11\times(P/A,14\%,3)-500\times11\times(P/S,14\%,3)$

$=115\,087(元)$

年均成本$=115\,087/(P/A,14\%,4)=49\,606(元)$

邦氏速印机的年均成本更低,因此应选择使用邦氏速印机。

案例题

(1) $NPV=59.94$(万元),$IRR=12.29\%$ 如果公司同时经营多个项目,其中某个项目的亏损会抵减其他项目的所得税,负的所得税支付表示其他项目所得税支出的减少,可视为现金流入。咨询费5万元属于沉没成本,不应作为项目的现金流量考虑。

(2)(3)结果汇总如下表所示：

经济形势	概率	NPV(万元)	IRR
高涨	25%	180.13	16.61%
衰退	25%	−51.79	7.94%
一般	50%	55.7	12.14%
均值		59.94	12.21%

(4) 该项目NPV的变异系数$=1.36$,以贴现率12%计算的$NPV=3.64$(万)项目仍然可行。

(5) 敏感性分析结果如下表：

单位:万元

	−30%	−20%	−10%	正常	+10%	+20%	+30%
销售量	−211.74	−121.18	−30.62	59.94	150.5	241.05	331.61
残值	48.51	52.32	56.13	59.94	63.75	67.56	71.37

(6) $NPV=-25.51$(万元),$IRR=8.39\%$,该措施可以避免进一步的损失,其净现值相对与经济衰退时的净现值要高,因此该措施可以降低项目的风险。

第九章练习题参考答案

选择题

1. B   2. D   3. B   4. A   5. D   6. AD   7. ABCD   8. ABD   9. ABCD   10. BCD

业务分析题

1. 参考答案:

荣盛公司 20×5 年的销售预算如下表:

销售预算　20×5 年度

	第一季度	第二季度	第三季度	第三季度	全　年
预计销售量(瓶)	2 000	3 000	4 500	3 000	12 500
单价(元/瓶)	80	80	80	80	80
预计销售额(元)	160 000	240 000	360 000	240 000	1 000 000

荣盛公司 20×5 年的预计现金收入计算表:

预计现金收入　20×5 年度　　　　　　　　　　单位:元

	应收账款数额	实收现金数额				
		第一季度	第二季度	第三季度	第四季度	全　年
期初余额	25 000	25 000				25 000
20×5 第一季度	160 000	80 000	80 000			160 000
20×5 第二季度	240 000		120 000	120 000		240 000
20×5 第三季度	360 000			180 000	180 000	360 000
20×5 第四季度	240 000				120 000	120 000
合　计	1 025 000	105 000	200 000	300 000	300 000	905 000
期末余额	120 000					

2. 参考答案:

(1) 华龙公司 20×5 年的生产预算如下表:

生产预算　20×5 年度

	第一季度	第二季度	第三季度	第四季度	全　年
预计销售量	40 000	20 000	30 000	30 000	120 000
加:预计期末存货	4 000	6 000	6 000	4 000	4 000
预计需用量	44 000	26 000	36 000	34 000	140 000
减:预计期初存货	6 000	4 000	6 000	6 000	6 000
预计生产量	38 000	22 000	30 000	28 000	118 000

(2) 华龙公司 20×5 年的直接材料预算如下表:

直接材料预算　20×5 年度　　　　　　　　　　单位:件,元

	第一季度	第二季度	第三季度	第四季度	全　年
预计生产量	38 000	22 000	30 000	28 000	118 000
单位产品直接材料需用量	15	15	15	15	15
预计材料需用量	570 000	330 000	450 000	420 000	1 770 000
加:预计材料期末存货量	82 500	112 500	105 000	20 000	20 000
减:预计材料期初存货量	142 500	82 500	112 500	105 000	142 500
预计材料采购量	510 000	360 000	442 500	335 000	1 647 500
材料价格	30	30	30	30	30
预计直接材料采购金额	15 300 000	10 800 000	13 275 000	10 050 000	49 425 000

3. 参考答案：

龙腾公司 20×5 年第一季度的弹性制造费用预算如下表：

20×5 年第一季度制造费用预算　　　　　　　　　　　　　　单位：元

直接人工工时	16 000	18 000	20 000	22 000	24 000
生产能力利用程度	80％	90％	100％	110％	120％
变动成本项目					
间接材料	24 000	27 000	30 000	33 000	36 000
运输费	8 000	9 000	10 000	11 000	12 000
混合成本项目					
间接人工	25 600	27 800	30 000	32 200	34 400
维修费	2 800	3 100	3 400	3 700	4 000
水电费	4 600	5 100	5 600	6 100	6 600
其他	1 840	1 920	2 000	2 080	2 160
固定成本项目					
管理人员工资	6 000	6 000	6 000	6 000	6 000
保险费	500	500	500	500	500
折旧费	10 000	10 000	10 000	10 000	10 000

4. 参考答案：

对销售及管理费用项目排出如下的顺序：

(1) 租赁费、人工工资和培训费属于不可避免的约束性固定成本，因其在预算期内必不可少，需全额得到保证，应首先予以满足，这三项费用均排在第一位。

(2) 业务招待费属于可以避免的酌量性固定成本，可根据预算期内企业财力情况酌情增减；因为其成本收益率大于广告费，故排在第二位。

(3) 广告费也属于可以避免的酌量性固定成本，可同业务招待费一样考虑；因其成本收益率小于业务招待费，故排在第三位。

假定金科公司在预算期内可用于管理费用的财力资源只有 400 000 元，根据以上排列的层次和顺序，分配资源，最终落实的预算金额如下：

(1) 不可避免的约束性固定成本的预算金额：

90 000＋120 000＋5 000＝260 000（元）

(2) 尚可分配的资金：400 000－260 000＝140 000（元）

(3) 将尚可分配的资金按成本效益率的相应比例在广告费和业务招待费之间分配：

广告费预算数＝140 000×0.5/(0.5＋1.5)＝35 000（元）

业务招待费预算数＝140 000×1.5/(0.5＋1.5)＝105 000（元）

5. 参考答案：

海兴公司 20×5 年度现金预算如下表：

海兴公司现金预算　20×5 年度　　　　　　　　　　　　　　单位：元

项　　目	第一季度	第二季度	第三季度	第四季度	全　　年
期初现金余额	26 000	20 500	20 500	27 480	26 000
加：现金收入	230 000	303 000	300 000	200 000	1 033 000
合计	256 000	323 500	320 500	227 480	1 059 000

续表

项　目	第一季度	第二季度	第三季度	第四季度	全　年
减:现金支出					
直接材料	60 000	80 000	70 000	50 000	260 000
直接人工	74 500	115 000	90 000	60 000	339 500
制造费用	50 000	70 000	60 000	30 000	210 000
销售及管理费用	20 000	22 000	20 000	18 000	80 000
设备购置	60 000	23 000	15 000	20 000	118 000
支付股利				20 000	20 000
合计	264 500	310 000	255 000	198 000	1 027 500
现金余(缺)	(8 500)	13 500	65 500	29 480	31 500
资金筹集与运用					0
银行借款(期初)	29 000	7 000			36 000
偿还借款(期末)			(36 000)		(36 000)
利息支出			(2 020)		(2 020)
合计	29 000	7 000	(38 020)	0	(2 020)
期末现金余额	20 500	20 500	27 480	29 480	29 480

案例题

万家公司 20×5 年度销售预算如下表:

销售预算　20×5 年度

	第一季度	第二季度	第三季度	第三季度	全　年
预计销售量(袋)	60 000	55 000	70 000	65 000	250 000
单价(元/袋)	150	150	150	150	150
预计销售额(元)	9 000 000	8 250 000	10 500 000	9 750 000	37 500 000

万家公司 20×5 年度预计现金收入计算表如下:

预计现金收入　20×5 年度　　　　　　　　　　　　　单位:元

	应收账款数额	实收现金数额				
		第一季度	第二季度	第三季度	第四季度	全　年
期初余额	3 600 000	3 600 000				3 600 000
20×5 第一季度	9 000 000	5 400 000	3 600 000			9 000 000
20×5 第二季度	8 250 000		4 950 000	3 300 000		8 250 000
20×5 第三季度	10 500 000			6 300 000	4 200 000	10 500 000
20×5 第四季度	9 750 000				5 850 000	5 850 000
合　计	41 100 000	9 000 000	8 550 000	9 600 000	10 050 000	37 200 000
期末余额	3 900 000					

万家公司 20×5 年度生产预算如下表:

生产预算　20×5 年度　　　　　　　　　　　　　单位:件

	第一季度	第二季度	第三季度	第四季度	全　年
预计销售量	60 000	55 000	70 000	65 000	250 000
加:预计期末存货	11 000	14 000	13 000	13 000	13 000
预计需用量	71 000	69 000	83 000	78 000	301 000
减:预计期初存货	5 000	11 000	14 000	13 000	5 000
预计生产量	66 000	58 000	69 000	65 000	258 000

万家公司 20×5 年度直接材料预算及预计现金支出计算表如下：

直接材料预算 20×5 年度　　　　　　　　　　　　　　单位：件，元

	第一季度	第二季度	第三季度	第四季度	全　年
预计生产量	66 000	58 000	69 000	65 000	258 000
单位产品直接材料需用量	4	4	4	4	4
预计材料需用量	264 000	232 000	276 000	260 000	1 032 000
加：预计材料期末存货量	34 800	41 400	39 000	45 000	45 000
减：预计材料期初存货量	40 000	34 800	41 400	39 000	40 000
预计材料采购量	258 800	238 600	273 600	266 000	1 037 000
材料价格	20	20	20	20	20
预计直接材料采购金额	5 176 000	4 772 000	5 472 000	5 320 000	20 740 000

预计直接材料现金支出 20×5 年度　　　　　　　　　　　　单位：元

	应付账款数额	实际现金支付数				
		第一季度	第二季度	第三季度	第四季度	全　年
期初余额	400 000	400 000				400 000
20×5 第一季度	5 176 000	2 588 000	2 588 000			5 176 000
20×5 第二季度	4 772 000		2 386 000	2 386 000		4 772 000
20×5 第三季度	5 472 000			2 736 000	2 736 000	5 472 000
20×5 第四季度	5 320 000				2 660 000	2 660 000
合　计	21 140 000	2 988 000	4 974 000	5 122 000	5 396 000	18 480 000
期末余额	2 660 000					

万家公司 20×5 年度直接人工预算如下表：

直接人工预算 20×5 年度

	第一季度	第二季度	第三季度	第四季度	全　年
预计生产量（件）	66 000	58 000	69 000	65 000	258 000
单位产品直接人工工时	5	5	5	5	5
直接人工小时总数	330 000	290 000	345 000	325 000	1 290 000
标准工资率	4	4	4	4	4
预计的直接人工成本（元）	1 320 000	1 160 000	1 380 000	1 300 000	5 160 000

万家公司 20×5 年度制造费用预算如下表：

制造费用预算 20×5 年度　　　　　　　　　　　　　　单位：元

	第一季度	第二季度	第三季度	第四季度	全　年
预计直接人工工时（小时）	330 000	290 000	345 000	325 000	1 290 000
变动制造费用分配率	2.00	2.00	2.00	2.00	2.00
预计变动制造费用	660 000	580 000	690 000	650 000	2 580 000
预计固定制造费用	1 000 000	1 000 000	1 000 000	1 000 000	4 000 000
预计制造费用合计	1 660 000	1 580 000	1 690 000	1 650 000	6 580 000
减：折旧	200 000	200 000	200 000	200 000	800 000
预计现金支付的制造费用	1 460 000	1 380 000	1 490 000	1 450 000	5 780 000

万家公司 20×5 年度产品成本、期末存货成本预算如下表：

期末产成品存货成本预算　　20×5 年 12 月 31 日　　　　　　　　单位：元

单位产品成本	
直接材料（4 千克×20 元/千克）	80.00
直接人工（5 小时×4 元/小时）	20.00
变动制造费用（5 小时×2 元/小时）	10.00
单位成本合计	110.00
期末产成品存货成本（13 000 桶×110 元/桶）	1 430 000.00

万家公司 20×5 年度销售及管理费用预算如下表：

销售及管理费用预算　　20×5 年度　　　　　　　　单位：元

	第一季度	第二季度	第三季度	第四季度	全　年
预计销售量（件）	60 000	55 000	70 000	65 000	250 000
单位变动销售及管理费用	10	10	10	10	10
预计变动销售及管理费用	600 000	550 000	700 000	650 000	2 500 000
固定销售及管理费用	450 000	450 000	450 000	450 000	1 800 000
预计销售及管理费用合计	1 050 000	1 000 000	1 150 000	1 100 000	4 300 000
减：折旧	50 000	50 000	50 000	50 000	200 000
销售及管理费用现金支出	1 000 000	950 000	1 100 000	1 050 000	4 100 000

万家公司 20×5 年度现金预算如下表：

现金预算　　20×5 年度　　　　　　　　单位：元

项　目	第一季度	第二季度	第三季度	第四季度	全　年
期初现金余额	150 000	302 000	308 000	318 000	150 000
加：现金收入	9 000 000	8 550 000	9 600 000	10 050 000	37 200 000
合计	9 150 000	8 852 000	9 908 000	10 368 000	37 350 000
减：现金支出					
直接材料	2 988 000	4 974 000	5 122 000	5 396 000	18 480 000
直接人工	1 320 000	1 160 000	1 380 000	1 300 000	5 160 000
制造费用	1 460 000	1 380 000	1 490 000	1 450 000	5 780 000
销售及管理费用	1 000 000	950 000	1 100 000	1 050 000	4 100 000
所得税	40 000	40 000	40 000	40 000	160 000
设备购置	3 000 000			150 000	3 150 000
支付股利	40 000	40 000	40 000	40 000	160 000
合计	9 848 000	8 544 000	9 172 000	9 426 000	36 990 000
现金余（缺）	(698 000)	308 000	736 000	942 000	360 000
资金筹集与运用					
银行借款（期初）	1 000 000				1 000 000
偿还借款（期末）			(400 000)	(600 000)	(1 000 000)
利息支出			(18 000)	(36 000)	(54 000)
合计	1 000 000	0	(418 000)	(636 000)	(54 000)
期末现金余额	302 000	308 000	318 000	306 000	306 000

万家公司 20×5 年度财务费用预算如下表:

财务费用预算　20×5 年度　　　　　　　　　　　　单位:元

	第一季度	第二季度	第三季度	第四季度	全　年
应计并支付短期借款利息	0	0	18 000	36 000	54 000
应计并支付长期借款利息	0	0	0	0	0
应计并支付公司债券利息	0	0	0	0	0
支付利息合计	0	0	18 000	36 000	54 000
减:资本化利息	0	0	0	0	0
预计财务费用	0	0	18 000	36 000	54 000

万家公司 20×5 年度预计利润表如下表:

预计利润表　20×5 年度　　　　　　　　单位:元

项　目	金　额
销售收入	37 500 000
变动成本	
产品销售成本	27 500 000
销售及管理费用	2 500 000
变动成本合计	30 000 000
贡献边际	7 500 000
固定成本	
制造费用	4 000 000
销售及管理费用	1 800 000
财务费用	54 000
固定成本合计	5 854 000
营业利润	1 646 000
减:所得税	160 000
净利润	1 486 000

万家公司 20×5 年度预计资产负债表如下表:

预计资产负债表　20×5 年 12 月 31 日　　　　　　　　单位:元

现金	306 000	应付账款	2 660 000
应收账款	3 900 000		
原材料	900 000		0
产成品	1 430 000	负债合计	2 660 000
流动资产合计	6 536 000	股本	50 000 000
机器设备	63 150 000	留存收益	11 026 000
减:累计折旧	6 000 000		
固定资产合计	57 150 000	所有者权益合计	61 026 000
资产合计	63 686 000	负债及所有者权益合计	63 686 000

第十章练习题参考答案

选择题

1. C　2. C　3. B　4. D　5. A　6. AD　7. BC　8. ABCD　9. BC　10. ABCD

业务分析题

1. 参考答案:

(1) 直接材料价格差异＝8 000×11×(0.16－0.15)＝880(元)

直接材料数量差异＝(8 000×11－8 000×10)×0.15＝1 200(元)

(2) 工资率差异＝8 000×0.45×(4.2－4)＝720(元)

人工效率差异＝(8 000×0.45－8 000×0.5)×4＝－1 600(元)

(3) 变动制造费用耗费差异＝8 000×0.45×$\left(\dfrac{1.2}{0.45}-\dfrac{1}{0.5}\right)$＝2 412(元)

变动制造费用效率差异＝(8 000×0.45－8 000×0.5)×2＝－800(元)

(4) 二因素分析法下

固定制造费用耗费差异＝5 000－5 000＝0(元)

固定制造费用能量差异＝5 000－8 000×0.5×1＝1 000(元)

三因素分析法下

固定制造费用耗费差异＝5 000－5 000＝0(元)

固定制造费用闲置能量差异＝(10 000×0.5－8 000×0.45)×[5 000÷(10 000×0.5)]＝1 400(元)

固定制造费用效率差异＝(8 000×0.45－8 000×0.5)×1＝－400(元)

2. 参考答案:

(1) 设上季度的标准直接人工工时总额为 x,则实际直接人工工时总额为 1.2x,根据变动制造费用效率差异数额可得方程:

8 000＝2×(1.2x－x)

求解可得,标准直接人工工时总额 x＝20 000 小时,实际直接人工工时总额 1.2x＝24 000 小时。

(2) 设上季度的直接人工标准小时工资率为 y,实际小时工资率为 z,根据人工效率差异和人工工资率差异的数额可得方程组:

$$\begin{cases} 6\,000 = 24\,000 \times (z - y) \\ 20\,000 = y \times (24\,000 - 20\,000) \end{cases}$$

求解可得,直接人工标准小时工资率 y＝5(元/小时),实际小时工资率 z＝5.25(元/小时)。

3. 参考答案:

(1) 购入原材料时的价格差异＝88 500－3×30 000＝－1 500(元)

借:原材料 　　　　　　　　　　　　　　　　　　　90 000

　　贷:银行存款 　　　　　　　　　　　　　　　　　　　　88 500

　　　　材料价格差异 　　　　　　　　　　　　　　　　　　1 500

领用原材料时的数量差异＝25 500×3－2 500×30＝1 500(元)

借:生产成本 　　　　　　　　　　　　　　　　　　75 000

　　材料数量差异 　　　　　　　　　　　　　　　　1 500

　　贷:原材料 　　　　　　　　　　　　　　　　　　　　　76 500

(2) 本月实际完成约当产量＝700×0.5＋2 400－600×0.5＝2 450(件)

直接人工效率差异＝(9 750－2 450×4)×4＝－200(元)

直接人工工资率差异＝(40 000/9 750－4)×9 750＝1 000(元)

借:生产成本 　　　　　　　　　　　　　　　　　　39 200

　　直接人工工资率差异 　　　　　　　　　　　　　1 000

　　贷:应付工资 　　　　　　　　　　　　　　　　　　　　40 000

　　　　直接人工效率差异 　　　　　　　　　　　　　　　　　200

（3）变动制造费用效率差异＝(9 750－2 450×4)×1.5＝－75(元)

变动制造费用耗费差异＝(15 000－9 750)×1.5＝375(元)

借：生产成本	14 700	
变动制造费用耗费差异	375	
贷：变动制造费用		15 000
变动制造费用效率差异		75

（4）固定制造费用耗费差异＝10 000－11 000×1＝－1 000(元)

固定制造费用能量差异＝11 000×1－2 450×4×1＝1 200(元)

借：生产成本	9 800	
固定制造费用能量差异	1 200	
贷：固定制造费用		10 000
固定制造费用效率差异		1 000

（5）完工产品标准成本＝2 400×56＝134 400(元)

借：产成品	134 400	
贷：生产成本		134 400

（6）采用结转本期损益法结转本月成本差异

借：主营业务成本	1 300	
材料价格差异	1 500	
直接人工效率差异	200	
变动制造费用效率差异	75	
固定制造费用耗费差异	1 000	
贷：材料数量差异		1 500
直接人工工资率差异		1 000
变动制造费用耗费差异		375
固定制造费用能量差异		1 200

4. 参考答案：

根据朱兰模型可以求解。

$$K=\frac{Y_2 \times (1-q)}{q}=\frac{(0.011+0.008) \times (1-95\%)}{95\%}=0.001$$

则 $\frac{q}{1-q}=\sqrt{\frac{F}{K}}=\sqrt{\frac{10}{0.001}}=100$，所以最佳质量水平 $q=99\%$。

单位产品的最佳质量成本为

$$Y_1+Y_2=F \times \frac{1-q}{q}+K \times \frac{q}{1-q}=10 \times \frac{1-99\%}{99\%}+0.001 \times \frac{99\%}{1-99\%}=0.20(元)$$

案例题

（1）标准成本差异的计算

直接材料价格差异＝(1.6－1.5)×3 500＝350(元)

直接材料数量差异＝(3 250－450×6)×1.5＝825(元)

本期完工产品约当数量＝40×50%＋450－60×50%＝440(件)

直接人工效率差异＝(2 100－440×4)×4＝1 360(元)

直接人工工资率差异＝(8 820/2 100－4)×2 100＝420(元)

变动制造费用耗费差异＝(6 480/2 100－3)×2 100＝180(元)

变动制造费用效率差异＝(2 100－440×4)×3＝1 020(元)

固定制造费用耗费差异＝3 900－2 000×2＝－100(元)

固定制造费用闲置能量差异＝(2 000－2 100)×2＝－200(元)

固定制造费用效率差异＝(2 100－440×4)×2＝680(元)

（2）期末存货成本

库存原材料期末成本＝(3 500－3 250)×1.5＝375(元)

在产品约当数量＝60×50％＝30(件)

在产品期末成本＝60×9＋30×(16＋12＋8)＝1 620(元)

产成品期末成本＝(30＋430－440)×45＝900(元)

企业期末存货成本＝375＋1 620＋900＝2 895(元)

第十一章练习题参考答案

选择题

1. D 2. C 3. B 4. A 5. C 6. ABD 7. ABCDE 8. CD 9. ABCD 10. AC

业务分析题

1. 参考答案：

康益公司的投资利润率和剩余收益计算如下：

投资利润率＝营业利润/营业资产＝6 720/28 000＝24％

剩余收益＝营业利润－营业资产×规定的最低投资报酬率＝6 720－28 000×12％＝3 360(元)

康新公司的投资利润率和剩余收益计算如下：

投资利润率＝营业利润/营业资产＝12 480/72 000＝17.3％

剩余收益＝营业利润－营业资产×规定的最低投资报酬率＝12 480－72 000×12％＝3 840(元)

以投资利润率指标评价这两个公司的业绩时,由于康益公司的投资利润率高于康新公司,因而可以认为康益公司的业绩优于康新公司。

以剩余收益指标评价这两个公司的业绩时,由于康新公司的投资利润率高于康益公司,因而可以认为康新公司的业绩优于康益公司。

从上述分析可以发现,剩余收益是一个绝对数指标,它忽视了投资中心的初始投资额,故单独以剩余收益指标评价责任中心的业绩是不合理的。因此,在使用剩余收益指标进行业绩评价时,应当结合投资利润率指标。

2. 参考答案：

海盛公司的业绩报告如下表(单位:元)：

项　目	实　际	预　算
海盛公司销售收入	26 800	26 000
海盛公司变动成本		
第一工段	5 600	6 800
第二工段	6 400	6 900
小计	12 000	13 700
贡献边际	14 800	12 300
海盛公司固定成本		
制造部		
第二工段	800	650
第二工段	1 200	1 000

续表

项 目	实 际	预 算
行政部	1 800	1 400
销售部	2 200	2 500
小计	6 000	5 550
经营净利润	8 800	6 750
经营资产平均占用额	76 000	76 000
投资利润率	0.116	0.089
剩余收益	2 720	670

分析:海盛公司的实际投资利润率和实际剩余收益均高于预算标准,究其原因有二:第一,海盛公司的实际变动成本与预算数相比,有显著降低,这也是导致实际投资利润率和实际剩余收益均高于预算标准的主要原因;第二,海盛公司的销售收入有小幅的提高。

3. 参考答案:

(1)

美菱公司贡献边际=(单价-变动成本)×销售量=(35-13)×3 000=66 000(元)

美洁公司贡献边际=(单价-变动成本)×销售量=(45-35-7)×2 000=6 000(元)

美佳公司营业利润=贡献边际总和-固定成本=66 000+6 000-24 000=48 000(元)

(2)

美菱公司贡献边际=(单价-变动成本)×销售量=(35-13)×3 000=66 000(元)

美洁公司贡献边际=(单价-变动成本)×销售量=(45-35-7)×2 000=6 000(元)

美佳公司营业利润=贡献边际总和-固定成本=66 000+6 000-24 000=48 000(元)

(3)

美菱公司贡献边际=(单价-变动成本)×销售量=(35-13)×1 000+(30-13)×2 000
　　　　　　　　=22 000+34 000=56 000(元)

美洁公司贡献边际=(单价-变动成本)×销售量=(45-30-7)×2 000=16 000(元)

美佳公司营业利润=贡献边际总和-固定成本=56 000+16 000-24 000=48 000(元)

(4)

美菱公司贡献边际=(单价-变动成本)×销售量=(35-13)×2 500+(17-13)×500
　　　　　　　　=55 000+2 000=57 000(元)

美洁公司贡献边际=(单价-变动成本)×销售量
　　　　　　　　=(45-17-7)×500+(45-35-7)×1 500
　　　　　　　　=10 500+4 500=15 000(元)

美佳公司营业利润=贡献边际总和-固定成本=57 000+15 000-24 000=48 000(元)

(5)

美菱公司贡献边际=(单价-变动成本)×销售量=(35-13)×2 500=55 000(元)

美洁公司贡献边际=(单价-变动成本)×销售量=(45-35-7)×2 000=6 000(元)

美佳公司营业利润=贡献边际总和-固定成本=55 000+6 000-24 000=37 000(元)

4. 参考答案:

内部转移价格应当以转移中间产品或劳务的机会成本为基础,同时应当满足一定的激励标准。

(1) 由于此时甲产品存在完全竞争的外部市场,而且,泰康公司生产的甲产品可以全部在市场上销售。因此,转移甲产品的机会成本为甲产品的市场价格 55 元/千克,可以以 55 元/千克作为内部转移价格。但是,严格采用市场价格作为内部转移价格,可能会损害某些激励标准。

（2）虽然此时甲产品存在完全竞争的外部市场,但是泰康公司仍然有剩余生产能力。因此,转移甲产品的机会成本为甲产品的变动成本 35 元/千克,可以以 35 元/千克作为内部转移价格。

（3）由于此时甲产品存在完全竞争的外部市场,而且,泰康公司生产的甲产品可以全部在市场上销售。同时,在企业内部转让每千克甲产品可以节约 5 元的变动销售费用。因此,可以以（55－5）＝50 元/千克作为内部转移价格。

第十二章练习题参考答案

选择题

1. ABD　　2. ABCD　　3. C　　4. ABCD　　5. ABCD

参 考 文 献

[1]〔美〕杰罗尔德·L·齐默尔曼著,邱寒等译,《决策与控制会计》,东北财经大学出版社,2000 年,第 1 版。

[2]〔美〕罗伯特·S·卡普兰、安东尼·A·阿特金森著,吕长江主译,《高级管理会计(第 3版)》,东北财经大学出版社,1999 年,第 1 版。

[3]〔美〕唐·R·汉森、玛丽安娜·M·莫温著,陈良伟等译,《管理会计学》,中国人民大学出版社,2005 年,第 1 版。

[4]〔美〕唐·汉森、玛丽安·莫文著,王光远等译,《管理会计(第 4 版)》,北京大学出版社,2004 年,第 1 版。

[5]〔美〕英格拉姆、奥布尔赖特、希尔著,陈晋平、程小可译,《管理会计——决策信息(第 2版)》,中信出版社,2004 年,第 1 版。

[6] 财政部会计资格评价中心编,《财务管理》,中国财政经济出版社,2004 年,第 1 版。

[7] 乐艳芬主编,《管理会计》,上海财经大学出版社,2004 年,第 1 版。

[8] 乐艳芬主编,《管理会计学》,立信会计出版社,2003 年,第 1 版。

[9] 李天民编著,《现代管理会计学》,立信会计出版社,1996 年,第 1 版。

[10] 刘立卢编著,《全面质量管理》,北京大学出版社,2004 年,第 1 版。

[11] 刘志远主编,陆宇建副主编,《管理会计学》,立信会计出版社,2004 年,第 1 版。

[12] 骆珣等编著,《管理会计教程》,机械工业出版社,2005 年,第 1 版。

[13] 孙茂竹、文光伟、杨万贵主编,《管理会计学》,中国人民大学出版社,2003 年,第 2 版。

[14] 孙茂竹、文光伟、杨万贵主编,《管理会计学教学辅导用书》,中国人民大学出版社,2002年,第 1 版。

[15] 孙茂竹、姚岳编著,《管理会计学》,中国人民大学出版社,2003 年,第 1 版。

[16] 王者兴、吕长江、杜洁编著,《管理会计》,吉林大学出版社,1994 年,第 1 版。

[17] 王忠、周剑杰、胡静波编著,《管理会计学教学案例》,中国审计出版社,2001 年,第 1 版。

[18] 吴大军、牛彦秀、王满编著,《管理会计》,东北财经大学出版社,2004 年,第 1 版。

[19] 余恕莲主编,《管理会计》,对外经济贸易大学出版社,2004 年,第 1 版。

[20] 余绪缨主编,《管理会计》,辽宁人民出版社,2004 年,第 1 版。

[21] 余绪缨主编,《管理会计学》,中国人民大学出版社,1999 年,第 1 版。

[22] 余绪缨、王怡心主编,《成本管理会计》,立信会计出版社,2004 年,第 1 版。

[23] 张鸣编著,《成本会计——偏重于管理》,上海人民出版社,2002 年,第 1 版。

[24] 中国注册会计师教育教材编审委员会编,《成本管理会计》,中国财政经济出版社,2003年,第 1 版。

[25] Beaulieu, Philip and Simmons, Cynthia, *Management Accounting*, 6th Edition, University of Calgary, 2003.

[26] Brandon, Charles H. , and Drtina, Ralph E. , *Management Accounting*: *Strategy and Control*, McGraw-Hill Companies, Inc. , 1997.

[27] Garrison, Ray H. , Noreen, Eric W. , Chesley, G. R. , and Carroll, Raymond F. , *Managerial Accounting*, 6th Canadian Edition, McGraw-Hill Ryerson, 2004.

[28] Hilton, Ronald W. , *Managerial Accounting*, 3rd Edition, McGraw-Hill Companies, Inc. , 1997.

[29] Maher, Michael, *Cost Accounting*: *Creating Value for Management*, 5th Edition, McGraw-Hill, 1997.

[30] Weygandt, Jerry J. , Kieso, Donald E. , and Kimmel, Paul D. , *Managerial Accounting*: *Tools for Business Decision Making*, 2nd Edition, John Wiley & Sons, Inc. , 2002.

图书在版编目(CIP)数据

管理会计/吕长江主编. —上海:复旦大学出版社,2006.8(2024.2重印)
(博学·21世纪高等院校会计专业主干课系列)
ISBN 978-7-309-05078-3

Ⅰ.管…　Ⅱ.吕…　Ⅲ.管理会计-高等学校-教材　Ⅳ.F234.3

中国版本图书馆CIP数据核字(2006)第078101号

管理会计
吕长江　主编
责任编辑/王联合

复旦大学出版社有限公司出版发行
上海市国权路579号　邮编:200433
网址:fupnet@ fudanpress.com　http://www.fudanpress.com
门市零售:86-21-65102580　　团体订购:86-21-65104505
出版部电话:86-21-65642845
常熟市华顺印刷有限公司

开本787毫米×1092毫米　1/16　印张23.25　字数580千字
2024年2月第1版第7次印刷
印数19 501—20 300

ISBN 978-7-309-05078-3/F·1151
定价:58.00元